Schriftenreihe

POLITICA

Schriftenreihe zur politischen Wissenschaft

Band 61

ISSN 1435-6643

Verlag Dr. Kovač

Sarah Kirchberger

Informelle Regeln der Politik in China und Taiwan

Verlag Dr. Kovač

VERLAG DR. KOVAČ

Arnoldstraße 49 · 22763 Hamburg · Tel. 040 - 39 88 80-0 · Fax 040 - 39 88 80-55

E-Mail info@verlagdrkovac.de · Internet www.verlagdrkovac.de

Bibliografische Information Der Deutschen Bibliothek
Die Deutsche Bibliothek verzeichnet diese Publikation
in der Deutschen Nationalbibliographie;
detaillierte bibliografische Daten sind im Internet
über http://dnb.ddb.de abrufbar.

ISSN 1435-6643
ISBN 3-8300-1374-4

Zugl.: Dissertation, Universität Hamburg, 2004

© VERLAG DR. KOVAČ in Hamburg 2004

Printed in Germany
Alle Rechte vorbehalten. Nachdruck, fotomechanische Wiedergabe, Aufnahme in Online-Dienste
und Internet sowie Vervielfältigung auf Datenträgern wie CD-ROM etc. nur nach schriftlicher
Zustimmung des Verlages.

Gedruckt auf holz-, chlor- und säurefreiem Papier Munken Book. Munken Book ist
alterungsbeständig und erfüllt die Normen für Archivbeständigkeit ANSI 3948 und ISO 9706.

Vorwort

Ohne die Unterstützung zahlreicher Menschen, die mir in vielfältiger Weise geholfen haben, hätte ich diese Studie kaum fertigstellen können. Besonderen Dank schulde ich dem Betreuer dieser Arbeit, Professor Dr. Michael Friedrich, und dem zweiten Gutachter, Professor Dr. Hans Stumpfeldt, für viele wichtige Hinweise und konstruktiv kritische Bemerkungen. Ebenso danke ich den Mitgliedern meines Disputationsausschusses für die anregenden Fragen, die manche inhaltliche Klarstellung veranlaßten. Die Studienstiftung des deutschen Volkes hat dieses Projekt mit einem Promotionsstipendium unterstützt und mir die Durchführung mehrerer Rechercheaufenthalte in Beijing, Hongkong und Taiwan ermöglicht.
Von 2000 bis Anfang 2002 habe ich am Lehrstuhl für die Politik Ostasiens der Universität Trier sehr von den dortigen Ressourcen profitiert. Den damaligen Kollegen möchte ich herzlich für viele fachliche Hinweise und praktische Hilfestellungen danken: Prof. Dr. Sebastian Heilmann, Dr. Jörn Gottwald und Kristin Kupfer, M.A. Wertvolle inhaltliche Anregungen und konstruktive Kritik erhielt ich auch von den Teilnehmern der 3. Brühler Tagung junger Asienexperten 2001. Ein herzlicher Dank geht schließlich an Bernhard Bartsch in Beijing und Johannes Goeth und Frau in Taipei, die mir die jeweiligen Aufenthalte dort sehr verschönert haben.
Sehr dankbar bin ich auch meiner Familie, die mich in jeder Hinsicht unterstützt hat. Meinem Ehemann Christian und meiner Tochter Daria ist dieses Buch gewidmet.

Hamburg, im Februar 2004   Sarah Kirchberger

Inhaltsverzeichnis

1 Einleitung 9
   1.1 Problemstellung und Themenabgrenzung 10
   1.2 Forschungsstand 17
   1.3 Verfügbare und verwendete Quellen 19
   1.4 Methodischer Ansatz 23

2 Methodische Ansätze zur Analyse informeller Institutionen 27
   2.1 Einführung 27
   2.2 Realpolitik und Faktionalismus 28
   2.3 Kulturgebundenheit politischen Handelns 34
   2.4 Netzwerkanalysen 38
   2.5 Bürokratische Aushandlung 42
   2.6 Die Bedeutung des Handlungskontextes 43

3 Institutionelle Charakteristika der politischen Führungssysteme 49
   3.1 VR China: Besonderheiten der Institutionenordnung 49
      3.1.1 Institutionelle Merkmale des Führungssystems 50
      3.1.2 Organisationstypus und Führungssystem der KPCh 52
      3.1.3 Informelle Institutionen der Interaktion 64
      3.1.4 Fazit 81
   3.2 Taiwan: Besonderheiten der Institutionenordnung 82
      3.2.1 Institutionelle Merkmale der Verfassungsordnung 84
      3.2.2 Organisationstypus und Führungssystem der GMD 90
      3.2.3 Schlüsselakteure und informelle Institutionen der Interaktion ...102
      3.2.4 Fazit 119
   3.3 Vergleichende Aspekte 120

4 Informelle Regeln der Interaktion in Führungskonflikten: Vier Fallstudien 123
   4.1 Konflikte über Führungspersonal und politische Programme 123
      4.1.1 VR China: Die Einleitung der Reform- und Öffnungspolitik ...123
      4.1.2 Taiwan: Die Einleitung eines demokratischen Reformprozesses 161
      4.1.3 Vergleichende Aspekte 196
   4.2 Konflikte über Fragen der politischen Grundordnung 198
      4.2.1 VR China: Konflikte zwischen „Reformern" und „Orthodoxen" 199
      4.2.2 Taiwan: Konflikte über die Reform der Verfassung 240
      4.2.3 Vergleichende Aspekte 265
   4.3 Ergebnisse: Informelle Regeln in Führungskonflikten Chinas und Taiwans 267

5 Schlußfolgerungen 275

6 Literaturverzeichnis 281

7 Abkürzungen 299

1 Einleitung

Lange Zeit befaßte sich die sozialwissenschaftliche Institutionenforschung vornehmlich mit dem Studium von Verfassungen und anderen formalen Regelwerken, die die Besonderheiten einer staatlichen Ordnung ausmachen. Damit schien das wesentliche Element der vergleichenden politischen Systemforschung gefunden zu sein. Erst in den letzten beiden Jahrzehnten rückten auch die ungeschriebenen, *informellen* Regeln der politischen Interaktion ins Zentrum der Wahrnehmung. Nicht erst am problematischen Verlauf der Transformationsprozesse in den ehemaligen Ostblockstaaten wurde deutlich, daß der Erlaß einer neuen Verfassung allein noch keine Garantie für eine gelungene Transformation darstellt. Die tatsächlich ablaufenden politischen Prozesse können durch die Betrachtung formaler Institutionen allein nicht erfaßt werden.

Der Begriff „Institution" wird in dieser Arbeit, entsprechend den Gepflogenheiten der Institutionenökonomie, im Sinne von „Regelwerken", „Konventionen" oder „Spielregeln" verwendet. Institutionen sind demnach diejenigen Normen, die das Verhalten von Akteuren in Interaktionssituationen prägen und beeinflussen. Kollektiv handelnde Einheiten mit *Akteurscharakter* hingegen, etwa einzelne Staatsorgane, Vereinigungen, Unternehmen oder informelle Gruppierungen, werden in dieser Arbeit nicht als „*Institutionen*", sondern als „*Organisationen*" bezeichnet. Dadurch soll auf begrifflicher Ebene eine klare Trennung zwischen Akteuren („Spielern") auf der einen und den verhaltensprägenden Normen („Spielregeln") auf der anderen Seite erreicht werden. Dies wäre mit der im allgemeinen Sprachgebrauch üblichen Verwendung des Begriffs „Institution" sowohl für Regelwerke als auch für Organisationen schwer möglich.[1]

Die Bandbreite informeller Koordinationsmechanismen der Politik ist nicht nur in postsozialistischen Staaten enorm groß. Irreguläre Handlungen außerhalb der formalen Verfahren – etwa konspirative Manöver, Netzwerkbildung außerhalb formaler Autoritätslinien, faktionalistische Machtkämpfe – prägen sogar in den meisten politischen Systemen maßgeblich den Verlauf politischer Prozesse. Der gemeinsame Nenner dieser informellen Aktivitäten ist, daß die Akteure ihre Partikularinteressen auf Kosten der Allgemeinheit verfolgen (Dittmer/Wu 1995: 477). Nicht nur außenstehende Beobachter, sondern auch beteiligte politische Akteure selbst betonen nicht selten die Wichtigkeit der informellen Regeln, ohne die ein Verständnis der realen Entscheidungsprozesse kaum möglich wäre. Ein von Frederick Teiwes befragtes ehemaliges Mitglied des Zentralkomitees der KPCh äußerte sich dazu folgendermaßen: „Chinese politics is too complicated to understand; some things can never be made clear".[2] Doch wenn selbst

---

1 Vgl. näheres dazu bei North (1990: 4) und Mayntz/Scharpf (1995: 40). In dieser Arbeit werden die Begriffe „Institution" und „Regel" bzw. „Spielregel" annähernd synonym gebraucht. Andere Sichtweisen unterscheiden noch weitergehend; vgl. z.B. Fukui (2000: 2).
2 Zit. nach Teiwes (1995: 55).

Mitglieder der Führungselite die Entscheidungsprozesse kaum durchschauen können, welche Möglichkeiten bieten sich dann der Forschung angesichts sehr eingeschränkter Möglichkeiten zur direkten Beobachtung? Eine systematische Analyse der formalen und informellen Spielregeln in ihrem *Zusammenwirken* ist dazu nötig. Die informelle Dimension der Politik kann jedoch meist nur indirekt erschlossen werden, nämlich durch Beobachtung von Gesetzmäßigkeiten im Handeln der Führungsakteure, die sich nicht aus den formalen Regeln erklären lassen. In diesem Forschungskontext steht die vorliegende Arbeit.

1.1 Problemstellung und Themenabgrenzung

Der Schwerpunkt dieser Untersuchung liegt auf einer vergleichenden Analyse der informellen Institutionen in politischen Entscheidungsprozessen Chinas und Taiwans sowie auf deren Verbreitung, Wirkungsweisen und Entstehungsursachen. Zusammen mit den *formalen* Institutionen bilden die informellen Institutionen einen wichtigen Teil der Handlungsanreize, die die Entscheidungen der Akteure beeinflussen. Sie bestimmen, welche Handlungsalternativen wahrgenommen und wie diese beurteilt werden; weiterhin sorgen sie gegebenenfalls für die Sanktionierung abweichenden Verhaltens (North 1990: 3).

Da im Zentrum dieser Untersuchung die *informellen* Institutionen politischer Koordination stehen, muß zunächst geklärt werden, anhand welcher Kriterien „formale" und „informelle" Institutionen unterschieden werden sollen und weshalb eine solche Unterscheidung sinnvoll und notwendig ist. *Formale* Institutionen sind in dieser Arbeit alle kraft staatlichen Gewaltmonopols gesetzten, schriftlich kodifizierten Verfassungen, Gesetze und sonstigen Vorschriften, die für alle Akteure unterschiedslos gelten und verbindlichen Charakter haben; als *informelle* Institutionen dagegen werden alle nicht autoritativ gesetzten, ungeschriebenen, de facto aber gültigen *„conventions and codes of behavior"* bezeichnet (North 1990: 4). Charakteristisch für informelle Regeln ist, daß sie nicht absichtsvoll geschaffen werden, sondern – meist als Ergebnis eines evolutionären Prozesses – *spontan* entstehen (Fukui 2000: 2-3).

Trotz der scheinbaren Klarheit dieser Zuordnung ist dem Einwand zuzustimmen, daß keine politische Praxis in der Realität durchgängig „formalen" oder „informellen" Charakters ist (Wewer 1991: 10, Beyme 1991: 31). Einige Beobachter bestreiten deshalb sogar, daß formale und informelle Institutionen sinnvoll unterschieden werden können (Pye 1995: 39, 42). Die in dieser Arbeit verwendete Unterscheidung ist jedoch lediglich ein heuristisches Mittel zur analytisch getrennten Betrachtung zweier Dimensionen desselben Gegenstands, ohne daß dadurch impliziert werden soll, daß politisches Handeln objektiv in eindeutig „formale" und eindeutig „informelle" Verhal-

1.1 Problemstellung und Themenabgrenzung

tensweisen aufgeteilt werden könnte.³ Informelle Institutionen sind, wie vielfach zurecht betont wird, „functionally inseparable from formal politics", und beide Sphären der Politik müssen in engem Bezug zueinander analysiert werden (Fukui 2000: 14).
In der Literatur besteht in verschiedenen beteiligten Disziplinen Uneinigkeit darüber, wie umfassend der Begriff „informelle Institutionen" gebraucht werden soll. Während Vertreter der soziologischen Institutionenforschung mitunter in sehr umfassender Weise kognitive Muster, *frames of meaning*, Zeichensysteme oder sogar die Gesamtheit kultureller Prägungen einer Gesellschaft in den Begriff der „informellen Institutionen" mit einbeziehen, halten andere schon die Einbeziehung von Korruption für eine unzweckmäßige Erweiterung.⁴ Diese Arbeit geht nach dem Prinzip der Beobachtbarkeit vor: Alle konkret beobachtbaren, regelhaften, aber nicht formal kodifizierten *Verhaltensmuster*, die in der Interaktion zwischen politischen Akteuren faktisch zur Anwendung kommen, werden als „informelle Institutionen" im Sinne der Fragestellung angesehen. Nicht direkt beobachtbare kognitive Muster, internalisierte Wertvorstellungen und individuelle psychische Prägungen der Akteure dagegen bilden im Zusammenwirken mit den in dieser Arbeit unter dem Begriff „Institution" zusammengefaßten Verhaltensregeln die Gesamtheit der vorherrschenden politischen Kultur.⁵

Nachdem die informellen Institutionen der politischen Koordination von der Forschung zunächst völlig vernachlässigt worden waren, wurden sie später vielfach als krankhafte, systembedrohende Abirrungen vom formalen Ideal angesehen: „formal politics has been treated by most social scientists as the normal and orthodox form of politics, while informal politics, such as factionalism and cronyism, is often treated as if it were an abnormal and deviant form" (Fukui 2000: 4). Inzwischen hat sich jedoch die Erkenntnis durchgesetzt, daß informelle Institutionen nicht nur in allen politischen Systemen existieren, sondern häufig eine komplementäre, systemstützende Funktion ausüben, indem sie die stets vorhandenen Lücken der formalen Institutionenordnung ausfüllen.⁶ Aus

---

3   Dazu Cheng und Womack: „The problem [...] [lies] in the continuing implicit assumption that formal and informal politics are essentially two different categories of politics, even if they do overlap. We would suggest, rather, that they are two different descriptive/analytic perspectives on politics, each with a distinct empirical foundation but not with a disjunctive object" (Cheng/Womack 1996: 332).
4   Vgl. für erstere Haltung die Darstellung bei Hall/Taylor (1996: 15), für letztere Beyme (1991: 43). Die Gefahr bei einer zu breiten Verwendung des Begriffs „Institution" besteht im Verlust analytischer Schärfe: „if it means everything, then it means nothing" (Rothstein 1998: 145).
5   Dittmer definiert seinen Begriff *informal politics* in ähnlicher Weise als Unterkategorie der politischen Kultur: „'informal politics' is a more narrowly specified subset of political culture [...] It does not encompass the public, symbolic dimension of political culture" (Dittmer 2000b: 292).
6   Zur weiten Verbreitung solcher „komplementären" informellen Institutionen in der BRD vgl. Wewer (1991: 12-13). Für Studien über ungesetzliche und damit nicht-komplementäre Verhaltensweisen, z.B. bei der Parteienfinanzierung, vgl. die Arbeiten von Hans Herbert von

Sicht der Führungsakteure liegen die Vorteile informeller Abstimmungsverfahren auf der Hand, denn sie sind oft flexibler und effizienter. Informelle Interaktionen stehen weniger stark unter öffentlicher Beobachtung als formale Sitzungen und unterliegen deshalb weniger starren Verhaltensregeln, was den Beteiligten größeren Handlungsspielraum einräumt. Fest etablierte informelle Regeln verringern bei wiederholten Interaktionen die Unsicherheit über die Ergebnisse und stellen zwischen den Akteuren so ein Mindestmaß an gegenseitigem Vertrauen her (Rudzio 2000: 303). Der Nachteil informeller Entscheidungsverfahren besteht jedoch folgerichtig in der relativ großen *Intransparenz* solcher Abläufe. Meist haben weder die nicht einbezogenen Akteure noch die Öffentlichkeit eine Möglichkeit, informelle Absprachen zu kontrollieren. Wenn informelle Regeln direkt mit den formalen Normen kollidieren, wie dies etwa bei illegalen Aktivitäten (etwa im Bereich der Parteienfinanzierung, der politischen Korruption oder der faktischen Aushebelung von Verfassungsorganen durch informelle Gremien) der Fall sein kann, trägt dies zu einer schleichenden Unterhöhlung der formalen Ordnung bei. Auch führen informelle Koordinationsmechanismen, besonders bei ungleich verteilter Verhandlungsmacht zwischen den Akteuren, oft zu im Sinne der Systemeffizienz suboptimalen Ergebnissen (Wewer 1991: 25). Daher sind besonders solche informellen Institutionen, die mit der formalen Ordnung im Konflikt stehen, funktional und normativ problematisch. Dies gilt umso mehr für solche Staaten, die sich im Rahmen eines Transformationsprozesses in einem Übergangsstadium zwischen zwei formalen Ordnungen befinden und deren formale Normen noch nicht fest etabliert sind. Sowohl der vorwiegend wirtschaftliche Transformationsprozeß der VR China als auch der politische Transformationsprozeß Taiwans sind bis heute von informellen Erscheinungen geprägt. Wenn politische und wirtschaftliche Akteure neugeschaffene formale Institutionen durch ihre abweichenden informellen Verhaltensweisen jedoch systematisch unterlaufen, kann die Konsolidierung einer neuen Ordnung dadurch effektiv verhindert werden. Eine wichtige Schlußfolgerung aus den Reformerfahrungen der postsozialistischen Staaten Osteuropas ist, daß Reformen der formalen Institutionen ohne einen gleichzeitigen Wandel auf der informellen Ebene oft wirkungslos bleiben und das Ziel der Transformation somit leicht verfehlt werden kann.[7] Während formale Ordnungen mit Hilfe des staatlichen Gewaltmonopols jedoch relativ einfach revidiert werden können, können *informelle* Verhaltensweisen der Akteure höchstens indirekt beeinflußt werden, etwa indem gezielt die *Handlungsanreize* verändert werden, die auf sie einwirken. Dies ist jedoch schwierig zu erreichen und bringt oft ungewollte Folgeerscheinungen mit sich.[8] Eine vergleichende Analyse der informellen Institutionen in ver-

---

Arnim. Eine aufschlußreiche Darstellung der informellen Institutionen in der US-amerikanischen Politik hat der politische Journalist Hedrick Smith vorgelegt (1988).
7   Vgl. dazu ausführlich Heilmann (2000).
8   So wäre es zur Eindämmung der endemischen Korruption in China selbst nach Meinung parteinaher Ökonomen unerläßlich, Preisverzerrungen und Pressezensur aufzuheben. Dies ist

schiedenen Transformationsstaaten kann deshalb dazu beitragen, Erkenntnisse über die institutionellen Entstehungsursachen problematischer informeller Verhaltensweisen zu liefern.

Eng damit verknüpft ist zwangsläufig die Betrachtung informeller Formen der *Organisation*. Dies sind informelle Strukturen auf *Akteursebene*, die sich analog zu bestimmten informellen Verhaltensregeln herausbilden – etwa Tausch- und Patronagenetzwerke, informelle Meinungslager oder „Faktionen". Solche Organisationsformen bilden sich hinter der Fassade formaler Organisationen oder auch unabhängig davon; sie können mehrere formale Organisationen durchdringen oder miteinander vernetzen. Als Hauptanreiz zur Bildung informeller Organisationsformen sieht Wewer das menschliche Grundbedürfnis nach Zugehörigkeit zu *Primärgruppen* an, das die Akteure als Gegengewicht zur anonymen Vereinzelung im Rahmen ihrer formalen Arbeitsumgebung haben. Einer Primärgruppe kann man, anders als einer formalen Organisation, als *Individuum* angehören, nicht nur in der Eigenschaft eines austauschbaren *Funktionsträgers* (Wewer 1991: 18-19). Sofern solche psychischen Grundbedürfnisse tatsächlich die Triebfeder informeller Organisationsbestrebungen sein sollten, wäre zu erwarten, daß bestimmte informelle Organisationsformen unabhängig vom kulturellen Kontext weltweit verbreitet sein müßten. Eine andere denkbare Ursache für informelle Gruppenbildung wären systemische Faktoren, etwa ein Zusammenhang zwischen dem *formalen* Organisationstypus eines Regierungssystems und den darin zu beobachtenden *informellen* Verfahren und Organisationen (Beyme 1991: 37-40). Nach dieser Auffassung provozieren bestimmte formale Regeln regelmäßig die Entstehung spezifischer informeller Organisationsformen. Besonders in Transformationsstaaten, in denen eine erhöhte institutionelle Unsicherheit besteht, scheint das Streben der Akteure nach *Vertrauensbildung* bei wiederkehrenden Transaktionen von großer Bedeutung zu sein. Das Bedürfnis zur Absicherung der eigenen Position ist besonders in autoritären Systemen ein Anreiz, informelle Zusammenschlüsse zu bilden. In seiner Analyse der politischen Kultur Chinas hat Pye bereits frühzeitig auf die große Bedeutung von *Angst* hingewiesen, die als Handlungsantrieb besonders in Phasen großer institutioneller Unsicherheit – etwa der Kulturrevolution – wirksam gewesen sei und auch höchste Führungsakteure in ihrem Handeln stark beeinflußt habe (Pye 1981: 20).

Durch die naturgemäß hohe *Intransparenz* der zu untersuchenden Phänomene stellt sich der Forschung ein grundlegendes methodisches Problem. Besonders bei illegalen Verhaltensweisen, die in offenem Konflikt mit der formalen Ordnung stehen – etwa Korruption, Patronage oder organisierte Kriminalität – sind beteiligte Akteure nicht an öffentlicher Beobachtung interessiert. Zudem gelten in autoritären Staaten wie der VR

---

jedoch aus Sicht der am Machterhalt interessierten Führung zu riskant und deswegen kaum durchführbar (Ergebnisse von eigenen Interviews mit chinesischen Wirtschafts- und Sozialwissenschaftlern in Beijing im März 2001).

China auch einige nicht-kriminelle Verhaltensweisen als anrüchig, die etwa in westlichen Systemen zum normalen Repertoire politischen Handelns zählen. So steht die Bildung innerparteilicher Gruppierungen unter dem Generalverdacht, den Zusammenhalt des Staates und der Partei zu gefährden, und ist daher geächtet. Folglich ist es äußerst schwierig, gesicherte Informationen über solche Erscheinungen zu erhalten, wenn Befragungen beteiligter Akteure entweder nur schwer möglich oder wenig aussagekräftig sind. Die Informationslücke zwischen dem Insiderwissen beteiligter Akteure einerseits und den öffentlich zugänglichen Quellen andererseits (etwa Nachrichten, öffentliche Stellungnahmen beteiligter Akteure, Memoiren) kann von der Forschung nur durch akribische Auswertung einer Vielzahl von Quellen, meist mit größerem zeitlichem Abstand zu den Ereignissen, teilweise geschlossen werden.[9]

Dennoch ist es im Interesse eines tieferen, kulturübergreifenden Verständnisses der informellen politischen Verhaltensweisen lohnenswert, gerade schwierige Beispiele wie die VR China zu untersuchen. Durch kulturübergreifende Vergleiche kann es möglicherweise gelingen, verallgemeinerbare Schlüsse über die Entstehungsursachen und Wirkungsweisen informeller Institutionen zu ziehen. Dies kann nicht nur helfen, einige anhand westlicher Fallbeispiele entwickelte Konzepte auf ihre universelle Gültigkeit hin zu überprüfen, sondern auch zu einem besseren Verständnis der Probleme von Transformationsstaaten beitragen.

Diese Arbeit versucht, anhand eines systematischen Vergleichs von vier Fallstudien aus dem chinesischen Kulturkreis herauszuarbeiten, wie politische Entscheidungsprozesse im Zusammenwirken formaler und informeller Institutionen ablaufen. Dazu wurden ausgewählte, in ihrer Reichweite grob vergleichbare Führungskonflikte in beiden Staaten einander gegenübergestellt und im Hinblick auf die Anwendung informeller Koordinationsmechanismen verglichen. Die Fragestellung dieser Arbeit läßt sich wie folgt zusammenfassen:

- Welche informellen Institutionen und Organisationen beeinflussen wann, wie und warum politische Entscheidungsprozesse in China und Taiwan?
- Welche Ursachen lassen sich für informelle institutionelle Übereinstimmungen und/ oder Unterschiede zwischen diesen sehr verschiedenartigen Staaten des chinesischen Kulturraums identifizieren?
- Welche Rückschlüsse lassen die Ergebnisse für die Weiterentwicklung der sozialwissenschaftlichen Institutionenforschung zu?

Damit wird eine schon länger bestehende Forderung der sozialwissenschaftlichen Chinaforschung aufgegriffen, den Verlauf entscheidender Konfliktsituationen als Ausgangspunkt einer vergleichenden Analyse informeller Politik zu wählen (Tang Tsou

---

9   Vgl. die Ausführungen in Teiwes (1995: 55).

1.1 Problemstellung und Themenabgrenzung 15

1995: 128). Folgende Kriterien wurden bei der Bearbeitung der einzelnen Fallstudien zugrunde gelegt:

- Taktiken und Strategien der Schlüsselakteure
  Wer sind die Schlüsselakteure? Welche Akteure treffen auf welche Weise die relevanten Entscheidungen, welche Akteure nehmen wie Einfluß auf Entscheidungsvorgänge und die anschließende Implementierung (z.b. durch hierarchische Koordination, Überzeugungsarbeit, Aushandlung und Koalitionsbildung, Mobilisierung von Unterstützungs- oder Protestpotenzial, taktische Manöver, Ausübung von Vetogewalt)?

- Typologische Besonderheiten informeller Organisationsformen der Schlüsselakteure
  Welche Konzepte zur Beschreibung und Analyse von informellen Organisationstypen (z.B. innerparteiliche Faktionen, Netzwerkorganisationen, lose Koalitionen) sind zweckmäßig und aussagekräftig, und in welchen Situationen und Zeitabschnitten gilt dies?

- Hinweise auf Ursachen informeller Koordinations- und Organisationsformen
  Welche Rückschlüsse auf die systemischen, kulturellen oder andere Entstehungsursachen lassen sich durch Vergleich der Fallstudien ziehen?

Ein Vergleich zwischen China und Taiwan[10] bietet sich deshalb an, weil sich beide Systeme seit den frühen achtziger Jahren in einem politischen (Taiwan) bzw. wirtschaftlichen Prozeß der Systemtransformation (VR China) befinden, der stark von Führungskonflikten und informellen Verfahren der politischen Koordination geprägt war. Es handelt sich um sehr verschiedenartige Systeme mit unterschiedlichen politischen Rahmenbedingungen, bei denen zunächst grundsätzlich *wenig* Übereinstimmung auf der Ebene der informellen Institutionen zu erwarten ist. Einige gemeinsame Ausgangsbedingungen dieser beiden Transformationsprozesse lassen den Vergleich dennoch aussichtsreich erscheinen: So wiesen die langjährig domierenden Parteien Chinas und Taiwans, die Kommunistische Partei Chinas (KPCh) und die *Guomindang* (GMD), ursprünglich beide leninistische Organisationsstrukturen auf. Zudem gehören beide Staaten zum chinesischen Kulturkreis und sind deshalb möglicherweise Träger einer besonderen, von der chinesischen kulturellen Tradition geprägten politischen Kultur.[11] Da sich der Vergleich auf *funktionale* Aspekte beider Systeme beschränkt, nämlich die

---

10 Mit der Kurzbezeichnung *Taiwan* ist in dieser Arbeit die Republik China auf Taiwan gemeint. Wegen der faktischen nationalen Teilung Chinas seit 1949 werden die VR China und die Republik China auf Taiwan in dieser Arbeit beide als „Staaten" bezeichnet, auch wenn die VR China die Existenz eines anderen chinesischen Staates nicht anerkennt und Taiwan lediglich als „abtrünnige Provinz" ansieht. Diese Begriffsverwendung soll keine politische Stellungnahme innerhalb des Konflikts um eine mögliche Unabhängigkeit Taiwans vom Festland implizieren, sondern lediglich den vorliegenden Tatsachen Rechnung tragen.

institutionellen Charakteristika von Entscheidungsprozessen, ist der normativ gesehen grundlegende Unterschied zwischen dem autoritären sozialistischen System der VR China und dem zunehmend demokratisierten Transformationsstaat Taiwan für die Analyse kein Hindernis.[12] Diese Unähnlichkeit bietet vielmehr die Möglichkeit, über Systemgrenzen hinweg Fragen nach der Funktion und Entstehung informeller Institutionen im politischen Prozeß zu untersuchen. Nicht nur westliche Beobachter, sondern auch chinesische Forscher halten den punktuellen Vergleich mit Taiwan zunehmend für eine aussichtsreiche Möglichkeit, Lösungsstrategien für Transformationsprobleme der VR China zu entwickeln.[13]

Der Schwerpunkt der Analyse liegt in dieser Arbeit auf den *funktionalen*, nicht auf den normativen Merkmalen der Institutionen (etwa im Sinne einer „wünschenswerten" oder „guten" Ordnung). Die Analyse beschränkt sich für beide Staaten auf Fallstudien aus der jüngeren Vergangenheit, genauer in China aus der nachmaoistischen Zeit (ab 1976) und in Taiwan aus der Phase des Demokratisierungsprozesses (ab Mitte der achtziger Jahre), da die davorliegenden Epochen nur wenig Rückschlüsse über institutionelle Veränderungen im Kontext eines Transformationsprozesses geben können und zudem bereits relativ gut erforscht sind. Analysiert werden jeweils konkrete Entscheidungsprozesse, die einen politischen Grundsatzkonflikt zum Gegenstand hatten und von entscheidender Bedeutung für die weitere Entwicklung des Reformprozesses waren.

Der Schwerpunkt der Betrachtung liegt auf der Ebene der zentralen politischen Führungsakteure. Nur wenn sie direkt auf zentrale Entscheidungsvorgänge einwirken können, werden auch Akteure aus mittleren und unteren Führungsschichten, aus der Verwaltung oder der wirtschaftlichen und gesellschaftlichen Sphäre in die betrachtete Akteurskonstellation einbezogen. Da die Führungsakteure von KPCh und GMD im Untersuchungszeitraum noch weitgehend autonom handeln konnten, werden die Aktivitäten gesellschaftlicher Akteure in der analytischen Perspektive dieser Arbeit als *Anreize*

---

11   Dazu Miller: „both the Kuomintang (KMT) and the CCP began as Leninist systems, [...] both regimes have pursued aggressive economic modernization programs that have had important effects on their respective political systems, and [...] both are Chinese, a common basis from which they derive their now quite different contemporary political cultures" (Miller 1995: 226-27).
12   Funktionale Defizite der unvollendeten Verfassungsreform, die Persistenz illegaler Praktiken in weiten Teilen des politischen Systems sowie besondere außenpolitische Gegebenheiten Taiwans (Androhung gewaltsam-militärischer Wiedervereinigung durch die VR China und weitgehende diplomatische Isolation) sind dafür verantwortlich, daß der Demokratisierungsprozeß auf Taiwan noch nicht als völlig abgeschlossen gelten kann, auch wenn die Etablierung formal-demokratischer Institutionen weit vorangeschritten ist und 2000 erstmals ein demokratischer Machtwechsel an der Staatsspitze erfolgte.
13   Vgl. z.B. Dickson (1997). So wird das taiwanische Beispiel einer ausgehandelten „Demokratisierung von oben" in der VR China als interessantes politisches Entwicklungsmodell angesehen (Aussagen mehrerer Interviewpartner in Beijing, März 2001). Allerdings hält Dickson eine Übernahme von Elementen der taiwanischen Transformationserfahrung in der VR China vor allem aus politischen Gründen für wenig wahrscheinlich (Dickson 1997: 242).

behandelt, die von außen auf die Führungsakteure einwirkten. Daß der Schwerpunkt der Analyse nicht auf gesellschaftlichen Veränderungen oder anderen von unten her initiierten Prozessen liegt, soll jedoch keineswegs implizieren, daß diese politisch bedeutungslos wären. Im Rahmen der gewählten Fragestellung, die nach den institutionellen Merkmalen von *Führungshandeln* fragt, können sie jedoch nicht schwerpunktmäßig berücksichtigt werden, sondern bilden innerhalb der gewählten Perspektive einen Teil der äußeren Handlungsbedingungen für zentrale Entscheidungen.

1.2 Forschungsstand

Die Analyse informeller Spielregeln in Transformationsstaaten wie der VR China stellt die Forschung vor schwerwiegende methodische Probleme. Die Hauptursachen hierfür sind die fehlende direkte Beobachtbarkeit von Prozessen und die Unzugänglichkeit wichtiger Informationen (Cheng/Womack 1996: 334-37). Die sozialwissenschaftliche Chinaforschung hat bereits seit mehreren Jahrzehnten auf unterschiedliche Art versucht, diese methodischen Schwierigkeiten zu kompensieren. Als Folge entstanden vielfältige Ansätze, die jeweils auf unterschiedlichen Prämissen darüber beruhen, welche Faktoren ursächlich an der Entstehung informeller Spielregeln in China beteiligt sind – darunter etwa

- eine besondere *kulturelle Prägung* der Akteure durch eine auf Elementen der chinesischen Tradition und der sozialistischen Revolution beruhende *politische Kultur*;
- durch formale Institutionen (leninistische Charakteristika des politischen Systems) vorgegebene *strukturelle Handlungsanreize* für politische Akteure;
- die *Dynamik faktionalistischer Machtkämpfe*, die sich in den meisten leninistischen Kaderparteien beobachten lassen, oder
- die Qualität zwischenmenschlicher Beziehungen in „Beziehungsnetzwerken".

Erste Versuche, durch Modellbildung die informellen Charakteristika der chinesischen Politik zu erfassen, reichen bis in die sechziger Jahre zurück. Die Beobachtung großflächiger innerparteilicher Säuberungen in der Mao-Ära begünstigte zunächst Ansätze, die sich mit der Dynamik von Machtkämpfen befaßten.[14] Nach Beginn der Reformära fanden schließlich Vorgänge der *bürokratischen Politikimplementierung* stärkere Berücksichtigung, besonders die informellen Aushandlungsprozesse zwischen bürokratischen Einheiten im Wirtschaftssektor, was auch mit der verbesserten Informationslage über solche Vorgänge zusammenhing. Umfangreiche, empirisch fundierte Untersu-

---

14 Vgl. die methodenkritische Diskussion zwischen Nathan (1973 und 1976), Tang Tsou (1976) und Dittmer (1995a: 1).

chungen u.a. von Lieberthal, Lampton, Oksenberg und Shirk führten zur Formulierung eines Ansatzes, der unter der Bezeichnung „fragmentierter Autoritarismus" bekannt geworden ist. Dieser Ansatz vermag viele Aspekte der ökonomischen Politikformulierung und Implementierung treffend zu erklären, konnte allerdings die Dominanz der Machtkampf-Ansätze für die Analyse der höchsten Führungsebene nicht beenden.[15] Mitte der neunziger Jahre rückte das Thema der informellen Institutionen in der chinesischen Politik durch mehrere damit befaßte wissenschaftliche Konferenzen schließlich erneut in den Vordergrund; es wurde intensiv diskutiert, welche Ansätze für die Analyse informeller Politik am besten geeignet sind.[16] Inzwischen konkurriert eine so große Anzahl unterschiedlicher methodischer Perspektiven, daß bereits mehrfach Forderungen erhoben worden sind, diese einer kritischen Überprüfung zu unterziehen und ihren jeweiligen Erklärungsbereich klarer einzugrenzen (Harding 1984: 28-35). Eines der Ziele dieser Arbeit besteht daher darin, die Erklärungskraft der wichtigsten Ansätze an den gewählten Fallstudien kritisch zu überprüfen, um zu einer genaueren Einordnung der Analysekonzepte beizutragen.

Der Forschungsstand zu den grundlegenden institutionellen Merkmalen der Regierungsprozesse Chinas und Taiwans ist je nach Themenbereich und Untersuchungszeitraum unterschiedlich hoch. Während einige Systemebenen relativ gut erforscht sind, liegen zu anderen nur dürftige Informationen vor (Lieberthal 1992: 28). Die Forschungsbedingungen in Taiwan erlauben heute weitgehend uneingeschränkte, detailgenaue Studien auch brisanter Entscheidungsprozesse. Dagegen liegen aus der VR China zu brisanten Politikfeldern, etwa den Abstimmungsvorgängen in der oft als *„black box"* bezeichneten Führungszentrale, bisher nur sehr wenige gesicherte Informationen vor.[17] Da die Einzelheiten politischer Entscheidungsprozesse in der VR China noch immer als Staatsgeheimnisse gelten, kursieren in der Presse phantasievolle Interpretationen jedes noch so kleinen Indizes auf der Ebene politischer Symbolik, um daraus mangels verläßlicherer Informationen Rückschlüsse auf bevorstehende Personal- oder Richtungsentscheidungen zu ziehen. Insgesamt haben sich Informationslage und Arbeitsbedingungen für chinesische und westliche Forscher zwar gleichermaßen verbessert, so daß für weiter

---

15 Vgl. z.B. Domes (1985), Pye (1995), Nathan/Tsai (1995), die Beiträge im Sammelband von Dittmer/ Fukui/ Lee (2000) sowie die Haltung der meisten „*China watchers*" in der Hongkong-Presse und auf Taiwan.
16 Konferenzberichte und Diskussionsbeiträge erschienen unter anderem im *China Journal* (1995) und in *Asian Survey* (1996) sowie den Sammelbänden von Dittmer/ Fukui/ Lee (2000) und Unger (2002).
17 So fehlen noch immer grundlegende Informationen über normale politische Abläufe: "China scholars share no working description of how the CCP Politburo operates, including basic information - valid for any period - about how regularly (if at all) it meets, what kinds of issues it discusses (if any), what the role of the Politburo Standing Committee is with respect to the full Politburo, how decisions are made (if they are), and what role the Secretariat plays with regard to agenda, and so forth. Glimpses and shreds of information are frequently contradictory" (Miller 1995: 210-11).

zurückliegende Epochen zumindest ausschnittweise ein detailliertes Bild gezeichnet werden kann.[18] Dennoch bleiben grundlegende Einschränkungen der Informationslage bestehen, was die Qualität der heute möglichen Analysen beeinträchtigt.

1.3 Verfügbare und verwendete Quellen

Ungeachtet der oben erwähnten Einschränkungen, die angesichts der Natur des Untersuchungsgegenstandes unvermeidlich sind, hat sich die Zugänglichkeit zu Informationen über das politische System der VR China in den letzten Jahren insgesamt deutlich gebessert. Die Vielzahl neuer Quellen – darunter Memoiren von ehemaligen Mitarbeitern hochrangiger Entscheidungsträger, historische Analysen chinesischer und westlicher Forscher sowie eine Vielzahl von Arbeiten, die auf umfangreichen Interviewserien und Feldforschungsergebnissen basieren – bietet für die gewählten Fallbeispiele genügend aussagekräftiges Datenmaterial und erlaubt zumindest eine vorläufige Auswertung. Im Hinblick auf die Quellenlage besteht jedoch zwischen China und Taiwan ein wesentlicher qualitativer Unterschied. Die für die vorliegende Fragestellung besonders relevanten und interessanten internen Parteidokumente der VR China unterliegen nach wie vor der Geheimhaltung. Besonders Konferenzmitschriften und Gesprächsprotokolle, die Aufschluss über den genauen Verlauf von Führungskonflikten geben könnten, gelangen höchstens in Ausschnitten, etwa in Form längerer Zitate, an die Öffentlichkeit. Die Authentizität von Sammlungen angeblicher Geheimdokumente, wie sie 2001 von Nathan und Link als „Tiananmen-Akte" herausgegeben worden sind, ist für Außenstehende bisher nicht gesichert zu klären.[19] Auch ist es der westlichen Forschung bisher noch nicht möglich gewesen, direkt an Entscheidungsprozessen beteiligte „Insider" der höchsten Führungsebene persönlich zu solchen Entscheidungsprozessen zu befragen. Bis die für eine historische Aufarbeitung notwendigen Quellen eines Tages allgemein öffentlich zugänglich sind, muß die Forschung sich daher auf eine lückenhafte Datenbasis stützen – darunter offizielle oder quasi-offizielle Geschichtsdarstellungen, die von chinesischen Historikern unter Zuhilfenahme anders nicht zugänglicher Quellen erstellt worden sind,[20] Zeitzeugen-Berichte (sogenannte „Exilkader-Literatur") sowie die von westlichen

---

18 Vgl. etwa Lampton (1987), die Beiträge in Lieberthal/Lampton (1992) und Hamrin/Zhao (1995), die historischen Studien von Frederick Teiwes sowie die Überblicksdarstellungen von Lieberthal (1995) und Heilmann (1996).
19 Zur Frage der noch ungeklärten Authentizität der „Tiananmen-Akte" (Nathan/ Link 2001) vgl. die Stellungnahmen von Nathan (2001) und Dittmer (2001) sowie die Ausführungen in Kapitel 4.2.1.
20 Ein Beispiel für diese Art von Quellen ist die Studie von Cheng/ Wang/ Li (1998) zur Einleitung der Reform- und Öffnungspolitik, die zwar ausführlich aus internen Dokumenten zitiert, sich aber in der Darstellung und Gewichtung der Konflikte strikt an die offizielle Linie hält. Zudem bleibt unklar, welche Quellen den Autoren zugänglich waren und welche nicht,

Forschern durch Befragung mittlerer Führungskader gewonnenen Erkenntnisse. Die Zuverlässigkeit von Einzelinformationen in Quellen offiziellen Charakters zu überprüfen, ist oft schwierig. Zwar verfügen chinesische Historiker im Vergleich zu westlichen Forschern über besseren Zugang zu internen Informationen, unterliegen jedoch strikten Veröffentlichungsrestriktionen. Andererseits haben selbst parteinahe Forscher bisher anscheinend keinen Einblick in die Archive der höchsten Führungsebene.[21] Diese Problematik kommt insbesondere bei politisch kontroversen Ereigniskomplexen, etwa der niedergeschlagenen Protestbewegung vom Frühjahr 1989, zum Tragen. Dennoch sorgt der Informationsvorsprung zwischen chinesischen und westlichen Historikern dafür, daß westliche Forscher bei der Beurteilung von tendenziösen Verzerrungen in der chinesischen Sekundärliteratur klar im Nachteil sind. Während chinesische Forscher nicht alles veröffentlichen können, was sie wissen („they know that what they say is not quite right"), laufen westliche Forscher nicht selten Gefahr, unbemerkt Falschinformationen aufzusitzen ("they do *not* know that what they say is not quite right") (Benjamin Yang 1998: 71). Offizielle und quasi-offizielle historische Studien werden in dieser Arbeit daher mit der gebotenen Vorsicht verwendet und nur als Ergänzung zu Zeitzeugen-Berichten und westlichen Sekundärstudien herangezogen, denn sie verzeichnen zwar viele Detailereignisse gewissenhaft und sind daher zu Vergleichszwecken nützlich, unterschlagen jedoch kontroverse Ereignisse und Personen unter Umständen kommentarlos.[22] Es ist anzunehmen, daß selbst der relative Informationsvorsprung der chinesischen Historiker das Grundproblem der lückenhaften Datengrundlage – etwa das Fehlen direkter Einsichtnahme in alle Archive – nicht ausgleichen kann.

Weniger von *politischen* Zwängen beeinflußt sind gegenüber den offiziellen Darstellungen die Quellen aus der Gattung „Berichte von Exilkadern". „Exilkader" – darunter die besonders prominenten Vertreter Ruan Ming, Wu Guoguang und Chen Yizi – sind

---

und es erfolgt keine wie auch immer geartete Diskussion des Informationsstandes der Autoren.

21 Nach Aussagen des ehemaligen persönlichen Assistenten von ZK-Generalsekretär Zhao Ziyang, Bao Tong, gegenüber dem Journalisten Jasper Becker werden etwa Politbüro-Sitzungen gewöhnlich auf Tonbänder aufgezeichnet, anschließend transkribiert und als formale Dokumente herausgegeben, die jedoch nur höchsten Führungskadern zugänglich sind: „Access to information is very, very tightly controlled. Afterwards only a very limited group of people are permitted access to these internal documents". Die zentralen Archive der Parteiführung befinden sich in einem streng bewachten Komplex in Wenquan nördlich von Beijing. Nur höchsten Führungsmitglieder ist es gestattet, solche Dokumente mit nach Hause zu nehmen (Becker 2001).

22 Vgl. das politisch begründete Fehlen jeglicher namentlicher Erwähnung von Ruan Ming (ein ehemaliger Mitarbeiter Hu Yaobangs) in den quasi-offiziellen Darstellungen etwa von Shen Baoxiang (1997) und Zhu Jiamu (1998). Es ist anzunehmen, daß in solchen Quellen auch viele weitere politisch motivierte Verzerrungen vorliegen, die nicht durch alternative Darstellungen korrigierbar sind und daher unbemerkt bleiben.

1.3 Verfügbare und verwendete Quellen

ehemalige höherrangige Parteifunktionäre, die meist aus politischen Gründen China verlassen mußten und im westlichen Ausland, Hongkong oder Taiwan Zuflucht gefunden haben. Ihre autobiographischen Berichte und ihre Analysen von Entscheidungsprozessen, die sie als Zeitzeugen miterlebt haben, gehören zu den aufschlußreichsten Quellen der chinesischen Politik.[23] Allerdings sind auch diese Quellen nicht unproblematisch. Mitunter wurden sie aus sehr subjektiv gefärbter Sicht, zum Teil sogar mit konkreter politischer Absicht verfaßt, etwa um mit Gegnern abzurechnen oder die Sache einer bestimmten politischen Strömung zu befördern. Auch mögen zumindest bei einigen dieser Berichte (etwa den Erinnerungen des Leibarztes Mao Zedongs, Li Zhisui), handfeste marktwirtschaftliche Interessen eine Rolle gespielt und den Autor veranlaßt haben, seine Insider-Darstellung für ein Massenpublikum sensationalistisch aufzubauschen. Auch ist die Echtheit von Zeitzeugen-Berichten nicht in jedem Fall leicht überprüfbar. So kursierten in der westlichen Chinaforschung schon mehrfach angebliche Insider-Berichte, deren Autoren erst später als Fälscher enttarnt werden konnten.[24] Doch auch die authentischen Exilkader-Berichte, die zur Bearbeitung der Fallstudien in dieser Arbeit verwendet wurden, enthalten meist keine Informationen über die Interaktionen zwischen den höchsten Entscheidungsträgern selbst, sondern beschränken sich auf die Ebene der *Mitarbeiter* höchster Führungsakteure, in die die jeweiligen Autoren persönlich direkten Einblick hatten (Miller 1995: 229). Diese Berichte liefern zwar wertvolle Hintergrundinformationen über die strategischen Vorgehensweisen solcher Mitarbeiter-Netzwerke, können aber jeweils nur einen begrenzten Ausschnitt der relevanten Interaktionen abbilden, der noch dazu durch die Wahrnehmung des betreffenden Einzelakteurs gefiltert worden ist.
Es ist daher zu konstatieren, daß die analysierten Entscheidungsprozesse auf der heute verfügbaren Quellenbasis nicht abschließend zu beurteilen sind. Erst wenn die dazu notwendigen Informationen allgemein zugänglich sind, könnte ein wesentlich detailliertes Bild von den Hintergründen der betreffenden Entscheidungsprozesse gezeichnet werden, als es heute möglich ist; allerdings liegt es in der Natur des komplexen Untersuchungsgegenstandes, daß die informellen Interaktionen politischer Akteure möglicherweise niemals *vollständig* offengelegt werden können. Gegenwärtig muß eine vorläufige Untersuchung einiger Fallbeispiele ausreichen, um wenigstens eine erste Basis für weitergehende Analysen schaffen, die in Zukunft durchzuführen wären.

---

23 Zum Teil hatten solche Personen Einblick in hochrangige Entscheidungsprozesse; vgl. dazu u.a. die Beiträge in dem Sammelband von Hamrin/Zhao (1995) sowie Ruan Ming (1994), Chen Yizi (1990, 1995) und Wu Guoguang (1997) oder Li Zhisui (1994). Als Vergleichsobjekt interessant sind auch die Erinnerungen von systemloyalen Kadern, die in der VR China geblieben sind, etwa Zhu Jiamu (1998), Shen Baoxiang (1997) und Yang Yichen (1996).
24 Für mehrere Beispiele gefälschter Exilkader-Berichte, die eine zeitlang als authentisch angesehen wurden, siehe Benjamin Yang (1998: 305).

In Taiwan sind politisch-historische Untersuchungen heute wesentlich leichter möglich als in der VR China, und auch die informelle Dimension des politischen Systems läßt sich inzwischen relativ gründlich erforschen. Wie in westlichen Staaten allgemein üblich, gibt es auch in Taiwan politische Journalisten mit langjähriger Erfahrung als Beobachter der politischen Szene, die über Insiderkenntnisse und gute persönliche Beziehungen zu hochrangigen Führungspersonen verfügen und keinen nennenswerten Veröffentlichungsrestriktionen mehr unterliegen. Allenfalls bei Fragen, die die nationale Sicherheit gefährden, bestehen noch Restriktionen der Informationsfreiheit. Taiwanische Sozialwissenschaftler genießen deshalb inzwischen nahezu unbeschränkten Zugang zu wichtigen Informationsquellen. Die ausgewählten Taiwan-Fallstudien sind anhand der verfügbaren Quellen daher gut zu bearbeiten. So basieren die sehr sorgfältig recherchierten, systematischen Studien der informellen Aspekte des politischen Systems von Chen Mingtong (2001) und Wang Zhenhuan (1996), ebenso wie die politische Li Denghui-Biographie der Journalistin Zhou Yukou (1994) oder die Analyse des ehemaligen Forschers am Nationalen Strategieforschungszentrum Zhang Youhua (1993), der die Rolle des Militärs in den taiwanischen Führungskonflikten untersucht, auf umfangreichen Dokumentenstudien, einer nahezu vollständigen Auswertung der Presseberichterstattung und persönlichen Interviews mit den beteiligten Führungsakteuren. Auch einige neuere westliche Studien, etwa die historische Analyse und Dokumentation von Chao und Myers (1998) über den Verlauf des Transformationsprozesses, die systematische Studie des politischen Systems von Gunter Schubert (1994) oder die Jiang Jingguo-Biographie von Taylor (2000) erreichen einen vergleichbar hohen Stand. Die in solchen Analysen enthaltenen Informationen aus Hintergrundgesprächen mit Führungsakteuren sind wesentlich ergiebiger als die zeitnah zu den Ereignissen veröffentlichte Presseberichterstattung, da die GMD-Führung die Informationsfreiheit auch *nach* Aufhebung der Presserestriktionen noch längere Zeit informell einschränken konnte und wichtige Details des Führungshandelns deshalb oft nicht zeitgleich bekannt wurden. Der Verlauf des taiwanischen Transformationsprozesses ist insgesamt gut dokumentiert und gründlich erforscht, so dass eine *Sekundärauswertung* der existierenden Einzelstudien unter der gewählten Fragestellung relativ einfach möglich ist und gute Resultate liefert.

Während mehrerer Rechercheaufenthalten im Herbst 2000, Frühjahr 2001 und Frühjahr 2002 in Beijing, Taipei und Hongkong, die primär zur Beschaffung chinesischer Literatur dienten, wurden zusätzlich Hintergrundgespräche mit ausgewählten chinesischen und taiwanischen Sozialwissenschaftlern geführt. In diesen Gesprächen ging es darum, methodische und andere allgemeine Grundfragen der gewählten Fallstudienthemen zu besprechen und verschiedene Vorstellungen über die Wirkungsweise informeller Institutionen zu vergleichen. Die Ergebnisse dieser Interviews fließen in die Beurteilung der Analyseergebnisse ein, da sie vor allem dazu dienten, die aus dem Quellenstudium ge-

1.3 Verfügbare und verwendete Quellen 23

wonnenen Erkenntnisse kritisch zu überprüfen. Es zeigte sich, daß von den interviewten Experten sehr unterschiedliche Standpunkte zur Funktionsweise informeller Politik vertreten wurden. Die chinesischen Gesprächspartner, darunter mehrere Mitarbeiter großer Universitäten und Forschungsinstitute, räumten allerdings durchweg ein, selbst nur sehr wenig Einblick in die höchsten Entscheidungsebenen zu haben. Da den Beijinger Gesprächspartnern Anonymität zugesichert wurde, belege ich Äußerungen dieser Personen nicht namentlich.

1.4 Methodischer Ansatz

Eines der Ziele dieser Studie besteht darin, die wichtigsten Ansätze zur Analyse informeller Institutionen der chinesischen Politik an empirischen Studien kritisch zu überprüfen. Deshalb erfolgt in Kapitel 2 eine Diskussion der wichtigsten Ansätze, die auch bereits erste Bewertungen des sachlichen und zeitlichen Geltungsbereichs, des Erklärungsanspruchs und der internen logischen Kohärenz des jeweiligen Ansatzes erlaubt.

Da die informellen Institutionen eines Systems nur in Bezug zu den *formalen* Strukturen sinnvoll analysiert werden können, werden in Kapitel 3 zunächst die grundlegenden Charakteristika des chinesischen und taiwanischen Führungssystems dargestellt, wie sie im Untersuchungszeitraum im Zusammenwirken formaler und informeller Institutionen und Organisationen *normalerweise* zu beobachten waren. Dieses nach systematischen Kategorien gegliederte Kapitel basiert auf einer umfassenden Auswertung westlicher und chinesischer Sekundärliteratur zu zahlreichen institutionellen Einzelphänomenen, die in ihrer Gesamtheit die institutionelle Grundstruktur der beiden Führungssysteme ausmachen, und entspricht dem gegenwärtigen Forschungsstand. Dies bedeutet, daß im Hinblick auf die Funktionsweise des chinesischen Führungssystems im Untersuchungszeitraum nur eine *vorläufige* Bilanz gezogen werden kann. Durch die Gegenüberstellung spezifischer formaler und informeller Systemcharakteristika, die die beiden politischen Systeme prägen, bildet Kapitel 3 den notwendigen Informationshintergrund für die Einordnung der detaillierten Fallstudien politischen Führungshandelns, die Gegenstand von Kapitel 4 sind.

Da davon ausgegangen werden kann, daß sich die institutionellen Handlungsbedingungen etwa in nationalen Krisensituationen grundlegend von den Bedingungen alltäglicher Entscheidungsfindung unterscheiden, werden den in Kapitel 3 erarbeiteten allgemeinen Systemcharakteristika in Kapitel 4 vier ausgewählte Fallstudien konfliktträchtiger Entscheidungsprozesse gegenübergestellt, die jeweils entscheidende Wendepunkte der jeweiligen Reformprozesse markierten. Die Untersuchung dieser Fallstudien erfolgt schwerpunktmäßig durch eine *Sekundärauswertung* verfügbarer westlicher und chinesischer Studien unter selektiver Einbeziehung chinesischer und taiwanischer Primärquellen. Bei der Auswahl der Fallstudien wurde versucht, in beiden Staaten jeweils zwei repräsentative Beispiele für politische Grundsatzkonflikte aufzufinden, die für den weiteren Verlauf der Transformation prägend waren und sich im Hinblick auf die Tragweite der Ereignisse im jeweiligen System miteinander vergleichen lassen.

Als Beispiel für einen *Grundsatzkonflikt über Programme und politisches Führungspersonal* wurde in der VR China die Einleitung der Reform- und Öffnungspolitik nach dem Tod Mao Zedongs ausgewählt. Dem wird für Taiwan die Einleitung des demokratischen Reformprozesses ab Mitte der achtziger Jahre gegenübergestellt. Beide Konflikte umfassen eine Nachfolgekrise nach dem Tod einer dominierenden Führungspersönlichkeit, die mit Auseinandersetzungen über eine programmatische Neuausrichtung verbunden ist. Nachfolgekonflikte sind in autoritären, besonders aber in leninistisch geprägten Staaten stets zugleich Chance und Krise, da meist keine geordneten Verfahren der Führungsnachfolge existieren und in solchen Situationen deshalb häufig Machtkämpfe zwischen konkurrierenden Parteien ausbrechen (Dickson 1997: 20). Die beiden ausgewählten Fallbeispiele sind in dieser Hinsicht typisch; sie ebneten jeweils den Weg für die Einleitung eines umfassenden Reformprozesses.

Weiterhin wurde in beiden Staaten je ein Entscheidungsprozeß über die *Reform der politischen Grundordnung* ausgewählt. Das für China untersuchte Beispiel sind die langwierigen Auseinandersetzungen zwischen einem „Reformerlager" und reformskeptischen „Orthodoxen", die sich zwischen 1986 und 1989 zuspitzten und im Frühjahr 1989 in die größte politische Krise seit Beginn der Reform- und Öffnungspolitik mündeten. Für Taiwan werden die langwierigen Konflikte über Verfassungsreformen seit Anfang der neunziger Jahre analysiert, da diese Entscheidungsprozesse im Kontext der ungelösten nationalen Frage grundsätzliche Fragen über den nationalen Status Taiwans und das Selbstverständnis der GMD aufwarfen und daher weitreichende Bedeutung für den Verlauf des Transformationsprozesses hatten.[25]

Bei der Bearbeitung dieser Fallstudien werden die jeweiligen Entscheidungsprozesse zunächst im Hinblick auf Entscheidungskontext, institutionelle Rahmenbedingungen, Akteurskonstellation und Interessenlagen, strategische Verhaltensweisen sowie Konfliktergebnisse möglichst genau rekonstruiert.[26] Dabei wird eine ergebnisoffene Vorgehensweise gewählt, um Widersprüche und Konflikte in unterschiedlichen Darstel-

---

25 Im Zuge der vorliegenden Arbeit ebenfalls durchgeführte Untersuchungen zu einem dritten Konflikttypus, nämlich *Konflikten über Fragen der nationalen Souveränität*, ergaben aufgrund der in beiden Staaten unbefriedigenden Quellenlage zum Handeln höchster Führungsakteure in unmittelbar sicherheitsrelevanten Politikfeldern keine verwertbaren Ergebnisse im Sinne der Fragestellung. Auf eine Darstellung dieses Teils der Untersuchung wird daher aus Platzgründen verzichtet.
26 Vgl. dazu die von Robinson und Majak (1967) übernommene Systematik zur Analyse von Entscheidungsprozessen bei Harding (1984: 17).

1.4 Methodischer Ansatz

lungen derselben Sachverhalte aufzufinden. Die herangezogenen chinesischsprachigen Quellen dienen zur Rekonstruktion wesentlicher Detail- und Hintergrundinformationen. Nach erfolgter Rekonstruktion des jeweiligen Konfliktes werden dann die maßgeblichen informellen Verhaltensweisen und Organisationsmuster identifiziert. Anschließend erfolgt eine Gegenüberstellung der Ergebnisse aus der Betrachtung der chinesischen und taiwanischen Fallbeispiele, wobei Ähnlichkeiten und Unterschiede benannt und die möglichen traditionalen, leninistischen oder transformationspolitisch bedingten Entstehungsursachen einzelner informeller Institutionen diskutiert werden. Grundsätzlich geht diese Studie nicht von vornherein davon aus, daß es sich bei den aufgefundenen Institutionen um kulturgebundene Sonderphänomene handelt, sondern versucht, sie mit allgemein üblichen sozialwissenschaftlichen Kategorien zu analysieren und so das wenig hilfreiche „Aufsetzen einer chinaspezifischen Brille" zu vermeiden.[27] Die Ergebnisse dieser vergleichenden Betrachtungen sind in Kapitel 5 zusammenfassend dargestellt.

Zur Romanisierung chinesischer Begriffe, Eigen- und Ortsnamen wird in dieser Arbeit nahezu durchgängig das in der VR China übliche *Hanyu pinyin*-System verwendet, da auf Taiwan kein einheitliches Transkriptionssystem in Gebrauch ist und es daher schwer fällt, bevorzugte Schreibweisen sicher festzustellen. Lediglich die Hauptstadt Taiwans, Taipei, wird nicht entsprechend den Regeln des *Hanyu pinyin*-Systems transkribiert, da die Schreibweise „Taipei" international immer noch weitaus gebräuchlicher ist als „Taibei". Beibehalten wurden zudem ursprüngliche Schreibweisen in selbstgewählten englischsprachigen Bezeichnungen von Organen (etwa *„National Chengchi University"* statt *„National Zhengzhi University"*), in wörtlich aus der Sekundärliteratur übernommenen Zitaten sowie in wenigen Fällen dann, wenn die korrekte Schreibweise nach dem *Hanyu pinyin*-System nicht festgestellt werden konnte. Wörtliche Übersetzungen aus chinesischen Quellen stammen, wenn nicht anders angegeben, von mir.

---

27 Vgl. Herrmann-Pillath (1997: 55-56).

2 Methodische Ansätze zur Analyse informeller Institutionen

2.1 Einführung

Informelle Politik ist meistens „Kryptopolitik" (Rigby 1990: 88-89). Dieser in Bezug auf das sowjetische System geprägte Begriff, der sich auf die Intransparenz der Entscheidungsmechanismen bezieht, charakterisiert die informelle Dimension politischer Entscheidungsprozesse im Kontext leninistischer Systeme durchaus angemessen. Die im Vergleich besonders undurchsichtigen Entscheidungsvorgänge der chinesischen Politik wurden im Verlauf der letzten Jahrzehnte mit Hilfe einer Vielzahl analytischer Perspektiven untersucht, die sich nach dem zentralen Erklärungsfaktor wie folgt klassifizieren lassen:

- *Realpolitik:* Informelles Konfliktverhalten folgt nahezu ausschließlich dem realpolitisch motivierten Kampf der Akteure um Machtpositionen, während inhaltlich-programmatische Standpunkte nur zur Kaschierung von Machtstreben dienen;
- *Konkurrenz programmatischer Linien:* Konkurrenz zwischen Lagern mit unterschiedlichen programmatischen oder ideologischen Interessen bildet den Hauptantrieb für informelles Konfliktverhalten, wobei dem Kampf um Machtpositionen nur eine untergeordnete Position zukommt;
- *Kulturgebundenheit politischen Handelns:* Informelle Spielregeln sind in tradierten, *kulturell* geprägten Verhaltensweisen und Wertvorstellungen der Akteure begründet, die zumeist unbewußt auf das Akteurshandeln einwirken;
- *Bürokratische Aushandlung:* Bürokratische Interessen und komplexe Aushandlungsvorgänge zwischen und innerhalb von formalen Organisationen bilden die Triebfeder für das Verhalten der individuellen und kollektiven Akteure.[28]

Die vergleichende politische Systemforschung versucht zudem, die typischen informellen Institutionen eines Systems aus den Funktionsdefiziten der *formalen* Charakteristika des betreffenden Systems heraus zu erklären. Leninistische Parteiorganisation und sozialistischer Staatsaufbau haben nach dieser Perspektive stets bestimmte informelle Interaktionsmuster zur Folge, die in allen ähnlich strukturierten Systemen vergleichend analysiert werden können. Tatsächlich legen ähnliche Erscheinungen in postsozialistischen Transformationsstaaten – darunter informelle Privatisierung von Staatseigentum, zunehmende Korruption und Ausbreitung organisierter Kriminalität – nahe, daß ein solcher Zusammenhang besteht. Allerdings betrifft dieses Erklärungsmuster primär Vorgänge im Wirtschaftssystem und auf unteren Entscheidungsebenen.

---

28 Vgl. dazu auch die Diskussion mehrerer Ansätze bei Teiwes (1979: 68).

Der Forschung bieten sich grundsätzlich mehrere Möglichkeiten der generalisierenden Modellbildung: So können Typologien von Phänomenen der informellen Politik oder von Handlungssituationen entwickelt werden, um das Entscheidungssystem anhand der Summe seiner informellen Merkmale zu klassifizieren; einzelne informelle Interaktionsformen (etwa Netzwerke, Faktionalismus) können systematisch und tiefergehend analysiert werden, oder die Beziehungen zwischen formalen und informellen Institutionen zueinander können den Schwerpunkt der Analyse bilden (Cheng/Womack 1996: 336-37). Je nach Zielrichtung können also unterschiedliche Ansätze geeignet sein. Bei der Bearbeitung komplexer Fragen ist es zumeist notwendig, mehrere Analyseansätze kombiniert anzuwenden, so daß keine Grundsatzentscheidung zugunsten eines einzigen Ansatzes für alle Fragestellungen getroffen werden kann. Jeder Ansatz bietet zudem mindestens eine wertvolle Einsicht, vernachlässigt dabei aber andere Aspekte, die von Fall zu Fall leichter oder schwerer ins Gewicht fallen können. Oft müssen daher geeignete Kombinationen von Ansätzen ausgewählt werden, die sich für das jeweilige Untersuchungsobjekt eignen. Allerdings haben einige Ansätze für bestimmte Themenbereiche größere Erklärungskraft als andere, so daß eine genauere Einordnung der jeweiligen Erklärungsreichweite bereits zu einer besseren methodischen Grundlage beitragen kann. In diesem Kapitel werden daher zunächst einige wichtige Begriffe und Methoden zur Untersuchung informeller Institutionen der chinesischen Politik dargestellt. Anschließend wird die Frage nach den *Entstehungsursachen* konkreter informeller Institutionen vorbereitend diskutiert und näher erläutert, warum in dieser Arbeit eine differenzierte Anwendung verschiedener Analyseansätze je nach *Entscheidungskontext* des untersuchten Prozesses (Tagespolitik oder Ausnahmesituation) für notwendig gehalten wird.

2.2 Realpolitik und Faktionalismus

Eine häufig verwendete Analysekategorie im Bereich der informellen politischen Interaktion ist *Klientelismus*. Dieses Konzept bezeichnet ursprünglich *hierarchische, dyadische Tauschbeziehungen* zwischen zwei Individuen mit unterschiedlichem sozioökonomischen Status, weshalb dieser Beziehungstyp auch als „Patron-Klient-Beziehung" bezeichnet wird. Das Konzept wurde ursprünglich in ethnographischen Studien am Beispiel traditioneller Sozialstrukturen südostasiatischer Gesellschaften entwickelt, hat sich aber inzwischen in weiten Bereichen der sozialwissenschaftlichen Forschung, besonders aber für die Analyse von Sozialstrukturen in Entwicklungsländern, durchgesetzt.[29] Patron-Klient-Beziehungen sind verbreitet im ländlichen Südostasien, Lateinamerika,

---

29 Vgl. dazu ausführlich Landé (1977a: xx und 1977b: 76) sowie Caciagli (1997: 292).

2.2 Realpolitik und Faktionalismus

Afrika und auch Teilen Südeuropas. Typisches Merkmal dieses vornehmlich instrumentellen Beziehungstyps ist, daß der Patron Ressourcen und Einfluß geltend macht, um dem Klienten Protektion und/oder materielle Vergünstigungen zu gewähren, während dieser im Gegenzug Unterstützung und Hilfe, darunter auch persönliche Dienstleistungen, anbietet (Scott 1977: 123-26). Gegenseitige Abhängigkeit im Rahmen einer hierarchischen Austauschbeziehung ist somit das grundlegende Element klientelistischer Beziehungen; im übertragenen Sinne können alle hierarchischen, dyadischen Abhängigkeitsverhältnisse zwischen politischen Akteuren als Varianten dieses Grundtyps aufgefaßt werden. Eine besondere Spielart bildet der *elektorale Klientelismus*, der zuerst am Beispiel von Wahlvorgängen in ländlichen Gebieten der Philippinen beschrieben wurde. Hier bilden sich klientelistische Bindungen und Austauschverhältnisse zwischen Wählern und Kandidaten heraus (Scott 1977: 140-42). Elektoraler Klientelismus ist die strukturelle Ursache für Stimmenkauf.

Einige Beobachter gehen davon aus, daß die Führungsspitze der VR China von klientelistischen Netzwerken durchsetzt sei und sich die Machtkämpfe zwischen Führungsakteuren entlang dieser informellen klientelistischen Gruppierungen abspielten.[30] Die Kategorie „Klientelismus" steht daher in enger Beziehung zu Analysekonzepten, die sich schwerpunktmäßig mit informellen Machtkampf-Gruppierungen, sogenannten *Faktionen*, beschäftigen. Die Vertreter solcher Ansätze glauben, daß die immer gleiche Dynamik intraelitärer Machtkämpfe zwischen informellen Gruppierungen den Verlauf politischer Entscheidungsprozesse in China zu allen Zeiten grundlegend präge, während sich politische Prozesse anhand der formalen Institutionen *nicht* erklären ließen. Diese Perspektive ist in der Literatur so vorherrschend, daß der Begriff „Faktionalismus" inzwischen nahezu als Synonym für die Gesamtheit der „informellen Politik" gebraucht wird (Cheng/Chou 2000: 42-43).[31]

Gemeinsam ist den unterschiedlichen Faktionalismus-Ansätzen die Vorstellung, daß sich die Führungsakteure der VR China zwecks Durchsetzung von Partikularinteressen zu *Faktionen* zusammenschlössen. In den permanenten Machtkämpfen dieser Faktionen seien ideologische oder programmatische Fragen nur von zweitrangiger Bedeutung gegenüber dem primären Ziel des Machterhalts: "Factions are ideology-free, interest-centered, and power-motivated" (Cheng/Chou 2000: 44). Die institutionelle Unsicherheit im Handlungsumfeld der VR China ist nach dieser Auffassung der Hauptgrund dafür, daß sich Individuen zu temporären oder dauerhaften Gruppierungen zu-

---

30 Als Beispiel für eine Analyse von Patron-Klient-Verbindungen siehe Ostrovs Studie über die Rolle von Marschall Nie Rongzhen als Patron im chinesischen Verteidigungssektor (Ostrov 2000).
31 Zur weiten Verbreitung verschiedener Faktionalismus-Ansätze in der Literatur vgl. Nathan 1973, Pye 1981, Tang Tsou 1976, Domes 1985, Dittmer 1990 und 1995 sowie Huang Jing 1994.

sammenschließen. Die Zugehörigkeit zu einer Faktion dient aus Sicht des einzelnen demnach primär zur Absicherung der eigenen Machtposition (Pye 1981: 20). Oft wird auch der Mangel an legitimen Kanälen zur Interessenartikulation innerhalb leninistischer Parteisysteme als Ursache dafür angesehen, daß sich Akteure zu informellen Gruppierungen zusammenschließen, um ihre Interessen verdeckt zu vertreten. Das leninistische Faktionsverbot und der personalistische Charakter politischer Machtausübung in solchen Systemen wirken demnach ursächlich an der Herausbildung von Faktionen mit.[32] Eine kulturelle Neigung chinesischer Akteure zur Bildung informeller Gruppen, die von einigen Beobachtern angenommen wird, läßt sich angesichts der weiten Verbreitung von Faktionalismus in anderen Kulturkreisen, auch in Westeuropa, nicht ohne weiteres belegen.[33] Es ist allerdings anzunehmen, daß die kulturelle Prägung der Akteure zumindest die *Wahrnehmung* und symbolische Repräsentation von Machtkampfverhalten färbt, was durch Verwendung kulturspezifischer Ausdrucksformen möglicherweise dazu beiträgt, das Phänomen „Faktionalismus" für kulturell singulär zu halten (Herrmann-Pillath 1997: 74-75).

Die stark auf Machtkampf-Verhalten ausgerichtete Faktionalismus-Perspektive vernachlässigt stets die Möglichkeit, daß im Gegensatz zu reinen Machtinteressen auch echte programmatische Überzeugungen der Akteure die Triebfeder von Auseinandersetzungen sein könnten. Auch individuell-persönliche Faktoren, etwa ausgeprägte Antipathien oder prägende Lebenserfahrungen, könnten als Antrieb zur Gruppenbildung in Betracht gezogen werden. Machtkampf-Ansätze blenden somit einen nicht unerheblichen Teil der Handlungsmotivation von Akteuren bewußt aus, ohne hinreichende Belege dafür angeben zu können, daß dies methodisch gerechtfertigt ist. Dies ist einer der Hauptkritikpunkte, der vielfach gegen diese Konzepte vorgebracht wird.

Ein weiteres Problem ist, daß trotz der großen Verbreitung von Faktionalismus-Ansätzen in der Literatur der Kernbegriff „Faktion" sehr verschieden belegt und oft nicht genau definiert wird. Die unpräzise Verwendung dieses Begriffs für eine Vielzahl heterogener Organisationsformen - von klientelistischen, hierarchischen Tausch-Dyaden bis hin zu lose gefügten und unscharf begrenzten „Meinungsgruppen" oder politischen Koalitionen - suggeriert auf unglückliche Weise eine strukturelle Ähnlichkeit zwischen Phänomenen, die in der Realität sehr verschiedenartig sein können: „The injudicious use of the term 'faction' does not contribute anything to the understanding of the patterns of group formation" (Domes 1985: 80). Verschiedene Versuche einiger Forscher, den Begriff Faktion durch genaue Definition und präzise Verwendung zu schärfen, konnten

---

32 Vgl. Cheng/Chou (2000: 45), Huang Jing (1994: 6).
33 Der Hauptvertreter dieser „kulturalistischen" Perspektive ist Lucian Pye. Ein Beispiel für eine informelle, klientelistische Organisation in einer bundesdeutschen Partei ist der 1979 gegründete „Pacto Andino Segundo", eine informelle Vereinigung jüngerer westdeutscher CDU-Funktionäre, die im *SPIEGEL* (Ausgabe 27/30.6.2003, S. 38-46) näher beschrieben worden ist.

2.2 Realpolitik und Faktionalismus

sich bisher jedoch nicht allgemein durchsetzen.[34] Nach wie vor werden sowohl streng hierarchische Patron-Klient-Dyaden als auch lose gefügte „politische Klubs", unscharf begrenzte „Meinungsgruppen" sowie „Strömungen" ohne organisatorischen Zusammenhalt unterschiedslos als „Faktionen" bezeichnet, obwohl diese Organisationsformen im Hinblick auf Binnenstruktur, Interaktionsmuster, Bildungsursachen und Dauerhaftigkeit kaum Ähnlichkeiten miteinander aufweisen.

Ein zweckmäßigerer Versuch zur Analyse von Machtkämpfen ist der prozessuale Ansatz von Jürgen Domes. Domes betont, ebenso wie Tang Tsou, daß nicht nur klientelistische, sondern auch andere Arten von Beziehungsstrukturen den Anreiz zur Bildung informeller Gruppen bilden können. In seinem Prozeßmodell beschreibt er idealtypisch Entstehung und Ablauf einer faktionalistischen Auseinandersetzung in verschiedenen Konfliktphasen, wobei er die Formierung informeller Gruppen als *Folge* sich verschärfender inhaltlich-programmatischer Gegensätze begreift. Dies führt zur Bildung von Fronten und schließlich zum faktionalistischen Schlagabtausch, wobei die siegreiche Seite am Ende zum Zuge kommt und ihre Präferenzen verwirklichen kann. Der Konflikt umfaßt in diesem Stadium nicht nur Themen, sondern auch die Verfahren der Konfliktaustragung selbst (Domes 1977: 474-75, 1985: 81). Dieser Ansatz bietet Erklärungsmöglichkeiten für die Entstehungsursachen sowie die dynamische Veränderung von Konfliktlinien entlang informeller Organisationen und ist deshalb insgesamt weniger statisch als Ansätze, die von unveränderlichen Organisationsmustern und gleichbleibenden Verhaltensanreizen für die Akteure ausgehen, ohne Entstehungsursachen und Entwicklungsperspektiven der informellen Gruppen zu betrachten. Auch geht Domes davon aus, daß Machtinteressen und programmatischen Zielen in Führungskonflikten etwa gleiches Gewicht zukommt:

> In my view, elements of power struggle, personal confrontation, and policy dispute are inseparably interwoven in intraelite conflicts. These elements are indeed combined with equal weight and equal intensity in political confrontations in which power positions as well as political platforms are at stake. (Domes 1985: 80-81)

Auch andere Forscher betonen die grundsätzliche Bedeutung programmatisch-ideologischer Überzeugungen der Akteure in Führungskonflikten. Gerade in institutionellen Umbruchsituationen spielen programmatische Präferenzen eine wichtige Rolle und sollten gegenüber Machtinteressen nicht vernachlässigt werden (Fewsmith 1996: 232).

---

34 Vgl. die Versuche von Nathan (1973) und Domes (1977). Nathans Beitrag zeigt, daß der Versuch, den Begriff *Faktion* durch möglichst enge Definition präziser zu fassen, auch zu einer unzweckmäßigen Verkleinerung seines Geltungsbereichs führen kann. So ist Nathans Faktionen-Begriff („Faktion" als klientelistische Dyade bzw. „komplexe Faktion" als aus mehreren Dyaden gebildete pyramidenförmige Struktur) zwar äußerst präzise, klammert aber so viele informelle Organisationstypen aus, daß die von ihm beschriebenen „Faktionen" reinen Typs empirisch nur schwer faßbar sein dürften.

Dennoch stellt Domes die Beibehaltung des Terminus *Faktion* als Sammelbezeichnung für an Machtkämpfen beteiligte Gruppierungen grundsätzlich nicht in Frage. Andere Forscher hingegen bevorzugen zur Abgrenzung von Faktionalismus-Perspektiven Bezeichnungen, die diesen Begriff vermeiden, etwa Begriffe wie „politische Koalitionen" (Cheng/Chou), „politische Gemeinschaften" (Fewsmith) oder „politische Handlungsgruppen" (Tang Tsou).

Während die bereits erwähnte Kritik an der undifferenzierten Verwendung des Begriffs „Faktion" sich hauptsächlich auf den Verlust analytischer Präzision bezieht, sieht der Politikwissenschaftler Sartori auch die *normative* Konnotation des Begriffs als Problem an. „Faktion" leitet sich etymologisch vom lateinischen *facere* (tun, machen) her und bezeichnete bereits in der Antike politische Gruppen, die sich schädlichem oder störendem Tun widmeten. Von Anfang an bestand daher, anders als bei dem wertneutraleren Begriff „Partei" (von *partire* – teilen), eine explizit negative Konnotation (Sartori 1976: 3-4). In der modernen Sozialwissenschaft lassen sich heute jedoch mindestens zwei unterschiedliche Grundbedeutungen des Begriffs „Faktion" unterscheiden: So verwendet die ethnographisch ausgerichtete Sozialstrukturen-Forschung den Begriff als rein beschreibende Kategorie im Sinne klientelistischer, dyadischer Allianzen nicht-korporativen Charakters, die im Wettbewerb miteinander stehen (Landé 1977a: xxxii). Auf diesem weitgehend wertfreien Verständnis, das sich primär auf organisatorische Merkmale der Binnenstruktur bezieht, beruht etwa Andrew Nathans Faktionalismus-Ansatz. Der für den Zusammenhalt einer Faktion einzig entscheidende Faktor ist in diesem Verständnis "the ability of the leader to secure and distribute rewards to his followers" (Nathan 1973: 43).[35] In einer anderen Grundbedeutung, die vornehmlich im angelsächsischen Sprachraum verbreitet ist, werden Faktionen als „parteiinterne Flügel" definiert, „die eine gewisse inhaltliche Abgrenzbarkeit und organisatorische Eigenständigkeit innerhalb der Gesamtpartei aufweisen". In dieser Begriffsverwendung ist stets eine abwertende Konnotation enthalten, die die Vertretung von *Partikularinteressen* impliziert (Nohlen/Schultze/ Schüttemeyer 1998: 175).

Aufgrund dieser negativen Konnotation ist der Begriff „Faktion" als Sammelbegriff für alle Spielarten informeller Gruppenbildung innerhalb von Parteien nicht sehr gut geeignet, da er die Möglichkeit implizit ausschließt, daß informelle Organisationen *legitime* programmatische Interessen verfolgen können. Da keine Partei in der Praxis völlig ohne informelle organisatorische Untereinheiten („*sub units*") auskommen kann, färbt die unterschiedslose Bezeichnung solcher Organisationen als „Faktionen" zugleich auf die gesamte Parteiorganisation ab, die sich nur noch als Summe von Faktionen begreifen ließe (Sartori 1976: 71-72). Alternative Oberbegriffe für innerparteiliche Gruppierungen, wie sie in Italien, Deutschland oder anderen Ländern üblich sind – etwa

---

35 Vgl. dazu auch Gunter Schubert (1994: 142) und die Beiträge in Schmidt/Guasti/Landé/Scott 1977.

2.2 Realpolitik und Faktionalismus

„Strömung", „Flügel" oder „Fraktion" – wären deshalb vorzuziehen, während der Begriff „Faktion" entsprechend seinem Wortsinn für Gruppierungen reserviert bleiben sollte, die vornehmlich Partikularinteressen verfolgen und um Macht oder materielle Güter kämpfen (sogenannte „*power factions*" bzw. „*spoils factions*").[36] Die Anwendung dieser Unterscheidung kann jedoch in der Praxis schwierig sein, etwa wenn sich rein an Machterweiterung interessierte *power factions* durch eine vorgeschützte Ideologie als Meinungsgruppe „tarnen". Ein Indiz für das Vorliegen einer echten *power* oder *spoils faction* kann jedoch die Existenz einer klientelistischen Binnenstruktur sein. Echte Meinungsgruppen dagegen sind zumeist lose gefügt, basieren nicht auf klientelistischen Austauschbeziehungen und bilden sich aufgrund intellektueller Affinität ihrer Mitglieder (Sartori 1976: 77-78). Nach dieser Unterscheidung tragen etwa die taiwanischen Lokalfaktionen, eine in Kapitel 3.2 näher untersuchte Spielart des elektoralen Klientelismus auf Taiwan, zurecht diese Bezeichnung, da es sich um weitgehend unideologische, klientelistische Organisationen handelt, deren Hauptinteresse im Machterwerb und im Tausch von Unterstützung gegen Gewährung materieller Vorteile besteht. Unscharf begrenzte und mitunter wenig dauerhafte Meinungsgruppen innerhalb der chinesischen und taiwanischen Führungsschicht dagegen sollten besser nicht grundsätzlich als Faktionen bezeichnet werden, sondern entsprechend ihren individuellen Charakteristika und Zielsetzungen genauer als parteiinterne Flügel, Strömungen, Koalitionen oder Fraktionen.

Aufgrund der in Kapitel 1 angesprochenen Geheimhaltungstendenzen informeller Organisationen allgemein, besonders aber in der VR China, gestaltet sich eine genaue Analyse der Binnenstruktur solcher Organisationen noch immer schwierig. Neuere Studien müssen deshalb Probleme bei der Analyse dieses Gegenstandes einräumen: "there is little knowledge about how a faction develops and operates, and about the relationship between factional networks and their leaders" (Huang Jing 1994: 40). Es wird zu Recht kritisiert, daß die Zuordnung einzelner Führungspersonen zu verschiedenen Faktionen je nach Autor variieren kann: „Scholars have differed as to which leaders have belonged to which factions" (Harding 1984: 17). Wenn jedoch nicht einmal die Kernmitgliedschaft einer informellen Gruppierung klar erfaßbar ist und mangels verläßlicher Informationen spekulative Zuordnungen erfolgen müssen, spricht dies für einen eher begrenzten analytischen Nutzen des Konzepts; es besteht die Gefahr, den zu untersuchenden Gegenstand im Verlauf der Analyse erst selbst zu erschaffen. So fiel es der Forschung in den neunziger Jahren erstaunlich schwer, den genauen Verlauf von Konfliktlinien innerhalb der chinesischen Führungsspitze auszumachen und die Zugehö-

---

36 Innerparteiliche Gruppen, deren Hauptanliegen in ideologischen oder programmatischen Auseinandersetzungen besteht (etwa „Meinungsgruppen"), bezeichnet Sartori im Unterschied dazu als „*fractions of principle*" (Sartori 1976: 74-77).

rigkeit einzelner Führungspersonen zu informellen Gruppierungen mit tatsächlichen Verhaltensmustern zu belegen.[37]

2.3 Kulturgebundenheit politischen Handelns

Nach Meinung einiger Wissenschaftler wird das politische Verhalten der Akteure - auf unbewußter Ebene – in starkem Maß von der vorherrschenden politischen Kultur[38] eines Landes geprägt. Das Verhalten der Akteure kann demnach nicht ausschließlich anhand ihrer materiellen Interessenlagen, der relativen Machtverteilung oder den formalen Systemcharakteristika erklärt werden, so wie dies etwa Faktionalismus-Ansätze versuchen, sondern die vorherrschende politische Kultur bildet einen wesentlichen Teil der Handlungsanreize. Vertreter dieses Ansatzes versuchen, die Merkmale der chinesischen politischen Kultur in ihrem gegenwärtigen und vergangenen Zustand zu beschreiben und den Grad ihres Einflusses auf die Motivationen politischer Akteure zu bestimmen (He Baogang 1992: 94). Ziel eines solchen Ansatzes ist es nach Pye, tieferliegende, allen Akteuren gemeinsame Prägungen des Verhaltens aufzuspüren:

> ...the generalizations seek to capture the essential spirit of the politics, the underlying norms that govern group behavior, the shared fantasies about the potentialities and limitations of power and authority. The purpose is to highlight attitudes and latent values that shape the political process and help to illuminate political behavior. (Pye 1988: 28)

In Kapitel 1 wurde bereits dargelegt, daß informelle Institutionen der Politik nur einen Ausschnitt einer solch umfassend gedachten politischen Kultur darstellen (Dittmer 2000b: 292). Während der leicht diffuse Begriff der politischen Kultur darüber hinaus noch zahlreiche weitere psychische und kognitive Faktoren (internalisierte Normen, Wertvorstellungen, Wahrnehmungs- und Deutungsmuster, Zeichensysteme) umfaßt, beschränkt sich der Gegenstand dieser Arbeit auf konkrete, zumindest indirekt beobachtbare *Verhaltensregeln* und klammert somit große Teile der politischen Kultur aus

---

37 Personalkonflikte, wie sie 1992 anhand der Absetzung Yang Shangkuns und 1997 anhand der Verdrängung Qiao Shis aus dem Machtzentrum zu beobachten waren, ließen sich kaum mit klassischen Machtkampf- oder Programmkonflikten erklären. Auch scheint zwischen den angeblich verfeindeten Lagern über einige grundlegende, sehr konfliktträchtige Entwicklungsstrategien weitgehende Einigkeit zu bestehen.

38 Die Begründer dieses Ansatzes in der Politikwissenschaft, Almond und Verba, definieren den Begriff „politische Kultur" folgendermaßen: „The term 'political culture' [...] refers to the specifically political orientations – attitudes toward the political system and its various parts, and attitudes toward the role of the self in the system. We speak of a political culture just as we can speak of an economic culture or a religious culture. It is a set of orientations toward a special set of social objects and processes" (Almond/Verba 1989: 12).

2.3 Kulturgebundenheit politischen Handelns

der Untersuchung aus. Dennoch muß an dieser Stelle kurz auf die Möglichkeiten dieses Ansatzes zur Erklärung der Funktionsweise und Entstehung informeller Verhaltensnormen eingegangen werden.

Der prominenteste Verfechter dieses Ansatzes in der sozialwissenschaftlichen Chinaforschung, Lucian Pye, unterscheidet zwischen einer „Oberflächen"- und einer „Tiefenstruktur" der politischen Kultur. Die „Oberflächenstruktur" besteht aus konkreten Verhaltensanweisungen für bestimmte Situationen (also informellen Institutionen im Sinne dieser Arbeit) und kann sich relativ schnell verändern, während die unbewußt wirkende *Tiefenstruktur* der tradierten Deutungsmuster und Wertvorstellungen über viele Generationen hinweg konstant bleibt und im Sozialisationsprozeß von einer zur nächsten Generation weitergegeben wird (Pye 1988: 10).[39] Problematisch aus politikwissenschaftlicher Sicht ist, daß „Kultur" in ihrer Gesamtheit eine Fülle widersprüchlicher Tendenzen, Einstellungen und Denkweisen umfassen kann und die kausale Beziehung zwischen dem Vorhandensein einer bestimmten kulturellen Norm und dem konkreten Verhalten von Akteuren deshalb unklar bleibt.[40] Grad und Art der Beeinflussung von Handeln durch Kultur ist oft schwierig zu beurteilen. Oft können bestimmte kulturelle Prägungen mehrere denkbare Verhaltensweisen zur Folge haben, so daß nicht klar ist, welchen Wert dieser Ansatz für die Analyse von Entscheidungsprozessen überhaupt haben kann:

> The complex and varied nature of a culture is such that it can contain elements that are in tension or even fundamental conflict. [...] Mutually inconsistent actions – such as support for democracy and opposition to it – can thus both be explained by referring to culture. [...] If anything can be explained culturally, the value of the cultural variable as a means of explanation is undermined. (He Baogang 1992: 103)

Das Problem der Operationalisierbarkeit, daß sich dem Beobachter angesichts dieses umfassenden Konzepts stellt, ergibt sich nach Pye jedoch nicht zuletzt aus der Unschärfe des Gegenstandes „Politik" selbst:

---

39 Pye tritt dem oft erhobenen Vorwurf des *Rassismus* energisch entgegen: Da er annimmt, daß die gesamte kulturelle Prägung eines Individuums im Rahmen des Sozialisationsprozesses von Kindern in ihrer Gesellschaft geschieht, besteht er darauf, daß dieser Ansatz keinerlei biologische oder „rassische" Komponente aufweist: "The assumption has to be that all humans start off essentially the same, but, given their plastic nature, they are soon molded by experience. This is the antithesis of racism" (Pye 1988: 23).

40 Dazu Pye: „Political culture involves both mass and elite attitudes; it includes barely articulated sentiments as well as the foundations of well-defined ideologies; it seems to call for the insights of depth psychology as well as hard-nosed analyses of political stratagems and operational codes. There is no escaping the fact that culture, since it involves the very essence of human nature, cannot be easily delineated or codified" (Pye 1988: 8).

> The political process is not something that can be grasped empirically in its totality. Rather it consists of observers and participants attempting to fathom the meaning of whatever objective hints and clues they can focus on in trying to explain what seems to be going on in public life. Political culture is therefore no more elusive or nebulous than is politics. If political culture seems devoid of hard data, and consequently easily susceptible to the subjective whims of the analyst, then so is most political analysis. (Pye 1988: 6)

Auch wenn dies sicher nicht auf alle politikwissenschaftlichen Analysen zutrifft, läßt sich Pyes Aussage doch nicht vollkommen zurückweisen, besonders angesichts der schwierigen Quellenlage zum Bereich informeller Interaktionen in der chinesischen Führungspolitik.

Die politische Kultur Chinas ist von Pye unter der Bezeichnung „konfuzianischer Leninismus" analysiert worden.[41] Demnach haben in China, Nordkorea und Vietnam unter der Fassade der importierten leninistischen Institutionen tieferliegende traditionelle Kulturmerkmale überlebt, die bis heute die grundlegenden Wertvorstellungen der Bevölkerung prägen und diese Gesellschaften von anderen leninistischen Systemen unterscheiden: „Chinese culture [...] has endured in spite of all the efforts of the Chinese Communists to make over the Chinese in the Soviet image of the 'New Man'." Die Grundmerkmale des „konfuzianischen Leninismus" sind hoher Konformitätsdruck, extremer Moralismus, die Betonung von Gruppeninteressen anstelle von Individualität, ein starker Drang nach geordneten Beziehungs- und Machthierarchien, Angst vor gesellschaftlichem „Chaos", das Vorherrschen personalistischer Elemente in der Personalpolitik sowie ein zellulärer Gesellschaftsaufbau als Grundmuster der sozialen Organisation (Pye 1988: 31-35, 171). In ähnlicher Weise argumentiert Gold, daß der Leninismus überhaupt nur deshalb erfolgreich in China etabliert werden konnte, weil leninistische Institutionen zufällige Gemeinsamkeiten mit traditionellen Normen der chinesischen Kultur aufwiesen und deshalb leicht aufgenommen werden konnten. Dazu zählt er die Autorität von Personen anstelle formaler Verfahren, den Wunsch nach „Ordnung" und die Angst vor „Chaos" sowie die Legitimität eindeutiger Hierarchien auf allen Ebenen der menschlichen Beziehungen (Gold 1990: 197).

Der personalistische Charakter von Autorität ist demnach die kulturelle Vorbedingung für die Entstehung von Phänomenen wie der Herrschaft eines „Höchsten Führers", der frei von Verantwortlichkeiten uneingeschränkt handeln kann (Pye 1988: 136). Allerdings ist dieses Phänomen nicht auf den chinesischen Kulturkreis beschränkt, so

---

41 Über die besondere politische Kultur Taiwans schreibt Peng Huaien, daß sie aus Elementen der traditionellen politischen Kultur Chinas, den „historischen Erfahrungen" Taiwans seit 1949 und den Ergebnissen ethnischer Konflikte zwischen „Festländern" und „Einheimischen" entstanden sei. Peng zählt als traditionelle Elemente der chinesischen politischen Kultur im wesentlichen die gleichen Aspekte auf wie Pye und andere Vertreter dieses Ansatzes, etwa die personalistische Autorität von Führungspersonen oder die Bedeutung sozialen Rollenverhaltens und sozialer Beziehungsnetzwerke (vgl. Peng Huaien 1997: 35, 43-46).

2.3 Kulturgebundenheit politischen Handelns

daß unklar bleibt, welche Rolle die chinesische Kultur bei der Entstehung dieser Institution tatsächlich gespielt hat. Es ist jedoch denkbar, daß die *symbolische Repräsentation* des „Höchsten Führers" durch Anklänge an traditionelle Vorbilder beeinflußt wurde, etwa die Vorstellung des chinesischen Kaisers als Himmelssohn, der durch Rituale den Segen des Himmels auf seine Untertanen überträgt. Weitere informelle Institutionen, die sich durch Bezug auf die politische Kultur erklären ließen, sind die große Bedeutung des Senioritätsprinzips bei der Postenvergabe, die traditionelle Erfurcht vor dem Alter sowie eine Tendenz zur Unterdrückung von Konflikten anstelle offener Austragung aufgrund des Konformitätszwangs (Teiwes 1979: 6). Diese Institutionen erklären, warum der Übergang einer Führungsgeneration in den Ruhestand häufig zu Konflikten führt. Sie erklären zudem die Tendenz der chinesischen Führung zur gerontokratischen Machtausübung, bei der einzelne Führungspersonen lebenslang und mitunter bis hin zur Senilität an Führungspositionen festhalten können (Pye 1988: 136). Weitere Institutionen, die oft als Folge der politischen Kultur angesehen werden, sind die große Bedeutung von politischen Ritualen als Teil der Machtausübung sowie die besondere Bedeutung institutionalisierter Beziehungsnetzwerke (*guanxi*) als Folge „konfuzianischer" Sozialvorstellungen (Pye 1985: 39, Ambrose King 1991: 68).

Ausübung von und Umgang mit politischem Protest sind ebenfalls durch kulturelle Normen beeinflußt, zumindest in Bezug auf die Wahl symbolischer Gesten. Traditionell bot das chinesische System dem einzelnen bestimmte Möglichkeiten zur öffentlichen Äußerung von Unzufriedenheit, etwa durch das Einreichen von Petitionen, auch wenn Klagen über das eigene Los mit Verweisen auf das Öffentliche Wohl (*dagong*) getarnt werden mußten:

> The figure of the distraught person wailing before the *yamen's* doors, the magistrate's office, was ubiquitous throughout the imperial and early republican periods. [....] Yet traditional Chinese culture upholds equally the ideal that enduring suffering without complaining is honorable.   (Pye 1988: 55)

Die einander widersprechenden kulturellen Tendenzen – das Recht zur Klage und die Pflicht zum Ertragen von Mißständen – deuten bereits auf das Problem der Klassifizierung eines politischen Protestes als „legitim" oder als „aufrührerisch" hin, die je nach Interessenlage der kritisierten Führung unterschiedlich ausfallen kann. Die Wahl der Protestmittel und die Art der symbolischen Ausübung von Protest ist somit nicht unbedeutend beim Konflikt mit Autoritätspersonen, wie sich etwa im Frühjahr 1989 bei den Studentendemonstrationen zeigte, zumal der korrekten Ausfüllung sozialer Rollen durch alle Akteure hohe Bedeutung für die Beurteilung der Rechtmäßigkeit von Ansprüchen zukommt.

Kritik an dem Ansatz ist unter anderem wegen des darin enthaltenen Determinismus geübt worden. Nach Auffassung der Kritiker vernachlässigt er die Tatsache, daß Akteure die Fähigkeit zur Überschreitung biologischer, sozialer und kultureller Begrenzungen besitzen. Ein weiteres Problem besteht in der Gefahr zirkulärer Argumentation. Praktische Probleme stellen sich der Forschung zudem wegen der methodischen Schwierigkeit, aus einzelnen Verhaltensweisen und verbalen Äußerungen auf zugrundeliegende psychische Beweggründe zu schließen: „The [...] problem is how to distinguish between what people say and what they actually think and feel" (He Baogang 1992: 99-103). Davon abgesehen, daß es selten im Interesse der Akteure liegt, ihre Beweggründe vollständig offenzulegen, ist nicht als selbstverständlich anzunehmen, daß ihnen ihre eigenen Beweggründe in jedem Fall klar bewußt sein müssen. Nicht unproblematisch ist auch, daß oft alle traditionalen Elemente der chinesischen politischen Kultur als „konfuzianisch" bezeichnet werden: Viele westliche Analysen vernachlässigen die Tatsache, daß daneben noch zahlreiche andere Geistesströmungen (etwa Buddhismus, Daoismus, Legismus oder volksreligiöse Traditionen) die Gesamtheit der chinesischen Kultur im Spannungsfeld von offizieller Ideologie und „kleiner Tradition" geprägt haben, so daß die von Pye gewählte Bezeichnung „konfuzianischer Leninismus" zumindest irreführend ist (Herrmann-Pillath 1997: 69-70).

Der Nutzen des Ansatzes liegt in der Fähigkeit zur Analyse politischer Symbolik, sofern diese als Rückgriff auf traditionelle und historische Vorbilder bewußt oder unbewußt eingesetzt wird. Allerdings sind viele Einzelelemente der politischen Kultur Chinas nicht einzigartig und kommen in ähnlicher Erscheinungsform auch in anderen Kulturkreisen vor. Deshalb stehen stark an der Einzigartigkeit kultureller Muster orientierte Analysen dem Ziel vergleichender Untersuchungen entgegen, was durch die Verwendung einer chinaspezifischen Terminologie noch verstärkt werden kann.[42] Eine weitere Konkretisierung bestimmender Inhaltselemente der chinesischen politischen Kultur(en) mit Hilfe allgemeiner sozialwissenschaftlicher Kategorien ist jedoch sehr wünschenswert und könnte die mit anderen Verfahren gewonnenen Erkenntnisse über die Funktionsweise informeller Institutionen sinnvoll ergänzen.

2.4 Netzwerkanalysen

Mit Machtkampf-Ansätzen konkurriert besonders in der ökonomisch und soziologisch ausgerichteten Chinaforschung ein Ansatz, der die Bedeutung horizontaler Netzwerkstrukturen als Koordinationsmechanismus der chinesischen Politik in den Mittelpunkt rückt.[43] Da Beziehungsnetzwerke in der chinesischen Alltagswahrnehmung eine prominente Rolle spielen, hat sich in China eine eigene, kulturspezifische Beziehungsnetz-

---

42 Ein Beispiel für eine stark mit chinaspezifischem Vokabular überfrachtete Analyse zum Bereich der politischen Kultur ist Yang Chung-fang 2000.

2.4 Netzwerkanalysen

werk-Terminologie herausgebildet – etwa „*guanxi*" (Beziehung), „*guanxiwang*" (Beziehungsnetzwerk), oder „*guanxixue*" (die Lehre von den Beziehungen), die auch in Teilen der westlichen Chinaforschung übernommen worden ist.[44]
Berechtigte Einwände gegen die Verwendung chinaspezifischer Analysekategorien legen jedoch nahe, von der Fiktion eines grundlegenden Unterschieds zwischen dem westlich-individualistischen Gesellschaftsmodell einerseits und dem auf Beziehungsgeflechten basierenden chinesischen Gesellschaftsmodell andererseits Abstand zu nehmen. De facto existieren viele der oft als „spezifisch chinesisch" beschriebenen Koordinationsmechanismen auch in westlichen Industriestaaten. Deshalb vermutet Herrmann-Pillath, daß lediglich *Wahrnehmungsunterschiede* der Beobachter diese Differenzen suggerieren. Möglicherweise handelt es sich bei den Netzwerken in Asien und im Westen um „tiefenstrukturell identische" Mechanismen der Interaktion, die sich nur hinsichtlich ihrer symbolischen Darstellung und öffentlichen Wahrnehmung (also ihrer „Oberflächenstruktur") voneinander unterscheiden.[45] Angesichts der vorliegenden Erkenntnisse über informelle Koordinationsmechanismen in westlichen Gesellschaften scheint diese Ansicht gut vertretbar zu sein, zumal inzwischen auch einige chinesische Beobachter dieser Auffassung zuneigen.[46] Mangels eindeutiger Belege für das Vorliegen kulturspezifischer Koordinationsmerkmale von Netzwerken in China geht diese Arbeit daher von der letztgenannten Hypothese aus.

Angesichts der problematischen Quellenlage herrscht bei Netzwerkanalysen der chinesischen Führungsschicht oft ein „metaphorischer", das heißt journalistisch-illustrativer Gebrauch von Netzwerkanalyse-Terminologie vor: Einzelne Beobachter postulieren „Seilschaften", die aus politischen Gründen zumeist gar nicht genauer untersucht werden können, lediglich auf der Basis vager Anhaltspunkte; andere Beobachter übernehmen diese Klassifikation dann ungeprüft.[47] Dennoch besteht unter Beobachtern Einigkeit darüber, daß dieser Koordinationsform im chinesischen Entscheidungssystem

---

43 „Unter Netzwerkanalyse [...] versteht man allgemein die Untersuchung jenes Geflechts sozialer, ökonomischer oder politischer Beziehungen, das durch regelmäßigen, absichtsvollen Verkehr zwischen Personen oder Organisationen entsteht. Ihr liegt die Annahme zugrunde, daß Eigenschaften dieses Geflechts oder Netzwerkes (als unabhängige Variable) maßgeblich zur Erklärung (a) des Verhaltens der Netzwerkakteure und/oder (b) des Ergebnisses ihrer Interaktion beitragen (abhängige Variablen)" (Klaus Schubert 1994: 272).
44 Vgl. z.B. Ambrose King 1991 oder Mayfair Yang 1994.
45 Dazu Herrmann-Pillath: „Chinesische Netzwerke wären dann tiefenstrukturell kein Sonderfall, sondern nur hinsichtlich einer historisch kontingenten Mobilisierung spezifischer symbolischer Repertoires der chinesischen Kultur" (1997: 61).
46 Vgl. einen von Guthrie interviewten chinesischen Wirtschaftsakteur, der die Existenz chinaspezifischer Netzwerkkoordination für eine Fiktion hält (Guthrie 1998: 254).
47 Vgl. das von Klaus Schubert beschriebene methodische Problem der Beobachtbarkeit, das sich mitunter auch in westlichen Studien stellen kann (Klaus Schubert 1994: 272-73). Die bisher umfassendsten Studien über Netzwerkverbindungen in der chinesischen Führungsschicht der Gegenwart (u.a. das „Qinghua-Netzwerk") hat Li Cheng vorgelegt.

große Bedeutung zukommt. Die Netzwerke der chinesischen Politik sind allerdings grundsätzlich von nicht-öffentlichem Charakter, wie ein von Yang interviewter chinesischer Reporter 1990 feststellte: „The members [of these networks] do not publicly announce [...] that they have formed a group. They have no charter [...], and they pay no membership fees [...], nevertheless, these networks are very important" (Mayfair Yang 1994: 301).

Als zentrale Faktoren für die Entstehung von Netzwerken sieht die Forschung persönliches Vertrauen, Loyalität und Gewohnheit in wiederkehrenden Interaktionen an. Dies sind daher die zentralen Koordinationskategorien von Netzwerken (Klaus Schubert 1994: 274; Herrmann-Pillath 1997: 55). Während angesichts der vorliegenden empirischen Untersuchungen kaum mehr bezweifelt werden kann, daß Netzwerke besonders im lokalen Wirtschaftssystem eine große Bedeutung haben, ist dies für die zentrale Führungsebene jedoch nicht sicher. Die Frage ist, ob auch strategische Interaktionen in Führungskonflikten mit Hilfe dieses Ansatzes sinnvoll analysiert werden können. Der Netzwerk-Ansatz tritt hier zumindest partiell in Konkurrenz zu Faktionalismus-Ansätzen: Während letztere von zeitlich stabilen Organisationsformen ausgehen, die als handelnde Einheiten konzipiert werden können (Akteurscharakter von Faktionen), trifft dies für die loser gefügten Netzwerkstrukturen nicht zu. Netzwerke sind weniger leicht an bestimmten zentralen Personen festzumachen, da sie auf einem Prinzip der Diffusion von Ideen, Gedanken und Tauschgütern basieren. Während Faktionen zumindest theoretisch nach außen hin scharf begrenzt sind, Mitglieder und Nichtmitglieder also eindeutig identifizierbar sind, sind die Grenzen von Netzwerken unscharf. Weder existiert eine zentrale Steuerungsinstanz, noch haben die Mitglieder eines Netzwerkes notwendigerweise Kenntnis vom Umfang der Gesamtstruktur. Auch existiert nicht unbedingt ein verbindendes gemeinsames Interesse der Mitglieder, so daß ein Netzwerk kaum als korporativer Akteur konzipiert werden kann (Mayfair Yang 1994: 303). Dies bedeutet jedoch, daß Netzwerke bei einer akteursbasierten Entscheidungsanalyse nur katalytische Funktion für das Handeln von Einzelakteuren haben können, selbst jedoch nicht als handelnde Akteure auftreten. Netzwerke können jedoch Erklärungen darüber liefern, in welcher *Umgebung* Akteure handeln, über welche Informationskanäle sie verfügen und wie sie diese zur Entscheidungsfindung nutzen.

Einzelne Forscher haben dennoch versucht, Netzwerkanalysen für die Untersuchung von Führungskonflikten zu nutzen. So unterscheidet Dittmer (1995a: 10) zwei verschiedene Grundtypen informeller Beziehungen zwischen Akteuren, aus denen sich Netzwerke bilden können, die er in pseudo-Weberianischer Terminologie „wertrationale" und „zweckrationale" Beziehungen nennt. Die in Dittmers Sinne „wertrationalen" Beziehungen sind solche, die unabhängig von utilitaristischen Erwägungen einen intrinsischen Wert für die betreffenden Personen haben, während mit „zweckrationalen" Beziehungen rein kollegiale und professionelle Verbindungen bezeichnet werden, die

2.4 Netzwerkanalysen

nicht auf persönlichen Affinitäten beruhen. Die Summe der wert- und zweckrationalen Beziehungen eines Akteurs bezeichnet Dittmer als seine „*personal base*", die entsprechend ihrer *Quantität* „schmal" oder „breit" (nach der Menge der Beziehungen in verschiedenen funktionalen Arenen) und nach der *Qualität* (vorwiegend „wertrationale" oder „zweckrationale" Beziehungen) „flach" oder „tief" sein kann. „Wertrationale" Beziehungen gelten Dittmer als belastbarer und dauerhafter („tiefer") und daher im Konfliktfall als wertvoller als rein „zweckrationale", professionelle Beziehungen. Da die „*informal base*" von politischen Akteuren für rein persönliche Zwecke des Machterhalts mobilisiert werden kann und aus persönlichen Schützlingen und Anhängern (Klienten) besteht, gilt ihr Dittmers Hauptinteresse. Die „*formal base*" dagegen wird nach seiner Auffassung zur Ausübung „offizieller Macht" benötigt. Dittmer geht davon aus, daß solche Beziehungsnetzwerke als Analysefaktor eher in Führungskrisen, aber weniger in alltäglichen Prozessen der Tagespolitik ausschlaggebend sind. Als typisches Beispiel dafür nennt er die in China häufig zu verzeichnenden Nachfolgekonflikte, wie sie z.b. 1976-78, 1986/87 und im Frühjahr 1989 aufgetreten sind, und andere „nationale Krisen" (Dittmer 1995a: 19, 33).

Ziel dieses Versuchs einer Typologisierung von Beziehungsnetzwerken ist, den Ausgang politischer Konflikte zu erklären, indem die relative Durchsetzungskraft der Akteure vergleichbar gemacht wird. Allerdings stellen Kritiker einige berechtigte Fragen, die vor allem die Operationalisierbarkeit dieses Ansatzes betreffen. So bezweifeln Nathan und Tsai, daß die von Dittmer vorgeschlagene Klassifikation von Beziehungen in der Praxis durchführbar ist: „To the extent that we know anyone's purposes in relationships, we know them to be valued as both value-rational and purpose-rational" (Nathan/Tsai 1995: 165). Zudem stehen trotz der schon vorliegenden umfangreichen soziologischen Studien der Führungsschicht (Li Cheng 2001) bisher die zu einer solchen Untersuchung notwendigen Daten nicht im nötigen Umfang zur Verfügung. Es besteht die Gefahr, daß aus anekdotischen Belegen einzelner Beispiele unzulässig generalisierende Schlussfolgerungen gezogen werden. Zudem distanziert Dittmer sich nicht klar von kulturspezifischem Vokabular und setzt sich damit der Gefahr aus, kulturelle Unterschiede a priori zu postulieren, ohne dies hinreichend überprüft zu haben. Dies deckt sich mit der von Herrmann-Pillath beklagten schwachen theoretischen Fundierung des Netzwerkkonzeptes in der Asienforschung. Häufig blenden Chinaforscher die Erkenntnisse der soziologischen oder informationstheoretischen Literatur zu diesem Thema aus und tendieren, teils aus Bequemlichkeit, zu einer kulturspezifischen Betrachtungsweise (Herrmann-Pillath 1997: 47). Die Nutzbarmachung von Netzwerkanalysen für die sozialwissenschaftliche Chinaforschung, wie sie auf lokaler Ebene bereits sehr gewinnbringend durchgeführt worden sind, gestaltet sich aufgrund der geringen Informationsdichte für die höhere Führungsebene noch schwierig.

2.5 Bürokratische Aushandlung

Stärker als die bisher diskutierten Ansätze versucht der Ansatz des „fragmentierten Autoritarismus", informelle Institutionen der Politik aus formalen Charakteristika des chinesischen Führungssystems zu erklären, besonders anhand der strukturellen Machtverteilung zwischen bürokratischen Organisationen. Nach dieser Auffassung, die unter anderem von David Lampton, Kenneth Lieberthal und Michel Oksenberg vertreten worden ist, entstand unterhalb der monistischen Führungsspitze ein komplexes Aushandlungssystem mit fragmentierter Autoritätsstruktur zwischen zahlreichen konkurrierenden Organisationen. Der Schwerpunkt dieses Ansatzes liegt auf bürokratischen Aushandlungsvorgängen in der mittleren Führungsebene des wirtschaftspolitischen Apparates, die entweder zentralen Führungsentscheidungen vorausgehen (etwa bei der Einleitung lokaler Politikinitiativen) oder aber *nach* solchen autoritativen Entscheidungen im Zuge der Implementierung auftreten (Lieberthal 1992: 8-9, 20-21). Die Grundannahme dieses Erklärungsansatzes ist, daß die bürokratischen Eigeninteressen der Akteure in politischen Konflikten schwerer wiegen als etwa ideologische Faktoren: „Bureaucratic agencies take different positions on major policy issues because, to use Graham Allison's classic phrase, 'where you stand depends on where you sit'" (Harding 1984: 23). Besonders im Hinblick auf die *Implementierung* zentraler Entscheidungen kommt diesem Ansatz hohe Erklärungskraft zu, da er die häufig zu beobachtende Verschleppung oder Verwässerung einer Politik durch nachgeordnete Organe gut erklären kann, indem er die vorherrschenden Interessenlagen der Akteure analysiert. Weniger relevant ist der Ansatz jedoch für das Verständnis programmatisch-ideologischer Führungskonflike oder bei Nachfolgefragen. Auch zeigen einige Sektoren des Verwaltungsapparats, darunter das Kaderverwaltungssystem, das Erziehungssystem und der Sicherheitsapparat, deutlich weniger Anzeichen für umfassende bürokratische Aushandlungsvorgänge.[48] Während Routinevorgänge der Wirtschaftspolitik mit diesem Ansatz gut analysiert werden können, scheint seine Anwendbarkeit für Grundsatzkonflikte, die zu politischem Wandel führen, begrenzt zu sein (Teiwes 1995: 90, Anm. 136). Zudem blendet er die Tatsache aus, daß nicht nur *zwischen*, sondern auch *innerhalb* verschiedener bürokratischer Einheiten Interessengegensätze bestehen können, die für den Verlauf von Konflikten ebenfalls relevant sind. Darauf deuten die zum Teil breiten Koalitionen zwischen Akteuren aus verschiedenen formalen Organen hin, die sich mitunter bei politischen Auseinandersetzungen spontan bilden (Harding 1984: 25). Dennoch bietet diese Perspektive die Möglichkeit, die Entstehung lokaler Reforminitiativen und

---

48 Vgl. Fewsmith (1996: 234), Lieberthal (1992: 18) und Hamrin/Zhao (1995: xxxv).

die Mechanismen der Einflußnahme bürokratischer Akteure besser zu verstehen. Auch können bestimmte informelle Erscheinungen der Reformära, etwa die weithin institutionalisierte Korruption im Verwaltungsapparat, damit gut erklärt werden.

2.6 Die Bedeutung des Handlungskontextes

Die informellen Institutionen der politischen Entscheidungsfindung und Politikdurchsetzung kommen selbst innerhalb desselben politischen Systems nicht in *jedem* Entscheidungszusammenhang in gleicher Form und Zusammensetzung zum Tragen. Je nach Sachkontext und Handlungssituation können einzelne Institutionen stärker oder schwächer wirksam werden und dem zu einem bestimmten Zeitpunkt beobachtbaren Institutionengefüge eine jeweils eigene Prägung verleihen. Dieser Umstand wird bei der methodischen Diskussion der „informellen Politik" Chinas noch nicht genügend berücksichtigt. Vielmehr wird oft versucht, die Wirkungsweise einzelner Institutionen – etwa Netzwerkkoordination, Faktionalismus oder bürokratische Aushandlung – in allen erdenklichen zeitlichen und sachlichen Zusammenhängen vergleichend gegenüberzustellen, was meist nicht befriedigend gelingt. Grundsätzlich birgt eine solche Vorgehensweise die Gefahr in sich, daß der gleiche Maßstab an *prinzipiell unterschiedliche* Phänomene angelegt wird. Das Ergebnis ist, daß im weiten Feld der jüngeren chinesischen Geschichte für nahezu jeden methodischen Standpunkt passende Einzelbelege aufgefunden werden können, und sich auch nahezu jeder Standpunkt wiederum durch Ausnahmen von der Regel in Zweifel ziehen läßt.[49] Dieses Problem könnte durch eine saubere typologische Unterscheidung der *Handlungskontexte*, innerhalb derer bestimmte Aussagen über Institutionen wirksam sind, vermieden werden. Anstatt etwa zu fragen, ob Netzwerke „wichtiger" sind als Machtkampfgruppierungen, könnte auch gefragt werden, *wann* und *unter welchen Umständen* sie wichtiger sind, und wie sich dies bemerkbar macht. Es ist leicht einzusehen, daß in unterschiedlichen Handlungssituationen – etwa *entspannten* Interaktionen in routinemäßigen Abläufen der Tagespolitik bzw. in *angespannten* Interaktionen der Krisenbewältigungsarbeit – sehr unterschiedliche äußere Anreize auf die handelnden Akteure einwirken können. Da solche Anreize jedoch zum Teil mit darüber entscheiden, welche Handlungsalternativen die Akteure wahrnehmen (können) und für welche Optionen sie sich schließlich entscheiden (können), beeinflußt dies in starker Weise das in der jeweiligen Situation vorliegende Institutionengefüge. So ist zu beobachten, daß bestimmte Regeln nur in bestimmten Handlungskontexten gelten, während sie in anderen Handlungskontexten praktisch bedeutungslos sind; es wäre daher sinnlos, eine Institution ausgerechnet in dafür ungeeigneten

---

49 Vgl. die Argumentationslinien innerhalb der methodenkritischen Diskussion in den Beiträgen von Dittmer, Nathan/Tsai, Fewsmith und Tang Tsou im *China Journal* 34 (Juli 1995).

Handlungskontexten untersuchen zu wollen, also etwa die Wirkungsweise von Netzwerkkoordination zwischen mittleren und höheren Führungsebenen während einer Phase hochgradiger *Zentralisierung* der Entscheidungsfindung im Rahmen einer schwerwiegenden nationalen Krisensituation. Im gegenwärtigen Forschungskontext scheint es daher notwendig zu sein, zumindest eine erste, grobe typologische Klassifikation von Entscheidungskontexten einzuführen, nach denen die verschiedenen existierenden Analyseansätze wenigstens *vorläufig* einem konkreten Anwendungsfeld zugeordnet werden können. Dadurch kann die angestrebte Eingrenzung des Geltungs- und Erklärungsbereichs dieser Analyseansätze besser verwirklicht werden. Wenn zudem geklärt werden kann, in welcher Weise welche informellen Institutionen unter welchen Handlungsbedingungen wirksam werden, ist bereits ein großer methodischer Fortschritt zur Weiterentwicklung der heute existierenden Analysewerkzeuge erzielt.

Einige wenige Beobachter haben bereits versucht, eine systematische Unterscheidung mehrerer *Entscheidungsmodi* einzuführen. So trennt Newell bei der Analyse von Entscheidungsvorgängen im taiwanischen Demokratisierungsprozeß unterschiedliche Entscheidungsmodi, bei denen sich je nach Art des Politikfelds (*issue area*) die Zusammensetzung der relevanten *Akteurskonstellation* unterscheidet. Während „Überlebensfragen" (*survival issues*) und „Systemfragen" (*system issues*) von einer kleinen Gruppe höchster Führungspersonen in einem zentralisierten, hierarchischen Entscheidungsmodus behandelt werden, können an Entscheidungen der alltäglichen Politik (*policy and performance issues*) sehr viel mehr Akteure auch unterer Systemebenen partizipieren, während die höchste Führungsebene nur im Ausnahmefall direkt involviert ist (Newell 1994: 248). Liu Yuelun wiederum versucht, in ihrer Unterscheidung von Entscheidungsmodi der zeitlichen Veränderung des chinesischen Entscheidungssystems *insgesamt* Rechnung zu tragen und stellt eine *chronologische* Abfolge von Entscheidungsmodi auf, die im Zeitraum 1976 bis 1990 eine schrittweise Entwicklung des Systems von einem „politisch-faktionalistischen" über einen „experimentell-pragmatischen" zu einem „technokratisch-rationalistisch/inkrementellen" Entscheidungsmodus konstatiert (Liu Yuelun 1993: 13-14).[50]

Gemeinsam ist diesen Unterscheidungsversuchen, daß sie von einer hohen systematischen Bedeutung unterschiedlicher *Handlungskontexte* für das Akteurshandeln in Führungskonflikten ausgehen. Der thematische, situative oder zeitliche Handlungskontext

---

50 Aus einem anderen Forschungszusammenhang stammt der Ansatz von Balcerowicz, der im Bezug auf den Zusammenbruch osteuropäischer sozialistischer Staaten eine Unterscheidung von „*extraordinary politics*" und „*normal politics*" entwickelte. Demnach existiert direkt nach einem gravierenden externen Ereignis, etwa dem Zusammenbruch eines kommunistischen Systems, für begrenzte Zeit eine erhöhte Bereitschaft aller Akteure zur Akzeptanz radikaler Reformmaßnahmen. Dieses „politische Kapital" zur Durchsetzung kontroverser Reformprogramme könne nur kurzzeitig von entschlossenen Akteuren genutzt werden und existiere in Phasen „normaler" Politik nicht (Balcerowicz 1995: 160-61).

2.6 Die Bedeutung des Handlungskontextes

entscheidet demnach über die grundsätzlichen institutionellen Parameter der Entscheidungsprozesse, nämlich

> ...who is allowed to play the game of policy-making, where is the arena of decision making, what are the risks and uncertainties facing the decision makers, what means and resources are available for the players, and what sort of values are dominant in the policy process... (Liu Yuelun 1993: 13)

Es ist zu erwarten, daß besonders die Zusammensetzung der jeweils gültigen *informellen* Entscheidungsregeln stark von solchen Schwankungen der äußeren Handlungsbedingungen betroffen ist, da informelle Regeln flexibler und zugleich intransparenter sind als formale Regeln. Fraglich ist somit nur, nach welchen Kriterien verschiedene Handlungskontexte sinnvoll unterschieden und klassifiziert werden können. Diese Studie geht davon aus, daß der Schlüssel zu einer ersten sinnvollen Unterscheidung verschiedener Entscheidungsmodi in der *Wahrnehmung* einer Situation durch die Mehrheit der beteiligten Akteure als „kritisch" oder „unkritisch" liegt. So haben verschiedene Beobachter bereits implizit darauf hingewiesen, daß bestimmte informelle Institutionen vornehmlich in wenigen angespannten Sondersituationen oder vornehmlich in alltäglichen Abläufen der Tagespolitik zu beobachten seien. Je höher der Stellenwert, den ein Problem in der Wahrnehmung der Führungselite einnimmt, desto höher sind auch Zeit- und Erfolgsdruck, und desto stärker beteiligen sich auch höchste Führungsakteure *persönlich* an der Entscheidungsfindung („Chefsache"), während die Chancen für untergeordnete Akteure, ihre Präferenzen auf indirektem oder manipulativem Wege durchzusetzen, im Verhältnis dazu absinken. In *alltäglichen* Entscheidungsprozessen hingegen ist es aufgrund der Masse der zu treffenden Entscheidungen unumgänglich, daß die Führungselite einen Großteil der Entscheidungsbefugnisse delegiert und untergeordnete Akteure folglich relativ großen Spielraum bei der Verfolgung ihrer Partikularinteressen genießen. Entsprechend besteht hier Raum für die Entfaltung spezieller informeller Institutionen, etwa zur Bildung korrupter Tauschnetzwerke, für die im Rahmen zentralisierter Entscheidungsfindung nur wenig Platz vorhanden wäre. Entscheidend ist nach dieser Auffassung nicht so sehr, ob *tatsächlich* eine objektiv und sachlich begründete Notlage eingetreten ist, sondern vielmehr, ob die Führungsakteure die Dringlichkeit eines Problems situativ abhängig als extrem hoch beurteilen und folglich Krisenbewältigungsmaßnahmen einleiten. Das gleiche politische Problem könnte demnach, wenn es mehrmals zu unterschiedlichen Zeiten auftritt, im Einzelfall *unterschiedlich* bewertet werden und einmal Ausnahmebedingungen politischen Führungshandelns nach sich ziehen, ein andernmal hingegen nahezu unbemerkt bleiben und in die alltägliche tagespolitische Entscheidungsfindung fallen: „objective measures of the environment matter less than the elite's reading of it" (Dickson 1997: 30). Die Einordnung eines einzelnen Sachproblems ist somit situationsabhängig. Ein de facto wenig bedrohliches Ereignis kann – etwa im Kontext einer ausgedehnten Wirtschaftskrise – gefährlicher wirken, als dies unter anderen Umständen der Fall wäre, und entsprechend drastische Maßnahmen der Führungsakteure nach sich ziehen. Andererseits können auch real sehr dringliche Probleme, die faktisch ein hohes Bedrohungspotenzial für den Fortbestand des Systems aufweisen, unter Umständen lange Zeit „verdrängt" werden, bis ein externes Zufallsereignis plötzlich akuten Handlungsdruck erzeugt. So ist besonders der Verlauf außenpolitischer Krisensituationen oft stark davon abhängig, wie ein plötzlich auftretendes Zufallsereignis durch die Führungselite *interpretiert* wird. Zwar existieren viele unterschiedliche Arten von Krisen – etwa Systemkrisen, Legitimitätskrisen, Wirtschaftskrisen, Nachfolgekrisen, außenpolitische Krisen – doch all diesen Grundtypen ist gemeinsam, daß sie in der Wahrnehmung der Akteure ein hohes Bedrohungspotenzial enthalten, das sofortige entschlossene Reaktionen erfordert.[51] Typischerweise kommt es in solchen Situationen zu einer Machtkonzentration im Entscheidungssystem. Effektive Krisenbewältigung erfordert im Vergleich zur Tagespolitik stärkere Geschlossenheit der Führungsakteure, größere Effektivität, eventuell sorgfältige Geheimhaltung von Maßnahmen sowie die Einhaltung strikter Zeitbegrenzungen (Peter Lee 2000: 169). Zudem muß sichergestellt werden, daß nachgeordnete Organe die Entscheidungen unverzüglich und vollständig implementieren, was den Einsatz ungewöhnlicher, in der Tagespolitik nicht üblicher oder nicht zulässiger Druckmittel einschließen kann. Der Wechsel von einem „alltäglichen" Entscheidungsmodus hin zur „Krisenpolitik" kann je nach Handlungskontext systemweit oder nur innerhalb eines einzigen Subsystems zu beobachten sein, wie etwa im Fall einer begrenzten Wirtschafts- oder Finanzkrise (Heilmann 1996: 19). Der politische Prozeß in China hat somit, wie auch andere politische Systeme, „zwei Gesichter": Während die Akteure auf unteren und mittleren Führungsebenen im Rahmen routinemäßiger Interaktionen und bürokratischer Aushandlungsvorgänge häufig spezielle Partikularinteressen verwirklichen können, verfügt das System in akuten Sondersituationen über die Möglichkeit, in einen zentralisierten, hierarchischen Entscheidungmodus zu verfallen (Lampton 2001b: 2).

Der Wirkungszusammenhang zwischen den äußeren Handlungsbedingungen, dem wirksamem Institutionengefüge und dem Akteurshandeln wäre demnach etwa wie folgt darzustellen: Ein sachliches Problem, das eine Reaktion der Führung verlangt, bildet den externen Anlaß für das Führungshandeln. Die *kognitive Verarbeitung* dieses Anlasses durch die zuständige Führungsebene, die in Abhängigkeit von äußeren Gegebenheiten unterschiedlich ausfallen kann, entscheidet dann darüber, ob die Führung in einen „Sondermodus" der Politik verfällt, oder ob das Problem im Rahmen allgemein üblicher Verfahren der tagespolitischen Entscheidungsfindung behandelt werden kann.

---

51 Der Begriff „Krise" wird in diesem Zusammenhang verwendet im Sinne eines „Durchgangsstadium[s], das sowohl positive als auch negative Folgen zeitigen kann" (Sturm/ Billing 1994: 227).

2.6 Die Bedeutung des Handlungskontextes

Je nachdem, welcher Weg eingeschlagen wird, gelten für die Akteure dann unterschiedliche institutionelle Anreize und Beschränkungen, und auch die Zusammensetzung der relevanten Akteurskonstellation wird sich entsprechend unterscheiden. So erlauben akute Notsituationen oft die Durchsetzung kontroverser Maßnahmen, die unter alltäglichen Bedingungen nicht leicht beschlossen und implementiert werden könnten. Sie bieten entschlossen agierenden Einzelakteuren eine Möglichkeit, sich durch besondere Fähigkeiten zum Krisenmanagement eine dauerhaft höhere formale oder informelle Machtstellung zu erarbeiten, während weniger erfolgreiche Akteure an Status verlieren können. Insofern haben solche Sondersituationen, die im Verhältnis zur Tagespolitik nur einen Bruchteil aller Entscheidungsprozesse ausmachen und oft nur kurze Zeit andauern, relativ gesehen oft nachhaltigeren Einfluß auf die Zusammensetzung der Akteurskonstellation und die Entwicklung des informellen, eventuell auch des formalen Institutionengefüges als langsam ablaufende Veränderungsprozesse im Rahmen alltäglicher Entscheidungsfindung.

Diese Arbeit versucht deshalb, bei der Analyse und Beurteilung informeller Institutionen von vornherein auch den jeweiligen Handlungskontext einzubeziehen.

Die beiden idealtypischen Zustände der „Tagespolitik" und der Politik in „Sondersituationen" sollten jedoch *nicht* als statische, einander zwar abwechselnde, aber in sich *unveränderliche* Systemzustände gedacht werden. Vielmehr sind die jeweiligen Merkmale der Entscheidungsfindung in einem System nicht nur abhängig vom jeweiligen Systemtyp, sondern auch von den jeweils in zuvorigen Phasen eingeleiteten institutionellen Veränderungsprozessen; so können sich etwa die institutionellen Merkmale der „Sonderpolitik" in einer konkreten Entscheidungssituation grundlegend von vorangegangenen oder späteren Beispielen im gleichen System unterscheiden. Krisensituationen haben das Potenzial, in sehr kurzen Phasen starker Veränderung überproportional stark zur langfristigen Entwicklung des gesamten formalen *und* informellen Institutionengefüges beizutragen. Während institutioneller Wandel im Rahmen tagespolitischer Entscheidungsfindung in der Regel nur langsam vonstatten gehen kann, wird er in Phasen der „Sonderpolitik" unter Umständen stark beschleunigt, besonders wenn sich abrupte Veränderungen der Akteurskonstellation, unerwartete Notfallmaßnahmen oder Präzedenzfälle politischen Handelns dauerhaft im Institutionengefüge „festsetzen" und so institutionelle Spuren hinterlassen. Die „pfadabhängige" Entwicklung eines Systems im Wechsel verschiedener Entscheidungsmodi, deren Merkmale jeweils abhängig von den vorangegangenen institutionellen Veränderungsprozessen sind, kann so im Zusammenwirken von Entscheidungskontexten, Zufallsereignissen, formalen und informellen Institutionen und individuellem und kollektivem Akteurshandeln besser erklärt werden. Dies bietet besonders für Transformationsstaaten eine Perspektive, die Ursachen und Auswirkungen institutionellen Wandels insgesamt besser zu verstehen.

3 Institutionelle Charakteristika der politischen Führungssysteme

Gegenstand dieses Kapitels sind die Institutionen des Regierens unter den Bedingungen alltäglicher, tagespolitischer Entscheidungsfindung. Ausgehend von den Besonderheiten der *formalen* Institutionenordnung beider Staaten werden hier zunächst typische informelle „Spielregeln" herausgearbeitet, die sich in beiden Systemen auf dieser Grundlage entwickelt und dauerhaft im System festgesetzt haben. Diese Betrachtung bildet die Basis für einen anschließenden Vergleich der informellen Dimensionen beider Institutionenordnungen im Kontext alltäglicher Entscheidungsfindung und liefert zugleich notwendige Hintergrundinformationen für die Einordnung der in Kapitel 4 untersuchten Fallstudien.

3.1 VR China: Besonderheiten der Institutionenordnung

Seit ihrer Gründung 1949 war die politische Geschichte der Volksrepublik China immer wieder von harten Brüchen geprägt, die die formalen, aber auch die informellen Institutionen des Regierungssystems mehrfach stark veränderten. Totalitäre und autoritäre Phasen wechselten einander ab, bis sich seit 1978 ein Prozess der wirtschaftlichen „Reform und Öffnung" (*gaige kaifang*) entwickelte, der bis heute anhält. Obwohl das leninistische politische System formal beibehalten wurde, haben sich die Institutionen des Regierungssystems allmählich verändert, ohne daß es dadurch bisher zu einem Systemzusammenbruch ähnlich wie in der Sowjetunion 1992 gekommen wäre. Folge dieses komplexen, inkrementellen Wandlungsprozesses, dessen Ergebnisse noch nicht abschließend beurteilt werden können, sind paradoxe Erscheinungen, etwa die Existenz eines marktwirtschaftlichen Segments im Wirtschaftssystem bei gleichzeitiger Beibehaltung planwirtschaftlicher Grundstrukturen und staatlicher Eigentumsrechte.

Den Hintergrund des 1976-78 eingeleiteten Reformprozesses bildete die „Große proletarische Kulturrevolution" (1966-76), ein gescheitertes radikal-utopistisches Entwicklungsexperiment, das die institutionellen Grundfesten des politischen Systems nachhaltig erschütterte. Die radikale Politik des „Klassenkampfs" mit den dazugehörigen Verfolgungen und Gewaltexzessen hinterließ eine zerrissene Gesellschaft, eine gespaltene Partei und ein schweres ökonomisches und institutionelles Erbe (Teiwes 2000: 143). Erst nach dem Tod Mao Zedongs begann 1976 im Zuge anschließender Nachfolgekonflikte eine Konsolidierung der Entscheidungsverfahren, die schließlich unter Führung Deng Xiaopings die Einleitung der – im Kontext der jüngeren chinesischen

Geschichte – *revolutionären* Politik der „Reform und Öffnung" ermöglichte.[52] Dieses Programm hat zu einer erfolgreichen Wirtschaftsentwicklung besonders in den östlichen Küstengebieten geführt, ohne daß zugleich eine politische Liberalisierung zu beobachten wäre. Ein schwerer Führungskonflikt im Frühjahr 1989 anläßlich der großflächigen städtischen Protestbewegung veränderte die Richtung der Reform- und Öffnungspolitik nicht dauerhaft, und die Struktur der *formalen* Institutionen wurde dadurch bisher kaum beeinflußt. In der Führungsschicht scheint bis heute vielmehr ein erstaunlich hoher Grad an Konsens zu bestehen, der bisher radikale Brüche im Reformprozeß vermeiden half und es China erlaubte, sein autoritär-sozialistisches politisches System auch nach dem Zusammenbruch der sozialistischen Staaten Osteuropas beizubehalten (Teiwes 1995: 61). Dennoch ließ die Transformation zu einem „Sozialismus chinesischer Prägung" unter Einbeziehung von Marktmechanismen in die Wirtschaftsordnung das politische System nicht völlig unverändert. Heute befindet sich China in einem institutionellen Übergangsstadium, das sich nur schwer anhand gängiger Typologien klassifizieren läßt. Das Erbe leninistischer Institutionen prägt die zunehmend symbiotischen Verflechtungen zwischen Staats- und Wirtschaftsakteuren im In- und Ausland, ohne daß sich der weitere Verlauf des Transformationsprozesses klar prognostizieren ließe (Oksenberg 2002: 193-94).

3.1.1 Institutionelle Merkmale des Führungssystems

Einige Beobachter neigen der Auffassung zu, formale Normen seien in der VR China gegenüber den informellen Machtstrukturen gänzlich irrelevant. Alle Entscheidungsprozesse würden von *informellen* Regeln bestimmt, so daß verbindliche formale Regeln für Entscheidungsvorgänge kaum identifizierbar seien.[53] Tatsächlich sind formale Institutionen in der VR China – etwa die Staatsverfassung oder das Parteistatut der KP – deutlich weniger verbindlich, als es in den meisten westlichen Staaten üblich ist. So wurden zwischen 1949 und 1982 vier mal neue Verfassungen erlassen (1954, 1975, 1978 und 1982), und die noch gültige Verfassung von 1982 wurde seither bereits mehrfach revidiert. Das Statut der Kommunistischen Partei wurde 1956, 1969, 1973, 1977, 1982, 1987, 1992 und 1997 grundlegend revidiert. Allein die Häufigkeit solcher Revisionen impliziert ein relativ geringes Gewicht der formalen Institutionen (Domes 1985: 63). Die Geltung der darin festgeschriebenen Regeln muß daher als sehr eingeschränkt be-

---

52 Ein älterer Parteifunktionär, der selbst in den fünfziger Jahren als Rechtsabweichler verfolgt worden war, legte mir gegenüber großen Wert auf die Feststellung, daß die Bezeichnung „Reform" dem Ausmaß der institutionellen Veränderungen seit 1978 nicht gerecht werde. Die Wende von 1978 sei vielmehr einer Revolution gleichgekommen.
53 Vgl. z.B. Huang Jing (1994: 5).

3.1.1 Institutionelle Merkmale des Führungssystems

zeichnet werden. So garantiert die aktuelle Verfassung der Bevölkerung zwar einen Grundrechtekatalog (Art. 33-38), doch mangels Durchsetzbarkeit im von der KP kontrollierten Rechtssystem bestehen viele dieser Rechte nur auf dem Papier. Zudem ist das Parteistatut der KP aufgrund der auch in der Staatsverfassung festgeschriebenen „Führungsrolle der Partei" wichtiger als die Verfassung selbst (Hu Wei 1998: 34). In der politischen Praxis sind klare Verletzungen formaler Normen somit eher die Regel als die Ausnahme.[54] Besonders eklatant war dies während der Führungskrise vom Frühjahr 1989 zu beobachten, als eine Gruppe über achtzigjähriger Parteiältester, die keine offiziellen Führungsämter mehr innehatten, faktisch die Kontrolle übernahm und die ranghöchsten Führungspersonen der Partei- und Staatsorgane nach Belieben überstimmte: „Throughout this entire period the normal organizations of the leadership either did not convene or met only to hear and approve the decisions made elsewhere" (Lieberthal 1995: 225). Dies ging weit über das in akuten Krisensituationen international übliche Maß an Mißachtung formaler Entscheidungshierarchien hinaus.

Die formale Verfassungsstruktur entspricht dem Modell leninistischer Parteistaaten und schreibt ein zentralistisch-monistisches System unter Führung der KP und das Prinzip der Diktatur des Volkes mit den Grundprinzipien der Gewaltenkonzentration und des Demokratischen Zentralismus vor (Art. 1-3). Da die Partei über dem Recht steht und faktisch alle staatlichen Organe kontrolliert, sind viele Verfassungsnormen, darunter Gesetzgebungs- und Wahlrechte des Nationalen Volkskongresses (NVK) als dem formal höchsten Organ der Staatsmacht, in Wirklichkeit kaum relevant. Der NVK fungiert lediglich als Zustimmungsorgan zu Entscheidungen der Parteiführung (vgl. Schaubild 1). Auch wenn in den letzten Jahren zunehmend Gegenstimmen im NVK gegen einzelne, besonders umstrittene Entscheidungen zu verzeichnen waren – etwa das Drei-Schluchten-Staudammprojekt oder kontroverse Personalentscheidungen der Zentrale – hat dies bisher nicht zu einem realen Bedeutungsgewinn des NVK als Entscheidungsorgan geführt. Bestrebungen zur verstärkten Institutionalisierung von Entscheidungs- und Abstimmungsverfahren und zum Ausbau von Rechtssicherheit sind jedoch so lange aussichtslos, wie die Parteigremien keiner öffentlichen Kontrolle unterliegen (Oksenberg 2002: 196).

---

54 Besonders bei konfliktträchtigen Personalentscheidungen setzen sich die Führungspersonen der Partei oft über Vorschriften der Verfassung und des Parteistatutes hinweg. So wurde im April 1976 der neue Premierminister Hua Guofeng entgegen den Verfassungsvorschriften vom Politbüro der Partei ernannt, ohne die vorgeschriebene Bestätigung des NVK einzuholen (Domes 1985: 63-64). Ein weiteres Beispiel war der Verbleib Deng Xiaopings im Amt des Vorsitzenden der ZK-Militärkommission nach seinem Ausscheiden aus dem Politbüro 1987. Das Parteistatut schrieb in Artikel 21-22 vor, daß der ZMK-Vorsitzende Mitglied des Ständigen Politbüro-Ausschusses sein muß; Dengs Verbleib demonstrierte die geringe Verbindlichkeit dieser Regel für Angehörige der höchsten Führungsschicht. Rückwirkend wurde dies dann durch eine entsprechende Revision des Parteistatuts auf dem 13. Parteitag legitimiert (Hu Wei 1998: 146, Anm. 1).

Schaubild 1: Formale und informelle Autoritätsstrukturen des chinesischen Führungssystems

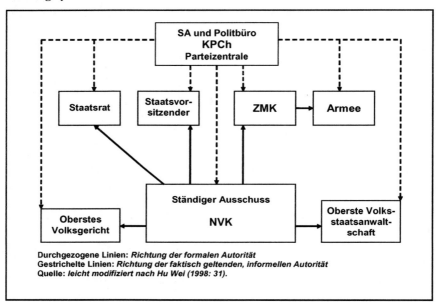

Da die Führungsorgane der KPCh bis heute die höchste Autorität im politischen System innehaben, werden die formalen und informellen Institutionen im Führungssystem der Partei im folgenden genauer analysiert.

3.1.2 Organisationstypus und Führungssystem der KPCh

3.1.2.1 Leninistische Charakteristika

Das grundlegende Modell des Parteiaufbaus der KPCh folgt den zuerst 1901 bei Lenin formulierten Prinzipien für die Schaffung einer revolutionären Organisation der Arbeiterklasse, einer „Partei neuen Typs".[55] Auf dem Erbe ihrer konspirativen Vorläuferorganisationen beruht das allen leninistischen Parteien gemeinsame Prinzip der

---

55 Vgl. Lenins Ausführungen zur Parteiorganisation in „Was tun? Brennende Fragen unserer Bewegung" (Lenin 1988: 147-185).

3.1.2 Organisationstypus und Führungssystem der KPCh

Geheimhaltung von Vorgängen innerhalb der Führungsschicht, das die Beobachtung solcher Systeme durch Außenstehende noch immer erheblich erschwert:[56]

...the Chinese system developed an extraordinary degree of secrecy. Virtually all documents were classified, and individuals generally saw information strictly on a need-to-know basis. [...] Even Politburo members below the very highest level were not allowed to access information freely in spheres outside their designated areas of responsibility. With information scarce, control over information naturally became a type of power in itself. (Lieberthal 1995: 178)

Die mächtigsten Organe der Staats- und Parteiführung befinden sich in Zhongnanhai, einem für Außenstehende unzugänglichen, streng bewachten Bereich im Zentrum Beijings neben dem ehemaligen Kaiserpalast.[57]

Unter den leninistischen Grundprinzipien, die bis heute Bestand haben, ist besonders der „Demokratische Zentralismus" (*minzhu jizhong zhi*) von Bedeutung. Nach diesem im Parteistatut festgeschriebenen Prinzip „folgt das einzelne Mitglied der Parteiorganisation, die Minderheit der Mehrheit, die untere Ebene der höheren Ebene und die gesamte Partei der Parteizentrale". Es beinhaltet die Pflicht zum bedingungslosen Festhalten an Parteibeschlüssen; es verbietet Kadern, abweichende Meinungen außerhalb der vorgesehenen Parteiorgane zu diskutieren, verpflichtet sie zur Geheimhaltung von Parteiinterna und untersagt die Beteiligung an Protesten (*Guanyu dangnei zhengzhi shenghuo* 1980: 34). Dieses Organisationsprinzip hatte für die Beibehaltung der Parteidisziplin von Beginn an überragende Bedeutung.

Chinas leninistisches System weist im Vergleich zum sowjetischen Modell einige organisationelle Besonderheiten auf (Oksenberg 2002: 195-96). So sind Partei- und Staatsorgane untrennbar miteinander verflochten. Nicht nur existiert ein System doppelter (staatlicher und parteigeführter) Organisationshierarchien auf allen Systemebenen, in dem jeweils die Parteiorgane (Parteigruppen und –komitees) faktisch die Kontrolle über das jeweilige Staatsorgan ausüben (Heilmann 1998: 283). Auch die Armee steht in einem symbiotischen Verhältnis zur Partei, die mit Hilfe eines Politkommissar-Systems und mit ihrer ZK-Militärkommission die Militärführung kontrolliert. In den Verfassungen von 1954 und 1982 ist das Staatsoberhaupt jeweils auch Oberkommandierender der Streitkräfte. Da die Rolle des Staatschefs jedoch stets hinter dem (formalen oder informellen) Parteiführer zurückstand, hatte dieser stets die wirkliche Kontrolle über die Armee (Fang Zhu 1995: 129, Anm. 1).

Nach dem Prinzip des Demokratischen Zentralismus sind Konflikte *innerhalb* der Parteiführung *nach* Verabschiedung einer zentralen Entscheidung illegitim. Im Rahmen

---
56 Die Pflicht der Parteimitglieder zur Geheimhaltung von Partei- und Staatsgeheimnissen ist explizit in den „Regeln des politischen Lebens innerhalb der Partei" festgeschrieben; vgl. *Guanyu dangnei zhengzhi shenghuo* (1980: 34).
57 Für eine genauere Darstellung der Lage einzelner Organe siehe Li Zhisui (1994: 75-76).

des aus der Sowjetunion übernommenen „Faktionsverbotes" ist auch die Bildung jeglicher innerparteilicher Gruppierungen geächtet; diese Vorschrift verbietet es Partei- und Staatsfunktionären, ihre Aktionen zu koordinieren und Blöcke zu bilden.[58] Auch Konkurrenz um Führungsämter ist nicht legitim (Teiwes 1995: 91).

Eine funktionale Folge der künstlichen Unterdrückung von Konkurrenz ist, daß politische Konflikte innerhalb der Führungsschicht sich oft in untere Hierarchieebenen verlagern, wo dann mitunter regelrechte „Stellvertreterkriege" um Sachfragen ausgetragen werden (Shirk 1993: 86-87). Theoretisch gilt in leninistischen Organisationen eine Norm der „kollektiven Führung" (*jiti lingdao*), die auch in der chinesischen Verfassung von 1982 festgeschrieben ist. Sie besagt, daß die Führung bei annähernd gleicher Stärke zweier Meinungslager die Entscheidung bis zu weiteren Konsultationen vertagen soll. De facto verfügen hochrangige Führungspersonen jedoch in solchen Fällen über die Möglichkeit, autoritativ die Entscheidungen festzulegen (Hamrin/Zhao 1995: xxix; Teiwes 1995: 90).

Unter Druck gerieten die leninistischen Organisationsprinzipien der Partei lediglich während der Kulturrevolution, als wichtige Führungsorgane, darunter Politbüro und ZK-Sekretariat, vorübergehend aufhörten, regulär zu arbeiten. Der Wiederherstellung von „Ordnung" nach dem „Chaos" der Kulturrevolution („*bo luan fan zheng"*) widmete die nachmaoistische Führungsriege 1976 folgerichtig einen Großteil ihrer Aufmerksamkeit (Chen Yizi 1995: 134). Die 1980 verabschiedeten „Regeln des politischen Lebens innerhalb der Partei" kritisieren explizit die durch „Faschismus, Anarchie und Faktionalismus" der Kulturrevolution verursachten Verletzungen der Parteidisziplin und stellen verbindliche Verhaltensnormen zur „Wiederherstellung der besten Traditionen und Methoden der Partei" auf (*Guanyu dangnei zhengzhi shenghuo* 1980).

Die leninistische Parteidisziplin erlaubt es der Partei bis heute, zentrale Entscheidungen autoritativ gegenüber unteren Ebenen durchzusetzen. Dabei spielt ideologischer Konformitätsdruck heute im Vergleich zu früher eine wesentlich geringe Rolle, aber noch immer werden politische Richtungswechsel von der Zentrale mit Hilfe ideologischer Parolen verbreitet, die die unteren Ebenen autoritativ zur Unterstützung auffordern (Lieberthal 1995: 173). Das maoistische System der Massenmobilisierung durch Kampagnen wurde in der Deng-Ära offiziell für beendet erklärt, doch noch immer greift die Führung phasenweise auf ähnliche Verfahren der Massenmobilisierung zurück, etwa um

---

58 In den „Regeln des politischen Lebens innerhalb der Partei" von 1980 heißt es genauer: „Faktionalistische Aktivitäten [*paixing huodong*] liegen dann vor, wenn sich ein Teil der Parteimitgliedschaft zusammenschließt, um hinter dem Rücken der Partei Aktivitäten zu verfolgen, die der Parteilinie oder Parteibeschlüssen zuwiderlaufen". Dazu gehören alle Aktivitäten, die „die Einheit der Partei zerstören", etwa die Bildung „geheimer Gruppen" (*mimi zuzhi*), „Faktionen" (*zongpai*), „kleiner Zirkel" (*xiao quanzi*) sowie das Eingehen klientelistischer Verbindungen (*renshen yifu guanxi*) mit hierarchisch über- oder untergeordneten Funktionären (*Guanyu dangnei zhengzhi shenghuo* 1980: 35-36). Unverdächtig ist Kooperation nur *innerhalb* funktionaler Abteilungen; Blockbildung, die mehrere funktionale Systeme umspannt, verletzt hingegen eindeutig das Faktionsverbot (Shirk 1993: 84).

staatliche Politik gegen Korruption durchzusetzen: „There still lurks a Great Leap mentality in China, and the persistence of a mobilizational apparatus facilitates its implementation" (Oksenberg 2002: 195). Die Bedeutung ideologischer Konformität wird besonders deutlich in Phasen der „Berichtigung" von Tendenzen in der Partei (*zhengdun*). Dieser Disziplinierungsmechanismus, der auf Erfahrungen der Revolutionszeit zurückgeht, beinhaltet das intensive Studium von Schlüsseldokumenten sowie individuelle Kader-Überprüfungen. Dieses Verfahren kommt meist bei plötzlichen Politikwechseln zur Anwendung, etwa nach der Frühjahrskrise 1989 (Dickson 1997: 179-80).

Ein wesentliches Element leninistischer Systeme ist die Existenz eines *Nomenklatura*-Systems der Personalkontrolle (*bianzhi*) im Partei- und Staatsapparat, das nach sowjetischem Vorbild in den fünfziger Jahren aufgebaut wurde (Burns 1989: ix-xxxvi). Nach diesem System übt die ZK-Organisationsabteilung die zentrale Kontrolle über das Kadersystem aus, indem sie die Besetzung von Führungspositionen im gesamten Partei- und Staatsapparat überwacht. Diese Kontroll- und Sanktionsgewalt über das Führungspersonal aller Ebenen gehört zu den wichtigsten Grundlagen zentralstaatlicher Kontrolle in China (Dickson 1997: 86-87). Es erlaubt der Parteiführung, bei innerparteilichen Konflikten *Säuberungen* im Kadersystem durchzuführen. Besonders gravierende Säuberungswellen waren im Rahmen der „Anti-Rechts-Kampagne" 1957 und der Kulturrevolution zu beobachten, jedoch auch im Anschluß an die Frühjahrskrise von 1989. Damals wurden größere Teile der Kaderschicht aus Führungspositionen entfernt. Trotz zahlreicher gewalttätiger Übergriffe gegen „gesäuberte" Kader, besonders während der Kulturrevolution, kam es in China nie zu ähnlich blutigen Exzessen wie etwa in der Sowjetunion unter Stalin.[59] Grundsätzlich vertrat die Führung den Ansatz, daß der *Umerziehung* innerparteilicher Gegner der Vorzug vor physischer Liquidierung zu geben sei, so daß Überlebende von Säuberungswellen später rehabilitiert werden konnten (Teiwes 1995: 61). Da die rehabilitierten Kader anschließend häufig wieder in ihre früheren Funktionen eingesetzt wurden, mußten Opfer und Täter von Säuberungswellen nicht selten nebeneinander arbeiten (Pye 1981: 12).

In der nachmaoistischen Ära ist das Element der Säuberung als Mittel zur Aufrechterhaltung der Parteidisziplin insgesamt stark zurückgegangen. Seit den achtziger Jahren zeichnete sich das Vorgehen gegen Verlierer von Richtungskämpfen in der Parteispitze durch vergleichsweise größere Toleranz aus (Teiwes 1995: 84-85). So verblieb der ehemalige Parteivorsitzende Hua Guofeng nach seiner Verdrängung aus dem Machtzentrum von 1980 bis 2002 als einfaches Mitglied im ZK, und der 1987 abgesetzte Generalsekre-

---

59 Dies darf jedoch nicht darüber hinwegtäuschen, daß den Säuberungen trotzdem unzählige Menschen zum Opfer fielen, darunter auch hochrangigste Führungskader wie u.a. der Staatsvorsitzende Liu Shaoqi, die Marschälle und Revolutionshelden Luo Ruiqing und Peng Dehuai sowie der Sohn Deng Xiaopings, Deng Pufang (Lieberthal 1995: 186).

tär Hu Yaobang blieb bis zu seinem Tod 1989 sogar Mitglied des Politbüros. Der 1989 im Rahmen der Frühjahrskrise abgesetzte Generalsekretär Zhao Ziyang allerdings wurde, ebenso wie sein engster Mitarbeiter, unter Arrest gestellt, allerdings nicht formal angeklagt, wie es noch 1980/81 in den Schauprozessen gegen Mitglieder der sogenannten „Viererbande" praktiziert worden war. In den neunziger Jahren hat sich die Führung im Hinblick auf die Behandlung von Personalkonflikten als „bemerkenswert kohärent" erwiesen (Shambaugh 2000a: 181).

3.1.2.2 Personengebundenheit politischer Macht

Trotz der formalen Norm zur „kollektiven Führung" durch das Politbüro ist es typisch für leninistische Systeme, daß die höchste Entscheidungsmacht in den Händen einer einzigen Führungsperson konzentriert ist. Diese Neigung zur autokratischen Herrschaft eines „Höchsten Führers" begründet Dickson mit der Notwendigkeit, Legitimitätsglauben bei den Beherrschten herzustellen, indem der unpersönlich-bürokratische Parteistaat durch eine charismatische Führungsperson repräsentiert wird:

> ...in practice all Leninist parties have relied on a single ruler. A cult of personality of some kind (not necessarily to the extent of Stalin or Mao) is required to personalize the otherwise very impersonal party organization. Personal commitment to an organization that demands total surrender is facilitated when an individual represents or embodies the organization as a whole, whether a political party or a religious organization. (Dickson 1997: 49)

Wie zahlreiche Beobachter übereinstimmend konstatieren, herrscht in China ein *personalistischer* Stil der Machtausübung vor.[60] Allerdings lassen sich in verschiedenen Phasen Unterschiede in der Qualität der personalistischen Machtausübung beobachten: Während Mao Zedong als unumstrittener „Höchster Führer" (*zuigao lingdaoren*) über eine nahezu absolute Machtstellung verfügte, die weitgehend dem Weberschen Idealtypus charismatischer Herrschaft entsprach,[61] dominierte von 1978 bis Mitte der neunziger Jahre eine Gruppe Revolutionsveteranen unter der Führung Deng Xiaopings das Entscheidungszentrum, wobei Deng als „Kern" (*hexin*) des Führungskollektivs fungierte. Mit dem Aussterben der ungewöhnlich langlebigen Gründergeneration der VR China – dem „Ginseng-Faktor" in der chinesischen Politik – hat sich der Einfluß charismatischer Führungspersonen allerdings deutlich verringert (Shirk 2002: 302). Die informelle In-

---

60 Vgl. hierzu aus chinesischer Sicht hierzu umfangreiche Darstellung bei Hu Wei (1998: 138-170).
61 Charismatische Herrschaft, einer der drei Idealtypen legitimer Herrschaft bei Max Weber, beruht auf „der außeralltäglichen Hingabe an die Heiligkeit oder die Heldenkraft oder die Vorbildlichkeit einer Person und der durch sie offenbarten oder geschaffenen Ordnungen" (Weber 1976: 124).

3.1.2 Organisationstypus und Führungssystem der KPCh

stitution des „Höchsten Führers" und das Charisma der Revolutionshelden hatten in der Mao- und Deng-Ära jedoch eine herausragende Funktion. Der „Höchste Führer" war der letzte Schiedsrichter in politischen Konflikten, und die informelle Hierarchie der Führungspersonen richtete sich nach ihrem jeweiligen „revolutionären Status", der durch militärische Verdienste oder die Teilnahme an wichtigen Revolutionsereignissen, etwa dem Langen Marsch, erworben sein konnte (Teiwes 1995: 58-59).[62]

Deng Xiaoping spielte auch nach seinem Rückzug aus allen formalen Ämtern im November 1989 weiterhin eine überragende Rolle im System, die er bis zur endgültigen Verschlechterung seines Gesundheitszustandes ca. 1994 beibehielt. Er verfügte bis zuletzt über ein eigenes Büro mit mehreren Assistenten und verbrachte viel Zeit auf informellen Sitzungen, die in seiner Wohnung stattfanden. Streng geheime Dokumente und Berichte wurden ihm weiterhin routinemäßig vorgelegt, und andere Revolutionsveteranen wie Bo Yibo, Yang Shangkun und Wan Li agierten als Mittelsmänner zur Kommunikation mit dem Politbüro (Benjamin Yang 1998: 255).

Zur „kollektiven Führung" der Deng-Ära gehörte eine Gruppe von Revolutionsveteranen, die untereinander über enge persönliche Beziehungen verfügten. Obwohl die Mitglieder dieser Personengruppe seit Ende der achtziger Jahre nahezu keine offiziellen Ämter mehr bekleideten, fungierten sie noch Mitte der neunziger Jahre ähnlich wie ein Aufsichtsrat in einer Aktiengesellschaft, der die Richtlinien der Politik und wichtige Personalentscheidungen autoritativ festlegen kann (Lieberthal 1995: 188).[63] Nach dem formalen Rückzug vieler Parteiältester aus dem Politbüro auf dem 13. Parteitag 1987 nahm die *informelle* Macht dieser Gruppe faktisch überhand. Sie entwickelte sich zum wahren Entscheidungszentrum, während das Politbüro zu einem „Komitee der Protegés" degenerierte, das die Anweisungen der Veteranenführer in Form von mündlich vorgetragenen „Instruktionen" mitgeteilt bekam (Shirk 1993: 75). Die Wirkungsweise dieses Arrangements wurde anläßlich der Frühjahrskrise 1989 auch öffentlich bekannt (Lieberthal 1995: 224).

Da leninistische Systeme keine institutionalisierten Nachfolgeregelungen für einen im Amt verstorbenen „Höchsten Führer" kennen, kommt es in solchen Situationen oft zu Führungskrisen, wie es in China 1976 nach dem Tod Mao Zedongs zu beobachten war. Da keine formalen Regeln für die Auswahl des Nachfolgers existieren, ist schon die *Vorbereitung* eines Nachfolgearrangements durch einen noch lebenden „Höchsten Füh-

---

62 Zu Maos charismatischer Autorität trugen neben seinen militärischen Verdiensten auch traditionelle Vorstellungen von der Macht eines Dynastiegründers bei, wie entsprechende Äußerungen von Lin Biao belegen (zit. Nach Lieberthal 1995: 185). Vgl. dazu ebenfalls Benjamin Yang (1998: 136), Teiwes (2000: 111), Hu Wei (1998: 141, Anm. 1) und aus ethnographischer Sicht zum Mao-Kult in der Bevölkerung Mayfair Yang (1994: 245-86).
63 In relativer Rangfolge gehörten dazu 1989 Deng Xiaoping (85), Chen Yun (84), Yang Shangkun (82), Li Xiannian (80), Wang Zhen (81), Bo Yibo (81), Song Renqiong (80), Peng Zhen (87), als einzige Frau die Witwe Zhou Enlais, Deng Yingchao (85), sowie als Militärvertreter die greisen Marschälle Nie Rongzhen und Xu Xiangqian (Shirk 1993: 75, Anm. 10).

rer" oft schwierig. Tritt der designierte Nachfolger frühzeitig zu entschlossen auf und versucht gar, den Abgang seines Vorgängers aus der Führungsriege zu beschleunigen, führt dies unweigerlich zu Mißtrauen des Patrons und zum Verlust der Nachfolgerstellung. Beispiele hierfür waren die designierten Mao-Nachfolger Liu Shaoqi und Lin Biao sowie die designierten Deng-Nachfolger Hu Yaobang und Zhao Ziyang. Verhält sich der Nachfolgekandidat jedoch politisch zu angepaßt und verzichtet bewußt auf die Entwicklung einer unabhängigen Machtbasis, so sind seine Erfolgsaussichten im Kampf gegen mächtige Herausforderer nach dem Tod des Patrons gering. Dies zeigte die Absetzung des von Mao zuletzt ausgewählten Nachfolgekandidaten Hua Guofeng (Lieberthal 1995: 220).

Das Aussterben der Generation der Revolutionshelden hatte schließlich zur Folge, daß nach Deng Xiaopings Tod 1997 niemand die höchste Führungsrolle ausfüllen konnte. Zwar wurde Jiang Zemin von Deng zielgerichtet als „Kern" der neuen Führungsgeneration aufgebaut (Teiwes 1995: 93). Allerdings erhielt Jiang, als er 1989 die formal höchsten Führungsämter antrat, noch nicht die *faktische* Führungsrolle. Besonders die Kontrolle über die Militärführung ist jedoch Voraussetzung für die Einnahme der Rolle des „Höchsten Führers" (Hu Wei 1998: 118). Obwohl Jiang als neuer Vorsitzender der ZK-Militärkommission formal der Armeechef war, wurde ihm noch Anfang der neunziger Jahre der Zutritt zum streng bewachten VBA-Hauptquartier verweigert, wenn nicht Deng oder ein von ihm ermächtigter Repräsentant vorher die Genehmigung zum Zutritt erteilt hatte (Goodman 1994a: 113). Allerdings gelang es Jiang seit Mitte der neunziger Jahre, seine Stellung als „Kern" der Kollektiven Führung allmählich zu stabilisieren, so daß er eine im Vergleich zu Deng zwar schwächere und regelgebundenere, aber immer noch relativ starke Machtposition im Führungssystem einnehmen konnte.

3.1.2.3 Das Führungssystem der KPCh

Die Führungsorgane von Partei und Staatsregierung sind zwar formal gegeneinander abgegrenzt, in der Praxis jedoch durch zahlreiche personelle Verflechtungen vernetzt. So ist nicht immer klar zu unterscheiden, in welcher Kapazität eine Führungsperson bestimmte Handlungen vornimmt, ob als Partei- oder als Staatsfunktionär. Auch existieren trotz jüngerer Reformbestrebungen noch immer keine klar institutionalisierten Verfahren zur Verabschiedung zentraler Entscheidungen. So werden wichtige Personalfragen, ebenso wie die wirtschaftspolitischen Fünfjahrespläne, in der Praxis mal vom NVK, vom Zentralkomitee der Partei, vom (erweiterten) Politbüro oder von informellen Arbeitskonferenzen verabschiedet (Hu Wei 1998: 93).
Wie in leninistischen Parteien üblich, hat formal der Parteitag bzw. das von ihm gewählte Zentralkomitee (ZK) die höchste Autorität, doch de facto sind diese nur alle fünf Jahre zusammentretenden Versammlungen mit ihren bis zu 1500 Delegierten reine Zustim-

3.1.2 Organisationstypus und Führungssystem der KPCh

mungsorgane. Die Wahl der Parteiführungsgremien und das Recht zur Revision des Parteistatuts werden nur akklamatorisch entsprechend den Vorschlägen der Parteispitze ausgeübt, so daß der Parteitag kaum als zentrales Entscheidungsorgan angesehen werden kann (Domes 1985: 73). Realen Einfluß haben hingegen die wenigen Personen an der Spitze des Systems, die den höchsten Partei- und Staatsführungsorganen angehören. Dazu gehören insbesondere der Ständige Ausschuß (StA) des Politbüros, das gesamte Politbüro, das ZK-Sekretariat, einige andere bedeutende ZK-Organe, die wichtigsten Organe des Staatsrats sowie gelegentlich informelle Konsultationsorgane wie die „Zentrale Beraterkommission" (ZBK), die von 1982 bis 1992 als Auffangbecken für Veteranenkader im Ruhestand existierte (Liu Jen-Kai 1999: 1061).

Die Mitglieder dieser höchsten Führungsorgane werden faktisch durch eine Gruppe von weniger als 500 Personen bestimmt. Dieses „Selektorat" (Susan Shirk) besteht aus den Mitgliedern des ZK, den höchsten Militärführern sowie eventuell einigen Parteiveteranen (Shirk 1993: 10).[64] Auf welche Weise genau zentrale Personalentscheidungen ausgehandelt und vorbereitet werden, ist zur Zeit noch nicht im Einzelnen bekannt. Shirk nimmt jedoch aufgrund ihrer Interviewergebnisse an, daß in den höchsten Parteigremien (ZK, Politbüro und StA) formal über Vorschläge abgestimmt wird und grundsätzlich Mehrheitsentscheidungen getroffen werden. Die extrakonstitutionellen Gruppen des Selektorats (z.B. die Parteiveteranen) hingegen fassen ihren Informationen nach meist *Konsensbeschlüsse*. Kann in einem Fall keine Einigkeit erzielt werden, wird ein Vorschlag eher zurückgezogen als zur Abstimmung gestellt. Es gibt jedoch Tendenzen, die Nominierungsverfahren für hohe Parteiämter im Sinne einer größeren Mitbestimmung unterer Ebenen zu reformieren. So durften die Delegierten des 12. Parteitags 1982 die von der Parteiführung vorbereitete Namensliste der ZK-Kandidaten bereits verändern, und auf dem 13. Parteitag 1987 wurden erstmals mehr Kandidaten nominiert, als Sitze zu vergeben waren (Shirk 1993: 79, 82).

Die Zentralkomitees hatten im Verlauf der Geschichte recht unterschiedliche Mitgliederzahlen, die zwischen 1949 und 1997 von 77 bis 348 Personen schwankte (Hu Wei 1998: 88). Die Bedeutung des ZK für die *Legitimation* von Führungsentscheidungen wird daran deutlich, daß höchste Führungsakteure immer wieder versuchten, die Zusammensetzung dieses Organs in ihrem Sinne zu verändern. Während Mao in der Kulturrevolution bestrebt war, den Anteil der Arbeiter- und Massenorganisationen und des Militärs deutlich zu erhöhen, bemühte sich Deng Xiaoping nach 1978, lokale Regierungsvertreter zu stärken, von denen er sich Unterstützung für seine Reforminitiativen versprach. Die drei größten Blöcke bildeten schließlich lokale Funktionäre, Angehörige zentraler Partei- und Regierungsorgane sowie Militärvertreter (Shirk 1993: 81;

---

64 Anfang der neunziger Jahre gehörten dazu etwa 295 ZK-Mitglieder, ca. 175 in der Zentralen Beraterkommission (ZBK) vertretene Revolutionsveteranen, ca. 100 Mitglieder der Zentralen Disziplinkontrollkommission, ca. 20 Militärführer sowie Deng Xiaoping (Shirk 1993: 81).

85, Anm. 22).⁶⁵ Allerdings finden ZK-Plenarsitzungen nur so selten statt (laut Parteistatut zweimal jährlich), daß dies bereits die faktische Untauglichkeit als Entscheidungsorgan nahelegt (Hamrin/Zhao 1995: xxix). Dieses Organ hat deshalb meist nur wenig Einfluß auf die *Inhalte* politischer Entscheidungsprozesse, die auf vorangegangenen „Arbeitskonferenzen" oder anderen informellen Treffen erarbeitet wurden (Teiwes 2000: 113, Anm. 20).⁶⁶

Die formal höchste Position in der Parteihierarchie hat der Parteichef, der bis 1982 als „Vorsitzender" des ZK und seither als „Generalsekretär" (*zongshuji*) bezeichnet wurde. Vor dem Interregnum von Hua Guofeng (Oktober 1976 bis Juni 1981) befand sich dieses Amt ununterbrochen in den Händen Mao Zedongs. Maos Nachfolger als informeller „Höchster Führer", Deng Xiaoping, verzichtete jedoch darauf, das Amt des Parteichefs formal anzutreten. Auf seine Veranlassung hin trat zunächst Hu Yaobang die Nachfolge von Hua als ZK-Vorsitzender an, bis dieses Amt im September 1982 ganz abgeschafft wurde. Hu blieb jedoch als ZK-Generalsekretär der formal höchstrangige Funktionär. De facto scheint das Amt des ZK-Militärkommissionsvorsitzenden entscheidend für die informelle Führungshierarchie zu sein, denn dies war das einzige Führungsamt, das Deng nach seinem weitgehenden Rückzug 1987 nicht an Vertreter der jüngeren Führungsgeneration abgab.⁶⁷

Die formal mächtigsten Gremien in der Parteihierarchie sind das Politbüro und sein Ständiger Ausschuß (StA, bis 1956 als „Sekretariat des Politbüros" bezeichnet), der einen dem Politbüro noch übergeordneten Führungskern darstellt. Zum Politbüro gehören jeweils 23 bis 28 Mitglieder, der StA umfaßte stets zwischen fünf und neun Mitgliedern. Nur auf dem Höhepunkt der Kulturrevolution hatten Politbüro und StA praktisch zu funktionieren aufgehört, als die von der Ehefrau Mao Zedongs, Jiang Qing, angeführte „Führungsgruppe Kulturrevolution" die Kontrolle übernahm und ein Großteil der Politbüro-Mitglieder politisch verfolgt wurde (Teiwes 2000: 114, Hu Wei 1998: 88). Entscheidungen des Politbüros haben bindende Kraft für das gesamte Führungssystem, wobei anscheinend wichtige Entscheidungen stets zuerst innerhalb des StA ausgehandelt und dann dem Politbüro vorgelegt werden (Domes 1985: 77-79). Über die genauen Verfahrensabläufe der Entscheidungen in den höchsten Führungsgremien ist bisher noch immer wenig bekannt, und Informationen für verschiedene Zeitepochen sind mitunter

---

65　Auch Führungspersonen wie Hu Yaobang und Zhao Ziyang versuchten oft, im ZK gezielt Unterstützung für politische Programme zu mobilisieren, etwa durch Gewährung selektiver Vergünstigungen für einzelne Provinzführungen (Shirk 1993: 79).
66　Lediglich bei Uneinigkeit in der Parteispitze hat das ZK Bedeutung als faktisches Entscheidungsorgan (Shirk 1993: 81, 88).
67　Vgl. Hu Wei 1998: 94, Domes 1985: 799 und Ruan Ming 1995: 16-17. Zur informellen Autorität des ZMK-Vorsitzenden trägt vielleicht auch der Titel „Vorsitzender" (*zhuxi*) bei, der durch Maos Vorbild geprägt wurde und seit der Abschaffung der Positionen des Staatsvorsitzenden und des Parteivorsitzenden allein dem ZMK-Vorsitzenden vorbehalten blieb.

3.1.2 Organisationstypus und Führungssystem der KPCh

widersprüchlich (Miller 1995: 210-11).[68] Die Sitzungen des StA scheinen mindestens einmal wöchentlich stattzufinden, allerdings, ohne daß dies öffentlich bekannt gegeben würde (Lieberthal 1995: 161). Die StA-Mitglieder sind jeweils für ein bestimmtes Ressort zuständig, das bei der Wahl eines neuen StA festgelegt wird, und kümmern sich vornehmlich um dieses Politikfeld (Chen Yizi 1995: 141).

Das ZK-Sekretariat, das nach 1956 zunächst von Deng Xiaoping geleitet worden war, war in seiner Funktion ursprünglich nicht mit den wesentlich mächtigeren ZK-Sekretariaten der Sowjetunion unter Führung Stalins und Chruschtschows vergleichbar. Generalsekretär Deng rangierte in der Parteihierarchie hinter dem Parteivorsitzenden Mao und dem Staatsvorsitzenden Liu Shaoqi, und die dem sowjetischen ZK-Sekretariat vergleichbare Führungsfunktion übernahm der Ständige Ausschuß des Politbüros (Teiwes 2000: 114, Anm. 24). Seit Abschaffung des Parteivorsitzes 1982 ist jedoch der ZK-Generalsekretär formal der ranghöchste Parteifunktionär. Das Sekretariat selbst fungiert als Arbeitsorgan für Politbüro und ZK; die Sekretariatsmitglieder überwachen die Vorbereitung von Vorlagen für das Politbüro und wandeln Politbürobeschlüsse in Instruktionen an untergeordnete Einheiten um (Lieberthal 1995: 161). Treffen des ZK-Sekretariats fanden seit dem Fünften Plenum des 11. ZK 1980 zweimal wöchentlich statt, wobei eine der Sitzungen zur Diskussion von Grundsatzfragen diente, die andere zur Behandlung tagespolitischer Fragen (Ruan Ming 1995: 18, Wu Guoguang 1995: 32). In Parteiangelegenheiten fungierte das ZK-Sekretariat zwischen 1980 und 1987 als faktisches Entscheidungszentrum, während Politbüro und StA in diesem Zeitraum aufgrund von Überalterung der Mitgliedschaft kaum regelmäßig zusammentraten. Der Staatsrat verfügte in dieser Zeit über relativ große Führungsbefugnisse in Fragen staatlicher Wirtschaftspolitik. Diese Arbeitsteilung zwischen Staatsrat und ZK-Sekretariat wurde aufrechterhalten, bis Hu Yaobang 1987 aus dem Amt des Generalsekretärs entfernt und durch Ministerpräsident Zhao Ziyang ersetzt wurde (Wu Guoguang 1995: 26). Auf dem 13. Parteitag 1987 wurden schließlich die Funktionen des Sekretariats zurückgestutzt und seine Rolle als „Arbeitsorgan" des Politbüros und des StA neu definiert. Seitdem ist der politische Einfluß des ZK-Sekretariats auf konkrete Entscheidungsprozesse deutlich zurückgegangen (Miller 1995: 211, Hu Wei 1998: 90).

Ende der achtziger Jahre spielte eine temporäre Organisation im Führungssystem eine wichtige Rolle, nämlich die 1982 auf Betreiben Deng Xiaopings eingerichtete Zentrale Beraterkommission (ZBK, *zhongyang guwen weiyuanhui*). Sie war geschaffen worden, um verdienten älteren Kadern den Abschied aus offiziellen Funktionen zu erleichtern,

---

68 Angeblich auf Insider-Informationen beruhende Berichterstattung über interne Vorgänge der höchsten Führungsgremien bei sehr brisanten Ereignissen, wie sie z.b. in den Gesprächsprotokollen der „Tiananmen-Akte" (Nathan/Link 2001) zu finden ist, muß grundsätzlich mit Vorsicht behandelt werden. Oft handelt es sich bei solchen Informationen lediglich, wie einer meiner chinesischen Gesprächspartner bemerkte, um „echte chinesische Gerüchte".

und sollte formal nur als Konsultationsorgan der Führung fungieren.[69] Ende der achtziger Jahre entwickelte sie sich jedoch zum wahren Machtzentrum der Partei, was während der Frühjahrskrise 1989 in der faktischen Führung durch ein Veteranenkollegium gipfelte. Diese Dominanz der Ältesten war jedoch naturgemäß nicht dauerhaft aufrechtzuerhalten. So wurde die ZBK schon 1992 auf Betreiben Deng Xiaopings wieder abgeschafft. Die meisten Revolutionsveteranen, darunter auch Deng, starben schließlich im Verlauf der neunziger Jahre. Dennoch zeigt der temporäre Einfluß der ZBK, daß formale Umbildungen von Führungsorganen für die reale Machtverteilung weitaus weniger relevant sein können als die ihnen dauerhaft zugrundeliegenden *informellen* Autoritätsstrukturen zwischen Führungsakteuren (Hu Wei 1998: 87).

Unter den ZK-Abteilungen ist die ZK-Organisationsabteilung wegen ihrer Kontrollmacht über das Kadersystem und die geheimen Personalakten sehr gewichtig. Sie leistet mitunter entschlossenen Widerstand gegen Personalentscheidungen, die den Parteiprinzipien zuwiderlaufen, selbst wenn diese von höchsten Führungsakteuren gewünscht sind (Yan Huai 1995: 45-48). Die Zentrale Disziplinkontrollkommission verfügt zwar ebenfalls über großen informellen Einfluß innerhalb der Partei; ihre Macht als Entscheidungsorgan war jedoch stets begrenzt, da sie eher als Implementierungs- und Überwachungsorgan dient (Shirk 1993: 73, Anm. 6). Auch die Zentrale Militärkommission (ZMK) spielt in der politischen Entscheidungsfindung ungeachtet ihrer großen symbolischen Bedeutung für die Legitimation des „Höchsten Führers", der stets Vorsitzender dieser Kommission ist, normalerweise keine bedeutende Rolle. Lediglich in Krisensituationen, die Fragen der nationalen Sicherheit berühren, kommt auch der ZMK ein großes Gewicht in der Entscheidungszentrale zu (Hu Wei 1998: 94).

Die staatliche Verwaltungshierarchie führt der Staatsrat an. Den Kern dieses höchsten Regierungsorgans bildet sein Ständiger Ausschuß, der aus dem Ministerpräsidenten und seinen Stellvertretern besteht, die verschiedene funktionale Bereiche repräsentieren. Die Ministerien und Kommissionen des Staatsrates sind der Kern der administrativen Staatsorgane. Der zentrale Regierungsapparat umfaßt somit eine große Anzahl spezialisierter Bürokratien mit umfangreichem Personal (Teiwes 2000: 117-18). Diese bürokratischen Organisationen werden in China üblicherweise in funktionale „Systeme" (*xitong*) eingeteilt, darunter die Wirtschaftsbürokratien, die Propaganda- und Bildungseinrichtungen, die Organisations- und Personalbürokratien, den Sicherheitsapparat, das Militär oder die lokalen Organisationen der KP (Lieberthal 1992: 2-3).

---

69 Mitglieder der ZBK erhielten weiterhin Einblick in geheime Dokumente, bezogen lebenslang volle Bezahlung und wurden gar meist um einen Rang befördert, wenn sie in Ruhestand gingen; „this [....] seriously called into question the meaning of ‚retirement'" (Clarke 1987: 39). Voraussetzung zur Mitgliedschaft in der ZBK war eine mindestens 40jährige Parteimitgliedschaft. Die ZBK war formal berechtigt, den zentralen Führungsakteuren Vorschläge zu unterbreiten. Führungsmitglieder der ZBK hatten das Recht, unter bestimmten Voraussetzungen weiterhin an Politbüro-Sitzungen teilzunehmen (Hu Wei 1998: 95).

3.1.2 Organisationstypus und Führungssystem der KPCh

Die Kontrolle der Partei über die Arbeit dieser bürokratischen Systeme ist durch ein System informeller „Führungsgruppen" *(lingdao xiaozu)* und Zentraler Kommissionen gewährleistet, die Teil der Parteiorganisation sind. Diese Organe werden jeweils von einem Mitglied des Politbüros oder des StA geführt und beinhalten zusätzlich die wichtigsten Partei-, Staats- und Militärführer, die im jeweiligen funktionalen System über Verantwortung oder langjährige Arbeitserfahrung verfügen.[70] Die informellen Führungsgruppen treffen verbindliche Entscheidungen über grundlegende Richtungsfragen, während die untergeordneten staatlichen Organe für die konkrete Ausgestaltung, Koordination und Implementierung der Politik zuständig sind (Hamrin 1992: 96). Während die Machtbefugnisse der informellen Führungsgruppen normalerweise groß sind, können sie unter Krisenbedingungen oder bei sehr wichtigen Grundsatzfragen schwanken. So werden schwierige Entscheidungen gegebenenfalls direkt an Führungsgremien der Parteizentrale weitergereicht, oder mächtige Einzelakteure überstimmen die Entscheidungen der Führungsgruppen (Hamrin/Zhao 1995: xxxiv). Statistiken zufolge gab es auf den meisten Führungsebenen des Systems im Jahre 1986 mehr informelle als formale Organisationen. Die informellen Organe, darunter viele ad hoc gebildete Führungsgruppen, entstanden im Gefolge plötzlich eingeleiteter Politik-Initiativen, die die Gründung temporärer Organe erforderten. Nach ihrer Etablierung haben solche Organe dann meist eine Tendenz, sich dauerhaft im System festzusetzen.[71] Die Einberufung, Gründung und Umorganisation solcher informellen Organe gehört daher zu den wichtigsten taktischen Maßnahmen bei der Austragung politischer Konflikte, um so die informelle Struktur der Akteurskonstellation zu beeinflussen (Hamrin 1992: 112).

Die Autoritätsstruktur im Regierungssystem Chinas stellt sich unter Berücksichtigung der verwobenen Funktionen von Partei- und Staatsorganen unter der Kontrolle informeller Führungsgruppen pyramidenartig dar. Unterhalb der Ebene des „Höchsten Führers", der nicht unbedingt eine formale Machtpositionen innehaben muß, aber über die letzte Entscheidungsmacht verfügt, befindet sich die Ebene des StA und eventuell weiterer, informell mächtiger Akteure (etwa im „Ruhestand" befindliche Veteranen); darunter liegt die Entscheidungsebene der Zentralen Führungsgruppen und Komitees, die jeweils von einem oder zwei StA-Mitgliedern geleitet werden und als „Brücke" zu den einzelnen funktionalen Systemen der Partei-, Staats- oder Militäradministration fungieren, über die sie Weisungsgewalt haben. Deren formale Führungsorgane sind wiederum für die Kommunikation mit unteren Ebenen, für die Koordination und Implementierung der Politik verantwortlich (Hamrin 1992: 100, Lieberthal 1995: 193-94).

---

70 Die Monatszeitschrift *China aktuell* des Instituts für Asienkunde listet in jeder Ausgabe unter der Rubrik *China monthly data* alle bekannten zentralen Führungsgruppen mit den Namen ihrer Mitglieder auf. Grundzüge der Funktion und Mitgliedschaft der wichtigsten Zentralen Führungsgruppen beschreibt Yan Jiaqi (1995: 4).
71 Vgl. Chen Yizi (1995: 133) sowie Hamrin/Zhao (1995: xlvii, Anm. 19).

Das stark zentralisierte Führungssystem hat eine vergleichsweise hohe Kapazität zur autoritativen Durchsetzung von Entscheidungen. Der Exilkader Chen Yizi beschreibt dies am Beispiel des von ihm geleiteten Instituts für politische Reformen, das 1986 auf Initiative Zhao Ziyangs hin gegründet wurde:

> When a person with high authority seriously wants something done, it happens simply and quickly. Such was the case with the formation of our office and our work. There was no red tape in the establishment of the institution, and no dragging of feet in the appointment of personnel. (Chen Yizi 1995: 142-43)

Reorganisationsvorgänge, die in anderen politischen Systemen langwierige Konflikte auslösen würden, können in China somit auf zentrale Anordnung hin unkompliziert umgesetzt werden.

3.1.3 Informelle Institutionen der Interaktion

Daß innerhalb des skizzierten leninistischen Führungssystems zahlreiche informelle Interaktionsformen existieren, ist unter westlichen wie chinesischen Beobachtern unumstritten. Doch welche informellen Institutionen prägen die tagespolitischen Abläufe in welcher Weise? Nachfolgend werden die wichtigsten dieser „Spielregeln" kurz einzeln dargestellt.

3.1.3.1 Charakteristische Koordinationsmechanismen

Neben der *hierarchischen Koordination* mit Hilfe der leninistischen Parteidisziplin wurden bislang folgende Koordinationsmechanismen im politischen System Chinas näher beschrieben: ein System ausgedehnter *Konsultationsprozesse* im Rahmen informeller Konferenzen (sogenannter „*Meeting*-Stil" der Koordination); ein spezifischer Koordinationsmechanismus, der die Abfassung und Verabschiedung „Zentraler Dokumente" zur Gewinnung ideologischer Legitimität beinhaltet (*„documentary politics"*), sowie ein Implementierungsstil, der zwischen bürokratischen Aushandlungsprozessen und krisengetriebenen Kampagnen der Massenmobilisierung abwechselt. Diese Verfahren haben sich infolge historischer Erfahrungen der Partei und als Folge der durch den Systemtypus festgelegten institutionellen Rahmenbedingungen fest etabliert.

Tagespolitische Entscheidungsprozesse finden oft nach dem System *„delegation by consensus"* statt (Shirk 1993). Dies bedeutet, daß die Entscheidungen einer Führungsebene immer dann automatisch von der nächsthöheren Ebene genehmigt werden, wenn die untergeordneten Einheiten sich einig sind (automatische Ratifikation). Nur bei Uneinigkeit

3.1.3 Informelle Institutionen der Interaktion

wird die Entscheidung entweder von der höheren Ebene selbst getroffen oder aber unbefristet aufgeschoben. Dieser Entscheidungsmodus wurde spätestens seit den achtziger Jahren auf allen Ebenen des Systems angewandt. Die Folge ist, daß einzelne untergeordnete Organe über ein faktisches Vetorecht verfügen, mit dem sie politische Initiativen lange Zeit blockieren können, wenn nicht energisches Durchgreifen der Zentrale ihre Kooperation schließlich erzwingt (Shirk 1993: 10, 116-18).

Die Notwendigkeit zur Erzielung von Konsens ist die Hauptursache für das Vorherrschen ausgedehnter Verhandlungsprozesse zwischen bürokratischen Einheiten und anderen betroffenen Akteuren (Lampton 1992: 50). In diesen Aushandlungsprozessen sind die Provinzregierungen mächtige Akteure, besonders wenn sie im Zentralkomitee der Partei repräsentiert und über persönliche Beziehungen mit höchsten Führungspersonen verflochten sind. Unterhalb der Ebene zentraler Entscheidungsträger ist die Autorität der Parteiorgane vielfach durchbrochen, zumindest bei weniger wichtigen, unkritischen Fragen alltäglicher Administration. So verhandeln etwa Provinzführungen mit der Zentrale über günstige Fiskalarrangements und Investitionsregeln, über die Erlaubnis zur Durchführung lokaler Reformexperimente oder die Ausweitung lokaler Entscheidungsbefugnisse, über Ausnahmeregelungen sowie über Rechte zur Gewährung von Privilegien (Peter Cheung 1998: 27-28). Insbesondere solche Felder der Wirtschaftspolitik, deren Bedeutung auf einzelne Sektoren begrenzt ist (etwa Industrie, Unternehmensführung, Steuern, Außenhandel), werden normalerweise von den zuständigen Technokraten in Ministerien selbständig reguliert, wobei mitunter auch externe Wirtschaftsexperten einbezogen werden können, während die höheren Führungsebenen normalerweise keine direkte Rolle spielen. Lediglich einzelne zentrale Führungspersonen mit Zuständigkeit für das spezielle Gebiet können je nach Sachlage involviert sein (Cheng Xiaonong 1995: 197-98).

Lokale Initiativen haben mehrfach entscheidende Bedeutung für die Entwicklungsrichtung der Reformpolitik gehabt, etwa bei der Dekollektivierung der Landwirtschaft oder der Einrichtung von Sonderwirtschaftszonen. Die Interessen lokaler Akteure einschließlich der Provinzführungen sind jedoch keineswegs homogen. So haben lokale „Pioniere" (etwa die Provinzführungen von Fujian, Guangdong, Hainan, Shandong und Shanghai) eine wichtige Rolle bei den wirtschaftlichen Entwicklungserfolgen dieser Küstenprovinzen gespielt, während die wenig reformfreundliche Haltung der Provinzführung von Shaanxi dazu beitrug, daß dort bislang wenig Wirtschaftsentwicklung erzielt werden konnte (Peter Cheung 1998: 31). Die meisten lokalen Reforminitiativen gelangen zunächst über informelle, persönliche Kanäle an die höchste Führungsschicht. Diese Kommunikationsform ist nach Fewsmith von entscheidender Bedeutung, da auf diese Weise langwierige bürokratische Verfahren umgangen werden können: "Throughout the reform period, informal politics have been critical in identifying and raising issues, in bringing new information to bear on the analysis of problems, and in proposing new policy recommendations" (Fewsmith 1996: 234). Zur Durchsetzung einer Reforminitiative ist zwar die Unterstützung hochrangiger Führungsakteure unerläßlich, doch ohne lokale Initiativen hätten viele Reformschritte nicht durchgeführt werden können (Liu Yuelun 1993: 224). Somit kommt lokalen Entscheidungsträgern nicht selten die Rolle „politischer Unternehmer" zu: Sie müssen Gelegenheiten, die sich durch zentrale Initiativen eröffnen (etwa Inspektionsreisen hochrangiger Führer, wichtige Sitzungen, Zufallsereignisse usw.), im Interesse ihrer lokalen Verwaltungseinheit geschickt nutzen, um die Reformagenda in ihrem Sinne zu beeinflussen (Peter Cheung 1998: 14). Lampton hat einige verbreitete Aushandlungsstrategien mittlerer und unterer Führungsebenen zusammengestellt. Dazu gehört (1) die Strategie, nach „Projekten zu angeln" um einen „Fuß in die Tür zu bekommen", so daß die Politik ausgeweitet werden kann, wenn Widerstände dagegen erlahmt sind; (2) die unautorisierte Schaffung eines Fait accompli zur Erzeugung öffentlicher Unterstützung, um mit diesem Druckmittel für eine bereits durchgeführte Politik rückwirkend die Genehmigung zu erhalten; (3) die Manipulation von Daten und Statistiken (*„cooking the books"*), um die jeweilige Sache zu befördern bzw. zu verhindern; (4) die Bildung breiter Allianzen durch vorausschauende Verteilung der zu erwartenden Nutzeneffekte auf alle beteiligten Akteure (*„a little something for everyone"*); sowie (5) der strategische Einsatz persönlicher Beziehungsnetzwerke zur direkten Beeinflussung hochrangiger Entscheidungsträger (Lampton 1992: 54-57). Diese strategischen Verhaltensweisen sind den Vorgängen in anderen politischen Systemen mit komplexen Verwaltungsapparaten insgesamt nicht unähnlich.[72] Derartige Aushandlungsvorgänge bilden den Hauptteil aller politischen Prozesse in der chinesischen Tagespolitik. Wegen der Komplexität der Akteurskonstellation und der Schwierigkeit eines Interessenausgleiches sind die erreichten Kompromisse allerdings oft nur fragil. Sie können personalpolitische, haushaltspolitische, distributive oder andere Ausgleichsmaßnahmen für die Beteiligten umfassen (Lieberthal 1995: 172-73).

Grundsätzlich gilt die Regel, daß ein Problem auf der niedrigsten Systemebene gelöst wird, auf der Konsens darüber erzielt werden kann. Die Notwendigkeit zur Erzielung von Konsens existiert jedoch auch auf höheren Systemebenen. Dies zeigt sich am Vorhandensein eines Konsultationssystems, dem sogenannten „*Meeting*-Stil" der politischen Entscheidungsfindung. Lieberthal vermutet, daß eine der Ursachen zur Herausbildung dieses Abstimmungsverfahrens in den historischen Wurzeln der kommunistischen Bewegung begründet liegt. Da nach 1949 viele ehemalige Guerilla-Kämpfer mit geringer Bildung und rudimentären Schreibfertigkeiten zu Funktionären aufstiegen, dominierte ein Koordinationsstil auf der Basis direkter mündlicher Kommunikation. Das Konferenzsystem ist mittlerweile so komplex, daß Handbücher über unterschiedliche

---

72 Vgl. einige z.T. sehr ähnliche Strategien, die politische und privatwirtschaftliche Akteure in den USA zur Beeinflussung von Kongressentscheidungen einsetzen (ausführlich beschrieben bei Smith 1988).

3.1.3 Informelle Institutionen der Interaktion

Typen von Konferenzen und Sitzungen existieren, die grundsätzlich von allen administrativen Einheiten einberufen werden können (Lieberthal 1995: 176-77). Innerhalb dieses „*Meeting*-Stils" der Koordination sind besonders die „Zentralen Arbeitskonferenzen" hervorzuheben, auf denen anstehende Entscheidungen der Zentrale informell gefällt und danach nur noch von formal zuständigen ZK-Plenarsitzungen ratifiziert werden (Hu Wei 1998: 92). Bis heute trifft sich die gesamte Führungselite einmal im Jahr, meist im Sommer, zu ausgedehnten Beratungen über Grundsatzfragen der Politik. Daran beteiligt sind normalerweise alle Politbüromitglieder, die Führer wichtiger ZK-Abteilungen, Ministerien und Staatsrats-Kommissionen, Provinzführer und weitere Teilnehmergruppen je nach Abhängigkeit von den zu beratenden Themen. Über die genauen Vorgänge auf diesen sommerlichen Sitzungen gibt es nur wenige verläßliche Erkenntnisse. Zwar finden stets einige Plenarsitzungen der gesamten Teilnehmerschaft statt, doch meist wird in kleinen Arbeitsgruppen verhandelt, die durch ein ausgeklügeltes System von Arbeitsberichten miteinander kommunizieren. Der Sitzungsvorsitzende formuliert am Ende der Konferenz das Schlußwort und kann dies politisch zur Propagierung seiner Präferenzen ausnutzen. Von großer Bedeutung scheinen auch die *informellen* Interaktionen auf den Konferenzen zu sein, etwa wenn mitgereiste Ehepartner Gelegenheit haben, sich unter die Arbeitsgruppen zu mischen und unter der Hand Informationen auszutauschen. Viele bedeutende Wendepunkte der chinesischen Geschichte seit 1949 wurden von Zentralen Arbeitskonferenzen markiert (Lieberthal 1995: 176-77).[73]

Daß ideologische Legitimität auch in der Reformära noch immer von sehr großer Bedeutung ist, zeigt sich an dem spezifisch chinesischen Koordinationsmechanismus, den Wu Guoguang *„documentary politics"* nennt. Im Zentrum dieses Abstimmungsverfahrens steht die Abfassung „Zentraler Dokumente" (*wenjian*), die jeweils den kollektiven Konsens der Führung zum Ausdruck bringen und im System bindende Kraft haben. Nach Wu rangiert die „Politik durch Dokumente" in China funktional auf ähnlicher Ebene wie der Gesetzgebungsprozeß in demokratischen Staaten (Wu Guoguang 1995: 26, 35). Innerhalb des extensiven chinesischen Dokumentationssystems geben das ZK, das ZK-Sekretariat, jedes Ministerium, jede Lokalregierung, jedes Parteikomitee und jede wichtige Verwaltungseinheit eine eigene Dokumentenreihe heraus. Meist werden die politischen Dokumente einer Organisation jahresweise durchnumeriert. Für das mit der Verwaltung dieser Schriftstücke beauftragte Personal gibt es spezielle Hilfsmittel und

---

73 Immer wieder verletzten die auf solchen informellen Konferenzen getroffenen Entscheidungen formale Regeln. So berief Deng Xiaoping 1985 eine Parteikonferenz ein, um eine Umbildung des Politbüros und des ZK unter Umgehung des dafür zuständigen Parteitages durchzusetzen. Damit folgte Deng dem Vorbild Mao Zedongs von 1949. Auf diese Verletzung seiner Rechte reagierte der Parteitag von 1987 durch eine Änderung des Parteistatuts, die den maximalen Anteil des auf Parteikonferenzen umbesetzbaren Führungspersonals auf ein Fünftel begrenzte (Shirk 1993: 86, Anm. 25).

Handbücher (Lieberthal 1995: 177).[74] Die autoritativste Form der Veröffentlichung ist die Herausgabe als ZK-Dokument (*zhongfa*). Großes politisches Gewicht haben darüber hinaus alle Dokumente, die formal von einem zentralen Entscheidungsorgan diskutiert und kollektiv verabschiedet worden sind. Der Abfassung und Verbreitung Zentraler Dokumente kommt wegen der Norm zur „kollektiven Führung" hohe Bedeutung zu. Zur Legitimation ihrer Handlungen haben Entscheidungsträger ein Interesse daran, ihre politischen Präferenzen formal von einem kollektiv verabschiedeten Dokument absegnen zu lassen, selbst wenn sie faktisch über autokratische Macht verfügen. Die relative Macht eines Führers kann demnach sogar daran gemessen werden, wie oft er seine Präferenzen in Form Zentraler Dokumente zum Ausdruck bringen kann (Wu Guoguang 1995: 25-26).

Die Formulierung und Verabschiedung Zentraler Dokumente hat der Exilkader Wu Guoguang, ein ehemaliger Mitarbeiter Zhao Ziyangs, beispielhaft beschrieben. Demnach initiiert eine Führungsperson die Abfassung eines Dokuments meist, um dadurch eigene Präferenzen als zentralen Konsens durchzusetzen. Die Führungsperson wählt zunächst eine Entwurfsgruppe vertrauenswürdiger Mitarbeiter aus, revidiert deren Entwurf persönlich und legt diesen dann der „kollektiven Führung" zur Verabschiedung vor. Der ganze Prozeß kann im Extremfall an einem einzigen Tag ablaufen, sich aber genauso gut über viele Monate hinziehen (Wu Guoguang 1995: 27).[75]

---

74 Die wichtigsten Grundtypen politischer Dokumente sind nach Rangfolge ihrer Verbindlichkeit „Befehle" (*mingling*) und „Entscheidungen" (*jueding*), die vom Empfänger präzise auszuführen sind; „Instruktionen" (*zhishi*), die unter Zustimmung der nächsthöheren Ebene an lokale Bedingungen anzupassen sind; „Zirkulare" (*tongzhi*), die Informationen zur Kenntnisnahme geben und zur Umsetzung des jeweils passenden auffordern, sowie „Meinungen" (*yijian*), die die Ansicht eines Funktionärs bekannt geben. Darüber hinaus existieren noch zahlreiche Zwischenstufen, etwa „Entwürfe" (*caoan*) und „Benachrichtigungen" (*tongbao*), vgl. Lieberthal (1995: 177) und Chung Jae Ho (1993: 118-19).

75 Ein konkretes Beispiel für dieses Verfahren gibt Wu anhand einer wichtigen Rede Zhao Ziyangs vom Mai 1987, die den ins Stocken geratenen Wirtschaftsreformprozeß neu ankurbeln sollte. Zhao holte sich zunächst in einem persönlichen Gespräch mit Deng Xiaoping die Erlaubnis, den Wirtschaftsreformprozeß durch eine Veröffentlichung neu zu beleben, und beauftragte dann seinen Assistenten Bao Tong, den Dokumentenerstellungsprozeß einzuleiten. Bao delegierte die Aufgabe an Mitglieder des Instituts für politische Reformen und instruierte sie bezüglich der gewünschten Inhalte. Auf Basis dieser Entwürfe formulierte Wu Guoguang am 29. April einen Schlußentwurf, der nach einer Gruppendiskussion akzeptiert wurde, woraufhin Zhao Ziyang selbst noch letzte Änderungen durchführte. Den fertigen Entwurf übergab Zhao dem ZK-Sekretariat, das am 11. Mai über den Entwurf diskutierte. Um die Annahme sicherzustellen, wurden eigens die beiden reformorientierten Sekretariats-Mitglieder Wan Li und Hu Qili von einer Inspektionsreise zurückberufen. Das ZK-Sekretariat akzeptierte den Entwurf schließlich, so daß Zhao die Rede am 13. Mai auf einer Sitzung von Propagandafunktionären halten konnte. Anschließend veröffentlichte die *Renmin Ribao* zwei darauf basierende Leitartikel und einen Monat später den genauen Wortlaut der Rede mit der Aufforderung, sie genau zu studieren. Dies entsprach dem Standardverfahren zur Verbreitung von Informationen in der Partei: „Erst die höheren, dann die niedrigen Ebenen; erst innerhalb, dann außerhalb der Partei; erst die Kader, dann die Massen" (Wu Guoguang 1995: 30-33).

3.1.3 Informelle Institutionen der Interaktion

Die obersten Entscheidungsorgane verfügen über permanente Einrichtungen zur Herstellung Zentraler Dokumente. Diese werden informell zumeist von einem Führungsmitglied ideologisch dominiert, das für das Personal des jeweiligen Organs als politischer Patron fungiert. Programmatisch-ideologische Konflikte zwischen Führungspersonen werden somit nicht selten in Form von Umstrukturierungen, Neugründungen oder Schließungen solcher „Dokumentenfabriken" ausgetragen. Beispiele dafür waren erfolglose Versuche von ZK-Generalsekretär Hu Yaobang Anfang der achtziger Jahre, das von Deng Liqun dominierte Forschungsinstitut des ZK-Sekretariats zu restrukturieren. Hu gründete schließlich statt dessen ein eigenes Institut. Auch der reformorientierte Ministerpräsident Zhao Ziyang etablierte zum Zweck der Dokumentenerstellung eigene Institute unter dem Staatsrat, darunter das Forschungszentrum für Entwicklung, das Forschungszentrum für ländliche Politik, die Reformkommission für das Wirtschaftssystem und das dazugehörige Wirtschaftsreformen-Institut. Als Zhao 1987 zum Parteichef gemacht wurde, beauftragte er eine informelle Gruppe mit Forschungen zur Durchführbarkeit politischer Reformen und gründete dann ein Institut für politische Reformen unter der Leitung seines persönlichen Assistenten Bao Tong, das zum wichtigsten Zentrum für zentrale Dokumentenerstellung des Reformerlagers wurde. Nach Zhaos Absetzung 1989 wurden diese Organe ihrerseits abgeschafft und durch andere Strukturen ersetzt (Wu Guoguang 1995: 28-29).

Ein oft genanntes Beispiel für die Bedeutung Zentraler Dokumente war die rückwirkende Autorisierung informeller Reden Deng Xiaopings, die er während seiner „Inspektionsreise in den Süden" 1992 (*nanxun*) in „privater" Eigenschaft gehalten hatte. Darin lobte Deng die Erfolge der Sonderwirtschaftszonen und konnte so dazu beitragen, daß die von orthodoxen Ideologen unter Beschuß genommenen dortigen Reformprogramme weitergeführt werden konnten. Dengs Äußerungen wurden schließlich durch die Herausgabe als ZK-Dokument Nr. 2/1992 zum Konsens der Führungszentrale erklärt (Wu Guoguang 1995: 36, Anm. 5). Auch die Austragung anderer wichtiger Ideologiedebatten, etwa der „Debatte über das Wahrheitskriterium" von 1978 (Kap. 4.1.1), erfolgte mit den Methoden der „Politik durch Dokumente".

3.1.3.2 Innerparteilicher Klientelismus

Klientelistische Organisationsformen haben in der Geschichte der VR China durchgängig eine wichtige Rolle gespielt, und klientelistische Netzwerke durchziehen bis heute Parteiapparat, Armeeführung und Staatshierarchie.[76] Mitunter bilden solche klientelisti-

---

76 Dazu Shambaugh: „In the upper echelons of the party there is clear evidence of clientalistic [sic] networks tied to both Jiang Zemin and Hu Yaobang. Li Peng built a strong following in the state apparatus, while General Zhang Zhen did the same in the military. Two of General Zhang's key clients, Zhang Wannian and Fu Quanyou, have themselves promoted networks of those aligned with them" (Shambaugh 2000a: 181).

schen Netzwerke ein Vehikel, über das im Ruhestand befindliche Veteranen sich an Entscheidungsprozessen beteiligen können (Teiwes 1995: 81). Die *persönliche* Loyalität der Protegés gegenüber dem Patron in der Parteiorganisation wird durch leninistische Normen des Kadergehorsams gegenüber höheren Ebenen noch verstärkt (Hamrin/Zhao 1995: xxx-xxxi).

Der bisher deutlichste Nachweis für klientelistische Patronagebeziehungen in der chinesischen Führungsschicht konnte am Beispiel der „persönlichen Assistenten" (*mishu*) hoher Führungspersonen geführt werden.[77] Meist handelt es sich bei den Assistenten um jüngere, gut ausgebildete Personen, die vom jeweiligen Führungskader frei, also ohne Einmischung der zuständigen Organisationsabteilung, rekrutiert werden können (Lieberthal 1995: 191). Diese informellen Positionen bieten einen relativ einfachen Weg, ohne das Durchlaufen einer langwierigen bürokratischen Karriere direkt in höhere Führungsebenen aufzusteigen. Den Assistenten hoher Führungspersonen wird nämlich ein formaler bürokratischer Rang zugewiesen, da sie ihre Vorgesetzten in vielen Situationen repräsentieren müssen, und bei ihrem Weggang erhalten sie normalerweise eine offizielle Position formal gleichen Ranges, die meist zumindest auf der Ebene stellvertretender Provinzgouverneure oder Vizeminister des Staatsrats angesiedelt ist. Ehemalige Assistenten können unter Umständen später selbst in hochrangige Führungspositionen aufsteigen (Lieberthal 1995: 190). Eine Studie von Li Cheng ergab, daß 41 Prozent der Mitglieder des 15. ZK und der ZK-Disziplinkontrollkommission Arbeitserfahrung als persönliche Assistenten hatten, und auf dem 16. Parteitag 2002 sind mit dem neuen Staatspräsidenten und ZK-Generalsekretär Hu Jintao, dem neuen Ministerpräsidenten Wen Jiabao und dem stellvertretenden Staatspräsidenten Zeng Qinghong sogar erstmals drei ehemalige Assistenten in die höchste Führungsebene aufgestiegen (Li Cheng 2002: 2).

Die Beziehung zwischen dem Vorgesetzten und seinen Assistenten ist symbiotischer Natur. Es besteht ein gegenseitiges Abhängigkeitsverhältnis, in dem Dienstleistungen und Loyalität des Assistenten gegen politische Protektion, sozialen Statusgewinn und politische Aufstiegschancen eingetauscht werden. Bei diesem Interaktionsmuster handelt es sich um eine weit verbreitete, fest institutionalisierte Form klientelistischer Patronage im politischen System Chinas (Li/Pye 1992: 925, 930). Die quasi-offizielle

---

77 Vgl. zu diesem Phänomen die Untersuchungen von Li/Pye (1992) und Li Cheng (2002), die im folgenden ausführlich zitiert werden. Der chinesische Terminus *mishu* wird meist mit „Sekretär" übersetzt, ebenso wie der Terminus *shuji*, obwohl es sich bei beiden um grundverschiedene Funktionen handelt. Parteisekretäre (*shuji*) bis hin zum Generalsekretär des ZK (*zongshuji*) sind die jeweils höchstrangigen Führungskader von Parteigremien, während es sich bei deren *„mishu"* um persönliche Assistenten, Referenten oder andere Bedienstete solcher Führungskader handelt. Um diesen Unterschied in der Übersetzung deutlich zu machen, wird im Folgenden für politische *mishu* der Begriff „persönlicher Assistent" verwendet. Je nach Ranghöhe kann die Anzahl der persönlichen Assistenten eines Führungskaders von einem bis hin zu einer ganzen Gruppe reichen (Li/Pye 1992: 913-16).

3.1.3 Informelle Institutionen der Interaktion

Anerkennung dieser Institution zeigt sich nicht zuletzt daran, daß inzwischen eine umfangreiche Ratgeberliteratur für politische Assistenten existiert, in der Aufgabenbereiche und Verhaltensnormen im einzelnen beschrieben sind.[78] Nicht selten spielen die persönlichen Assistenten hochrangiger Führungspersonen eine entscheidende Rolle für den Verlauf politischer Entscheidungsprozesse. Dies wird schon anhand der umfassenden praktischen Funktionen deutlich, die Assistenten allgemein erfüllen. Angesichts der zeitlichen Belastung und den mitunter nur geringen Fachkenntnissen älterer Führungspersonen[79] kommt den Assistenten eine sehr umfassende beratende, vermittelnde und sogar schöpferische Rolle zu. Sie fungieren simultan als *brain trusts* ihrer Vorgesetzten, beraten diese in fachlicher und politischer Hinsicht und leisten Recherche- und Nachforschungsarbeiten, um politische Empfehlungen auszuarbeiten; sie betätigen sich als Ghostwriter und formulieren die oftmals nur vage angerissenen Gedanken ihrer Auftraggeber, wobei sie oft erheblichen Spielraum zur Einflechtung eigener Meinungen oder zur Streichung „unlogischer oder nicht praktikabler Ideen" ihrer Auftraggeber genießen; sie repräsentieren ihre Vorgesetzten bei offiziellen Anlässen und agieren als deren Sprachrohr, wodurch sie erheblichen Einfluß auf den Verlauf von Beratungen mit anderen Führungskräften nehmen können. Zusammenkünfte, soziale Beziehungen zu und Kommunikation mit anderen Führungspersonen werden von den Assistenten koordiniert. Besonders die Ghostwriter-Funktion ist von erheblicher politischer Bedeutung, da es im Rahmen des Systems der „Politik durch Dokumente" oft auf den genauen Wortlaut von Reden und Stellungnahmen ankommt. Je nachdem, zu wie viel aktiver politischer Betätigung eine Führungskraft aufgrund von Bildungsstand, Fachkenntnissen und Alter (noch) fähig ist, sind die Interpretationsbefugnisse seiner Assistenten, was die „Absichten" des Vorgesetzten angeht, oft sehr weitreichend. Der Prozeß der Formulierung der Gedanken einer Führungsperson wird in der entsprechenden Ratgeberliteratur deshalb euphemistisch als „Ergründung der Absichten eines Führers" (*linghui lingdao yitu*) bezeichnet. Dies bedeutet in der Praxis, daß die Ideen der Führungsperson oft nur einen vagen Anlaß für die Formulierung eines detaillierten politischen Programms geliefert haben, als dessen eigentlicher Urheber der Assistent anzusehen ist. Da der große Einfluß von Assistenten im Rahmen des leninistischen Führungssystems nicht unproblematisch ist, hat die Parteizentrale ihre Führungskader bereits autoritativ aufgefordert, die Formulierung wichtiger Dokumente selbst vorzuneh-

---

78 Li und Pye listen allein zehn spezialisierte Zeitschriften auf, die sich ausschließlich mit „*mishuxue*", der Lehre von der Arbeit der Assistenten, beschäftigen. Auch viele höhere Bildungseinrichtungen bieten Kurse in „Assistentenlehre" an (vgl. Li/Pye 1992: 915-16).
79 Da viele Mitglieder der kommunistischen Gründergeneration aus zum Teil sehr einfachen Verhältnissen stammten und keinen Zugang zu höherer Bildung gehabt hatten, waren sie oft schon zur Erledigung ihrer Korrespondenz auf ihre Assistenten angewiesen. Auch spezialisierte Fachkenntnisse in entwicklungsrelevanten Gebieten wie Wirtschaft, Recht, Naturwissenschaften und Technik waren in der Gründergeneration nicht weit verbreitet.

men und dies nicht den jeweiligen Assistenten zu überlassen. Schon die Notwendigkeit zum Erlaß einer entsprechenden ZK-Instruktion belegt die weitreichende Praxis inoffizieller politischer Einflußnahme durch Ghostwriter (Li/Pye 1992: 918-22).[80] Assistenten können oft erheblichen Einfluß auf die Meinung ihrer Vorgesetzten nehmen, da sie den Zugang Außenstehender zu ihrem Patron kontrollieren und die ihm zugänglichen Informationen filtern können. Umgekehrt ermöglichen die Dienste fähiger Assistenten es auch alten und gebrechlichen Führungspersonen noch, aktiv in der Politik mitzuwirken: „The well-established role of *mishus* makes it possible for nearly senile leaders to continue to perform as major political figures". Die Dominanz einer gerontokratischen Führungsschicht Ende der achtziger Jahre wäre ohne die Effizienz ihrer persönlichen Assistenten kaum denkbar gewesen (Li/Pye 1992: 926). Auch die Assistenten selbst können erheblich von ihrer Rolle profitieren. Nicht nur erhalten sie privilegierten Zugang zu höchsten Führungsschichten, ohne die bürokratische Laufbahn durchlaufen zu müssen; sie genießen als Alter ego ihres Vorgesetzten auch selbst hohen persönlichen Status und können dies bei Bedarf in materielle Vorteile ummünzen. Da es üblich ist, einen Assistenten nach Ablauf einer gewissen Zeitspanne in eine formale Führungsposition zu befördern, können ehemalige *mishu* später selbst zu Patronen eines eigenen klientelistischen Netzwerkes aufsteigen, zumal die Tätigkeit als Assistent eine optimale Vorbereitung auf die Erfordernisse politischer Kommunikation in der chinesischen Führungsschicht darstellt.[81] Allerdings müssen Assistenten von gestürzten oder in die Kritik geratenen Führungsakteuren damit rechnen, die Rolle eines Sündenbocks zugewiesen zu bekommen. Dies zeigte sich etwa am Beispiel Bao Tongs, des persönlichen Assistenten Zhao Ziyangs, der nach den Ereignissen vom Juni 1989 zu einer langen Haftstrafe verurteilt wurde. Allerdings ist der gegenwärtige Minister-präsident Wen Jiabao ein Gegenbeispiel für einen ehemaligen Assistenten, der den Sturz mehrerer Vorgesetzter unbeschadet überstand (Li Cheng 2002: 7).

Das System der persönlichen Assistenten fördert somit Klientelismus in der Partei, da es Führungspersonen ermöglicht, gezielt Klienten zu rekrutieren, ihnen einen formalen bürokratischen Rang zuzuweisen und sie nach einiger Zeit in offizielle Führungsposten zu befördern. Auch nepotistischen Verhaltensweisen leistet das *mishu*-System Vorschub, denn es bietet nicht zuletzt den Angehörigen hochrangiger Führungspersonen eine attraktive Möglichkeit, ohne langwierige Umwege direkt in die Führungsriege aufzusteigen (Lieberthal 1995: 190-91). Neben Nepotismus spielen dabei möglicherweise

---

80 Schon in der Mao-Ära wurde vielfach Kritik an dem übermächtigen Einfluß geübt, den manche Assistenten zum Teil auf selbstherrliche Weise ausübten (Li/Pye 1992: 934).

81 Während in westlichen Systemen wegen der zentralen Rolle der *Gesetzgebung* juristische Fachkenntnisse von entscheidender Bedeutung sind, kommt es in der chinesischen Führungsschicht nach Li und Pye besonders auf die Fähigkeiten zum *Management zwischenmenschlicher Beziehungen* an. Dies verschafft den darin geübten Assistenten eine entscheidende Schlüsselqualifikation für spätere Führungsaufgaben (Li/Pye 1992: 927-28).

3.1.3 Informelle Institutionen der Interaktion

auch Loyalitätsgesichtspunkte und Geheimhaltungsaspekte eine Rolle.[82] Trotz ihrer individuell großen Bedeutung scheinen die Assistenten hoher Führungskader als Gruppe bisher über keinen organisatorischen Zusammenhalt zu verfügen. Weder bilden sie untereinander horizontale Netzwerke, noch arbeiten sie in faktionalistischer Manier zusammen: „[...] the political interests of holders of *mishu* positions are not necessarily identical" (Li Cheng 2002: 6, 2).

Eine andere Erscheinungsform des Klientelismus in der chinesischen Führungsschicht sind Seilschaften, die sich auf der Basis eines gemeinsamen Ausbildungshintergrundes gebildet haben. Besonders prominent ist das sogenannte „*Qinghua*-Netzwerk" von Absolventen der Beijinger Qinghua-Universität, zu dem unter anderem Zhu Rongji, Hu Jintao und etwa ein Viertel der Politbüro-Mitglieder des 15. ZK gehören sollen. Auch die Absolventen anderer Bildungseinrichtungen, etwa der Zentralen Parteischule, sollen, ebenso wie ehemalige Führungskräfte des Kommunistischen Jugendverbandes, untereinander lose geknüpfte Netzwerkverbindungen pflegen (Li Cheng 2000: 29-34, ders. 2001: 104-21). Allerdings verfügen die Mitglieder der jüngeren Führungsgeneration im Vergleich zur Revolutionsgeneration insgesamt über weniger tiefe und breite Beziehungsnetzwerke. Ihre vorwiegend technokratische Spezialisierung und der typische Werdegang in einzelnen Teilsystemen der Bürokratie erlaubt es ihnen nur selten, Netzwerke zu bilden, die mehrere funktionale Systeme überspannen. Klientelistische Beziehungen zur Militärführung sind in den jüngeren Führungsgenerationen zudem sehr viel schwächer ausgeprägt als bei den Revolutionsveteranen (Zhao Suisheng 1995: 235). Begebenheiten wie die von dem Intellektuellen Su Shaozhi geschilderte Einflußnahme eines Kollegen auf den hochrangigen Parteiveteranen Bo Yibo, der diesem aus der Kriegszeit persönlich verbunden war, dürften somit zunehmend seltener werden.[83] Wieviel die Erkenntnisse über solche Netzwerkstrukturen im Einzelfall zur Erklärung von Führungshandeln beitragen, bleibt häufig unklar. So wurde die ältere Führungsgeneration Chinas von Beobachtern nach vielfältigen Kriterien in informelle Gruppen

---

82 Eine Liste von Führungskader-Kindern, die über die Rolle als Assistent in die Führungsriege aufgestiegen sind, findet sich bei Li Cheng (2002: 3). Dittmer und Lu zitieren chinesische Untersuchungen, wonach in vielen Verwaltungsorganen Nepotismus zu einem ernsten Problem geworden ist, da Verwandte von Führungskadern einen signifikanten Anteil der Belegschaft bilden (vgl. genauer Dittmer/ Lu 1996: 259-60). Auch die *Renmin Ribao* hat entsprechende Probleme bereits mehrfach angeprangert. Lieberthal listet darüber hinaus eine ganze Reihe von Kindern hochrangiger Führungskader auf, die erfolgreich im Partei-, Staats- und Wirtschaftssystem aufgestiegen sind. So erreichten die Kinder und Schwiegerkinder etwa von Deng Xiaoping, Bo Yibo, Peng Zhen oder Ye Jianying relativ leicht hohe und/oder lukrative Posten. Die Gruppe dieser erfolgreichen Nachkommen von Führungskadern wird häufig summarisch als „Prinzenpartei" (*taizi dang*) bezeichnet, obwohl sie nicht fest organisiert zu sein scheint und nicht als kollektiver Akteur in Erscheinung tritt (Lieberthal 1995: 237-38, 268).

83 Vgl. für Einzelheiten die Darstellung des Vorgehens von Su und seinem Kollegen Feng Lanrui anläßlich der drohenden Schließung ihres Instituts für Marxismus-Leninismus an der Akademie für Sozialwissenschaften im Oktober 1983 (Su Shaozhi 1995: 115-16).

und Netzwerke aufgeschlüsselt, etwa in „ehemalige Frankreich-Studenten" oder Angehörige einzelner Armee-Einheiten des Bürgerkrieges.[84] Gegenüber anderen Faktoren scheint die Bedeutung der tatsächlichen oder hypothetischen Netzwerk-Zugehörigkeit von Akteuren jedoch zurückzufallen. So scheint Ende der achtziger Jahre kein organisatorischer Zusammenhalt zwischen den mächtigsten Überlebenden der Gründergeneration mehr bestanden zu haben, auch wenn sie angesichts ihres Vorgehens während der Frühjahrskrise 1989 oft als zusammenhängende Gruppe dargestellt werden (Teiwes 1995: 80).

3.1.3.3 Faktionalismus und informelle „Meinungsgruppen"

Viele Beobachter der chinesischen Führungsschicht betonen in ihren Analysen schwerpunktmäßig die Dynamik innerparteilicher Konflikte, die zumeist als Machtkämpfe zwischen konkurrierenden „Faktionen" interpretiert werden. Dieses Deutungsmuster ist so dominant, so daß es notwendig erscheint, auf die Probleme dieser Sichtweise gesondert einzugehen.[85] Wie bereits im zweiten Kapitel dargelegt wurde, entsteht durch die unpräzise Verwendung der Begriffe „Faktion" und „Faktionalismus" sowie durch unkritische Verwendung von Hörensagen und Gerüchten als Quelle für in der Praxis intransparente Vorgänge ein Maß an Unklarheit, das den Wert mancher Analysen als sehr fraglich erscheinen läßt. So ist schon die Bezeichnung „Faktion" für jede Art von informeller Gruppierung zu undifferenziert. In chinesischen Analysen, aber auch in offiziellen Dokumenten, die Stellungnahmen zum leninistischen Faktionsverbot enthalten, werden dagegen zahlreiche unterschiedliche Termini für verschiedene Typen innerparteilicher Gruppierungen verwendet, die in westlichen Übersetzungen meist sämtlich als „Faktionen" bezeichnet werden. Dazu gehören etwa „pai" (Gruppe, Fraktion, Schule), „paixi" und „zongpai" (Faktion), aber auch „shantou" (Clique, Faktion) und „quanzi" (Zirkel, Grüppchen). Während den Begriffen *paixi, zongpai, shantou* und *quanzi* in der Literatur grundsätzlich eine negative Konnotation von partikularistischer, klüngelhafter Betätigung in Machtkämpfen anzuhaften scheint, wird der Begriff „pai" auch allgemein zur Kennzeichnung von politischen Lagern oder Flügeln gebraucht (etwa im Hinblick auf die „Hauptströmung" und die „Anti-Hauptströmung" innerhalb der taiwanischen GMD) und könnte somit als vergleichsweise „wertneutraler" Oberbegriff für „Meinungsströmungen" gelten. Grundsätzlich werden Faktionen in China, ebenso wie in der europäischen Tradition, als schädlich angesehen: „Factions are [...] ostensibly formed out of the human weaknesses of inherently bad people" (Pye 1981: 191). Dies macht den Vorwurf der illegalen Faktionsbildung zu einem beliebten Instrument, um gegen innerparteiliche Gegner vorzugehen.

---

84 Vgl. dazu etwa Domes (1985: 81, 107).
85 Vgl. z.B. Zhao Suisheng (1995: 242-43).

3.1.3 Informelle Institutionen der Interaktion

Auch wenn eine solche Unterscheidung anhand der noch immer schlechten Datenbasis für die Analyse von Faktionen und Meinungsgruppen in der KPCh nicht leicht ist, wird im Folgenden versucht, etwas genauer zu differenzieren und eindeutig machtkampforientierte „Faktionen" von reinen „Meinungsgruppen" zu unterscheiden. Denn während das Vorhandensein informeller Gruppierungen an sich unstrittig ist,[86] bleibt zumeist unklar, ob diese Gruppierungen tatsächlich Merkmale von *„power factions"* oder von *„spoils factions"* im Sinne von Sartori aufweisen, oder ob es sich nicht vielmehr um unbeständige und an genuin programmatischen Interessen ausgerichtete *„opinion groups"* bzw. *„ideology fractions"* handelt.[87]
Gegenstand von Machtkämpfen in der chinesischen Führungsspitze ist das Recht, strategische Programmentscheidungen zu treffen, also die „Parteilinie" zu definieren, und wichtige Personalentscheidungen durchzusetzen (Hamrin/Zhao 1995: xxxi). Eines der Probleme bei der Erforschung von Machtkampfgruppierungen besteht darin, daß Detailinformationen über Verlauf und Hintergründe dieser Machtkämpfe oft erst dann zur Verfügung stehen, wenn die fraglichen Ereignisse vorüber sind und Sieger und Besiegte feststehen. Eine siegreiche Gruppe jedoch kontrolliert im wenig pluralistischen Meinungsklima eines leninistischen Staates die anschließende Darstellung des Sachverhalts. Die Unterlegenen werden in Fällen harter ideologischer Konfrontation dann meist für alle erdenklichen politischen Übel der Vergangenheit verantwortlich gemacht, selbst wenn die Verantwortung dafür zumindest teilweise anderen Personen zugeordnet werden müßte.[88] In der gesamten Geschichte der VR China hat zudem die Neigung bestanden, in Macht- oder Ideologiekonflikten unterlegene Akteure in handliche Vierergruppen zusammenzufassen, gleichgültig, ob zwischen den jeweils betroffenen Einzel-

---

86 Nach Hu Wei ist es „...eine objektive Tatsache, daß viele Arten [informeller] Gruppierungen, legal und illegal geformt, innerhalb der Machtelite den politischen Prozeß beeinflussen und ihr Vorhandensein somit einen systemischen Faktor darstellt" (Hu Wei 1998: 149).
87 Dittmer und Wu zählen zu den „empirisch nachweisbaren" Faktionen auch sehr lose gefügte Gruppierungen, etwa die „Peng-Huang-Zhang-Zhou-Clique", die auf der Lushan-Konferenz von 1959 wegen der kritischen Haltung Peng Dehuais zum Großen Sprung unter Druck geriet; die sogenannte Lin Biao-Clique, deren genaue Hintergründe noch immer recht unklar sind; eine wohl primär programmatisch-ideologisch motivierte Gruppe der Protegés von Hu Yaobang und Zhao Ziyang sowie eine „militärische Faktion" um Yang Shangkun and Yang Baibing nach dem 4.6.1989 (Dittmer/Wu 1995: 481). Der sehr heterogene Charakter dieser Gruppen (oder Pseudo-Gruppen) macht die einheitliche Verwendung des Begriffs „Faktion" meines Erachtens problematisch.
88 Dies betrifft z.B. die historische Evaluierung der „Lin Biao-Clique" und der „Viererbande", denen offiziell die Hauptverantwortung für alle Exzesse der Kulturrevolution zugewiesen wurde, ohne gleichermaßen den maßgeblichen Anteil Mao Zedongs an diesen Ereignissen auszuweisen. Diese einseitige Dämonisierung diente den Konfliktsiegern zur Legitimierung des eigenen Machtanspruches. Kritische Untersuchungen legen jedoch nahe, daß etwa die „Viererbande" keine regelrechte verschwörerische Organisation war, sondern vielmehr mit politischer Absicht rückwirkend so konstruiert wurde (Heilmann 1994: 18).

personen überhaupt jemals „faktionalistische" Zusammenarbeit stattgefunden hatte.[89] In einigen westlichen und chinesischen Studien besteht dann die Tendenz, die politisch motivierte Darstellung des jeweiligen Sachverhaltes durch die Sieger eines Konfliktes unkritisch zu übernehmen. Dies beeinträchtigt notgedrungen die historische Aufarbeitung zahlreicher Ereignisse, besonders, solange Originalquellen nicht allgemein zugänglich sind.

Selbst dort, wo informelle Gruppen eindeutig in Machtkämpfe verwickelt sind, wie dies etwa bei der „Viererbande" 1976 der Fall war, ist die Frage nach der relativen Bedeutung von Machtinteressen und ideologisch-programmatischen Überzeugungen der Akteure als Handlungsmotivation auf der vorliegenden Datenbasis nicht immer leicht zu klären. So hatten die Mitglieder der „Viererbande" nach dem Tod Maos angesichts ihrer prekären Situation im Machtzentrum möglicherweise gar keine andere Wahl, als im gemeinsamen Überlebensinteresse zu kooperieren. Auch die Frage, ob es dieser Gruppierung primär um ihre radikale Ideologie oder um persönliche Machtausweitung ging, ist nicht leicht zu klären. Es kann nicht ausgeschlossen werden, daß die von den Mitgliedern der „Viererbande" vertretenen ideologisch-programmatischen Überzeugungen zumindest für einige der Beteiligten mehr waren als nur die ideologische Verbrämung eines unverhohlenen Machtanspruches.[90]

Bei den Konflikten der achtziger und neunziger Jahre hingegen scheinen Machterweiterungsfragen gegenüber ideologisch-programmatischen Interessen der Akteure relativ gesehen in den Hintergrund gerückt zu sein. Dadurch werden Machtkampf-Interessen als Handlungsmotivation zwar nicht irrelevant, denn ein Akteur kann seine ideologische Präferenz nur dann durchsetzen, wenn er über eine entsprechende Machtposition im System verfügt. Es ist jedoch ein wesentlicher Unterschied, ob die Erlangung einer

---

89 Die bekanntesten Beispiele dafür waren neben der 1976 verhafteten „Viererbande" um Maos Ehefrau Jiang Qing die sogenannte „Deng-Mao-Xie-Gu-Clique" von Deng Xiaoping, Mao Zetan, Xie Weizun und Gu Bo 1933, die „Peng-Huang-Zhang-Zhou-Clique" von 1959 um Peng Dehuai, Huang Kecheng, Zhang Wentian und Zhou Xiaozhou sowie die „Peng-Luo-Lu-Yang-Clique" von 1966. Mit Ausnahme der „Viererbande" von 1976 bestand innerhalb dieser angeblichen Cliquen keineswegs koordinierte Zusammenarbeit, sondern die betreffenden Personen kannten sich zum Teil nicht einmal besonders gut und wurden lediglich *nach* einer Säuberung als spalterische Gruppierung gebrandmarkt (Benjamin Yang 1998: 74, Hu Wei 1998: 153). Die Häufigkeit der Einteilung in Viergruppen ist auffällig; möglicherweise hängt dies mit der symbolischen Unglücksbedeutung der Zahl Vier im kulturellen Kontext Chinas zusammen.

90 So glaubt Hu Wei, daß die verfemte Jiang Qing-Gruppe ihre ideologischen Anliegen tatsächlich ernsthaft vertrat und nicht nur an persönlichem Machtgewinn interessiert war (Hu Wei 1998: 154). Tatsächlich ist denkbar, daß die „Viererbande", innerhalb derer anscheinend erhebliche Spannungen existierten, mehr an der *Absicherung* ihrer nach dem Tod Maos unsicher gewordenen Position gegenüber übermächtigen Herausforderern gelegen war als an einer Übernahme höchster Führungspositionen. Nach dieser Auffassung hätte ein regelrechter Umsturzversuch nicht existiert, und die Handlungen der „Viererbande" müßten als „verzweifelte Defensivakte" angesichts übermächtiger Gegner angesehen werden (Heilmann 1994: 18).

3.1.3 Informelle Institutionen der Interaktion

Machtposition Selbstzweck ist oder nur Mittel zum Zweck, um einer bevorzugten und für richtig gehaltenen Politik zur Durchsetzung zu verhelfen. Die offizielle Bewertung solcher von programmatisch-ideologischen Überzeugungen motivierten Handlungen kann jedoch wiederum sehr unterschiedlich ausfallen. So gilt der Kampf der Gruppe um Hua Guofeng und Ye Jianying 1976 gegen die „Viererbande" in der offiziellen Geschichtsschreibung als legitim, da die Beendigung der kulturrevolutionären Linie ein aus Sicht der späteren Führung richtiges und wünschenswertes Ziel war und die „Viererbande" zudem für sämtliche Fehlentwicklungen der Mao-Ära verantwortlich gemacht werden konnte, was der späteren Führung die eigene Legitimation erleichterte. Generalsekretär Zhao Ziyangs Konflikt mit der Führungsmehrheit im Juni 1989 dagegen, als Zhao seine Unterstützung für die militärische Räumung des Tiananmen-Platzes verweigerte, wurde als ideologisch-programmatischer „Fehler" Zhaos eingestuft, nicht als legitime Minderheitsmeinung.

Aufgrund dieser situationsgebundenen Abhängigkeit der offiziellen Beurteilung von Programm- und Machtkämpfen scheint es angezeigt, strenge Kriterien zur Identifikation echter *power factions* anzulegen. Sofern Ideologie und Programmatik die Hauptmotivation einer informellen Gruppierung zu sein scheinen und zudem keine eindeutig klientelistischen Beziehungen zwischen den Einzelakteuren vorherrschen, werden solche Gruppen in dieser Arbeit bis zum Nachweis eindeutigen, kollektiven Machtstrebens dem Typus der „Meinungsgruppe" zugeordnet. Auch weist Hu Wei darauf hin, daß nicht zuletzt der Druck des Faktionsverbots innerparteiliche Gruppierungen zur Geheimhaltung ihrer Aktivitäten zwingt, selbst wenn es sich dabei um wenig konspirative Vorgänge handelt, die in anderen politischen Systemen als völlig normal angesehen würden. Hu kann in der heutigen Führungselite denn auch keine langlebigen, festgefügten, machtkampforientierten Gruppierungen ausmachen; vielmehr seien die meisten informellen Organisationen innerhalb der Führungselite unklar begrenzt und locker gefügt, so daß Faktionen im eigentlichen Wortsinn in der chinesischen Führungsschicht seiner Meinung nach nicht existieren (Hu Wei 1998: 149-50). Politische *Meinungsgruppen* dagegen, die gemeinsame politische Tendenzen oder Überzeugungen vertreten, existieren sehr wohl: „It seems apparent that issues – as distinct from factional interest – play a role, and perhaps an increasingly important role, in Chinese politics" (Fewsmith 1996: 236). Da Meinungsgruppen jedoch oft, wenn überhaupt, nur sehr lose organisiert sind, ist mitunter fraglich, ob sie überhaupt als kollektive Akteure in Konflikten aufgefaßt werden können. Dennoch ist die Einteilung von Führungsakteuren in unterschiedliche programmatische Lager oder „Meinungsgruppen" anhand der vorliegenden Informationen – etwa offizielle Statements oder Verhalten in konkreten Entscheidungssituationen – leichter möglich als die Identifikation machtkampforientierter „Faktionen". Unstrittig ist, daß in der chinesischen Führungsschicht nicht erst seit 1976 mehrere konkurrierende programmatische Flügel existieren, die um die Durchsetzung ihrer ideologischen Präferenzen kämpfen. Diese Lager bleiben über lange Zeiträume hinweg relativ stabil, auch wenn ihre Binnenstruktur meist lose ist und ihre Außengrenzen unscharf sein können (Hu Wei 1998: 152-53). Dittmer beschreibt einige der wichtigsten programmatischen Richtungen seit 1976 genauer (1990: 410-11). Das Lager der Anhänger einer radikal-utopistischen Entwicklungsstrategie, wie die Führung um Mao sie im Großen Sprung und in der Kulturrevolution mit katastrophalen Folgen vorangetrieben hatte, ist angesichts der traumatischen historischen Erfahrungen spätestens seit 1978 nicht mehr relevant in den Entscheidungsprozessen gewesen. Allerdings existierte in den achtziger Jahren noch ein Lager, das eine ans Sowjetmodell angelehnte Entwicklungsstrategie aus der Frühzeit der VR China vertrat. Dittmer bezeichnet diese Gruppierung als „Paläo-Maoisten". Ihre Vertreter lehnten nicht nur politische Lockerungen grundsätzlich ab, sondern standen auch den teilweise marktwirtschaftlich ausgerichteten Reformstrategien zum Einsatz von Auslandsinvestitionen kritisch gegenüber. Da unter jüngeren Führungskadern nur noch wenige diese Richtung vertreten, nahm die Bedeutung dieses Lagers während der achtziger Jahre kontinuierlich ab und ist heute nur noch gering. Von dieser Gruppe abzugrenzen sind die Vertreter eines Wirtschaftsentwicklungskurses, wie er schon Anfang der sechziger Jahre als Reaktion auf den Großen Sprung von den „Revisionisten" um Liu Shaoqi, Chen Yun und Deng Xiaoping vertreten worden war. Dieses Lager befürwortete moderate marktwirtschaftliche Lockerungen bei Beibehaltung eines planwirtschaftlichen Systems, etwa die Verwendung von Anreizsystemen zur Produktionssteigerung, lehnte politische Lockerungen des leninistischen Führungsanspruchs aber grundsätzlich ab. Ein experimenteller, eklektischer Reformansatz ist kennzeichnend für diesen Flügel, der auch in den neunziger Jahren noch das Gegengewicht gegen radikalere Reformansätze bildete und zuletzt u.a. von Yao Yilin, Li Peng und Deng Xiaoping vertreten wurde. Auch die spätere Führung unter Jiang Zemin neigte häufig diesem Lager zu. Als Gegensatz dazu existierten phasenweise radikalere Ansätze wirtschaftlicher und politischer Reformkurse, die im Laufe des Untersuchungszeitraumes unter anderem von den Gruppierungen um Hu Yaobang und Zhao Ziyang vertreten worden sind. Während diese Flügel in Phasen erfolgreicher Wirtschaftsentwicklung teilweise Auftrieb erhielten, machte ihre Bereitschaft zum Bruch mit leninistischen Parteinormen sie ideologisch angreifbar, so daß sie immer wieder starken Rückschlägen ausgesetzt waren und ihre Präferenzen nicht dauerhaft als Konsens in der Führung etablieren konnten.

Trotz des Wettstreits unterschiedlicher programmatischer Lager ist jedoch bis heute ein ungewöhnlich hoher Grad an Konsens in der chinesischen Führung zu beobachten, der sich auf zentrale Punkte des wirtschaftlichen Reformprogramms zu beziehen scheint und inkrementellen Reformen den Vorzug vor radikalen Brüchen gibt. Angesichts der historischen Brüche und divergierenden Lebenserfahrungen unterschiedlicher Führungsgenerationen ist nicht so sehr das Vorhandensein programmatischer Konflikte, sondern viel-

3.1.3 Informelle Institutionen der Interaktion

mehr die Existenz eines Grundkonsenses erstaunlich (Teiwes 1995: 61). Programmatische Übereinstimmungen sind in der jüngeren Führungsgeneration denn auch meist der entscheidende Faktor für die Bildung informeller Gruppierungen, da die traumatischen Erfahrungen vieler jüngerer Kader in der Kulturrevolution andere Triebfedern für informelle Gruppenbildung – etwa gemeinsame Arbeitserfahrungen oder andere Arten von Loyalitäten – häufig zerstört haben (Huang Jing 1994: 396).

Einige Führungsakteure lassen sich nicht ohne weiteres einem bestimmten programmatischen Lager zuordnen. Sie üben nach Dittmer folglich eine ausgleichende Funktion im Machtkampf der wichtigsten Lager aus (1995a: 28). Auch sind programmatische Übereinstimmungen offenbar nicht immer ein ausreichender Grund für einzelne Führungsakteure, bei Konflikten zusammenzuarbeiten. Beispiele für Führungspersonen, die trotz inhaltlicher Nähe miteinander konkurrierten oder sich gar gegenseitig schadeten, waren auf Seiten der Reformskeptiker Chen Yun und Peng Zhen sowie bei den Reformbefürwortern Hu Yaobang und Zhao Ziyang. Chen Yun blockierte mehrfach den Aufstieg Peng Zhens in den StA, und Zhao Ziyang spielte beim Sturz Hu Yaobangs eine zumindest katalytische Rolle als Kritiker Hus (Huang Jing 1994: 3-4). Auch in der oft fälschlicherweise als homogen und reformfeindlich angesehenen Gruppe mächtiger Veteranenvertreter existierten unterschiedliche programmatische Standpunkte. So unterstützte Yang Shangkun zumeist den Reformkurs, während die Position etwa von Bo Yibo im Zeitverlauf stark schwankte (Teiwes 1995: 78, Anm. 92).

3.1.3.4 Organisationelle Auflösungserscheinungen

Die unbestreitbaren Erfolge der Wirtschaftsreformpolitik haben zahlreiche ungewollte Folgeerscheinungen hervorgebracht, die nicht nur im Hinblick auf die Aufrechterhaltung der leninistischen Parteiherrschaft, sondern auch volkswirtschaftlich – trotz starken Wachstums – problematisch sind. So sorgte die Expansion privater Wirtschaftstätigkeit nebenbei für eine verstärkte Kooperation lokaler Partei-, Staats- und Wirtschaftsakteure. Es bildeten sich zahlreiche Varianten von Kooperation und Kollusion zwischen Unternehmern und Funktionären in Tauschnetzwerken zum gegenseitigen Nutzen heraus, um die sich bietenden Möglichkeiten zur Abschöpfung von Renten auszunutzen. Nicht nur materielle, sondern auch immaterielle Güter – etwa Zugangsrechte zu Märkten und Rohstoffen oder politische Protektion – werden in diesen Netzwerken ausgetauscht (Wank 1993: 6, 24).

Möglichkeiten zur Abschöpfung von Renten (*„rent-seeking"*)[91] entstehen in China primär durch die parallele Existenz plan- und marktwirtschaftlicher Segmente im Wirtschaftssystem. Unklare, faktisch bei Einzelpersonen liegende Verfügungsgewalten über staatliches Eigentum ermöglichen es lokalen Kadern und Direktoren von Staatsunternehmen, diese Güter informell zu privatisieren, und bieten ihnen so vielfältige Chancen zur persönlichen Bereicherung.[92] Auch die Existenz eines zweigleisigen Preissystems kann von Personen mit Zugriffsmöglichkeiten auf staatlich subventionierte Rohstoffe erfolgreich zur Abschöpfung von Renten genutzt werden, wenn diese Güter dann zu wesentlich höheren Marktpreisen veräußert werden. Lokalen Kadern bieten sich zudem durch die Möglichkeit zur selektiven Zuteilung von Lizenzen und Genehmigungen an Wirtschaftsakteure sehr gute Einnahmequellen durch Korruption: „Having been delegated the authority to approve construction projects and imports, and to set license fees and other local commercial taxes, provincial and municipal authorities can, in effect, sell tickets to the market". Nicht immer werden die so erlangten Gelder von den korrupten Kadern zur persönlichen Bereicherung erhoben, mitunter dienen sie auch der Entwicklung lokaler Infrastrukturprojekte (Shirk 1992: 85). Doch das Ausmaß der Korruption in den unteren, mittleren und sogar höheren Führungsebenen der Parteiorganisation ist inzwischen nicht nur aus der Perspektive der Parteiführung besorgniserregend groß und gefährdet daher die Aufrechterhaltung der leninistischen Parteidisziplin.[93]

Die durch informelle Privatisierung und Korruption abgeschöpften Mittel stehen der Volkswirtschaft für produktive Zwecke nicht mehr zur Verfügung. Zudem verzerren solche Praktiken den Marktwettbewerb, der seine Kraft somit nicht voll entfalten kann (Heilmann 2000: 232). Die durch gemeinsames Interesse an der Abschöpfung von Renten begründete Zusammenarbeit lokaler Kader mit Wirtschaftsakteuren entwickelte sich vielerorts zu einer besonderen Form der Kollusion, die Wank *„community capitalism"* nennt. Kennzeichnend dafür ist, daß die beteiligten Akteure sich alle persönlich kennen. Durch ihre Zusammenarbeit zum eigenen Wohl gegen die Interessen des Staates entwickelt sich schließlich eine regelrechte Herausforderung des zentralstaatlichen Autoritätsanspruches (Wank 1993: 7-8). Angesichts der expliziten Aufforderungen der

---

91 Für eine Definition von *rent-seeking* siehe Schmid: "Rent-seeking erwächst aus der Zuteilung von Gewinnchancen, ökonomischen Privilegien oder differentieller Handlungsrechte durch politische Instanzen eines interventionistischen Staates, die es den Wirtschaftsakteuren ermöglichen, dauerhaft Rente abzuschöpfen" (Schmid 1997: 37).

92 Nähere Angaben zum hohem Schwund an Staatsvermögen durch informelle Privatisierung finden sich bei Heilmann (2000: 241).

93 Vgl. Dickson (1997: 197). Für eine Klassifikation unterschiedlicher Formen der Korruption in China und Angaben zu ihrer Verbreitung vgl. Ji Jinfeng (1999: 145-164). Einer der bisher spektakulärsten Korruptionsfälle in der höchsten Führungsebene betraf den Beijinger Parteisekretär Chen Xitong. Zum ersten Mal wurde 1995 ein so hochrangiger Führungskader aus seinem Amt entfernt und mit einer Gefängnisstrafe belegt, was allerdings vielfach mit politischen Konflikten Chens mit anderen Führungsakteuren, etwa Zhu Rongji und Jiang Zemin, begründet wird (Dickson 1997: 198-99).

3.1.3 Informelle Institutionen der Interaktion

Zentrale an lokale Kader zur wirtschaftlichen Betätigung kann es jedoch nicht verwundern, daß viele Kader der Versuchung erliegen, ihre administrativen Machtbefugnisse im zunehmend materialistisch gefärbten Gesellschaftsklima auszunutzen (Herrmann-Pillath 1994: 81). Die oft unklaren und regional unterschiedlichen Vorgaben der Zentrale führen zur Entstehung vielfältiger lokaler Umgehungsstrategien. So posieren rein privatwirtschaftliche Unternehmen als „kollektive" oder „staatliche" Betriebe, indem sie unter dem Deckmantel von Spezialvereinbarungen mit Staatsbetrieben operieren (Mayfair Yang 1994: 162). Vielfältige informelle Tauschnetzwerke haben sich in Gesellschaft und Wirtschaft sowie zwischen Wirtschafts- und Verwaltungsakteuren fest etabliert und sind so zu einer „ontologischen Realität" geworden (Wank 1993: 156). Die regional divergierende Wirtschaftsentwicklung und damit verbundene Auflösungsprozesse des leninistischen Kontrollanspruches stellen die chinesische Führung vor große Herausforderungen, die durch die zunehmende Integration in den Weltmarkt und den Beitritt zur Welthandelsorganisation noch verschärft werden. Ob die Aufrechterhaltung des Herrschaftsanspruches der KPCh *und* die Beibehaltung einer dynamischen Wirtschaftsentwicklung angesichts sich verschärfender sozialer Probleme zugleich gelingen können, ist schwer vorauszusagen. Für die langfristige wirtschaftliche und politische Entwicklung Chinas gibt es gegenwärtig kein erprobtes Vorbild.

3.1.4 Fazit

Die oben skizzierte Bestandsaufnahme institutioneller Charakteristika des chinesischen Führungssystems im Untersuchungszeitraum zeigt einen in den höchsten Führungsebenen noch weitgehend intakten leninistischen Parteistaat, dessen Zusammenhalt jedoch zunehmend von unten her erodiert. Chinas politisches System befand und befindet sich in einem dynamischen Veränderungsprozeß, in dem jedoch einige institutionelle Konstanten zu beobachten sind. In der tagespolitischen Entscheidungsfindung finden auf unteren Führungsebenen vornehmlich unideologische, von materiellen Interessen bestimmte Aushandlungsprozesse zwischen bürokratischen Organen statt, während auf höheren Führungsebenen auch die Formulierung von ideologisch geprägten Grundsatztexten eine wichtige Rolle einnimmt, wie sich anhand der Bedeutung der „Politik durch Dokumente" zeigen ließ. Akteure in solchen Entscheidungsprozessen sind in klientelistischen Netzwerken oder losen Meinungsgruppen organisiert und konkurrieren um die Durchsetzung ihrer ideologisch-programmatischen Präferenzen.
Bisher erlauben die öffentlich zugänglichen Quellen nur ein sehr bruchstückhaftes Bild von den informellen Institutionen der chinesischen Tagespolitik, das durch künftige Un-

tersuchungen möglicherweise revidiert, sicherlich aber ergänzt werden wird. Dennoch wurden die groben Züge eines Institutionengefüges sichtbar, dessen innere Spannungen bereits implizieren, welche Dynamik krisengetriebene Entscheidungsprozesse gegebenenfalls entfalten können. Bevor dies in Kapitel 4 näher untersucht wird, folgt jedoch zunächst eine Analyse des taiwanischen Führungssystems sowie ein erster institutioneller Vergleich zwischen beiden Systemen.

3.2 Taiwan: Besonderheiten der Institutionenordnung

Ebenso wie in der VR China ist auch das Führungssystem Taiwans von einer Vielzahl informeller „Spielregeln" geprägt, die die Struktur des formalen Institutionengefüges in der Praxis stark modifizieren. Anders als in der VR China waren auf Taiwan jedoch auch die *formalen* Institutionen Gegenstand des Reformprozesses, da dieser nicht nur die Wirtschaftsordnung, sondern auch das politische System selbst betraf. Es ist daher notwendig, stärker als im vorangegangenen Abschnitt auf den Zustand des Systems *vor* dem Einsetzen der Transformation einzugehen, damit die in Kapitel 4 untersuchten Reformschritte in ihrer Tragweite und ihren Auswirkungen richtig eingeordnet werden können.

Die Entwicklung des Regierungssystems auf Taiwan wurde in besonderem Maße durch spezifische historische Faktoren geprägt, besonders den unbeendeten Bürgerkrieg und die bis heute ungelöste Frage der völkerrechtlichen Stellung Taiwans. Die Niederlage der GMD gegen die Kommunisten 1949/50 und die Umsiedlung eines großen Teils der Führungselite auf die von der japanischen Kolonialzeit geprägte Insel Taiwan legte den Grundstein für eine quasi-ethnische Spaltung der Bevölkerung in „Festländer" und „Einheimische".[94] Aus zum Teil gewalttätigen Konflikten zwischen diesen Gruppen ging die spätere Unabhängigkeitsbewegung hervor, die für eine politische Abtrennung Taiwans von China eintritt. Die unmittelbare militärische Bedrohung durch eine Invasion vom Festland ließ mit dem Ausbruch des Korea-Krieges 1950 unerwartet nach, als sich die USA zur militärischen Unterstützung Taiwans entschlossen. Die anschließende Wirtschafts- und Militärhilfe der USA wirkte systemstabilisierend, brachte die GMD-Führung jedoch auch in starke Abhängigkeit von dieser Schutzmacht, die ihren Einfluß während der frühen autoritären Ära nie für Forderungen nach Demokratisierung und

---

94 „Festländer" machten in den achtziger Jahren noch ca. 14 Prozent der Bevölkerung aus. Allerdings ist die Erfassung ihrer genauen Anzahl problematisch, da z.T. Unklarheit über die Zuordnung von Kindern aus gemischt festländisch-einheimischen Familien besteht. Der größte Teil der heute als „festländisch" klassifizierten Taiwaner wurde bereits auf Taiwan geboren (vgl. Tien Hung-mao 1989: 36).

3.2 Taiwan: Besonderheiten der Institutionenordnung

Menschenrechtsschutz einsetzte und somit der Bildung eines autoritären Staates direkt Vorschub leistete (Chang Ya-chung 1992: 65-66). Das zunächst mit äußerst repressiven Mitteln etablierte Herrschaftssystem eines harten Autoritarismus beruhte auf der faktischen Außerkraftsetzung der demokratischen Verfassung von 1947 und der Errichtung eines schlagkräftigen Sicherheitssystems, das der Regierung in den ersten beiden Jahrzehnten die strikte Unterdrückung jeglicher Opposition erlaubte.[95] Eine an leninistischen Vorbildern orientierte Reorganisation der GMD in den frühen fünfziger Jahren legte die Grundlagen für eine vollständige Durchdringung des Staatsapparates durch Parteiorgane. Alte Disziplin- und Organisationsprobleme der GMD, etwa die Dominanz mächtiger informeller Gruppen in der Parteizentrale, wurden im Zuge dieser Reorganisation zunächst beseitigt (Dickson 1997: 63). Die gezielte Kooptierung „einheimischer" Eliten und eine sehr erfolgreiche Wirtschaftsentwicklung sicherten einerseits die Akzeptanz des „festländischen" GMD-Regimes, bildeten jedoch auch die Basis für gesellschaftliche Differenzierungsprozesse, die allmählich zur Aufweichung des harten Autoritarismus führten.

Seit den siebziger Jahren sah sich die Führung zunehmend vor Legitimationsprobleme gestellt, als der international erfolgreich vertretene Alleinvertretungsanspruch für ganz China ins Wanken geriet. Wachsende Anerkennung der VR China, der Verlust des UNO-Sitzes 1971 und der Abbruch diplomatischer Beziehungen zu den wichtigsten Verbündeten Japan (1972) und USA (1979) führten in die außenpolitische Isolation.[96] Zwar blieben Sicherheitsgarantien der Schutzmacht USA nach 1979 im Rahmen des *Taiwan Relations Act* bestehen, aber Forderungen der USA nach wirtschaftlicher und politischer Liberalisierung hatten eine erodierende Wirkung auf die Machtgrundlagen des autoritären Staates (Chao/Myers 1998: 95-100). Die in der VR China eingeleitete Reform- und Öffnungspolitik schien die Perspektive einer militärischen Rückeroberung des Festlandes endgültig zunichte zu machen; hinzu kam Druck zur Aufnahme von Wiedervereinigungsverhandlungen (Dickson 1997: 205). Innenpolitisch trug die erstarkende Oppositionsbewegung zur Verschärfung der politischen Lage bei. Die Probleme der Regierung in Taipei waren in dieser Phase somit zwar mehrheitlich exogen induziert, fanden ihre Entsprechung jedoch auch in veränderten innenpolitischen Rahmenbedingungen (Gunter Schubert 1994: 46-47). Ausgehend von den oben skizzierten historisch-politischen Grundzügen werden im Folgenden die institutionellen Besonderheiten des autoritären Regierungssystems zu Beginn der Demokratisierung aufgezeigt.

---

95 Für eine Darstellung des „Weißen Terrors" und der Unterdrückung von Opposition in der harten autoritären Ära siehe überblicksweise Meyer (1996: 102-116) oder ausführlich zum „2-28-Zwischenfall" von 1947 Whittome (1991).

96 Taiwan verfügt gegenwärtig nur noch über volle diplomatische Beziehungen zu knapp dreißig meist kleinen Staaten Afrikas, Mittel- und Südamerikas sowie zum Vatikan. Die informell engen Beziehungen zu anderen Staaten werden über Quasi-Botschaften, sogenannte „Wirtschafts- und Kulturbüros", abgewickelt.

3.2.1 Institutionelle Merkmale der Verfassungsordnung

Taiwans politisches System entsprach bis zum Einsetzen eines demokratischen Transformationsprozesses Mitte der achtziger Jahre dem Typus der autoritären Einparteidiktaturen. An der Spitze dieses „de facto-Staats" mit ungeklärtem völkerrechtlichen Status stand die Führung der Nationalen Volkspartei (*Guomindang,* GMD), die die Funktionen einer Staatspartei ausübte und deren Führungsgremien alle Teile des politischen Systems – staatliche Regierungsorgane, Verwaltungsapparat, Militärorganisation und Sicherheitsapparat – kontrollierten.[97] Die meisten Regierungsbeamten und Bürokraten waren Parteimitglieder, und alle Schlüsselpositionen im Militär und im Sicherheitsapparat wurden mit Parteimitgliedern besetzt (Tien Hung-mao 1989: 71). Die Macht der GMD beruhte jedoch nicht nur auf der quasi-leninistischen Durchdringung der Staatsorgane durch eine parallele Parteiorganisation, sondern auch auf ihrem immensen Parteivermögen und ihrem weitverzweigten Netz von Unternehmensbeteiligungen, das ihr eine unabhängige materielle Basis verschaffte (Wang Fang 1994: 202, Anm. 1).

Die zumindest nach formalen Kriterien demokratische Verfassung der Republik China von 1947 sah eine Fünf-Gewalten-Teilung und die demokratische Wahl aller Volksvertretungsorgane vor.[98] Diese Verfassung war jedoch in der Praxis bis Anfang der neunziger Jahre durch Ermächtigungsgesetze und das Fortdauern des Kriegsrechts weitgehend außer Kraft gesetzt. Die legislativen Organe spielten lediglich die Rolle von „Scheinparlamenten" und beschränkten sich auf akklamatorische Funktionen, während die Exekutive unter Führung des Staatspräsidenten de facto von der GMD-Führung kontrolliert wurde (Gunter Schubert 1994: 31-40). Diese faktische Dominanz der GMD stand im Widerspruch zum demokratischen Geist der Verfassung. Daß die GMD-Führung diese Verfassung dennoch formal beibehielt, anstatt sie – was ebenso wie in der VR China möglich gewesen wäre – nach Bedarf zu revidieren, ist nur im Hinblick auf ihre legitimatorische Funktion im Kontext der ungelösten nationalen Frage zu erklären. Grundlegende Änderungen der Verfassungsstruktur hätten den faktischen Untergang der Republik China und die Anerkennung der nationalstaatlichen Spaltung Chinas impliziert. Dagegen bot das gewählte Vorgehen der Regierung die Möglichkeit, mit Hilfe des Kriegsrechts einen andauernden Ausnahmezustand auf Taiwan zu rechtfertigen und die Verfassung faktisch auszuhebeln, gleichzeitig aber formal beizubehalten (Steve Tsang 1999: 8). Erreicht wurde dies mit Hilfe von Bestimmungen wie dem Nationalen Generalmobilmachungsgesetz von 1942 und den „Vorläufigen Bestimmungen zur

---

97 Vgl. Beh Su-Ping (1998: 204).
98 Eine englische Übersetzung des Verfassungstextes auf dem Stand von 1989 mit den Vorläufigen Bestimmungen findet sich unter anderem bei Tien Hung-mao (1989: 255-75). Für den Originaltext siehe *Zhonghua minguo xianfa* (2000).

3.2.1 Institutionelle Merkmale der Verfassungsordnung

Mobilisierung für die Zeit der Niederschlagung der kommunistischen Rebellion" (*dongyuan kanluan linshi tiaokuan*), die 1948 erstmals erlassen und später mehrfach ergänzt wurden. In Kombination mit dem Kriegsrecht höhlten sie die demokratischen Verfassungsinstitutionen aus und etablierten sich als effektives Recht außerhalb der Verfassung.[99] Die Macht der staatlichen Regierungsorgane stand hinter den Parteiführungsgremien faktisch stets zurück (Gunter Schubert 1994: 34, 39).

Eine Folge dieser weitgehenden Außerkraftsetzung der Verfassung war, daß die legislativen Organe zur Bedeutungslosigkeit degradiert wurden. Formal nahmen drei Organe zusammen die Funktionen eines modernen Parlaments wahr, darunter als wichtigstes der Legislativyuan, der zuständig für Haushaltskontrolle und Gesetzgebung ist (Verf. Art. 62-63). Damit kommt er einem klassischen Parlament am nächsten, während die Nationalversammlung lediglich in Vertretung der Gesamtbevölkerung für Verfassungsänderungen und die Wahl und Abwahl des Präsidenten zuständig sein sollte (Verf. Art. 27). Das dritte parlamentarische Organ war der Kontrollyuan, der die Funktionen der Überwachung und Anklage von Regierungsbeamten wahrnehmen sollte (Verf. Art. 90).[100] Zusammen mit der Provinzversammlung Taiwans, des Volksvertretungsorgans auf Provinzebene, verfügte das System sogar über vier verschiedene legislative Organe. Mit Ausnahme der Provinzversammlung wurden die Abgeordnetenmandate jedoch bis Anfang der neunziger Jahre eingefroren und nicht, wie vorgesehen, regelmäßig durch Wahlen neu besetzt (Tien Hung-mao 1989: 140-41). Dies war gedeckt durch eine höchstrichterliche Entscheidung von 1954, nach der alle zuletzt auf dem Festland gewählten Abgeordneten des Legislativyuans und der Nationalversammlung zeitlich unbegrenzt im Amt gelassen wurden, solange die Durchführung von Wahlen auf dem Festland unmöglich war (Gunter Schubert 1994: 39). Nach- und Ergänzungswahlen fanden erst ab den siebziger Jahren in begrenztem Umfang statt, um durch Todes- oder Krankheitsfälle entstandene Lücken aufzufüllen, so daß die 1947/48 gewählten „Alten Abgeordneten" im Legislativyuan 1988 ein Durchschnittsalter von 82, in der Nationalversammlung von 78 Jahren erreicht hatten und vielfach gar nicht mehr aktiv an Sitzungen teilnehmen konnten (Tien Hung-mao 1989: 140). Die uneingeschränkte Kontrolle der GMD-Führung über Legislativyuan und Nationalversammlung war deshalb in keiner Weise gefährdet. Folgerichtig beschränkten sich die Funktionen beider Organe auf die

---
99 Die „Vorläufigen Bestimmungen" waren auf Grundlage von Art. 174 der Verfassung erlassen worden, der die Nationalversammlung zu Verfassungsänderungen berechtigt, ohne daß zugleich eine Sperre gegen außerhalb der Verfassung stehende, verfassungsdurchbrechende Regelungen verankert wäre (Tränkmann 1997: 49).
100 Der indirekt gewählte Kontrollyuan vereinte die Untersuchungsfunktion eines modernen Parlaments mit den Funktionen eines Zensorats im chinesischen Kaiserreich. Allerdings war er aufgrund von Personalmangel und Überalterung nur wenig effektiv, und seine Vorschläge wurden oft ignoriert. De facto fungierte er seit Mitte der sechziger Jahre primär als Statuseinrichtung und ermöglichte die Vergabe von Posten an verdiente ältere Funktionäre, von denen Kooperation erwartet wurde (Tien Hung-mao 1989: 151, 155).

Ratifizierung bereits getroffener Entscheidungen. Die Kombination der genannten Methoden der Herrschaftssicherung verschaffte der GMD ein effektives Herrschaftsmonopol (Tränkmann 1997: 56).

Schaubild 2: **Formale und informelle Autoritätsstrukturen des taiwanischen Führungssystems während der autoritären Ära (Verfassung von 1947)**

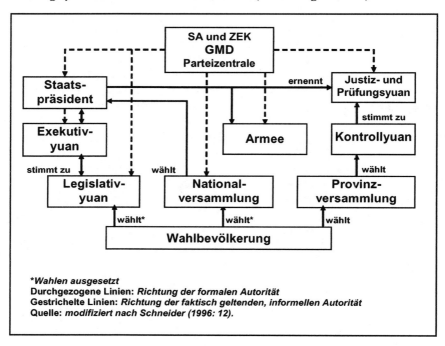

Die Exekutive in Taiwan ist geteilt und besteht aus dem Staatspräsidenten und dem Regierungschef (eigentlich: Vorsitzender des Exekutivyuans)[101] und seinem Kabinett. Die Verfassung von 1947 tendierte im Hinblick auf die Rollenverteilung von Präsident und Regierungschef zu einem parlamentarischen Kabinettsystem, in dem ein dem Legislativyuan verantwortlicher Regierungschef die exekutive Kontrolle ausübt, während sich die Funktionen des Staatspräsidenten weitgehend auf repräsentative und zeremonielle Pflichten beschränkten. Die besondere Rolle „starker Männer" im politischen System Taiwans und die stark ausgeweiteten präsidentiellen Machtbefugnisse führten jedoch zu

---

101 Nach Schneider ist die gebräuchliche Bezeichnung „Premierminister" für den taiwanischen Regierungschef nicht passend, da seine Befugnisse im Vergleich zu typischen Premierministern zu stark eingeschränkt sind (Schneider 1996: 12, Anm. 18).

3.2.1 Institutionelle Merkmale der Verfassungsordnung 87

einer auf den Präsidenten zugeschnittenen Machtkonzentration, die den Regierungchef zum bloßen Erfüllungsgehilfen des Präsidenten degradierte. Dies erschwerte in den neunziger Jahren die Rückführung präsidentieller Machtbefugnisse auf das in der Verfassung ursprünglich vorgesehene Maß und bereitete den Weg für die Errichtung eines eher präsidentiellen Regierungssystems.

Die „Vorläufigen Bestimmungen" räumten dem Präsidenten unter anderem das Recht zur Einrichtung besonderer Exekutivorgane ein, die keiner öffentlichen Kontrolle unterlagen und die Funktionen anderer Verfassungsorgane übernehmen konnten. Besonders bedeutend waren der direkt dem Präsidenten unterstellte Nationale Sicherheitsrat (NSR) und das Nationale Sicherheitsbüro (Gunter Schubert 1994: 34-35). Der NSR[102] entwickelte sich neben dem Präsidialamt, den Organen der GMD-Zentrale und dem Exekutivyuan zu einem vierten Zentrum institutioneller Macht. Er koordinierte nicht nur Militär- und Sicherheitsangelegenheiten, sondern hatte auch erstes Zustimmungsrecht für die vom Exekutivyuan vorbereiteten Haushaltsentwürfe. Zudem konnten sämtliche politischen Angelegenheiten vom Präsidenten zu „Fragen nationaler Sicherheit" erklärt werden und fielen dann in den Zuständigkeitsbereich des NSR. Ab 1978 waren vollzählige NSR-Sitzungen zwar selten geworden, doch die dem NSR unterstellte Bürokratie hatte sich zunehmend Regierungsfunktionen angeeignet, und der Posten des NSR-Generalsekretärs war zu einer wichtigen Machtposition geworden (Tien Hung-mao 1989: 109).

Die Verfassung der Republik China war ursprünglich für das gesamtchinesische Territorium konzipiert worden. Die darin enthaltenen Vorschriften zur Einrichtung von Verwaltungsebenen und Wahlkreisen waren deshalb nur schwer auf die Gegebenheiten der kleinen Insel Taiwan übertragbar. Da aus legitimatorischen Gründen erwünscht war, am Wortlaut der Verfassung festzuhalten, mußten jedoch alle vorgesehenen Organe zumindest formal eingerichtet werden, selbst wenn dies funktional gesehen wenig sinnvoll war. So existiert neben der „Zentralregierung der Republik China" noch eine ihr formal unterstellte „Provinzverwaltung der Provinz Taiwan" mit einem Gouverneur an der Spitze und einer eigenen Provinzversammlung. Da die Zentralregierung jedoch faktisch nur mehr das Territorium der Provinz Taiwan regiert, verwalten Provinzregierung und Zentralregierung bis heute ein nahezu identisches Gebiet.[103] Folglich existiert eine redundante Verwaltungsebene, die trotz zahlreicher Reformansätze im Rahmen des Demokratisierungsprozesses bis heute nicht abgeschafft werden konnte. Dies verdeutlicht, wie schwierig grundlegende Verfassungsänderungen auch unter demokratischer

---

102 Zu den Mitgliedern des 1967 gegründeten NSR gehörten ex officio der Präsident und Vizepräsident, der Generalsekretär des Präsidialamtes, der Chef des Militärstabes des Präsidenten, der Generalstabschef, der Regierungschef und sein Stellvertreter sowie die Minister für Verteidigung, Äußeres, Finanzen und Wirtschaft (Tien Hung-mao 1989: 109).
103 Einige Taiwan vorgelagerte Inselgruppen (Jinmen, Penghu und Mazu), die Teil der Republik China sind, werden offiziell zur Provinz Fujian gezählt.

Herrschaft noch sind. Während der autoritären Ära wurden die unter Effiziengesichtspunkten negativen Folgen dieser Überfrachtung der Verwaltungsebenen – in den Worten von Gunter Schubert „Kompetenzengerangel, Ressourcenvergeudung und Kommunikationsprobleme" – aus den genannten legitimatorischen Gründen toleriert (Gunter Schubert 1994: 36). Die Folge war, daß sich eine Fülle informeller Regeln im Verhalten der politischen Akteure herausbildete, die weiter zur Aushöhlung der formalen Verfassungsvorschriften beitrugen. Die Provinzverwaltungsorgane dienten bald nur noch als Implementierungsinstrumente, als Reservoir zur Rekrutierung politischer Führungskräfte sowie zur klientelistischen Einbindung lokaler politischer Akteure (Gunter Schubert 1994: 37-39). Der unitarische Staatsaufbau Taiwans sorgte dafür, daß die Regierungsorgane auf Provinz- und Lokalebene nur über sehr wenig faktische Autonomie verfügen, da die Zentralregierung direkt in lokale Angelegenheiten eingreifen und die administrative Kontrolle ausüben kann, nicht zuletzt weil die Lokalregierungen von Finanzzuweisungen der Zentrale abhängig sind (McBeath 1998: 84-85).

Von den vier legislativen Organen Taiwans ähnelte die Provinzversammlung während der autoritären Ära noch am ehesten einem funktionierenden Parlament, denn seit ihrer Einrichtung 1959 wurden die Abgeordneten direkt gewählt und konnten in begrenztem Umfang die Interessen ihrer Wähler wahrnehmen und im Rahmen der Provinzangelegenheiten aktiv werden. Oppositionspolitikern bot sich so seit Mitte der siebziger Jahre ein erstes Forum für öffentliche Kritik an der GMD. Unabhängige Kandidaten stellten seit 1954 durchgängig zwischen 15 und 27 Prozent der Sitze in der Provinzversammlung und erzielten zwischen 24 und 34 Prozent der Stimmen (Tien Hung-mao 1989: 156-57, 186). Aufgrund der nur geringfügig ausgeprägten Lokalautonomie waren jedoch die von der GMD dominierten Exekutivorgane der Zentralregierung de facto maßgeblich für alle bedeutenden politischen Entscheidungen auf Provinzebene.

Die Kontrolle über gesellschaftliche Vereinigungen erfolgte durch ein System des Staatskorporatismus. Die gesamte Gesellschaft wurde in funktionale Gruppen aufgeteilt, innerhalb derer jeweils nur eine vom Staat anerkannte und lizenzierte Organisation existieren durfte. Politisches Fehlverhalten oder Unterwanderung durch oppositionelle Gruppen konnten zu Restriktionen bis hin zur Auflösung der entsprechenden Organisation führen (Chen Chun-Ming 1995: 210-11). Dies betraf sogar die lokalen Bauernvereinigungen, die auch Mitte der neunziger Jahre noch stark von der GMD beeinflußt waren (McBeath 1998: 128). Ähnlich wie Transmissionsriemen in leninistischen Systemen wurden die organisierten Interessengruppen als Kommunikations-, Mobilisations- und Implementierungsorgane für die Bindung der Partei an die Gesellschaft eingespannt. Auf der einen Seite kontrollierte die GMD durch direkte Einflußnahme auf die Personalpolitik die Aktivitäten der Interessengruppen, bezog Vertreter ihrer Führungsgremien jedoch umgekehrt über ein Quotensystem in Legislativyuan und Nationalversammlung ein (Tien Hung-mao 1989: 56; 45-46).

3.2.1 Institutionelle Merkmale der Verfassungsordnung

Der effektiven Unterdrückung politischer Opposition war während der autoritären Ära – neben einem umfangreichen Netz von Sicherheitsorganen – nicht zuletzt die Tatsache förderlich, daß soziale Verwerfungen und Klassenbewußtsein in Taiwan aufgrund der relativ gleichmäßigen Einkommensentwicklung nur eine sehr kleine Rolle als Triebfeder von Massenmobilisierung spielen: „there is no obviously oppressed class" (Wang Fang 1994: 193-94). Bis zur Formierung einer echten Oppositionspartei[104] im Jahr 1986 hatte die GMD es deshalb nur mit einer lose organisierten Oppositionsbewegung zu tun, die aus intellektuellen Dissidenten, radikalen Unabhängigkeitsbefürwortern und Mitgliedern der „einheimisch" geprägten presbyterianischen Kirche bestand. Politische Oppositionelle waren während des Großteils der autoritären Ära weitgehend einflußlos und verfügten in der Bevölkerung nur über wenig Rückhalt. Vereinzelte Protestdemonstrationen, etwa 1977 und 1979, konnten von den Sicherheitsorganen meist schnell niedergeschlagen werden, und drakonische Strafen für Anführer sollten Nachahmer abschrecken. Sogar bis in die achtziger Jahre hinein war die Bedrohung, die von der Opposition für den Fortbestand des autoritären Regimes ausging, aus Sicht der Führung zu vernachlässigen, zumal die Opposition durch GMD-Spitzel unterwandert war und das Nationale Sicherheitsbüro den Staatschef in Form wöchentlicher Berichte über alle Aktivitäten genau unterrichten konnte (Chao/Myers 1998: 124).

Während der späteren autoritären Ära betätigten sich führende Oppositionelle primär durch Gründung politischer Magazine, die meist nach kurzer Zeit wieder verboten wurden. Ende der siebziger Jahre spaltete sich die Oppositionsbewegung in einen gemäßigteren und einen radikaleren Flügel auf; erst danach begannen verstärkte Organisationsbestrebungen mit der Bereitschaft, offen den Konflikt mit staatlichen Organen zu suchen. Die Gründung der Demokratischen Fortschrittspartei (DFP) gelang schließlich am 28.9.1986 mit stillschweigender Duldung der GMD-Führung nach längerer Vorlaufzeit und auf der Basis verschiedener Vorläuferorganisationen (Gunter Schubert 1994: 54; 57-58). Die neugegründete Partei orientierte sich im Hinblick auf ihre Organisationsmerkmale stark am Vorbild der GMD. Die zentrale Autorität wurde in einem Exekutivkomitee und einem Zentralkomitee konzentriert, womit die DFP die von ihr bekämpfte Führungspartei direkt nachahmte (Chao/Myers 1998: 135).[105] Die verstärkte öffentliche Wahrnehmung brachte der DFP, die noch 1988 weniger als 10.000 Mitglieder hatte, einen beträchtlichen Machtzuwachs und zumindest indirekte Einwirkungsmöglichkeiten auf zentrale Entscheidungsprozesse (Tien Hung-mao 1989: 101; Gunter Schubert 1994: 58-60). Dies führte zu einer signifikanten Veränderung der Akteurskon-

---

104 Die beiden formal zugelassenen, „befreundeten" Parteien außerhalb der GMD waren in keiner Weise ernstzunehmende politische Kräfte und dienten, ähnlich den „Blockparteien" in der DDR, nur zur Kaschierung des faktischen Einparteiensystems (Tien Hung-mao 1989: 92).
105 Das „Zentrale Exekutivkomitee" der DFP umfaßte wie der StA der GMD 31 Mitglieder, sein Ständiger Ausschuß 10 Mitglieder. Der Vorsitzende der Partei wurde angehalten, „kollektive Führung" zu praktizieren (Tien Hung-mao 1989: 99).

stellation im weiteren Reformprozeß, denn von 1986 an mußten die inhaltlichen Positionen der DFP, die zunehmend auch Druckmittel der Massenmobilisierung nutzte, in den Aushandlungsprozeß der Reformen einbezogen werden. Die Demokratisierung war damit nicht mehr nur ein GMD-interner Vorgang, sondern das Feld der zumindest indirekt Beteiligten Akteure weitete sich aus. Dennoch konnte die GMD im Untersuchungszeitraum den politischen Entscheidungsprozeß noch dominieren, auch wenn Verhandlungen mit der Opposition zunehmend an Bedeutung gewannen, vor allem zur Bekämpfung innerparteilichen Widerstands. Erst seit 1995 verfügte die GMD nicht mehr über eine sichere Mehrheit in der Legislative, mit der Folge, daß auf Forderungen der DFP bei wichtigen Reformvorhaben nun direkt eingegangen werden mußte (McBeath 1998: 96).

Da die GMD bis in die neunziger Jahre hinein die dominante politische Kraft war, soll im folgenden näher auf die formalen und informellen Institutionen im Führungssystem dieser ursprünglich quasi-leninistischen Kaderpartei eingegangen werden.

3.2.2 Organisationstypus und Führungssystem der GMD

3.2.2.1 Leninistische Charakteristika der GMD

Die Mehrzahl der westlichen und auch taiwanischen Forscher nimmt an, daß die Guomindang der autoritären Ära zum Organisationstypus der leninistischen Kaderparteien gezählt werden kann, auch wenn diese Sichtweise nicht unumstritten ist.[106] Die meisten Beobachter wählen als Ausgangspunkt ihrer Argumentation die explizit nach leninistischem Vorbild durchgeführte Reorganisation der Partei Anfang der fünfziger Jahre. Eine von Jiang Jieshi (Chiang Kai-shek) eingesetzte Reformkommission formulierte in klarer Anlehnung an leninistische Vorgaben folgende Organisationsziele: Die Etablierung der GMD als „revolutionäre Partei" (*gemingxing zhengdang*); die breite Erweiterung der Parteimitgliedschaft um Jugend, Intellektuelle, Bauern und Arbeiter; die Reorganisation der gesamten Parteistruktur nach dem Prinzip des Demokratischen Zentralismus; die Einrichtung von Parteizellen als Basiseinheiten der Parteiorganisation; die Durchsetzung eines strikten Führungsanspruchs der Partei in allen Teilen der Gesellschaft sowie das Festhalten an den „Drei Prinzipien des Volkes" als ideologische Basis.[107] Der Demokratische Zentralismus wurde somit zum zentralen Ordnungsprinzip

---

106 So z.B. Gunter Schubert (1994), Dickson (1997), Tien Hung-mao (1989), Hood (1997), Chang Ya-chung (1992), Wang Zhenhuan (1996).
107 Vgl. dazu Tien Hung-mao (1989: 67) und Hood (1997: 25). Schon 1924 hatte Sun Yixian (Sun Yat-sen) die GMD in einer ersten organisatorischen Umgestaltung als leninistische Partei nach sowjetischem Modell konzipiert (Hood 1997: 6).

3.2.2 Organisationstypus und Führungssystem der GMD

erhoben.[108] In charakteristischer Weise wurde eine vollständige Durchdringung aller staatlichen Verwaltungsorgane durch eine parallele Hierarchie von Parteizellen und Parteigruppen angestrebt, die das jeweilige Organ „anleiten" sollten (Tien Hung-mao 1989: 73-74). Allerdings bestand in der Ablehnung der kommunistischen Ideologie ein klarer Unterschied zu klassischen leninistischen Parteien. In der offiziellen Ideologie auf Basis der „Drei Volksprinzipien" nach Sun Yixian (Sun Yat-sen) wurde das Ziel einer politischen Demokratisierung wenigstens formal angestrebt.[109] Antikommunismus und kapitalistische Wirtschaftsentwicklungspolitik sorgten für ein in der Praxis deutlich anderes Regierungsverhalten, als es leninistische Staatsparteien normalerweise an den Tag legen. Wegen des Widerspruchs zwischen leninistischen Organisationsmerkmalen einerseits und nicht-totalitärer, antikommunistischer Programmatik andererseits schlägt Tien Hung-mao vor, die GMD als „strukturell leninistisch" zu bezeichnen (1989: 1-2, 14).[110]

Eine andere Sichtweise lehnt den Vergleich der GMD mit leninistischen Parteien aufgrund der antikommunistischen Ausrichtung rundheraus ab und charakterisiert sie wegen ihrer strukturellen Ähnlichkeiten mit traditionellen Geheimgesellschaften Chinas als „politische Sekte", deren Hauptfunktion in der „politischen Sinnstiftung" unter ihren Mitgliedern bestanden habe:

> With the KMT's penchant for secrecy, oaths, and rituals, its reliance on an inner elite core, its adherence to a powerful moral vision, its loyalty to a sage-like leader, and its belief in a heroic history, it resembled a political sect of zealots led by a self-anointed patriarch. (Chao/Myers 1998: 40).

Die Abstammung von konspirativen Geheimgesellschaften hat die GMD jedoch mit den typisch leninistischen Parteien KPdSU und KPCh gemein, die beide aus entsprechenden Vorläuferorganisationen hervorgingen. Dennoch bleibt die Abwesenheit eines totali-

---

108 Wie in leninistischen Parteien üblich, bedeutete dies in der Praxis eine strikt monistische Führung: „Theoretically, the mandate of power flows upward from the base of the pyramid; in reality, control goes downward through the party hierarchy". Der Parteitag war nominell zwar das höchste Entscheidungsorgan, faktisch jedoch nur zur Zustimmung berechtigt, während die absolute Entscheidungsgewalt in der Parteispitze konzentriert war (Chang Ya-chung 1992: 40-41).
109 Die offizielle Ideologie der „Drei Volksprinzipien" (für eine knappe inhaltliche Darstellung siehe Hood 1997: 5) wurde von der GMD als Ersatz für die fehlende kommunistische Ideologie ins Feld geführt, in der Praxis jedoch als reines Lippenbekenntnis ohne inhaltlich-politische Konsequenzen angewandt. Nach Hood war die GMD-Führung niemals ernsthaft darum bemüht, das ohnehin relativ vage Programm real umzusetzen, sondern gebrauchte es ausschließlich zur quasi-ideologischen Legitimierung ihres Herrschaftsanspruches (Hood 1997: 10).
110 Ähnlich Hood (1997: 26); Wang Zhenhuan wählt die Bezeichnung „semi-leninistisch" (1996: 58).

tären Herrschaftsanspruchs im Programm der GMD ein wesentlicher Unterschied zu bolschewistischen Parteien, der weitreichende Konsequenzen für die Bevölkerung hatte:

> Despite its occasional aspirations in that direction, the KMT has not been totalitarian. Its Leninism has been half-hearted, ill-digested, and imperfect; the party has not, taken as a whole, carried any ideological thrust toward total transformation of society and the person. (Moody 1992: 16)

Auch innerhalb der Parteiorganisation herrschte ein weniger strikter Kontrollanspruch: Die Aufrechterhaltung der Parteidisziplin wurde weniger streng überwacht als in echten leninistischen Systemen. Zuwiderhandlungen gegen das Prinzip des Demokratischen Zentralismus wurden von der Parteiführung nicht automatisch mit Verrat gleichgesetzt, und es gab keine Säuberungen ganzer Gruppen.[111] Auch hatten Propagandakampagnen und Massenmobilisierung auf Taiwan nie eine ähnlich große Bedeutung wie in der VR China oder der Sowjetunion (Dickson 1997: 52, 164, 182).

Somit ist der Einschätzung zuzustimmen, daß es sich bei der GMD nicht um eine echte leninistische Partei handelte. Soziale Kontrolle, Repression und Massenmobilisierung waren auf Taiwan durchgängig schwächer ausgeprägt als etwa auf dem chinesischen Festland (Steve Tsang 1999: 5). Die analytische Perspektive dieser Arbeit mit ihrem Schwerpunkt auf den formalen und informellen Institutionen des Regierungssystems erlaubt es aber dennoch, die leninistischen Organisationsmerkmale der GMD in *funktionale* Vergleiche einzubeziehen, zumal sie kein Zufallsprodukt, sondern Ergebnis eines absichtsvollen Reorganisationsprozesses waren: „It was this reorganization of the early 1950s that made the KMT similar to other Leninist parties, not by coincidence, but by intent" (Dickson 1997: 3). Entscheidend ist hier nicht nur die Übernahme des Demokratischen Zentralismus als Organisationsprinzip, sondern besonders die Einführung eines leninistischen Kadersystems (*Nomenklatura*-System), das allerdings weniger stark formalisiert war als in sozialistischen Parteien. Die Schaffung des Kadersystems machte den Hauptanteil der Reorganisation der fünfziger Jahre aus, bis schließlich der gesamte Staatsapparat von Parteizellen durchzogen war. Mit der Einrichtung spezieller Kader-Trainingszentren und der Verwendung von Disziplinierungsinstrumenten wie „Übung von Kritik und Selbstkritik" in Parteigruppensitzungen ähnelte das Kadersystem der GMD schließlich in verblüffender Weise seinen sozialistischen Gegenstücken. Allerdings legte die GMD, im Unterschied zu anderen leninistischen Parteien, durchgängig großen Wert auf fachliche Qualifikation und beurteilte Kader durch Fachprüfungen statt

---

111 Die in leninistischen Kaderparteien meist sehr mächtige Disziplinkontrollkommission hatte in Taiwan nur eine relativ geringe Bedeutung. Zwar wurde während der Reorganisationsphase 1950-52 eine solche Einrichtung geschaffen, allerdings mit begrenzten Befugnissen. Auch wurde nur selten vom Instrument des Parteiausschlusses gebrauch gemacht (Dickson 1997: 180-81).

3.2.2 Organisationstypus und Führungssystem der GMD

nach politischen Kriterien, was zu einem im Vergleich höheren und konstanteren Qualifikationsniveau beitrug (Dickson 1997: 45-53, 56-58). Die Einschätzung von Steve Tsang, daß die leninistische Reorganisation vornehmlich aus Effizienzgründen erfolgte, ist wahrscheinlich korrekt: „[The GMD] adopted certain Leninist organizational methods to enhance its ability to exercise effective political and social control – but it did not turn itself into a genuine Leninist article" (1999: 6). Auch die Führungsstruktur der GMD wurde absichtsvoll an die Organisationsstrukturen leninistischer Parteien angelehnt. An der Parteispitze stand das Zentrale Exekutivkomitee (ZEK), dessen Ständiger Ausschuss (StA) in Bezug auf Aufgaben und Funktion mit den Politbüros sozialistischer Parteien verglichen werden kann (Gunter Schubert 1994: 117). Das formal höchste Organ der Partei, der nur alle vier Jahre zusammentretende Parteitag, war entsprechend den politischen Realitäten in anderen leninistischen Parteien weitgehend machtlos. Stattdessen verfügte die Führungsperson an der Spitze des Systems, trotz einer formalen Norm zur „kollektiven Führung", über nahezu uneingeschränkte Macht. Chang Ya-chung klassifiziert die GMD der autoritären Ära dementsprechend als „Führerpartei", als *leader-oriented political party* (Chang Ya-chung 1992: 42).

Ein wichtiger Faktor für den Verlauf des späteren Reformprozesses waren die bereits seit den sechziger Jahren begonnenen Reformbestrebungen zur Veränderung der Mitgliederstruktur (Dickson 1997: 117). Eine gezielte „Taiwanisierungspolitik" mit dem Ziel der Kooptierung „einheimischer" Führungskräfte führte dazu, daß ethnisch taiwanische Parteimitglieder ab Mitte der siebziger Jahre zunehmend größeren Anteil an Führungsposten erhielten. Um keine Konflikte mit „festländischen" Parteieliten zu provozieren, die ansonsten anteilsmäßig aus der Führung verdrängt worden wären, wurden die Parteigremien entsprechend dem Zuwachs an „einheimischem" Personal schrittweise vergrößert. Die GMD hatte während der autoritären Ära ihre Mitgliedschaft von ursprünglich weniger als eine Million auf bis zu 2,6 Millionen Mitglieder ausgedehnt. Damit erreichte sie unter der über 15jährigen Bevölkerung einen Organisationsgrad von ca. 11 Prozent (1969) bis 17 Prozent (1992). Schon ab Mitte der siebziger Jahre stellten „Einheimische" die Mehrzahl der Parteimitglieder. Im höchsten Führungsgremium jedoch erreichten die „Einheimischen" erst 1988 eine zahlenmäßig knappe Mehrheit (Gunter Schubert 1996: 65-66).[112] Eine Folge der zahlenmäßigen Vergrößerung der Parteiführungsgremien war ein faktischer Effektivitätsverlust. Als Ausgleich bildeten sich immer wieder informelle Entscheidungszirkel, die als wahrer Kern der Partei die Funktionen formaler Gremien zu übernehmen begannen (Dickson 1997: 115). Diese Tendenz

---

112 Bei der Bewertung von Parteimitgliedszahlen ist zu beachten, daß ein substanzieller Teil der Mitglieder stets nur aus opportunistischen Gründen beitrat, um die eigene Karriere zu fördern. Solche Scheinmitglieder nahmen meist weder an Parteiaktivitäten teil noch zahlten sie Beiträge (Rigger 1994: 80). Durch Bemühungen zur Bereinigung der Mitgliedschaft um Scheinmitglieder nach der verlorenen Präsidentschaftswahl im Jahr 2000 sank die Gesamtzahl der GMD-Mitglieder deutlich ab.

zur Machtübernahme durch von mächtigen Parteiveteranen dominierte informelle Runden, für die das in Kapitel 4.1.2 näher beschriebene „Liu Shaokang-Büro" (1979-1983) nur ein Beispiel war, wurde von Jiang Jingguo noch vor Einleitung der Demokratisierung zwar gezielt eingedämmt. Aufgrund der Funktionsdefizite der formalen Organe konnte sie jedoch nicht vollständig unterbunden werden. Erst im Zuge der Demokratisierung veränderte auch die GMD ihre leninistischen Organisationsstrukturen schrittweise und paßte ihre Führungsstruktur den Erfordernissen der veränderten Umgebung an. Institutionelle Reformen, darunter die Einführung von Vorwahlen und neuer Nominierungsverfahren für Kandidaten, förderten die innerparteiliche Demokratisierung. Zugleich führte die unabhängige Legitimation der demokratisch gewählten Parlamentsabgeordneten seit den achtziger Jahren zu einer allmählichen Horizontalisierung der Machtstrukturen in der Führung, da diese Akteure immer unabhängiger von der Parteizentrale wurden und als Folge eine höhere Konfliktbereitschaft bei Auseinandersetzungen mit der Parteiführung besaßen. Die gewählten Abgeordneten stiegen als Gruppe schließlich zu einem neuen Machtfaktor innerhalb der Parteizentrale auf und begannen, ein Gegengewicht zu den Vertretern der Exekutivorgane zu bilden (Liu Minghuang 1996: 132). Ihren symbolischen Abschluß fand dieser Prozeß der Abkehr von leninistischen Organisationsprinzipien schließlich 1993 in einer Revision des Parteistatutes, als die Selbstdefinition der GMD von „*revolutionäre* demokratische Partei" zu „demokratische Partei" abgeändert wurde (Gunter Schubert 1996: 62-63). Allerdings hatte die GMD bereits vorher, unter der Führung Jiang Jingguos, zahlreiche Verweise auf ihre Natur als „revolutionäre Partei" entfernt (Hood 1997: 87).[113]

3.2.2.2 Personengebundenheit politischer Macht

Bis zum Tode des letzten „Starken Mannes" 1988 verfügte Taiwan über die informelle Institution eines „Höchsten Führers" (*zhigao lingxiu*) an der Spitze von Partei und Staat, der nahezu unbeschränkte Entscheidungsbefugnisse besaß. Machtbefugnisse und symbolische Repräsentation dieser höchsten Führungsautorität ähneln auffallend stark den entsprechenden Institutionen der VR China und anderer vergleichbarer Systeme. Hier wie dort gründet sich die nahezu absolute Macht der höchsten Führungsperson nicht auf

---

113 Die zeitliche Wandlung von Artikel 4 des Parteistatuts macht deutlich, wie der Bruch mit dem leninistischen Vorbild schrittweise vollzogen wurde. 1984 hieß es noch: „...free discussion is to precede decisions and all members have to obey decisions once they are reached through full discussion so as to assure democracy within the organization and freedom with discipline" (zit. nach Chen Chun-Ming 1995: 195, Anm. 237). Die Fassung von 2001 dagegen stellt an gleicher Stelle fest: „Der Führungsstil der Partei besteht darin, durch Demokratie Kooperation herzustellen, die Genossen durch Ideen zu vereinen, die Kräfte durch Organisation zu konzentrieren, die Politik mit Programmen anzuführen und durch Taten die Mission zu verwirklichen" (本黨之領導方式，以民主建立共識，以思想結合同志，以組織凝聚力量，以政策主導政治，以行動貫徹使命; GMD 2003).

3.2.2 Organisationstypus und Führungssystem der GMD

die formale Position in Partei- oder Staatshierarchie, sondern auf schwer greifbare, individuelle Faktoren wie etwa „revolutionäres Charisma", das etwa durch militärische Verdienste in der Revolution erworben worden sein konnte. Bei Jiang Jingguo, dem Sohn Jiang Jieshis (Chiang Kai-sheks), spielte die Zugehörigkeit zur Familie Jiang eine zwar wichtige, aber nicht entscheidende Rolle. Wichtiger war seine während der Arbeit im Jugend- und Sicherheitsapparat aufgebaute informelle Machtbasis, die sich auf Beziehungsnetzwerke in weiten Teilen des Regierungssystems, des Parteiapparats und Militärs stützte.[114] Die unangefochtene Dominanz zunächst Jiang Jieshis und später seines Sohnes Jiang Jingguo belegen den in dieser Phase noch stark personengebundenen Charakter der politischen Machtausübung, zumal die Machtübergabe zwischen den beiden Jiangs 1975 in einer für leninistische Systeme untypisch friedlichen und geordneten Art ablief, ohne daß Führungskrisen oder Machtkämpfe zwischen Rivalen ausbrachen (Hood 1997: 57).[115]

Der stark personengebundene Charakter der Machtausübung fand symbolischen Ausdruck in der Wahl individueller Amtsbezeichnungen für die jeweilige GMD-Führungsperson. Parteigründer Sun Yixian (Sun Yat-sen) trug als GMD-Chef den Titel *zongli* (Präsident), der nach seinem Tod tabuisiert wurde. Jiang Jieshi wurde offiziell als *zongcai* (Generaldirektor) der GMD bezeichnet, und sein Sohn Jiang

---

114 Jiang Jingguo kann ebenso wie Mao Zedong, Stalin oder sein Vater Jiang Jieshi als charismatischer Herrscher im Weberschen Sinn bezeichnet werden, auch wenn seine Amtsführung im Vergleich erhebliche qualitative Unterschiede besonders im Hinglick auf den Führerkult aufweist. In diesem Zusammenhang ist zu erwähnen, daß Jiang einen prägenden Teil seiner Jugendjahre in der Sowjetunion verbrachte, wo er Stalins Führungsmodell einschließlich des Führerkultes aus erster Hand kennenlernte. Jiang, der damals zugleich der GMD und der KP angehörte, studierte an der Sun Yat-sen-Universität in Moskau in einer Klasse mit Deng Xiaoping, zu dem er 1926 ein enges freundschaftliches Verhältnis entwickelt zu haben scheint (Taylor 2000: 32-33). Auch wenn der Kontakt zwischen diesen beiden Führungsakteuren nach Jiangs Rückkehr nach China abbrach, ist davon auszugehen, daß beide einander aus der Ferne während der siebziger und achtziger Jahre genau beobachteten. Zwar nahm Jiang die autokratischen Machtbefugnisse eines „Höchsten Führers" für sich in Anspruch, lehnte einen Führerkult um seine Person nach dem Vorbild Stalins aber strikt ab. So ordnete er anläßlich seiner Amtsübernahme als Staatspräsident an, nicht als „Führer" (*lingxiu*) bezeichnet und niemals mit dem kaiserlichen Hochruf „zehntausend Jahre" (*wansui*) bedacht zu werden, wie dies zuvor bei chinesischen Regenten üblich gewesen war. Er verweigerte die Übernahme einer für ihn angeschafften kugelsicheren Limousine, die er statt dessen an den Vizepräsidenten weitergab, und fuhr weiterhin einen alten Buick. Trotz erheblich eingeschränkter Beweglichkeit als Folge seines Diabetesleidens erhob sich Jiang für jeden Besucher, der sein Büro betrat, von seinem Stuhl (Taylor 2000: 331-33). Auch Deng Xiaoping zeichnete sich durch seine – im Vergleich zu Mao – entschiedene Ablehnung eines Führerkultes um seine Person aus.
115 Jiang Jingguo hatte schon seit Frühjahr 1973 eigenverantwortlich die Amtsgeschäfte geführt, da sein Vater krankheitshalber nicht mehr in der Lage dazu war (Hood 1997: 50). Allerdings wurde Jiang Jingguos „antikommunistische Gesinnung" von einigen Anhängern seines Vaters immer wieder in Zweifel gezogen, da er lange Zeit in der Sowjetunion verbracht und eine russische Frau geheiratet hatte (Dickson 2000: 88, FN 29).

Jingguo nannte sich in derselben Funktion vergleichsweise schlicht *zhuxi* (Vorsitzender). Als Hauptursache für die Personengebundenheit politischer Macht vermutet Tien, daß die problematische Legitimität der formalen Institutionen es erforderte, Legitimitätsglauben bei den Beherrschten statt dessen durch die Verbindung mit herausragenden Identifikationsfiguren zu erzeugen (Tien Hung-mao 1989: 73, 75). Dies scheint für leninistische Systeme typisch zu sein, denn trotz der formalen Norm zur Anwendung „kollektiver Führung" im höchsten Führungszirkel wurden alle leninistischen Systeme zumindest phasenweise von einzelnen Führungspersönlichkeiten beherrscht, die das System nach außen repräsentierten und mit Hilfe eines Personenkultes auch symbolisch verkörperten (Dickson 1997: 49).

Der „Höchste Führer" stand im taiwanischen Entscheidungssystem oberhalb und gleichzeitig außerhalb eines Führungssystems, das in der Wahrnehmung der meisten Beobachter durchgängig von der Konkurrenz mächtiger Gruppierungen geprägt war. Der „Höchste Führer" erfüllte bei wichtigen Fragen oft die Rolle eines Schiedsrichters zwischen widerstreitenden Interessen, während bei Einigkeit auf untergeordneten Ebenen kein Eingreifen seinerseits erforderlich war. Jiang Jingguo entwickelte sich in seiner letzten Lebensphase schließlich zu einer selbst unter Oppositionellen weithin respektierten Führungspersönlichkeit, als er Mitte der achtziger Jahre maßgeblich zur Einleitung eines Demokratisierungsprozesses beitrug. Damit betrieb er letztendlich die Abschaffung der von ihm selbst verkörperten absoluten Autorität (Moody 1992: 70).

Während die Entscheidungsgewalt Jiang Jingguos nur vorübergehend in Phasen sehr schlechter Gesundheit (etwa 1981-1982) in Frage gestellt war, sind Beobachter sich weitgehend einig, daß nach seinem Tod niemand mehr die Position eines „Höchsten Führers" ausfüllen konnte, so daß diese Institution ersatzlos verschwand.[116] Als Konsequenz dieser gravierenden Verschiebung des informellen Institutionengefüges entwickelte sich seit den neunziger Jahren ein stark veränderter Abstimmungsmodus in der Parteizentrale. Während beide Jiangs Entscheidungen des ZEK nach Belieben revidieren konnten, hatte Jiang Jingguos Nachfolger als Staats- und Parteichef, Li Denghui, keine Vetoposition mehr und war zu Kompromissen mit unterschiedlichen innerparteilichen Interessengruppen gezwungen (Gunter Schubert 1994: 49). Durch den Verlust einer höchsten ordnenden Gewalt im System brach die streng hierarchische Struktur des Führungssystems auf, und zuvor unterdrückte Konflikte zwischen formal gleichgeordneten Personengruppen und Gremien unterhalb der Ebene des „Höchsten Führers" konnten ungehindert ausbrechen (Chen Mingtong 2001: 193).

---

116 Eine hiervon abweichende Auffassung vertritt Chen Mingtong (2001: 215), der davon ausgeht, daß Jiangs Nachfolger als GMD-Vorsitzender und Staatspräsident, Li Denghui, sich nach einer Phase der Machtkonsolidierung Anfang der neunziger Jahre als neuer „Höchster Führer" etablieren konnte. Dagegen sprechen jedoch große qualitative Unterschiede in der Art der Machtausübung sowie das Fehlen effektiver Sanktionsmittel Lis gegen offene Herausforderungen seines Führungsanspruches (vgl. Kap. 4.1.2 und 4.2.2).

3.2.2.3 Autoritätsstrukturen im Führungssystem

Die formal und informell größte Macht hatte in der autoritären Ära der Parteivorsitzende. Im Untersuchungszeitraum nominierte er alleinverantwortlich Kandidaten für ZEK und StA und ernannte den Generalsekretär des ZEK sowie alle Direktoren funktionaler Abteilungen der Parteizentrale. Die Zustimmung von ZEK und Parteitag zu diesen Nominierungen war normalerweise nur Formsache (Tien Hung-mao 1989: 113-14). Der Parteivorsitz war im Vergleich zum höchsten Staatsamt, der Staatspräsidentschaft, von noch größerer Bedeutung, da die GMD-Führungsorganisationen den staatlichen Regierungsorganen informell übergeordnet waren. Erst die 1996 erstmals durchgeführte demokratische Direktwahl des Staatspräsidenten stattete dieses Amt mit der formal wie informell höchsten Legitimität aus. Gleichzeitig verlor der GMD-Vorsitz im Zuge der zunehmenden Parteienkonkurrenz und der innerparteilichen Demokratisierung während der neunziger Jahre relativ an Macht. Daß der GMD-Vorsitz in der autoritären Ära das mächtigere Amt war, läßt sich unter anderem daran ablesen, daß beide Ämter meist, aber nicht durchgängig in Personalunion vom „Höchsten Führer" selbst besetzt waren; der informell mächtigste Akteur war jedoch stets zugleich Parteivorsitzender der GMD.[117] Der in Kapitel 4.1.2 untersuchte Nachfolgekonflikt nach dem Tod Jiang Jingguos entzündete sich folgerichtig nicht an der ohnehin klar geregelten Frage der Nachfolge als Staatspräsident, sondern an der Nachfolgefrage im Parteivorsitz, für die keine klaren Vorgaben existierten.

Innerhalb der Parteiorganisation hat in leninistischen Parteien das Generalsekretariat meist eine große Machtfülle, die in der organisatorischen Kontrolle über das Personalsystem begründet ist. Der Generalsekretär der GMD ist die Führungsfigur der zentralen Parteiadministration; er überwacht alltägliche Funktionen, koordiniert die Beziehungen zu Staatsorganen und Gesellschaft, erstellt Tagesordnungen für Sitzungen des StA und ist in wichtigen Fragen direkt dem Parteivorsitzenden unterstellt. Diese Position galt im Untersuchungszeitraum als etwa gleichrangig mit dem staatlichen Amt des Regierungschefs (Tien Hung-mao 1989: 81). Anders als in sozialistischen Staaten wurde die Position des Generalsekretärs der GMD informell jedoch als weniger bedeutend angesehen als führende Staatsämter. Dies erklärt, warum GMD-Generalsekretär Li Huan 1989 nicht nur sehr bereitwillig in das Amt des Regierungschefs überwechselte, sondern dieser Schritt allgemein auch als politischer Aufstieg gewertet wurde. Der geringere Kontrollanspruch der Partei gegenüber Gesellschaft und Verwaltung (das *Nomenklatura*-System der Personalkontrolle galt in Taiwan nur für Parteiämter, nicht jedoch für Staats-

---

117 Lediglich zwischen 1975 und 1978 wurde ein weniger einflußreicher Akteur Staatspräsident, als Vizepräsident Yan Jiagan nach dem Tod Jiang Jieshis verfassungsgemäß in das Präsidentenamt nachrückte und die begonnene Amtsperiode vollendete. 1978 wurde dann Jiang Jingguo, der informell mächtigste Akteur, zum neuen Staatspräsidenten gewählt.

ämter) verminderte den Einfluß des Generalsekretärs im Vergleich zu anderen leninistischen Beispielen (Moody 1992: 105).

Innerhalb der höchsten Führungsspitze spielt der bereits erwähnte Ständige Ausschuß (StA) des ZEK eine den sozialistischen Politbüros vergleichbare Rolle. Mitglieder des StA waren traditionell führende Funktionäre aus Partei, Armee und Staat und später auch Parlamentsmitglieder. Seine Funktionen umfaßten die Nominierung von Kandidaten für wichtige Positionen in Partei- und Staatsorganisation sowie die Formulierung und Verabschiedung grundlegender politischer Richtlinien, die dann zur Umsetzung an die Regierung oder den Legislativyuan weitergereicht wurden (Moody 1992: 105).

Die tatsächliche Relevanz der StA-Sitzungen war jedoch im Verlauf der Geschichte starken Schwankungen unterworfen. So führte unter anderem die Aufblähung der Parteiführungsgremien im Zuge der Taiwanisierungspolitik Ende der siebziger Jahre zu einer Lähmung ihrer Entscheidungskraft, bis schließlich eine Verlagerung tatsächlicher Entscheidungsprozesse zu informellen Machtzentren erfolgte. Dickson beschreibt den Anfang der achtziger Jahre bereits stark ritualisierten Ablauf einer typischen StA-Sitzung nach einer Darstellung von Luo Haowen folgendermaßen:

> Very little debate occurred at the actual meetings, which have been held every Wednesday morning since the 1950s. Most lasted roughly one hour: the chairman of the meeting would make a brief statement, prepared reports would be presented, followed by a brief discussion, and the chair would make concluding remarks. Participation was based on seniority: younger members (in the Chinese cultural context, this means under seventy years old) and those with less prominent posts had difficulty speaking at meetings and presenting their views directly to the chair of the meeting (normally this would be Chiang Ching-kuo, in his capacity as party chairman, but for most of the 1980s he was too ill to attend), and their views were rarely sought out. The brevity and formality of CSC [StA] meetings obstructed an exchange of views and consensus formation, requiring many issues involving the party and government to be discussed and resolved outside this forum. (Dickson 1997: 120-21)

Tien Hung-mao zieht denn auch eine recht nüchterne Bewertung der tatsächlichen Bedeutung des StA, der seine politische Autorität meist nicht effektiv geltend gemacht habe, und beschreibt ihn angesichts der Dominanz informeller Gruppierungen in der Führungsspitze als „*archaic concertation body*", dessen Bedeutung nicht überbewertet werden sollte. In stärkerem Maß gilt dies für das gesamte ZEK, das im Umfang noch größer und daher noch weniger geeignet war, konkrete Entscheidungen zu diskutieren. Die Mitgliedschaft in diesem Gremium war deshalb eher mit politischem Statusgewinn als mit wirklicher Entscheidungsmacht verbunden (Tien Hung-mao 1989: 75, 81). Nachdem jedoch mit dem Tod Jiang Jingguos 1988 die informelle Institution des „Höchsten Führers" verschwunden war, stieg die Machtfülle des StA als dem höchsten Führungsgremium in Staat und Partei wieder an (Gunter Schubert 1994: 49). Zu Lebzeiten Jiang Jingguos hatte nicht zuletzt sein faktisches Vetorecht gegen alle mißliebigen

3.2.2 Organisationstypus und Führungssystem der GMD

Entscheidungen eine eigenständige Rolle des StA in Grundsatzfragen verhindert (Moody 1992: 106). Jiangs Nachfolger Li Denghui dagegen mußte zur Durchsetzung seiner Politik im StA um Unterstützung werben und auf Wünsche und Bedenken der StA-Mitglieder eingehen; zwar konnte Li Herausforderungen seines Führungsanspruchs aus dem StA meist abwehren, doch dies gelang meist nur mit Schwierigkeiten und unter Zuhilfenahme ungewöhnlicher Maßnahmen.[118]

Der Schwerpunkt des Entscheidungszentrums verschob sich im Zuge der Demokratisierung zunehmend in Richtung auf die Gruppe der direkt gewählten Abgeordneten von Legislativyuan und Nationalversammlung, die ihre Positionen nicht mehr primär der Partei, sondern direkter demokratischer Legitimation und persönlicher Popularität verdankten. Diese jüngeren Abgeordneten konnten deshalb gegenüber der Parteiführung immer autonomer agieren, was ihren Einfluß in der Parteihierarchie merklich vergrößerte. Prominente Abgeordnete wurden von der Parteiführung in einflußreiche Partei- und Regierungsämter kooptiert, und auch die Anzahl der Parteitagsdelegierten wuchs durch Hinzuziehung von Abgeordneten deutlich an (Dickson 1997: 115, 161-62).[119] Der Machtzugewinn der gewählten Parlamentarier in der Parteispitze zeigte sich unter anderem daran, daß 1993 schon sieben der 31 StA-Mitglieder aus dieser Gruppe stammten (Gunter Schubert 1996: 68, 73). Im 2001 gewählten StA stellten Parlamentarier mit 16 von 31 Mitgliedern sogar bereits die Mehrheit (SCMP, 4.8.2001). Als Folge dieser Entwicklung bildete sich ein neues informelles Parteigremium heraus, das „*Party-Executive-Legislative Principals Meeting*", das die einflußreichsten Vertreter der GMD in Parteiämtern, Regierungs- und Parlamentsfunktionen vereinte. Diese Institutionalisierung des Einflusses von Volksvertretern stellte einen wichtigen Wendepunkt in der Abkehr von den leninistischen Grundlagen der GMD dar (Dickson 1997: 116).

Im Zuge dieser Verschiebung entstanden neue Nominierungsverfahren für Führungsämter. So wurden bis zum 12. Parteitag 1981 alle ZEK-Mitglieder durch den Parteivorsitzenden nominiert und von den Parteitagsdelegierten lediglich bestätigt. Zwar nominierte der Vorsitzende inzwischen doppelt so viele Kandidaten, wie Sitze zu vergeben waren, so daß zumindest Blockwahl möglich war, aber die Delegierten konnten keine eigenen Nominierungsvorschläge machen. Für die Mitgliedschaft im StA galt das ausschließliche Nominierungsrecht des Parteivorsitzenden sogar noch bis 1988, als Li Denghui auf dem 13. Parteitag für jeden Sitz genau einen Kandidaten nominierte, wor-

---

118 Vgl. Kapitel 4.1.2 und 4.2.2.
119 Die Abhängigkeit der jüngeren Abgeordneten von ihren Wählern (anstelle bedingungsloser Parteidisziplin) setzte neuartige Anreize für ihr Verhalten im Amt: So propagierten die Angehörigen der *Wisdom Coalition*, einer parlamentarischen Gruppierung junger GMD-Abgeordneter, entschlossen politische Reformen, um sich dadurch Wählerunterstützung zu sichern, während andere „junge Abgeordnete" sich in traditionell-klientelistischer Manier durch Gewährung materieller Vorteile bei ihren lokalen Wählerbasen erkenntlich zeigten (Cheng/Chou 2000: 52-53).

aufhin dies geschlossen von den Delegierten bestätigt wurde. Dieses undemokratische Fehlen jeglicher Konkurrenz erklärt sich jedoch nicht nur aus der Dominanz des Parteichefs, sondern auch aus einer informellen Norm zur Vermeidung offener Konflikte in der Führungsspitze. Konkurrenz um Ämter galt als anrüchig und erweckte den Anschein einer Spaltung, die es um jeden Preis zu vermeiden galt (Liu Minghuang 1996: 119). Ab 1993 wurden die innerparteilichen Nominierungsverfahren schließlich weiter demokratisiert, so daß über die Nominierten einzeln abgestimmt wurde und der Vorsitzende nur noch weniger als die Hälfte der Mitglieder des StA nominieren konnte, während die Parteitagsdelegierten ebenfalls ein Mitwirkungsrecht erhielten.

Bis zum ersten demokratischen Machtwechsel an der Staatsspitze im Jahr 2000 war die GMD-Führung aufs engste mit den Führungsorganen des staatlichen Regierungsapparats verflochten. So galt der „Rat des Exekutivyuans", als zweitwichtigstes Gremium innerhalb der GMD nach dem StA. Die Tagungen des Exekutivrats erfolgten wöchentlich am Donnerstag Morgen, jeweils einen Tag nach den mittwöchlichen StA-Sitzungen, so daß die tags zuvor beratenen Beschlüsse direkt den zuständigen Ressorts zugeleitet werden konnten (Gunter Schubert 1994: 117). Sogar noch 1997 übte die Parteiführung faktisch die Kontrolle über die Beratungen des Exekutivyuans aus, auch wenn die StA-Sitzungen zunehmend von Kamerateams begleitet wurden, so daß besprochene Inhalte schnell öffentlich bekannt wurden (McBeath 1998: 94).

Trotz dieser engen funktionalen Verflechtung gab es nur wenig *personelle* Überschneidungen zwischen StA und Exekutivrat. Während die Voraussetzung zur Mitgliedschaft im StA auf langjährigen Verdiensten im Partei- und Regierungsapparat beruhte, wurden die Regierungsmitglieder vor allem basierend auf ihrer fachlichen Qualifikation bestellt (Gunter Schubert 1994: 117). Die traditionell von Technokraten dominierten Regierungsorgane haben in tagespolitischen Fragen relativ weitreichende Entscheidungsspielräume für die Regelung der eigenen Zuständigkeitsbereiche. Die meisten Regierungsentscheidungen besonders im Bereich der Wirtschaftsentwicklung werden in Konsultationsprozessen zwischen Regierungsvertretern und ökonomischen und/oder militärischen Funktionsträgern getroffen (Chang Ya-chung 1992: 43-44). Somit genossen staatliche Regierungsorgane in wirtschaftspolitischen Fragen eine weitaus größere Autonomie als ihre Gegenstücke in „echten" leninistischen Systemen. Die gezielte Kooptierungsstrategie der GMD gegenüber fähigen, aber parteilosen Technokraten sicherte dem Staatsapparat ein hohes personelles Qualifikationsniveau und eine relativ hohe Regierungseffizienz (Wang Fang 1994: 193, Hood 1997: 55). Interessenkonflikte zwischen Partei- und Regierungsorganen wurden seit den fünfziger Jahren mit Hilfe institutionalisierter Konsultationsmechanismen gelöst. So wurde mit dem *Policy Coordination Committee* (PCC) ein spezielles Vermittlungsorgan geschaffen, das die Koordination zwischen Partei- und Regierungsorganen in wichtigen Fragen sichern sollte (Tien Hung-mao 1989: 83). Nach einer vorübergehenden informellen *Zentralisierung* der Entscheidungsprozesse zwischen 1981 und 1983 verstärkte sich wieder der Trend, Entscheidungsspielräume direkt bei Regierungsbehörden anzusiedeln, womit sich bereits eine Trennung zwischen Staats- und Parteifunktionen andeutete (Hood 1997: 76). Einen Hinweis auf das relative Gewicht von Regierungsapparat, Parteiführung und des „Höchsten Führers" in der politischen Entscheidungsfindung liefert Moody, der für das Jahr 1987 Anzahl und Qualität der dem StA unterbreiteten Entscheidungsanträge untersucht hat. Demnach reichten die Staatsregierung, die Parteizentrale und Jiang Jingguo jeweils etwa gleich viele Entscheidungsanträge ein, doch bei den Vorlagen der Parteizentrale handelte es sich meist um Personalangelegenheiten und Organisationsfragen, während die Initiativen der Regierung substanzielle inhaltlich-politische Fragen betrafen. Wirklich bedeutsame Initiativen mit Grundsatz- oder Richtliniencharakter jedoch stammten ausnahmslos von Jiang Jingguo, darunter die maßgeblichen Schritte zur Aufhebung des Kriegsrechts und zur Freigabe von Festlandbesuchen (Moody 1992: 105-06). Nach Moody läßt dies zumindest Rückschlüsse darauf zu, daß die relative Bedeutung der Regierungsbürokratie gegenüber der Parteizentrale in konkreten tagespolitischen Fragen zwar relativ groß war, jedoch im Vergleich zur Macht des „Höchsten Führers" zur Festsetzung großer Rahmenrichtlinien verblaßte.

Im Zuge der leninistischen Reorganisation war in den fünfziger Jahren ein strenges System der Parteikontrolle über das Militär etabliert worden. Dies umfaßte die Einrichtung von Parteizellen und Politkommissaren in allen Einheiten des Militärs. Nach verstärkter Rekrutierung von Militärangehörigen in die Partei waren 1954 schon etwa 35 Prozent der Militärangehörigen GMD-Mitglieder. Bis in die frühen neunziger Jahre behielt die GMD im Militär eine eigene Parteiorganisation bei, bis der Druck der Opposition eine formale Trennung von GMD und Militär erzwang (Dickson 1997: 55-56, Anm. 66; Tien Hung-mao 1989: 68). Das Militär verfügt neben einem traditionell sehr hohen Verteidigungsetat[120] über zahlreiche weitere Ressourcen, darunter mehr als 30 Unternehmen im Besitz von Veteranen. Zudem ist die Kapazität des Militärs zur Mobilisierung von Wählerstimmen hoch, so daß die Interessen des Militärs in den legislativen Organen durch eigene Vertreter wahrgenommen werden können (Wang Fang 1994: 188). Dennoch bleibt festzuhalten, daß das Militär in der autoritären Ära über das System der Parteikontrolle recht zuverlässig eingebunden war; umgekehrt waren Angehörige der Streitkräfte in den Spitzengremien der GMD nach Schubert nur „überraschend gering" repräsentiert, und zwar sowohl während der autoritären Ära als auch nach Beginn der Transformation (Gunter Schubert 1994: 128). Der Übergang von einer „Parteiarmee" zu einer „Staatsarmee" gestaltete sich nach dem ersten demokratischen Machtwechsel an

---

120 Der prozentuale Anteil der Verteidigungsausgaben am Gesamthaushalt sank zwar kontinuierlich ab, betrug 1984 aber immerhin noch 54,7 Prozent und 1993 25,3 Prozent (Angaben des Verteidigungsministeriums und eines „Weißbuchs zur Verteidigung" von Chen Shuibian, zit. nach Chen Chun-Ming 1995: 122).

der Staatsspitze im Frühjahr 2000 reibungsärmer als erwartet, als die Militärführung dem neuen Staatspräsidenten Chen Shuibian von der Demokratischen Fortschrittspartei Gefolgschaft zusicherte.

3.2.3 Schlüsselakteure und informelle Institutionen der Interaktion

Nachdem die grundlegenden institutionellen Merkmale des taiwanischen Führungssystems erläutert worden sind, sollen einige typische informelle Interaktionsformen näher analysiert werden, die sich auf zentraler Ebene, im Parlament und in der lokalen politischen Sphäre beobachten lassen. Eine besondere Rolle spielen klientelistische Formen der politischen Abstimmung sowie die Unterwanderung politischer Entscheidungsprozesse durch lokale und privatwirtschaftliche Akteure.

3.2.3.1 Klientelistische Strukturen

Klientelistische Patronagenetzwerke spielen im politischen System und innerhalb der gesellschaftlichen Sphäre Taiwans, wie auch in zahlreichen anderen Entwicklungs- und Schwellenländern, eine wichtige Rolle.[121] Eine der möglichen Ursachen dafür ist die langjährige Unterdrückung horizontaler Organisationsformen als Erbe der quasi-leninistischen Durchdringung des Systems durch die GMD. Aber auch die große Bedeutung eines informellen, „grauen" Sektors im Wirtschaftssystem begünstigte die Entstehung klientelistischer Netzwerke von Akteuren, die bei illegalen Aktivitäten Schutz vor staatlicher Verfolgung durch Anbindung an politische Patrone suchten.[122] Traditionell-kulturelle Werte, darunter die Pflege zwischenmenschlicher Beziehungen und korrekten Rollenverhaltens bei gleichzeitiger Vernachlässigung rational-legaler Normen, förderten möglicherweise ebenfalls die Verbreitung von Klientelismus. Vordergründig erinnert das Vorherrschen klientelistischer Organisationsmuster in Taiwans Gesellschaft jedoch an die weitverbreiteten Netzwerke in sozialistischen und postsozialistischen Staaten (Wang Fang 1994: 182, 189). Während diese jedoch vor allem dazu dienen, angesichts

---

121 Zur weltweiten Verbreitung klientelistischer Organisationsformen vgl. die Länderstudien in Roniger/ Günes-Ayata (1994).
122 So existiert etwa ein „grauer Finanzmarkt" mit einem „grauen Aktienmarkt" und „grauen Wertpapierhäusern", auf die staatliche Regulierungseinrichtungen keinen Zugriff haben (Baum 1999). Für Anfang 1983 wurde der Umfang der Untergrund-Finanzierung im Wirtschaftssystem auf ca. 40 Prozent des Gesamtkreditbedarfs von Unternehmen und 50 Prozent des privaten Bedarfs geschätzt. Der Staat duldete die umfangreichen Aktivitäten des „grauen Sektors" im Interesse einer dynamischen Wirtschaftsentwicklung, ohne existierende Sanktionen dagegen durchzusetzen; die Folge war eine breite gesellschaftliche Akzeptanz für die Untergrundwirtschaft, die sich zu keinerlei Geheimhaltung ihrer illegalen Aktivitäten genötigt sah (Champion 1998: 103, 106, 206, Anm. 2).

3.2.3 Schlüsselakteure und informelle Institutionen der Interaktion

intransparenter Märkte und fehlender gesetzlicher Garantien institutionelle Unsicherheit bei Tauschvorgängen auszugleichen, kann dies in Taiwan kaum der Fall sein. Vielmehr existieren Marktwettbewerb und klientelistische Transaktionsformen in der Wirtschaftsordnung parallel, ohne daß dies die normalerweise zu erwartenden Dysfunktionalitäten hervorgerufen hätte. Möglicherweise trug dazu die geringere Bedeutung von Patronage im *Nomenklatura*-System Taiwans bei, wo Qualifikation und Prüfungsleistungen für Beförderungen eine wichtigere Rolle spielten als die Zugehörigkeit zu Patronagenetzwerken. Auch hatte nicht jeder Parteifunktionär automatisch die Möglichkeit zur Abschöpfung von Renten und Privilegien, die ihm den Aufbau eines eigenen Klientelnetzwerkes ermöglicht hätten. Folgerichtig breiteten sich klientelistische Organisationsformen in Taiwan nicht in allen Teilsystemen gleichermaßen stark aus (Wang Fang 1994: 190-93).

Ihre leninistischen Charakteristika machten die GMD zwar organisatorisch effizient, bildeten jedoch nur einen Teil ihrer Machtbasis. Ebenfalls entscheidend für die Dominanz der Partei war ihre wirtschaftliche Macht, die sich nicht zuletzt auf zahlreiche klientelistische Verflechtungen mit der Privatwirtschaft stützte. Die GMD hatte die erfolgreiche Wirtschaftsentwicklung Taiwans entschlossen ausgenutzt und die Kontrolle über eine große Anzahl partei- und staatseigener Unternehmen übernommen, die in ihrer Gesamtheit als einer der fünf größten Konzerne Taiwans gelten können. Seit den sechziger und siebziger Jahren, als der Grundstein für dieses immense Parteivermögen gelegt wurde, war die GMD somit der „vielleicht größte Nutznießer ihrer eigenen Wirtschaftspolitik". 1994 kontrollierte sie über einhundert Staatsunternehmen, die jeweils von Regierungsbehörden auf Zentral- oder Provinzebene verwaltet wurden. Viele dieser Unternehmen, deren Einkünfte nicht im offiziellen Haushalt auftauchten, verfügten in ihrer Branche über ein Monopol oder waren in strategisch besonders wichtigen Branchen wie Infrastruktur-, Grundstoff- und Schwerindustrie angesiedelt. Darüber hinaus existierte eine unbekannte Anzahl hundertprozentiger Parteiunternehmen, besonders im Kultur- und Finanzdienstleistungssektor (Gunter Schubert 1994: 156-57, 162-63; McBeath 1998: 74). Während des Präsidentschaftswahlkampfes 2000 gab die GMD erstmals eine öffentliche Schätzung ihres Parteivermögens ab, die sich auf ca. 6,15 Milliarden US-Dollar belief. Das Netz ihrer Beteiligungen war bis dahin auf über 300 Unternehmen angewachsen (China News Agency, 10.2.2000). Mit ihrem immensen Firmenimperium gehört die GMD noch immer zu den wichtigsten Akteuren am Wertpapiermarkt. Doch nicht nur die Partei als ganzes, sondern auch einzelne GMD-Mitglieder waren aktiv am Marktgeschehen beteiligt. So waren nach den Wahlen von 1989 mindestens 20 Parlamentsabgeordnete zugleich in der Leitung lokaler Wertpapierhandelshäuser tätig, und viele weitere verfügten über große Aktienbeteiligungen. Diese „Spieler" bildeten im Legislativyuan phasenweise die größte Interessengruppe (Champion 1998: 29, 18). Die Verstrickung hochrangiger Partei- und Regierungsvertreter in das Finanzsystem wird auch an der klientelistischen Durchdringung des staatlichen Bankensystems deutlich. Die meisten Vorstands- und Aufsichtsratsmitglieder in staatseigenen Banken waren ehemals hochrangige Funktionäre, die teilweise erst nach ihrer Pensionierung als „Belohnung" einen solchen Posten erhielten (Wang Zhenhuan 1996: 112-13). Die Doppelrolle der GMD als Staatspartei und führender Wirtschaftsakteur trug maßgeblich dazu bei, daß sich klientelistische Netzwerke auf allen Systemebenen verbreiten konnten und bis heute eine wichtige Rolle, etwa bei Fragen der Wirtschaftsgesetzgebung, spielen. Von klientelistischen Netzwerken durchzogene politische Systeme bieten aus Sicht einer autoritären Führung besondere Vorteile. Klientelistische Einbindung kann einen hohen Mobilisierungsgrad der Bevölkerung erreichen, während der Druck auf die Regierung aus einem solchen System aufgrund des Fehlens *horizontaler* Zusammenschlüsse umgekehrt nur gering sein kann (Wu Naide 1987, zitiert nach Chen Mingtong 2001: 8). Die deutlichste Ausprägung klientelistischer Organisation findet sich in den taiwanischen Lokalfaktionen, die sich nach 1988 zunehmend auf die zentralen Systemebenen ausbreiten konnten. Auf der Ebene der Parteiführung jedoch dominierte die Konkurrenz zwischen lose gefügten politischen Koalitionen oder Lagern, die sich anhand programmatischer Präferenzen unterscheiden ließen. Dieser Typus informeller Organisation soll im Folgenden kurz dargestellt werden, bevor die Lokalfaktionen einer näheren Betrachtung unterzogen werden.

3.2.3.2 Lagerbildung in der Entscheidungszentrale

Ähnlich wie auch die chinesische Führungsebene wird die GMD-Zentrale von Beobachtern oft als Arena von Machtkämpfen dargestellt, in der mächtige innerparteiliche Gruppen um Einfluß, Posten und die Durchsetzung programmatischer Präferenzen kämpfen. Nicht nur in zentralisierten leninistischen Systemen haben solche „Faktionen" einen anrüchigen Ruf: Da innerparteiliche „Spaltergruppen" grundsätzlich im Verdacht stehen, sich bei ihren Auseinandersetzungen nur am Wohlwollen der jeweiligen höchsten Ordnungsinstanz zu orientieren statt an den Interessen der von ihnen vertretenen Wähler, gelten sie als wenig förderlich für die Demokratisierung eines politischen Systems. Es ist jedoch nicht unproblematisch, normale programmatische Differenzen innerhalb einer Partei stets als spalterische Aktivität zu brandmarken, wie dies durch das Faktionsverbot leninistischer Parteien indirekt geschieht. Durch künstliche Unterdrückung notwendiger Diskussionen und Vermeidung jeden Anscheins von Konkurrenz kann das Grundproblem unterschiedlicher Interessenlagen nicht beseitigt, sondern nur kaschiert werden. Dies sorgt dafür, daß die betroffenen Akteure auf informelle Verfahren der Konfliktaustragung ausweichen müssen, denn die informelle Norm zur Vermeidung offener Auseinandersetzungen wirkt in der GMD noch immer fort (Gunter Schubert 1994: 140).

3.2.3 Schlüsselakteure und informelle Institutionen der Interaktion

Auch wenn sie mitunter so dargestellt werden, sind die sogenannten „Faktionen" in der GMD-Führung zumeist keine klientelistischen Seilschaften. Es ist sogar problematisch, diesen „Faktionalismus" und den lokalen Klientelismus der Lokalfaktionen als Spielart desselben Mechanismus aufzufassen. Wie Wang Fang richtig bemerkt, fehlt dem Faktionalismus der GMD ein wichtiges Merkmal klientelistischer Organisation, nämlich der exklusive Dienst an den Partikularinteressen der Mitglieder (Wang Fang 1994: 183). Da die informellen Gruppierungen (chinesisch *pai oder paixi*) der Führungszentrale in der Regel weder eine klientelistische Binnenstruktur aufweisen noch zeitlich dauerhaft sind, bezeichne ich sie im Folgenden als „Lager" oder „Gruppierungen", nicht als „Faktionen". Historisch läßt sich die Ächtung faktionalistischer Machtkämpfe in der Zentrale nicht nur aus dem leninistischen Erbe der GMD, sondern auch aus Erfahrungen der Bürgerkriegsniederlage ableiten, zu der die Spaltung der GMD-Zentrale in rivalisierende Strömungen beigetragen hatte. Trotz der Zentralisierungsbemühungen von Jiang Jieshi blieben Reste der alten Lager, etwa die „CC Clique", die „Whampoa-Militärakademie-Gruppe" oder die „Jugendliga-Gruppe" auch in den fünfziger und sechziger Jahren noch aktiv (Dickson 1997: 42-43).[123] Ab Ende der sechziger Jahre schwand ihre Bedeutung jedoch. Mangels eigener Machtressourcen waren sie keine autonomen politischen Akteure gewesen, sondern hatten lediglich vage voneinander abweichende ideologische Ausrichtungen repräsentiert, die aber angesichts der ordnenden Gewalt des „Höchsten Führers" nur wenig relevant waren (Chen Mingtong 2001: 178).

In den siebziger Jahren bildeten sich in der GMD-Zentrale neue programmatische Konfliktlinien heraus, die bis in die neunziger Jahre hinein fortwirkten. Ein vergleichsweise liberales Reformerlager konkurrierte mit einem eher autoritären, an orthodoxen Werten ausgerichteten Lager, das an der Beibehaltung des politischen Status quo interessiert war. Dieser Gegensatz dauerte bis weit in die Zeit der Demokratisierung hinein an und wurde schließlich erneut sichtbar, als sich eine reformfreudige „Hauptströmung" (*zhuliupai*) und eine eher reformfeindliche, am Status quo orientierte „Anti-Hauptströmung" (*fei zhuliupai*) herausbildeten. 1993 kam es sogar zur offiziellen Abspaltung einer neuen Partei von der GMD, der New Party (NP). Die Zugehörigkeit zu einem der beiden Lager war zunächst primär von ethnischen und persönlichen Machtinteressen bestimmt:

> Sicher ist, daß die Hauptströmung von vorwiegend taiwanesischen Kräften getragen wird [...]. Sie unterstützen den einheimischen Präsidenten Lee Teng-hui [Li Denghui], weil sie sich davon die endgültige Emanzipation von der alten „festlandchinesischen"

---

123 Chen Mingtong identifiziert nach 1949 mindestens elf größere Gruppierungen in der Machtzentrale, darunter auch eine als „Palastfaktion" (*guandipai*) bezeichnete Gruppe von Familienangehörigen und persönlichen Freunden des Jiang-Klans (Chen Mingtong 2001: 170, Moody 1992: 117). Eine Aufstellung aller informeller Gruppierungen im ZEK seit 1953 mit Namenslisten findet sich bei Chen (2001: 271-76) in Anhang 2.

Parteielite versprechen. Sicher ist auch, daß es vor allem die jüngeren, zumeist im Westen ausgebildeten Professionals sind, auf die sich der in den USA promovierte Agrarökonom Lee verlassen kann. Ferner genießt der Präsident die Unterstützung weiter Teile der taiwanesischen Unternehmerschaft, die sich von seiner flexiblen Außenpolitik die endgültige Freigabe des Chinahandels erhofft. (Gunter Schubert 1994: 141).

Die Interessenlage der Reformgegner kann dadurch erklärt werden, daß ihnen durch demokratische Reformen einerseits Verzicht auf persönliche Machtpositionen abverlangt wurde, andererseits das Ziel der militärischen Rückeroberung des Festlandes und der chinesischen Wiedervereinigung zunehmend hinter innenpolitischen Reformbestrebungen zurückblieb. Zu den Vertretern des orthodoxen Kurses gehörten entsprechend vornehmlich ältere Parteikader „festländischer" Herkunft, die häufig über enge Verbindungen zum Militär- oder Sicherheitsapparat verfügten, sowie jüngere „festländische" Kräfte, die der GMD-Führung Korruption und „Verrat" am chinesischen Vaterland vorwarfen. Im Zuge dieses Führungskonfliktes kristallisierte sich in den neunziger Jahren allmählich heraus, daß nicht mehr so sehr ethnische Zugehörigkeit und politische Einstellung die Haltung des Einzelnen bestimmten, sondern die Zustimmung oder Gegnerschaft zu Li Denghuis Person und Programmatik. Entsprechend konnten beide Lager in den neunziger Jahren auch als Pro-Li- bzw. Anti-Li-Lager bezeichnet werden (Gunter Schubert 1996: 74).

Wegen ihrer Größe und unscharfen Begrenzung können die Lager in der Parteizentrale nicht als handelnde Akteure konzipiert werden, sondern liefern lediglich ein grobes Muster zur Einordnung der Interessenlagen individueller Akteure, die ihnen angehören. Grundlegend anders verhält es sich mit den taiwanischen Lokalfaktionen. Dieser informelle Organisationstypus, der inzwischen auch für höhere Führungsebenen von Bedeutung ist, wird im folgenden dargestellt.

3.2.3.3 Besonderheiten der Lokalfaktionen

Eine besondere Spielart des vornehmlich in Südostasien verbreiteten *elektoralen* Klientelismus sind die taiwanischen Lokalfaktionen. Inzwischen existieren umfangreiche Studien zur Binnenstruktur und Operationsweise dieser Organisationen, die einen genaueren Einblick in ihre Funktionsweise erlauben.[124] Die Lokalfaktionen sind sichtbarer Ausdruck einer horizontalen Zweiteilung des politischen Systems, die seit den fünfziger Jahren entstandenen war: Während die GMD auf zentraler Ebene das Machtzentrum monopolisierte, bildete sich auf lokaler Ebene bis hinauf zum Kreis eine eigene Organisationsform heraus, die in der lokalen Politik bald eine bestimmende Rolle einnahm. Die Lokalfaktionen waren ursprünglich geschlossene, voneinander unabhängige organisato-

---

124 Vgl. die Überblicksdarstellung bei Gunter Schubert (1994: 222-36) sowie die Fallstudien bei Rigger (1994), Shi Weiquan (1996), Chen Mingtong (2001) und Wang Zhenhuan (1996).

3.2.3 Schlüsselakteure und informelle Institutionen der Interaktion

rische Einheiten, die nicht in Verbindung mit informellen Gruppierungen in der Parteizentrale standen (Chen Mingtong 2001: 166, 20; Dickson 1997: 66).[125] Nach der Definition von Chen sind Lokalfaktionen

> ...aus einer Vielzahl dyadischer Beziehungen gebildete informelle Organisationen, die unabhängig von den vorherrschenden gesellschaftlich-politischen Umständen eigene Mobilisierungs- und Steuerungskapazitäten besitzen, die ohne klar geregelte Personalrekrutierungs- und Beschlußfassungsmechanismen auskommen, aber dennoch zielgerichtetes kollektives Handeln hervorbringen können, um öffentliche und quasi-öffentliche Ämter zu erstreiten, die wiederum Zugriff auf öffentliche und quasi-öffentliche Ressourcen ermöglichen, die dann zum Kapital der Faktion werden. (Chen Mingtong 2001: 21)

Es handelt sich um informelle Organisationen, die über keine festgefügten Strukturen verfügen und nur zu bestimmten Zeiten, besonders bei Wahlkämpfen, klar ins öffentliche Bewußtsein treten. Wegen der immer wichtigeren Rolle, die Lokalwahlen und nationale Zusatzwahlen in der späten autoritären Ära spielten, erfüllten die nach außen hin undurchsichtigen Lokalfaktionen bald die Funktion entscheidender *power broker* zwischen GMD-Organen und lokaler Wählerschaft (Gunter Schubert 1994: 222-23). Sie konkurrieren miteinander um Ressourcen der Lokalverwaltung, etwa Mittel für öffentliche Aufträge, indem sie bestimmte Kandidaten unterstützen und in öffentliche Ämter befördern (Chen Mingtong 2001: 20).

Die Binnenstruktur einiger Lokalfaktionen ist inzwischen relativ gut erforscht. Lokalfaktionen bestehen grundsätzlich aus einem Faktionsführer, oft einem erfolgreichen Unternehmer, der als Patron für eine Anzahl ihm persönlich verbundener „Kader" und Unterstützer fungiert, die durch Zuteilung materieller Vorteile bei der Stange gehalten werden (Wang Fang 1994: 184). Lokalfaktionen entstanden seit den fünfziger Jahren als Folge der Landreform, die die traditionellen, auf Grundbesitz gegründeten klientelistischen Machtstrukturen auf dem Land zerstörte. Erfolgreiche Privatunternehmer nahmen den Platz der alten Gentry ein und bauten mit Hilfe ihrer wirtschaftlichen Macht eine Pyramide der Abhängigkeiten auf. Sie sichern den Wahlerfolg ihrer Kandidaten durch Übernahme von Wahlkampfkosten und Mobilisierung des Wählerpotentials (Gunter Schubert 1994: 226-28). Eine wichtige Rolle innerhalb dieser „Wahlkampfmaschinen" spielen sogenannte „Stimmenmakler", deren Funktion Shelley Rigger näher untersucht hat. Stimmenmakler sind Personen, die ihre persönlichen Kontakte im Auftrag einer Lokalfaktion zur Stimmenmobilisierung für einen bestimmten Kandidaten nutzen. Dies geschieht

---

125 Fast alle Verwaltungseinheiten auf Kreisebene Taiwans haben mindestens drei kreisweit aktive Lokalfaktionen. Ihre Gesamtzahl gibt Chen Mingtong mit mindestens 90 an, wobei unterhalb der Kreisebene noch weitere, kleinere Faktionen existieren (Chen Mingtong 2001: 153-54). Eine umfangreiche Auflistung aller Lokalfaktionen auf Kreisebene seit 1951 mit Mitgliedschaft, Gründerfigur und assoziierten Privatunternehmen findet sich bei Chen auf S. 277-96, eine kürzere englischsprachige Liste liefert Tien Hung-mao (1989: 168-69).

durch Überzeugungsarbeit oder materielle Anreize, meist kleine Geldsummen oder Geschenke. Stimmenmakler – meist Mitglieder unterer Lokalverwaltungsorgane, Oberhäupter großer Familien, einflußreiche Unternehmer oder charismatische Meinungsführer einer Kommune – stehen in einem zweifachen Patron-Klient-Verhältnis: Sie sind Klienten des Faktionsführers und Patrone der von ihnen mobilisierten Wähler (Rigger 1994: 11, 28, 155, 166-67).

Institutionelle Anreize zur Bildung der Lokalfaktionen macht Rigger vor allem im komplizierten Wahlsystem Taiwans aus. Nach dem „System nicht-übertragbarer Einzelstimmgebung in Mehrpersonen-Wahlkreisen" (SNTV-Formel) sind für jedem Wahlkreis mehrere Sitze zu vergeben, wobei jeder Wähler jedoch nur eine Stimme hat. Die relative Rangfolge der Kandidaten nach Stimmenanteilen entscheidet dann über den Wahlerfolg, so daß besonders in großen Wahlkreisen relativ wenige Stimmen für den Wahlerfolg ausreichen.[126] In der Praxis genügt es meist, die Stimmenmehrheit in der eigenen Heimatgemeinde zu erringen, was den Anreiz zur Bildung von Lokalfaktionen auf Kreisebene verstärkt (Rigger 1994: 27, 45).[127]

Während der fünfziger und sechziger Jahre konnte die GMD-Führung aufgrund ihrer weitreichenden korporatistischen Kontrolle über das politisch schwache Privatunternehmertum noch effektiven Druck auf die wirtschaftliche Machtbasis der Lokalfaktionen ausüben, die sich in dieser Zeit vornehmlich als verlängerter Arm der Führung auf dem Lande verstehen ließen (Cheng/Chou 2000: 47-48). Die Regierung versuchte erfolgreich, die Aktivitäten der Lokalfaktionen mit Hilfe des Organisationsverbots und unter Einsatz der Sicherheitsorgane auf Ebenen unterhalb der Kreisebene zu beschränken und überregionale Zusammenschlüsse zu verhindern (Chen Mingtong 2001: 228).[128]

---

126 Das SNTV-System (*single non-transferable vote system*) wurde weltweit nur in Japan (bis 1994) und Taiwan auf nationaler Ebene angewandt. Die dadurch möglichen Verzerrungen illustriert ein Beispiel aus den Legislativyuan-Wahlen von 1992, wo in einem sechzehn-Personen-Wahlkreis 48 Kandidaten gegeneinander antraten und der sechzehnte und letzte erfolgreiche Kandidat schließlich mit weniger als drei Prozent der Gesamtstimmen gewählt wurde (Rigger 1994: 44-45).

127 Aus den Besonderheiten des Wahlsystems resultieren spezifische Anreize beim Nominierungsverhalten der Parteien: Da es für die Maximierung des Wahlerfolgs nicht auf Mehrheiten, sondern lediglich auf ein im Schnitt gutes Abschneiden aller Kandidaten derselben Partei ankommt, müssen die Parteien die optimale Zahl an Kandidaten nominieren und deren jeweilige relative Erfolgsaussichten realistisch einschätzen. Diese Einschätzung konnte nur mit Hilfe der Lokalfaktionen und der direkt mit der Wählerbasis verbundenen Stimmenmakler getroffen werden, so daß die Nominierungsentscheidungen der GMD traditionell zwischen Faktionsführern und ihren Stimmenmaklern ausgehandelt wurden (Rigger 1994: 45, 56).

128 Der GMD standen darüber hinaus noch weitere Strategien zur Kontrolle der Lokalfaktionen zur Verfügung: So nominierte sie alternierend Führer konkurrierender Lokalfaktionen für exekutive und legislative Aufgaben, um sie wechselseitig in Schach zu halten, und versuchte, eigene Lokalfaktionen neu zu etablieren. Die Parteiführung war weiterhin bestrebt, durch regelmäßige Versetzungen die Mobilität der von den Lokalfaktionen entsandten lokalen Eliten zu erhöhen und die Verfestigung ihrer lokalen Machtbasen einzuschränken (Chang Ya-

3.2.3 Schlüsselakteure und informelle Institutionen der Interaktion

Als materielle Kooperationsanreize bot die GMD den Lokalfaktionen unter anderem Zugriffsrechte auf regionale oligopolistische Wirtschaftsaktivitäten, etwa Banken und ländliche Kreditkooperativen, Zugang zu günstigen Krediten im staatlichen Bankensystem, öffentliche Aufträge sowie Schutz vor staatlicher Verfolgung beim Betrieb illegaler Wirtschaftsaktivitäten (Wang Fang 1994: 185). Da der überwiegende Teil der Führungsposten im offiziellen Bankensystem von der GMD-Führung nach politisch-klientelistischen Prinzipien besetzt wurde, dominierten bei der Vergabe knapper Kreditmittel vielfach politische Kriterien anstelle von Marktkriterien (Wang Zhenhuan 1996: 113). Der Rückgang staatlicher Eingriffe im Zuge der wirtschaftlichen Liberalisierung ermöglichte den Lokalfaktionen schließlich die Ausbreitung auf die Kreisebene. Im lokal basierten, „grauen" Finanzsystem, das vor allem ländliche Kreditkooperativen und unternehmenseigene Finanzeinrichtungen großer und mittlerer Privatunternehmen umfaßt, bildeten sich von Lokalfaktionen kontrollierte Finanzinstitute. Mehr als die Hälfte aller Lokalfaktionen auf Kreisebene investierte in Wertpapierhäuser, Immobilienfirmen, Bauunternehmen und ähnliches (Chen Mingtong 2001: 237-38).

Die Erfolge der GMD bei der Kontrolle der Lokalfaktionen ließen seit den siebziger Jahren deutlich nach, was sich in zunehmend unabhängigeren Nominierungsentscheidungen auch gegen den Willen der GMD-Führung äußerte, bis diese schließlich sogar häufig den Kandidatenvorschlägen der Lokalfaktionen entsprechen mußte. Als Folge der materiellen Abhängigkeit der Kandidaten von ihren Lokalfaktionen müssen diese nach der Wahl vielfach als Agenten ihrer Lokalfaktionen agieren und die lokalen Interessen auf zentraler Ebene vertreten (Gunter Schubert 1994: 228-30). Somit kam es faktisch zu einer Umkehrung der Abhängigkeiten, da die Lokalfaktionen immer gewichtiger auftreten und eigene Forderungen an die Kandidaten durchsetzen konnten. So war die Anzahl der von Lokalfaktionen entsandten Abgeordneten in allen Volksvertretungsorganen als Folge der Ausweitung demokratischer Zusatzwahlen seit den siebziger Jahren stark angestiegen.[129] Immer wieder betriebene Versuche der GMD, Lokalfaktionen durch eigene Vertreter zu unterwandern oder durch Einführung eines Systems demokratischer Vorwahlen (angelehnt an US-amerikanische *primaries*) in ihrer Macht zu beschneiden, blieben bisher erfolglos (Chen Mingtong 2001: 185-86; 189). Im Zuge dieser Umkehrung der Abhängigkeiten gelang den Lokalfaktionen über einzelne Volksvertreter allmählich die Ausweitung ihres Einflußbereiches auf die zentrale Ebene. Einzelne Akteure konnten so zum Teil großen politischen Einfluß gewinnen. Ein häufig genanntes

---

chung 1992: 61).
129 Eine Studie von 1990 belegte, daß im Zeitraum 1954 bis 1989 durchschnittlich 60 Prozent aller Provinzversammlungs-Abgeordneten (bei den GMD-Abgeordneten über 65 Prozent) von Lokalfaktionen aufgestellt worden waren. Im Legislativyuan (Zusatzwahlen seit 1972) betrug der durchschnittliche Anteil im gleichen Zeitraum ca. 49 Prozent, der Anteil unter den GMD-Mitgliedern durchschnittlich 53,5 Prozent (Huang Teh-fu 1990, zitiert nach Gunter Schubert 1994: 231-32).

Beispiel ist der mächtige Lokalpolitiker Cai Hongwen, ein ehemaliger Präsident der Provinzversammlung und Mitglied der „Roten Faktion" des Kreises Taizhong, der in der Führungskrise vom März 1990 (Kap. 4.1.2) eine Vermittlerrolle übernahm (Chen Mingtong 2001: 221). Nach der offenen Spaltung der GMD-Zentrale in eine „Hauptströmung" und eine „Anti-Hauptströmung" ab 1990 versuchten beide Lager, Bündnisse mit wichtigen Lokalfaktions-Akteuren zu schließen, um aus der lokalen Ebene heraus Unterstützung zu mobilisieren.[130]

Die große Bedeutung der Lokalfaktionen für den Ausgang lokaler und auch nationaler Zusatzwahlen führte zur Etablierung vielfältiger informeller und zum Teil illegaler Praktiken im Wahlsystem. Fest institutionalisierte Verhaltensweisen, etwa Stimmenkauf, das Verteilen von Geschenken an Wähler sowie ein von persönlichen Angriffen und Beleidigungen geprägter Konfliktstil prägen bis heute die politische Kultur Taiwans und haben sich als weitgehend reformresistent erwiesen (Chao/Myers 1998: 138). Stimmenkauf gehörte bereits seit den fünfziger Jahren zum festen Erscheinungsbild der Lokalpolitik. Gründe hierfür sind die Intransparenz der Wahlkämpfe, in denen eine große Anzahl Kandidaten zur Wahl stehen; fehlende Parteienkonkurrenz (während der autoritären Ära) sowie strenge, informationslimitierende Wahlkampfregeln, die die Wahlentscheidung zusätzlich komplizieren und die Wähler für „Empfehlungen" leichter zugänglich machen. Ein Geldgeschenk kann zudem die Bereitschaft erhöhen, überhaupt wählen zu gehen, und somit zur Mobilisierung von Wählerpotenzial beitragen. Stimmenkauf wird inzwischen als so selbstverständlich und sogar notwendig angesehen, daß die Abkoppelung von solchen Verfahren nur sehr wenigen Kandidaten gelingt, die den dadurch erlittenen Nachteil beispielsweise durch einen hohen Bekanntheitsgrad ausgleichen können (Rigger 1994: 193, 208, 214). Nach übereinstimmenden Schätzungen betroffener Akteure von Anfang der neunziger Jahre lag die *Effizienz* von Stimmenkauf, also das Verhältnis bezahlter zu tatsächlich erhaltenen Stimmen, jedoch nur bei 20 bis 30 Prozent. Stimmenkauf garantiert also nicht den Wahlsieg, eröffnet dem Kandidaten jedoch zumindest eine Chance, die ohne solche Maßnahmen im Normalfall nicht gegeben ist. Die einzelnen Wählern überreichten Geldsummen sind zumeist klein und haben

---

130 Ein Beispiel für solche Versuche war die von Guan Zhong gegründete „Stiftung für Demokratie" (*minzhu jijinhui*), die nach dem Muster amerikanischer *Think tanks* über 1600 Personen seines Beziehungsnetzwerkes aus Wirtschaft, Wissenschaft und Politik vereinte. Die Stiftung sollte ausgewählte Politiker unterstützen, war klientelistisch organisiert und umfaßte Lokalfaktionsvertreter aus nahezu allen Kreisen (vgl. Chen Mingtong 2001: 233-36). Zum Teil funktioniert das Übergreifen auf die zentrale Ebene auch anhand von Familienbeziehungen. Die erfolgreiche DFP-Lokalpolitikerin und Faktionsführerin Yu Chen Yueying arrangierte nach ihrem Rückzug aus Ämtern in der Provinzversammlung und dem Legislativyuan den Eintritt einer Tochter und eines Sohnes in diese Organe und konnte dann in ihrer Funktion als Landrätin bequem nationale und Provinzressourcen im Interesse ihrer lokalen Klientel anzapfen. Gegenüber Rigger kommentierte sie diesen Fall von familiärer Zusammenarbeit zum Wohl der Kommune folgendermaßen: „The Yu family – provincial, central and local – we give service at each level" (Rigger 1994: 145).

3.2.3 Schlüsselakteure und informelle Institutionen der Interaktion

eher symbolischen Wert; dadurch erinnert die Praxis weniger an Bestechung als an die traditionelle kulturelle Norm, bei Bittbesuchen jeglicher Art stets ein kleines Geschenk mitzubringen. Dennoch stiegen die insgesamt von den Kandidaten aufzubringenden Wahlkampfkosten kontinuierlich an (Rigger 1994: 219, 223).[131] Eine namentliche Aufstellung von Amtsträgern, die im Rahmen der 13. Kreiswahlen 1994 wegen Stimmenkaufs verurteilt worden sind, belegt mindestens 275 an solchen Delikten beteiligte Lokalpolitiker, darunter überwiegend GMD-Mitglieder (Chen Mingtong 2001: 251-53). Zwischen 1991 bis 1996 wurden offiziellen Angaben zufolge insgesamt 5.193 Fälle von Stimmenkauf und Korruption strafrechtlich verfolgt. In 491 Fällen kam es zur Anklage, was 1.554 Personen betraf. 1.001 davon wurden verurteilt, meist jedoch nur zu Bewährungsstrafen.[132] Die meisten Fälle wurden bekannt, wenn Stimmenmakler bei Hausbesuchen mit großen Mengen Bargeld in kleinen Scheinen aufgegriffen wurden. Zur Vermeidung solcher „Pannen" bildeten sich schnell entsprechende Umgehungsstrategien heraus: So wurde etwa die Auszahlung des Geldes von dem Bittbesuch getrennt vorgenommen, und mitunter wurden ganze Firmen eigens dazu gegründet, gegen Gebühr Stimmenkaufaktivitäten abzuwickeln, zum Teil sogar inklusive einer Geld-zurück-Garantie bei Wahlmißerfolg des Kandidaten. Es ist somit eine veritable „Professionalisierung" des Stimmenkaufs zu beobachten (Rigger 1994: 218).

Der stark erhöhte Finanzbedarf macht die Kandidaten anfällig für Beeinflussung durch großzügige Wahlkampfspenden. Chao und Myers zitieren in diesem Zusammenhang einen Geschäftsmann, der 1989 den Preis für einen „kleinen Gefallen" eines Abgeordneten auf ca. 100.000 NTD (3800 US-Dollar) und den Preis für einen „großen Gefallen" auf 500.000 bis eine Million NTD (19.000 bis 38.000 US-Dollar) bezifferte (Chao/Myers 1998: 167). Folgerichtig verstärkt sich die Tendenz zur illegalen Einflußnahme auf Kandidaten ebenso wie der Trend zu immer teureren Wahlkämpfen. Der enorme Geldbedarf der Kandidaten hat zunehmend zur Einmischung organisierter Kriminalität in die Wahlkampffinanzierung geführt, mit allen dazugehörigen Konsequenzen:

> It is now quite commonplace to see the forces of factional bosses, big clans, business conglomerates, and Mafia-type gangsters take control over local political campaigns. [...] In recent years, big business groups behind every elected official or representative, are found and it is even commonplace to see gangsters join forces openly to intervene in elections with violence and intimidation. (Michael Kau 1996: 302)

---

131 So berichtete ein GMD-Kandidat 1991, daß der Preis pro Stimme inzwischen 300 bis 500 NTD (12 bis 20 US-Dollar) betrage, man aber nur zu etwa zehn Prozent sicher sein könne, die bezahlten Stimmen auch zu erhalten. Um sich eine Chance zu sichern, müsse ein Kandidat insgesamt 50 bis 100 Mio. NTD (etwa 2 bis 4 Mio. US-Dollar) aufbringen (Chao/Myers 1998: 235). Michael Kau schätzte 1996, daß ein Landrat mindestens 3 bis 4 Mio. US-Dollar und ein Legislativyuan-Kandidat 5 bis 6 Mio. US-Dollar aufbringen müsse.

132 Angaben des Justizministeriums, zitiert nach Liu Minghuang (1996: 132-33, Anm. 27); weitere Daten bei McBeath (1998: 67-68) und Michael Kau (1996: 303).

Die kriminelle Unterwanderung von Lokalfaktionen („*heidaohua*") hat zur Folge, daß ein nicht geringer Anteil der Mandatsträger aller Ebenen selbst durch kriminelle Verhaltensweisen auffällt.[133] 1994 hatten 35 Prozent der erstmals gewählten Ratsmitglieder auf Gemeinde- und Dorfebene, etwa 300 Personen, Vorstrafen und/oder nachgewiesene Beziehungen zu kriminellen Organisationen. Auch auf höherer Ebene, sogar in den Wahlkampfkomitees der GMD während der Gouverneurswahlen im Dezember 1994, wurden Vorbestrafte identifiziert (Michael Kau 1996: 303). Eine Aufstellung der Vorstrafen aller bei den zweiten Legislativyuanwahlen gewählten Abgeordneten belegte, daß immerhin 21 Abgeordnete aus kriminellen Vereinigungen stammten und entsprechend vorbestraft waren, darunter mehrere wegen Mordes, Körperverletzung, Freiheitsberaubung, Raubes oder anderer milieutypischer Delikte (Chen Mingtong 2001: 243). Nach Schätzungen der Untersuchungsbehörden war ein Drittel der 858 Stadt- und Landräte vorbestraft, und 60 Prozent verfügten über Verbindungen zum organisierten Verbrechen. Es gebe in Taiwan geschätzte 1.200 kriminelle Vereinigungen mit Verbindungen zu politischer Korruption, darunter auch einige, die gewalttätige Methoden bis hin zum Mord anwendeten (Hood 1997: 133).[134] Vereinzelt greifen „Gangster-Politiker" auch bei politischen Auseinandersetzungen zu körperlicher Gewalt: So erschoß der Sprecher der Kreisversammlung von Pingdong im Dezember 1994 gemeinsam mit acht seiner „Gang-Brüder" einen Rivalen in dessen Haus (Michael Kau 1996: 303). Nicht selten schützen Kandidaten und ihre Stimmenmakler ihre eigenen Hochburgen durch den Einsatz bezahlter Schläger vor dem Eindringen fremder Stimmenmakler (Rigger 1994: 57, Anm. 16).

Die Unterwanderung der Lokalpolitik durch kriminelle Banden wurde nicht zuletzt durch das Verhalten der GMD in der autoritären Ära begünstigt, als Teile des Sicherheitsapparats zu Repressionszwecken mit kriminellen Organisationen kooperierten (Moody 1992: 52, Newell 1994: 647).[135] Wegen der großen Zahl krimineller GMD-Kandidaten diente das Thema „*money politics*" der Opposition, aber auch Vertretern der „Anti-Hauptströmung" der GMD, immer wieder als zentrale Angriffsfläche gegen die GMD-Zentrale. Unzufriedenheit mit der Korruptionsbekämpfung durch die Parteifüh-

---

133 Ein Beispiel für die Unterwanderung einer alten Lokalfaktion durch organisierte Kriminalität untersucht Chen Mingtong (2001: 243-44).
134 Ein besonders prominentes Beispiel war die Wahl des parteilosen Legislativyuan-Abgeordneten Luo Fuzhu zum Vorsitzenden des Rechtsausschusses, obwohl er vier Jahre im Gefängnis gesessen hatte und erklärtermaßen über enge Verbindungen zur *Tiandaomeng*, einer der vier wichtigsten kriminellen Vereinigungen Taiwans, verfügte, als deren „spiritueller Führer" er fungierte. Diese kontroverse Wahl war Teil eines politischen Handels mit der GMD, die im Austausch dafür einen eigenen Kandidaten in den Regelausschuß entsenden konnte (McBeath 1998: 109; zur *Tiandaomeng* vgl. die *Taipei Times* vom 11.11.2001, S. 2).
135 So z.B. bei der Ermordung des Regimekritikers Henry Liu alias Jiang Nan in den USA 1985. Nachdem korrupte Verstrickungen zwischen GMD-Funktionären und lokalen Wirtschaftsführern zunächst toleriert worden waren, begann Jiang Jingguo in den siebziger Jahren mit einer öffentlichkeitswirksamen Kampagne gegen korrupte Funktionäre (Dickson 1997: 182).

3.2.3 Schlüsselakteure und informelle Institutionen der Interaktion

rung war zumindest eine der Ursachen für die Abspaltung der New Party (NP) von der GMD im August 1993, und sowohl die New Party als auch die DFP hatten stets großen Erfolg mit Wahlkampagnen, die die Verstrickung der GMD-Zentrale mit Korruption und Kriminalität in den Mittelpunkt stellten (Dickson 1997: 185). Erst im Februar 1995 kam es zu einer Verschärfung der Wahlvorschriften, die durch Sperrfristen die Wahl krimineller Bandenangehöriger in öffentliche Ämter einzudämmen versuchten (Chen Mingtong 2001: 248). Das Eintreten gegen illegale Praktiken kostete im Juni 1996 jedoch Justizminister Ma Yingjiu seinen Posten, da seine Ermittlungen die Interessen vieler GMD-Funktionäre bedrohten (McBeath 1998: 68). Trotz der zunehmend offenen und pluralistischen Gesellschaft Taiwans und der freien Parteienkonkurrenz erweist sich die Kombination des SNTV-Wahlsystems mit der etablierten Macht der Lokalfaktionen bisher als schwer zu überwindendes Konsolidierungshindernis der taiwanischen Demokratie. Kriminelle Praktiken drohen somit in den Worten eines taiwanischen Beobachters, die Basis der Demokratie von unten her zu „zerfressen" (Liu Minghuang 1996: 141).

3.2.3.4 Informelle Gruppierungen im Parlament

Schon seit den fünfziger Jahren existierten informelle Gruppierungen im Legislativyuan, die allerdings in den Jahrzehnten der Bedeutungslosigkeit legislativer Organe zunächst nur wenig Einfluß auf politische Entscheidungsprozesse hatten. Im Zuge der Überalterung des Parlamentes hörten ihre Aktivitäten in der späten autoritären Ära nahezu auf. Mitte der achtziger Jahre führten schließlich die Ausweitung nationaler Zusatzwahlen und der Rückgang zentraler Kontrolle in der Parteiorganisation zur Neuentstehung informeller Gruppierungen im Legislativyuan, besonders innerhalb der Gruppe der GMD-Abgeordneten, die immer noch die überwiegende Parlamentsmehrheit stellten. Diese Gruppierungen hatten so gut wie keine personellen oder programmatischen Anknüpfungspunkte an die alten „Parlamentsfaktionen" der autoritären Ära mehr und wurden zumeist von jüngeren, neu hinzugewählten Abgeordneten gebildet (Cheng/Chou 2000: 49).

Bei den neuen informellen Organisationen im Parlament handelt es sich in vielen Fällen um Beispiele für regionenübergreifende Kooperation zwischen Vertretern unterschiedlicher Lokalfaktionen, eine Tatsache, die bei der Betrachtung dieses Phänomens häufig übersehen wird.[136] Allerdings handelt es sich bei diesen Gruppierungen selbst in der Regel *nicht* um – analog zu den Lokalfaktionen – *klientelistisch* strukturierte Organisa-

---

136 Zwei Beispiele für mächtige Lokalfaktionsvertreter im Legislativyuan waren der Legislativyuan-Vorsitzende Liu Songfan, der der „Roten Faktion" von Taizhong entstammte, und sein Stellvertreter Wang Jinping, der aus der „Weißen Faktion" von Gaoxiong hervorgegangen war. Beide stiegen bis in den StA der GMD auf (Wang Zhenhuan 1996: 162).

tionen, sondern um horizontale, nicht-exklusive und oft nur wenig dauerhafte politische *Koalitionen*.[137] Verbindendes Element für den Zusammenhalt dieser Gruppen scheinen zum Teil programmatische Gemeinsamkeiten der Mitglieder, zum Teil persönliche Beziehungen oder materielle Interessen zu sein (Michael Kau 1996: 294). Für die Art der Konfliktaustragung zwischen ihnen sind jedoch oft sachliche oder persönliche Differenzen zwischen einzelnen Abgeordneten entscheidend (Gunter Schubert 1994: 141-44).

Besonders wichtig sind die informellen Gruppen im Parlament im Hinblick auf ihr spannungsreiches Verhältnis zur GMD-Zentrale. Obwohl alle GMD-Abgeordneten formal der Parteidisziplin unterliegen, haben sie seit Ende der achtziger Jahre direkte Legitimation, materielle Unabhängigkeit von der Parteizentrale sowie – im Rahmen der Aufwertung der Legislative – realen Einfluß auf die Gesetzgebung gewonnen, so daß das Abhängigkeitsverhältnis zwischen Zentrale und GMD-Vertretern im Parlament sich allmählich umgekehrt hat. So gehen Cheng und Chou sogar davon aus, daß die informellen Gruppierungen der GMD-Abgeordneten im Legislativyuan inzwischen als *Prinzipale*, nicht mehr als *Agenten* der GMD-Führung begriffen werden müssen: Sie entscheiden, welche Agenda und welche Führungspersonen sie unterstützen wollen und lassen sich in ihrem Abstimmungsverhalten immer weniger von zentralen Parteientscheidungen beeinflussen.

Als Ursache für die Herausbildung dieses neuen informellen Organisationstyps im Legislativyuan können hauptsächlich *institutionelle* Anreize ausgemacht werden. Vor allem die Besonderheiten des komplizierten Wahlsystems förderten in Kombination mit der GMD-Hegemonie die Bildung informeller Gruppen *innerhalb* der Partei anstelle von Parteidisziplin, wie sie bei offener Parteienkonkurrenz nötig ist. Die Zugehörigkeit zu einer bekannten Parlamentsgruppierung dient bei Wahlen als wichtiges Abgrenzungs- und Identifikationsmerkmal gegenüber der innerparteilichen Konkurrenz (Cheng/Chou 2000: 46).

Die Entstehung der neuen Parlamentsgruppierungen begann seit dem Rückgang der Parteikontrolle über die lokale politische Sphäre. Die offene Gründung der ersten informellen Organisation von GMD-Abgeordneten erfolgte unter dem Namen „*Wisdom Coalition*" *(jisihui)* im April 1988 unter der Führung eines Abgeordneten, der wie 15 weitere der 21 Gründungsmitglieder einer Lokalfaktion entstammte. Zunächst stieß die Gründung dieser Gruppierung, die offen gegen die Dominanz der „Alten Abgeordneten" gerichtet war, bei der Parteiführung auf Widerstand. Dennoch konnte sie dies nicht verhindern, was einen bedeutenden Wendepunkt für den innerparteilichen Demokratisierungsprozeß der GMD darstellte. Nachdem die DFP das Organisationsverbot für Gruppen außerhalb der Partei („dangwai wu dang") außer Kraft gesetzt hatte, brach die

---

137 Die meisten dieser Gruppen besitzen keine klar erkennbare Führungsstruktur, erlauben überlappende Mitgliedschaften und sind meist nicht imstande, Kooperation ihrer Mitglieder bei Abstimmungen zu erzwingen oder Fehlverhalten zu sanktionieren (Cheng/Chou 2000: 46).

3.2.3 Schlüsselakteure und informelle Institutionen der Interaktion

Wisdom Coalition offen mit dem leninistischen Faktionsverbot („dangnei wu pai") (Chen Mingtong 2001: 229-32). Auch in weiteren, kurz darauf gegründeten informellen Gruppierungen von Parlamentariern spielten Akteure aus Lokalfaktionen eine Schlüsselrolle.[138] Parallel zum Legislativyuan entwickelten sich auch in der Provinzversammlung übergreifende Zusammenschlüsse von Lokalfaktions-Akteuren. Dort entstanden vergleichbare informelle Organisationen.[139] Zwischen 1988 und 1991 war die bereits erwähnte *Wisdom Coalition* die größte informelle Gruppierung. Sie war von „einheimischen" GMD-Abgeordneten dominiert und verfolgte das explizite Ziel, den „Alten Abgeordneten" die Macht zu entreißen. Ihre an der „Hauptströmung" orientierte Ausrichtung machte sie im Reformprozeß mehrfach zu einem strategischen Allianzpartner der oppositionellen DFP (Cheng/Chou 2000: 50-51; Chen Mingtong 2001: 229). Sie verfügte über enge Beziehungen zur taiwanischen Privatwirtschaft, besonders zum Evergreen-Konzern, und viele ihrer Mitglieder waren selbst Unternehmer.[140] Wichtigster Gegner der *Wisdom Coalition* war zunächst der 1988/89 entstandene „*Reconstruction Research Club*" (*jianshe yanjiuhui*, Eigenbezeichnung *National Policy Research Association*), der sich vornehmlich aus überseechinesischen Abgeordneten und Vertretern der professionellen Verbände rekrutierte, die nicht demokratisch gewählt worden waren. Die Mitgliedschaft bestand daher primär aus älteren Abgeordneten, die vielfach über gute persönliche Beziehungen zu „festländischen" GMD-Führungseliten verfügten. Nach den Verfassungsreformen und der vollständigen Neuwahl des Legislativyuans schwand der Einfluß dieser Gruppe (Cheng/ Chou 2000: 53).

Ab 1990 stellte schließlich die neugegründete „*New Guomindang Alliance*" (*xin Guomindang lianxian*) die in programmatischer Hinsicht stärkste Herausforderung der *Wisdom Coalition* dar. Diese relativ kleine, elitäre Gruppierung verfügte über gute Kontakte zur „festländischen" Privatwirtschaft (Hualong-Konzern) und zum Militär und konnte mit ihrer effektiven Öffentlichkeitsarbeit eine weit über das Parlament hinausreichende Wirkung entfalten. Sie sah sich selbst als Sachwalterin der „festlandchinesischen" Interessen und rekrutierte sich vornehmlich aus „Festländern" der zweiten Generation. Sie stand ideologisch der „Anti-Hauptströmung" innerhalb der Parteiführung nahe und wies den stärksten Drang zur Formalisierung ihrer Organisation auf: Nachdem sie sich, wie zuvor schon die *Wisdom Coalition*, zunächst als politische Vereinigung hatte regis-

---

138 Ein Beispiel für das Wirken lokalpolitischer Autoritäten im Parlament war der einflußreiche Parlamentarier Liao Fuben, der der „Xu-Faktion" aus dem Kreis Yunlin entstammte und der Autorität der GMD-Zentrale im Legislativyuan mehrfach schwere Schläge versetzte. Versuche, gegen ihn Abstimmungen durchzusetzen, scheiterten stets an seiner überlegenen Fähigkeit zur Mobilisierung von Unterstützung aus seinem Klientelnetzwerk.
139 Vgl. für nähere Einzelheiten die Darstellung bei Chen Mingtong, der auch eine detaillierte Übersicht aller „Parlamentsfaktionen" 1988-1992 mit Namenslisten aller Mitglieder und deren Lokalfaktions-Hintergrund erstellt hat (2001: 230-33).
140 Vgl. Gunter Schubert (1994: 144-46; 352, Anm. 26).

trieren lassen, gründete sie im August 1993 eine unabhängige politische Partei, die New Party, die sich offen von der GMD abspaltete (Gunter Schubert 1994: 146-48). Eine weitere, 1993 gegründete Gruppierung von Befürwortern einer chinesischen Wiedervereinigung unter den Drei Volksprinzipien vereinte einige ehemalige politische „Schwergewichte" der „Anti-Hauptströmung" (darunter die ehemaligen Regierungschefs Hao Bocun und Li Huan, den Präsidenten des Justizyuans Lin Yanggang, den Adoptivbruder Jiang Jingguos, Jiang Weiguo, sowie Wu Boxiong) und wurde von ihren Kritikern daher auch als das „Untergrund-ZEK" der GMD bezeichnet. Interessierte Beitrittswillige mußten ein Formular ausfüllen, in dem sie erklärten, zu den „ursprünglichen" Vorstellungen und Zielen der GMD zurückkehren zu wollen. Die GMD-Führung unter Li Denghui hatte ihrer Auffassung nach das Ziel der Wiedervereinigung „verraten", arbeitete heimlich auf eine Unabhängigkeit Taiwans hin und war von Macht und Geld korrumpiert worden (Hood 1997: 115).

Schaubild 3: Ausbreitung lokaler klientelistischer Strukturen auf die zentrale Entscheidungsebene (späte autoritäre Ära)

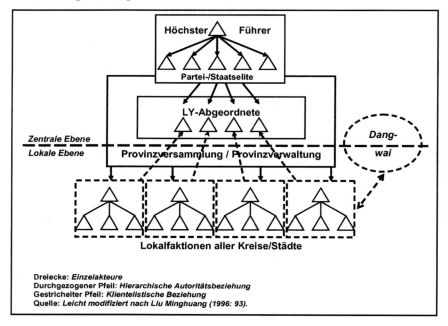

Neben diesen vornehmlich durch politisch-ideologische Interessengemeinschaft motivierten Zusammenschlüssen bildeten sich auch zahlreiche kleinere Gruppen, deren po-

3.2.3 Schlüsselakteure und informelle Institutionen der Interaktion

litisch-ideologische Ausrichtung zum Teil schwer einzugrenzen war. So hat Schubert den Eindruck, daß es sich etwa bei dem „*New Idea Club*" (*xinchuan lianyihui*) primär um eine Interessengemeinschaft wirtschaftlich aktiver „Unternehmerabgeordneter" handelte, die aus persönlichen Gründen einer Mitgliedschaft in der *Wisdom Coalition* abgeneigt waren. Der „*Harmony Club*" (*xiehehui*) hingegen war ein Beispiel für eine klassisch-klientelistische Organisation mit einem einflußreichen Patron an der Spitze, der primär konservative und überseechinesische Abgeordnete an sich band und in Gegnerschaft zur *Wisdom Coalition* stand. Entscheidend für den Zusammenhalt dieser Gruppe war die überlegene Fähigkeit des Patrons zur Zuteilung von Mitteln und Vergünstigungen, wie der Abgeordnete Chen Lijian 1991 in einem Interview mit Gunter Schubert darstellte (1994: 149-51):

> Seine Rolle ist überragend. Faktionsmitglieder konsultieren ihn, wenn sie finanzielle Unterstützung suchen. Dabei wissen sie selber nicht, wie er an die Gelder kommt. Aber sie fließen für jeden. Außerdem hat er uns Überseechinesen gegenüber einen Respekt gezeigt wie kein anderer. Durch all das hat er natürlich erhebliches politisches Gewicht gewonnen.

Im Rahmen zunehmend partikularistischer Interessenvertretung kam es auch zur Bildung noch weit intransparenterer Zusammenschlüsse, die eher klientelistischen Netzwerken als politischen Klubs ähneln. Ein relativ bekanntes Beispiel war die Gruppierung „Dreizehn Brüder" (*shisan xiongdi*), die der Abgeordnete Cai Chenzhou, einer der Chefs des *Guotai*- [Cathay-]Konzerns, durch persönliche Beziehungen zu Vertretern mächtiger Lokalfaktionen ins Leben gerufen hatte und die trotz ihres Namens *sechzehn* Mitglieder umfaßte, die Cai durch günstige Kredite oder geschäftliche Vergünstigungen verpflichtet waren.[141] Cai war 1983 auf Betreiben der GMD in den Legislativyuan gewählt worden, obwohl sich bereits seit Jahren Probleme um illegale Finanzaktivitäten seiner „Zehnten Kreditkooperative" (*shixin*) abzeichneten. Die „Dreizehn Brüder" wurden zu einer wichtigen Kraft bei der Revision der Gesetzgebung über Kreditkooperativen, die sie in Cais Sinne zu beeinflussen versuchten (McBeath 1998: 104). Bis auf eines gehörten alle Mitglieder der Dreizehn Brüder der GMD an, 13 entstammten Lokalfaktionen und hatten entweder einen unternehmerischen Hintergrund oder waren in führender Position in einem Finanzinstitut tätig. Diese Gruppe spielte bis zum als „Cathay-Skandal" bekannt gewordenen Zusammenbruch von Teilen des *Guotai*-Konzerns 1985 eine wichtige Rolle bei der Vertretung lokaler Finanzinteressen bei der Revision des Bankengesetzes (Wang Zhenhuan 1996: 115-16).

---

141 Zu den „Dreizehn Brüdern" gehörten die Abgeordneten Liu Songfan, Shen Shixiong, Su Huodeng, Lin Lianhui, Li Zongren, Hong Yuqing, Wang Jinping, Wu Xin, Zhang Pingzhao, Zheng Shezhen, Xiao Ruicheng, Xie Shengfu, Guo Rongzong, Rao Yingqi, Chen Shiqi und als Kopf der Gruppe Cai Chenzhou (Wang Zhenhuan 1996: 116, dort auch nähere Angaben zu jedem einzelnen Mitglied).

Der Skandal um die Gruppe des Abgeordneten Cai war zwar besonders spektakulär, aber kein Einzelfall. So saßen im ersten vollständig neugewählten Legislativyuan 19 Abgeordnete mit Verbindungen zu großen Konzernen, 27 Großinvestoren und 31 Inhaber von Monopolen oder protektionistisch geschützten Unternehmungen. Einer der Anführer dieser „Interessengruppe" war das Oberhaupt des *Hualong*-Konglomerats, Weng Daming, der schon vor seiner Wahl zum Parlamentsabgeordneten wegen Aktienbetruges im Gefängnis gesessen hatte (Michael Kau 1996: 303).[142] Daß viele Abgeordnete parallel Beschäftigungen in der freien Wirtschaft nachgehen und somit häufig Interessenkonflikten ausgesetzt sind, ist eine Folge fehlender gesetzlicher Beschränkungen und finanzieller Zwänge durch die enorm gestiegenen Wahlkampfkosten und notwendigen Ausgaben zur Pflege der eigenen Klientel.[143] Die Interessengebundenheit und häufige Abwesenheit solcher Unternehmer-Parlamentarier sind einer effektiven Arbeit der Legislative eher abträglich. Zudem verfügt der Legislativyuan über im internationalen Vergleich unterentwickelte Informationseinrichtungen, die den Abgeordneten kaum helfen können, zu Vorlagen der Exekutive unabhängige Informationen zu erhalten. Die Folge ist eine relativ hohe Ineffizienz des Parlaments, das zu viel Zeit mit Konflikten über Postenbesetzungsfragen und für Konfrontationen mit der Exekutive verbraucht, anstatt sich der Beratung von Gesetzesvorlagen zu widmen. Dies wird zusätzlich dadurch begünstigt, daß sich einzelnen Abgeordneten zahlreiche Möglichkeiten zur Verschleppung von Abstimmungen bieten. Partikularistische Interessenvertretung und fehlende Parteidisziplin sorgen ebenfalls für funktionale Probleme; bei Abstimmungen über öffentliche Bauvorhaben, Finanzregulierung und Fragen der sozialen Sicherung neigen viele Abgeordnete dazu, eher nach ihren durch Verbindungen zu Konzernen oder Lokalfaktionen definierten klientelistischen Interessen als nach Vorgaben der jeweiligen Parteizentrale zu handeln (McBeath 1998: 102, 105, 114-15).

So hat sich die weite Verbreitung von Finanzinteressen in der Legislative als bedeutender Faktor für den Erfolg oder Mißerfolg einzelner Regulierungsvorhaben erwiesen, da interessierte Marktakteure selbst für die Revision der entsprechenden Gesetzgebung

---

142 Weng hatte für die Wahlen 1992 vom Gefängnis aus kandidiert. Sein Klientelnetzwerk im Parlament umfaßte mehr als 20 Abgeordnete verschiedener Parteien, die über Geschäftsinteressen mit ihm verbunden waren. Diese Gruppe dominierte das Finanzkomitee und gelangte so an Insiderinformationen, die sie zur Erzielung kurzfristiger Spekulationsgewinne ausnutzte. Nachdem 1994 ein Finanzskandal um illegale Aktivitäten von Hongfu Securities, eines Tochterunternehmens von Hualong, bekannt wurde und die Strafverfolgungsbehörden Untersuchungen gegen Weng einleiteten, eilten 18 Abgeordnete seines Netzwerks zu Wengs Wohnhaus und versuchten, die Beweissicherungsmaßnahmen der Polizei zu behindern. Die Presse kommentierte diesen ungewöhnlichen Vorgang mit dem Satz „Achtzehn Jünger retten den Buddha" (McBeath 1998: 104).

143 Eine ähnliche Problematik fehlender Anti-Korruptionsgesetzgebung für Parlamentarier existiert auch in Deutschland, wo die wirtschaftlichen Verflechtungen von Abgeordneten bisher keiner effektiven Aufsicht unterliegen; vgl. dazu „Die Vettern der Wirtschaft" in *DER SPIEGEL* 26/2003, 23.6.2003, S. 36-38.

3.2.3 Schlüsselakteure und informelle Institutionen der Interaktion   119

zuständig sind. Nicht nur konnten Abgeordnete über ihre Posten im Finanzkomitee vielfach direkten Einfluß auf den Gesetzgebungsprozeß nehmen, sondern in einem für Gerüchte zum Marktgeschehen sehr empfänglichen gesellschaftlichen Klima sogar gezielt Marktmanipulation betreiben, indem sie Äußerungen plazierten oder Insiderinformationen ausnutzten (Champion 1998: 95). Die genannten institutionellen Funktionsdefizite befördern ebenso wie die noch immer von „körperlichem Einsatz" geprägte Konfliktkultur die notwendige Konsolidierung demokratischer Verfahren in Taiwan.

3.2.4 Fazit

Das taiwanische Führungssystem machte im Untersuchungszeitraum einen starken Wandlungsprozeß durch, der sich auch innerhalb der Führungspartei GMD selbst widerspiegelte. War die taiwanische Ordnung vor dem Einsetzen der Transformation noch stark vom Erbe der autoritären Jiang-Ära gekennzeichnet, entwickelten sich im Zuge der Lockerung zentralstaatlicher Kontrolle seit den achtziger Jahren immer stärkere Tendenzen zur Ausweitung informeller, lokal basierter Klientelnetzwerke, die allmählich von unten her in die zentrale Entscheidungsebene eindrangen. Die Demokratisierung ließ die Struktur des Institutionengefüges nicht unberührt; erratische Interventionen einzelner Führungsakteure, die im Rahmen der stark personalistischen Autorität etwa Jiang Jingguos noch möglich waren, wurden zunehmend von komplexen Aushandlungs- und Tauschprozessen zwischen einer Vielzahl unterschiedlicher Akteure abgelöst. Leninistische Charakteristika spielten demgegenüber nur noch eine kleine Rolle und sind heute selbst innerhalb der GMD nur noch von untergeordneter Bedeutung. Das Abrücken von alten Konstanten des nationalen Selbstverständnisses – etwa die Fixierung auf die „Rückeroberung des Festlandes" und der jahrzehntelange, mit dem Bürgerkrieg gerechtfertigte Ausnahmezustand – stellte zugleich eine Herausforderung zur Neudefinition des nationalen Selbstverständnisses dar und zwang die Akteure, politische Interaktionsformen etwa zwischen Regierung und Opposition oder zwischen Akteuren in GMD-Organen und in der Staatsregierung neu festzulegen. Bereits vorher existierende informelle Institutionen und Organisationen, etwa die mächtigen Lokalfaktionen, konnten sich in dieser Phase als feste Bestandteile der neuen Institutionenordnung etablieren und prägen bis heute die Erscheinung des politischen Systems.

3.3 Vergleichende Aspekte

Die politischen Systeme der VR China und Taiwans unterscheiden sich in institutioneller Hinsicht heute grundlegend. Während es der Regierung der VR China gelang, ihr leninistisches politisches System trotz der Einleitung umfassender wirtschaftlicher Reformprozesse nahezu unverändert beizubehalten, haben sich die formalen politischen Institutionen Taiwans im Zuge des Demokratisierungsprozesses von ihren autoritären Grundlagen weit entfernt, zumal der Leninismus nie in reiner Form umgesetzt worden war. In beiden Systemen hat sich unter dem Deckmantel der formalen Regeln jeweils ein typisches Geflecht informeller Institutionen herausgebildet, die zumindest in einigen Punkten funktionale Ähnlichkeiten aufweisen.

Die Institutionen des chinesischen Entscheidungssystems zeichnen sich durch eine weitgehende Trennung zwischen zentraler und lokaler Ebene aus. Während auf zentraler Ebene ein von leninistischen Organisationsprinzipien dominiertes, monistisches Führungssystem vorherrscht, haben sich auf lokalen und mittleren Verwaltungsebenen umfangreiche Aushandlungsprozesse zwischen bürokratischen und privatwirtschaftlichen Akteuren herausgebildet, die vor allem die *Implementierung* zentraler Entscheidungen beeinflussen, jedoch auch Reformimpulse an die Zentrale abgeben können. Wirtschaftsakteure können über informelle Kanäle Einfluß auf lokale Entscheidungsprozesse gewinnen. Die Grundpfeiler des monistischen, strikt hierarchischen Führungssystems der Partei sind auf zentraler Ebene jedoch immer noch intakt; mit Hilfe der *Nomenklatura*-Gewalt gelingt es den Führungsorganen, den Zusammenhalt der Parteiorganisation trotz aller Herausforderungen der Reformära noch weitgehend zu wahren, auch wenn sich auf lokaler Ebene Zerfallserscheinungen nicht mehr verbergen lassen. Aushandlungs- und Konsultationsprozesse bestimmen weitgehend das Bild der tagespolitischen Entscheidungsfindung, während die zentralen Entscheidungsinstanzen hauptsächlich bei Uneinigkeit auf unteren Ebenen oder bei besonders wichtigen Fragen der nationalen Politik zum Einsatz kommen.

Auf Taiwan ist das Erbe der autoritären Ära trotz des bereits weit fortgeschrittenen Demokratisierungsprozesses noch immer klar zu identifizieren. So hat die GMD auch nach dem Verlust ihrer Hegemonialstellung im System eine Rolle als machtvoller Akteur behaupten können und war bei demokratischen Wahlen, nicht zuletzt dank ihrer überlegenen wirtschaftlichen Machtstellung, bisher noch relativ erfolgreich. Im Zuge der Erweiterung der Akteurskonstellation um andere Parteien und der zunehmenden Bedeutung demokratischer Legitimation haben sich jedoch Abstimmungsprozesse und Entscheidungsverfahren in der taiwanischen Politik so grundlegend verändert, daß fest institutionalierte, informelle Konsultationsmechanismen zum normalen Bestandteil des politischen Prozesses geworden sind. Trotz oder gerade wegen der Ausweitung von Wahlen haben sich jedoch auch die traditionell fest verwurzelten klientelistischen Organisationen der lokalpolitischen Sphäre noch weiter ausgebreitet und die Entscheidungszentrale „unterwandert", so daß besonders der Bereich der alltäglichen Regierungstätigkeit durch die Einflußnahme privatwirtschaftlicher, klientelistisch organisierter Akteure geprägt ist. Charakteristisch ist eine enge Verflechtung von Abgeordneten, Parteifunktionären, staatlichen Verwaltungsorganen und privatwirtschaftlichen, mitunter auch kriminellen Akteuren über informelle Netzwerke.

Während klientelistische Organisationsformen auf Taiwan besonders auf lokalpolitischer Ebene und im Parlament deutlich nachweisbar sind, spielen klientelistische Patronagenetzwerke in der VR China besonders auf der Ebene höchster Führungspersonen und ihrer persönlichen Assistenten eine wichtige Rolle. Insgesamt scheint das chinesische Kadersystem von klientelistischen Strukturen durchzogen zu sein, wofür auch bisher wenig erfolgreiche Bestrebungen zur Professionalisierung und umfassenden Umgestaltung des *Nomenklatura*-Systems zu einem Zivilverwaltungssystem sprechen. Auch in der VR China werden lokale Interessen zunehmend über klientelistische Tauschnetzwerke vertreten, die sich zwischen privatwirtschaftlichen Akteuren, lokalen Verwaltungen, Provinzregierungen und auch kriminellen Akteuren bilden können. Da jedoch, anders als auf Taiwan, Wahlen in China bisher keine große Rolle spielen, konnten sich solche Netzwerke dort bisher noch nicht im Stil der taiwanischen Lokalfaktionen auf die zentrale Ebene ausbreiten.

Zahlreiche Beobachter konstatieren sowohl in der VR China als auch in Taiwan einen bestimmenden Einfluß der traditionellen politischen Kultur, die sich etwa in der Dominanz charismatischer Führungspersonen und im personalistischen Charakter politischer Machtausübung äußere. Tatsächlich gibt es auf der Ebene der politischen Symbolik, etwa bei der Ausübung politischen Protests und bei der Verehrung von Führungspersonen (etwa den gerontokratischen Tendenzen beider Systeme), eindeutige Anklänge an historische Vorbilder und Ausdrucksformen, ebenso auch bei den Methoden der politischen Konfliktaustragung. Allerdings hat sich die politische Kultur Taiwans seit der Demokratisierung gerade in diesem Bereich grundlegend verändert. In dem durch ethnische Gegensätze und die ungelöste nationale Frage angespannten gesellschaftlichen Klima hat sich dort eine im internationalen Vergleich sehr konfliktfreudige Art der politischen Auseinandersetzung entwickelt, die von persönlichen Attacken, Handgreiflichkeiten und anderen direkten Angriffen gegen Führungs- und Autoritätspersonen geprägt ist. Die Einflüsse traditioneller chinesischer Werte (etwa korrektes Rollenverhalten, Respektierung von Hierarchien und Autoritätsfiguren) lassen sich nur noch schwer mit solchen Verhaltensweisen in Verbindung bringen. Die bereits erwähnte weite Verbreitung klientelistischer Organisationsformen in China und Taiwan, die oft ebenfalls mit kulturellen Prägungen der Akteure in Verbindung gebracht wird, läßt sich zudem leicht anhand institutioneller Gegebenheiten der beiden Systeme erklären. So begünstigten in Taiwan besonders das Wahlsystem, die ethnische Spaltung der Gesellschaft und die jahrelange Hegemonialstellung der GMD die Entstehung lokaler Faktionen, die sich schließlich im Kontext der Demokratisierung ungehindert auf höhere Ebenen ausbreiten konnten. In der VR China bieten die regionalen Tauschnetzwerke zwischen Wirtschafts- und Verwaltungsakteuren im Kontext postsozialistischer Wirtschaftsreformen und institutioneller Unsicherheit vor allem materielle Vorteile für die Akteure, so daß auch hier eine weitere Ausbreitung entsprechender Strukturen zu erwarten ist. Angesichts solcher Erkenntnisse scheint es sinnvoll zu sein, „kulturelle" Faktoren als Verhaltensantrieb nur bei solchen Phänomenen von vornherein anzunehmen, die sich nicht leicht anhand institutioneller Anreize erklären lassen (Rigger 1994: 40, 42).

Bürokratische Aushandlungsprozesse prägen in China, jedoch auch in Taiwan viele politische Entscheidungsprozesse. Technokraten in Regierungs- und Verwaltungsorganen genießen im Rahmen ihrer Kompetenzbereiche großen Entscheidungsspielraum zur eigenverantwortlichen Regelung und müssen sich lediglich mit anderen, gleich- oder untergeordneten Akteuren auseinandersetzen, deren Interessen durch die Entscheidungen betroffen sind. Je nachdem, welche Themenbereiche von Entscheidungsprozessen betroffen sind, unterscheiden sich jedoch die jeweils relevanten Akteurskonstellationen.

Es wurde deutlich, daß für die Untersuchung tagespolitischer Entscheidungsprozesse in Taiwan und China besonders solche Analysekonzepte relevant sind, die klientelistische Beziehungsnetzwerke, bürokratische Aushandlungsprozesse und institutionelle Charakteristika der jeweiligen formalen Systemtypen und Übergangsordnungen als Ausgangspunkt wählen. Machtkampfansätze und „Faktionalismus" scheinen nur wenig zur Erklärung solcher Entscheidungsprozesse beizutragen, da die höchsten Führungsakteure meist nur am Rande involviert sind, sofern untergeordnete Ebenen untereinander Einigkeit erzielen können. Lediglich bei Grundsatz- und Sicherheitsfragen kommen auch andere Analysekonzepte in Betracht. Beispiele für konfliktträchtige Entscheidungsprozesse, für deren Analyse solche Konzepte wichtig sind, sind Gegenstand des folgenden Kapitels.

4 Informelle Regeln der Interaktion in Führungskonflikten: Vier Fallstudien

Nachdem die Grundzüge der formalen und informellen Institutionenordnung Chinas und Taiwans im Untersuchungszeitraum dargestellt worden sind, wird im folgenden versucht, an vier Fallbeispielen die institutionellen Charakteristika konkreter Entscheidungsprozesse herauszuarbeiten, die zumindest phasenweise unter den Bedingungen der „außergewöhnlichen Politik" abliefen. Es handelt sich bei den ausgewählten Fällen um Führungskonflikte, die jeweils grundlegende Fragen der nationalen Politik zum Gegenstand hatten und die die Interessen der höchsten Führungsakteure direkt berührten. Inwiefern unterscheiden sich die informellen Regeln solcher Entscheidungsprozesse von dem Bild der alltäglichen Entscheidungsfindung, das in Kapitel 3 skizziert wurde? Die vergleichende Betrachtung am Schluß dieses Kapitels soll darüber Aufschluß geben.

4.1 Konflikte über Führungspersonal und politische Programme

In China vollzog sich die Wende vom maoistischen Staat zur „Reform- und Öffnungspolitik" im Rahmen ausgedehnter Führungskonflikte, die vom Tod Maos 1976 bis zur Konsolidierung des neuen Führungssystems (etwa 1981) andauerten. Auf Taiwan ereignete sich im Zeitraum 1986 bis 1990 eine – im Hinblick auf die Entwicklung des politischen Systems – vergleichbar bedeutsame Wende, die den Prozeß der Demokratisierung einleitete. Auch diese Fallstudie beinhaltet einen Führungsnachfolgekonflikt nach dem Tod eines charismatischen Herrschers.

4.1.1 VR China: Die Einleitung der Reform- und Öffnungspolitik

Die Personal- und Programmkonflikte, die den Gegenstand dieser Fallstudie bilden, reichen in ihren Anfängen bis in die Zeit der Kulturrevolution zurück. Durch den Tod Mao Zedongs am 9. September 1976 wurde eine latente Nachfolgekrise plötzlich akut. Den Akteuren stellten sich zugleich grundsätzliche Fragen der politischen Neuausrichtung, die nicht länger aufgeschoben werden konnten. Nach dem vorübergehenden Wegfall einer höchsten Ordnungsinstanz durch den Tod des „Höchsten Führers" brachen die alten Autoritätsstrukturen im Führungssystem auf, so daß ein umfassender Führungskonflikt ausgetragen werden konnte.

Im Kern ging es um mehrere, miteinander verknüpfte Problembereiche. So stellte sich nach dem Scheitern des maoistischen Entwicklungsmodells die Frage nach einer wirtschaftspolitischen Neuausrichtung (Liu Yuelun 1993: 151). Diese im Kontext eines sozialistischen Systems grundlegende Frage war eng mit der *personellen* Neuordnung der Führungsriege verknüpft, da bereits seit Jahren mehrere Akteursgruppen mit divergierenden programmatischen Präferenzen um höchste Regierungspositionen konkurrierten – darunter Vertreter eines radikal-utopistischen, maoistischen Entwicklungsweges, Vertreter einer Restauration des sowjetischen Entwicklungsmodells sowie Vertreter von bislang als „revisionistisch" angeprangerten Reformmodellen, die als Reaktion auf die negativen Erfahrungen des Großen Sprungs und der Kulturrevolution entwickelt worden waren.[144] Die Vertreter dieses Ansatzes, darunter besonders der langjährige Vize-Ministerpräsident Deng Xiaoping, waren in den letzten Lebensjahren Maos unter Druck geraten und kurz vor dem Tod Maos schließlich aus ihren Führungsfunktionen in der Machtzentrale „gesäubert" worden. In Partei und Gesellschaft bestand nach Maos Tod gleichermaßen der Wunsch, Ungerechtigkeiten der Kulturrevolution zu bereinigen, wozu auch die Wiedereinsetzung der reformorientierten Kräfte in ihre früheren Positionen gehörte (Teiwes 2000: 159).

Die erste Stufe des Konfliktes umfaßte einen Schlagabtausch, bei dem eine Koalition gemäßigter Mao-Loyalisten, überlebender Veteranenkader und Begünstigter der Kulturrevolution die Vertreter eines radikalen kulturrevolutionären Ansatzes bekämpfte. Das reformorientierte Lager um Deng Xiaoping, der nach dem „Tiananmen-Zwischenfall" vom 5. April 1976 aus der Machtzentrale verdrängt worden war, spielte in dieser Phase noch keine bestimmende Rolle.[145] Zu den Hauptvertretern der kulturrevolutionären Radikalen gehörten insbesondere die Mitglieder der sogenannten „Viererbande", die aus der Witwe Maos, Jiang Qing, sowie aus Wang Hongwen, Zhang Chunqiao und Yao Wenyuan bestand. Auf der Seite der gemäßigten Mao-Loyalisten stand der von Mao persönlich als Nachfolger ausgewählte Hua Guofeng, der im Februar 1976 das Amt des amtierenden

---

144 Das Programm der „revolutionären Maoisten" bestand in der Bewahrung des Vermächtnisses der Kulturrevolution (also der Aufrechterhaltung ihrer ideologischen Grundsätze und Verteidigung ihrer Methoden) sowie in der Weiterführung der existierenden politischen, sozialen und ökonomischen Programme. Dagegen war das Ziel der „Restaurationisten" die Wiederherstellung der ökonomischen und politischen Institutionen Chinas *vor* dem Großen Sprung, was einem stalinistischen Wirtschaftsmodell mit Schwerpunkt auf Entwicklung der Schwerindustrie entsprach. Eine Gruppe von *Reformern* hingegen befürwortete den klaren Bruch sowohl mit maoistischen als auch sowjetischen Modellen, eine Revision der Institutionen der fünfziger und frühen sechziger Jahre und eine Ausweitung von Marktmechanismen bei Beibehaltung der zentralen Planung (Harding 1987: 41-45).

145 Nach dem Tod von Ministerpräsident Zhou Enlai am 8.1.1976 war es in Beijing zu spontanen Trauerkundgebungen gekommen, die sich allmählich zu einer Protestbewegung gegen die radikalen Maoisten ausweiteten und am 5.4.1976 gewaltsam niedergeschlagen wurden. Die Entfernung des reformorientierten stellvertretenden Ministerpräsidenten Deng Xiaoping aus dem Machtzentrum war von den radikalen Maoisten bereits vorher geplant, erfolgte aber formal erst nach dem 5. April, da der Tiananmen-Zwischenfall einen geeigneten Vorwand lieferte. Für nähere Einzelheiten zu den Hintergründen dieser insgesamt dritten Säuberung Deng Xiaopings vgl. Heilmann (1994: 50). Eine detaillierte Analyse des Tiananmen-Zwischenfalls von 1976 liefert Domes (1992a: 57-66).

4.1.1 VR China: Die Einleitung der Reform- und Öffnungspolitik

Ministerpräsidenten, des ersten Vizevorsitzenden der KP und des Vizevorsitzenden der ZMK übernommen hatte. Neben Hua gehörte zur breiten Koalition der Gegner der „Viererbande" Maos langjähriger Sicherheitschef und Vertrauter Wang Dongxing, der das Kommando über die „prätorianische Garde" des ZK, Armeeeinheit 8341, innehatte und zugleich das ZK-Hauptbüro leitete. Andere Mitglieder seiner Gruppierung waren der Beijinger Bürgermeister und erste Parteisekretär, Wu De, der Kommandant der Militärregion Beijing, Chen Xilian, sowie einige weitere Mao-Loyalisten.[146] Mit diesen Akteuren kooperierten Vertreter der überlebenden Veteranenkader, darunter in führender Rolle der im Februar 1976 ebenfalls unter Druck geratene, aber nicht formal gesäuberte Verteidigungsminister und Marschall Ye Jianying, sowie weitere zentrale und regionale Militärvertreter.[147]

Hua Guofeng, der nach Maos Tod die drei höchsten Führungsämter in Partei, Staat und Militär übernommen hatte, war mit 55 Jahren noch ein relativ junger Funktionär, der dem ZK und Politbüro nur drei Jahre lang angehört hatte. Den größten Teil seiner Karriere hatte er im Provinzparteiapparat von Hunan durchlaufen und daher keine Gelegenheit gehabt, ein extensives Klientelnetzwerk in zentralen Organen zu knüpfen. Besonders die Angehörigen der älteren Kaderschicht konnten Huas Führungsanspruch deshalb zwar nicht akzeptieren, arbeiteten zur Beseitigung der kulturrevolutionären Radikalen zunächst jedoch mit ihm und seinen Anhängern zusammen (Liu Yuelun 1993: 167).[148] Gegenüber Mitgliedern der „Viererbande", die sich Hoffnungen auf die von Hua angetretenen Führungsämter gemacht hatten, konnte sich dieser auf die ausdrückliche Unterstützung Maos berufen.[149] Die „Viererbande" um Jiang Qing wiederum verfügte bereits seit der Auswahl Huas zum Mao-Nachfolger über keine starke Machtposition mehr. Zwar hatten Mitglieder dieser Gruppierung einige Schlüsselposten besetzt, etwa in der Zentralen Militärkommission, der Wang Hongwen und Zhang Chunqiao seit 1975 angehörten. Zudem verfügte diese Gruppe über ein Netzwerk von Klienten in regionalen

---

146 Vgl. Ruan Ming (1994: 19-20) sowie Liu Yuelun (1993: 166).
147 Ye hatte nach seiner Beurlaubung wegen angeblicher Krankheit im Frühjahr 1976 über seinen engen Vertrauten Chen Xilian weiterhin faktisch die Kontrolle über die Militärführung ausgeübt; vgl. Heilmann (1994: 149, Anm. 16) und Teiwes (2000: 152, Anm. 122).
148 So war Deng Xiaoping nicht nur 17 Jahre älter als Hua, sondern hatte seit den vierziger Jahren auch stets deutlich höhere Funktionen ausgeübt als dieser (Liu Yuelun 1993: 176). Aus Sicht Maos war Hua nach der Entmachtung Dengs ein geeigneter Kompromißkandidat für die Nachfolge gewesen, der zwar „nicht so brillant" war wie Deng oder Zhou Enlai, aber, nach Mao, auch nicht „zu dumm" (Benjamin Yang 1998: 191). Huas beschleunigte Karriere seit Anfang der siebziger Jahre und anerkennende Kommentare Mao Zedongs zu seinen Fähigkeiten deuteten an, daß er bereits damals zur engeren Auswahl für den Führungsnachwuchs zählte (Schoenhals 1991: 249).
149 Ein handschriftlicher Zettel des schwerkranken Mao mit ganzen sechs Schriftzeichen („你办事 我放心" – „Wenn Du die Führung übernimmst, bin ich beruhigt"), den er Hua Guofeng während einer persönlichen Unterredung am 30.4.1976 überreichte, bildete die Grundlage des von Hua vertretenen Führungsanspruches. Vgl. die Darstellung dieses Vorgangs durch den Augenzeugen Li Zhisui (1994: 25).

Organen, besonders im Provinzparteiapparat Shanghais und im Militär, und ein eigenes inoffizielles System der Dokumentenvervielfältigung und -verbreitung verschaffte ihr Einfluß im Propagandaapparat. Auch genossen Jiang Qing und ihre Anhänger bis zum Tode Maos den Schutz des Großen Vorsitzenden, der sich trotz seiner Kritik an einigen ihrer Verhaltensweisen stets dagegen verwahrt hatte, diesen Flügel zugunsten der „Restaurationisten" zu entmachten. Dennoch bereiteten Veteranenvertreter unter Führung Ye Jianyings bereits im Sommer vor dem Tod Maos heimlich die Verhaftung dieser Gruppierung vor, die dann am 6. Oktober 1976 in Zusammenarbeit mit Hua Guofeng und Wang Dongxing durchgeführt werden konnte (Teiwes 2000: 150, 152).

Die Chancen der „Viererbande", sich im Nachfolgekonflikt durchzusetzen, scheinen angesichts der Größe der gegen sie gerichteten Koalition und der langfristigen Vorbereitung ihrer Verhaftung marginal gewesen zu sein. Der von der späteren Geschichtsschreibung suggerierte, dramatische Entscheidungskampf mit der „machthungrigen Viererbande" hatte anscheinend wenig andere Ausgangsmöglichkeiten als den vollständigen Sieg der Koalition von Hua Guofeng und Ye Jianying, die Vertreter des Sicherheitsapparats, des Militärs, der amtierenden Partei- und Staatsführung sowie der überlebenden Veteranenkader umfaßte.[150] Mit der Verhaftung der Gruppe und der anschließenden Säuberung ihrer Anhänger aus regionalen Parteiorganisationen schied die „Viererbande" aus der Akteurskonstellation aus und spielte in der weiteren Entwicklung keine Rolle mehr, es sei denn als Sündenbock für sämtliche Fehler der maoistischen Führung. Um der Verhaftung der „Viererbande" im Nachhinein einen legalen Anstrich zu verleihen, wurden im Winter 1980 im Rahmen von Schauprozessen zehn „Hauptkriminelle" zu harten Strafen verurteilt (Ruan Ming 1994: 95).

4.1.1.1 Programmatische und personelle Neuausrichtung

Nach der gemeinschaftlichen Ausschaltung der kulturrevolutionären Radikalen begannen die bis dahin unterdrückten ideologischen, programmatischen und personalpolitischen Konflikte innerhalb der Siegerkoalition offen auszubrechen. Die Führungsgruppe um den neuen KP-Vorsitzenden Hua Guofeng verdankte ihren Aufstieg in höchste Machtpositionen zu einem wesentlichen Teil den vorangegangenen Säuberungswellen, die zahlreiche ältere Kader mit dem Etikett „Rechtsabweichler" versehen hatten.

---

150 Für eine abweichende Sichtweise, nach der die „Viererbande" ein Beispiel für eine klassische, machtkampforientierte und durchsetzungsfähige „Faktion" war, siehe Dittmer (1995a: 3-4). Vgl. demgegenüber die Auffassung, daß es sich bei dieser Gruppe vielleicht nur um ein Konstrukt handelte, das rückwirkend von den Siegern als Feindbild absichtsvoll hergestellt, manipuliert und zur eigenen politischen Legitimierung ausgenutzt wurde (Heilmann 1994: 18-19; 193; 233). Für eine offizielle Darstellung des geradezu mythisch überhöhten Kampfes gegen die „Verschwörer" und ihre Unterstützer im Militärapparat und im Shanghaier Parteiapparat siehe Cheng/Wang/Li (1998: 6-17).

Da sich die Legitimität ihres Führungsanspruches ausschließlich auf die erwähnte handschriftliche Verfügung Maos stützte, der sich kurz vor seinem Tod wiederholt kritisch zur Person Deng Xiaopings geäußert hatte, wollte Huas Gruppierung das Andenken Maos möglichst unangetastet bewahren. Dies verhinderte jedoch zugleich eine aus Sicht vieler Opfer dringend erforderliche Neubewertung der Kulturrevolution, des Großen Sprungs und anderer „Fehler" des Großen Vorsitzenden.[151] Die drängenden Probleme der Industrie und Landwirtschaft erforderten zudem, besonders aus Sicht der Lokalverwaltungen, eine möglichst schnelle Revision der staatlichen Wirtschaftspolitik mit dem Ziel, die teilweise katastrophale Versorgungslage durch Wachstum und Produktivitätssteigerungen schnell zu verbessern. Das unter Huas Führung propagierte Entwicklungsmodell, das der Entwicklung der Schwerindustrie und der Beibehaltung einer kollektivierten Landwirtschaft Vorrang einräumte, schien dies jedoch nicht zu versprechen. Somit war an die Frage der *personellen* Nachfolge zugleich ein *programmatischer* Konflikt über die Ausrichtung des zukünftigen Entwicklungskurses geknüpft.

Der personalpolitische Teil des Führungskonflikts – die Frage der Rehabilitierung gesäuberter Führungskader – wurde exemplarisch am Einzelfall Deng Xiaoping deutlich. Deng hatte bis zu seiner Amtsenthebung im April 1976 als Nachfolgekandidat für Zhou Enlai und Mao Zedong gegolten, da er über den nächsthöheren innerparteilichen Status verfügte.[152] Aus seiner jahrzehntelangen Tätigkeit in höchsten Staats- und Parteiämtern resultierte ein umfangreiches Netz persönlicher Beziehungen, das in dieser Breite und Tiefe nur wenige andere Führungsakteure aufweisen konnten. Lediglich der Wirtschaftsplanungs-Fachmann Chen Yun konnte auf ähnlich hohes Prestige bauen, was seine Unterstützung für Deng in dieser Phase des Nachfolgekonfliktes zu einem kritischen Faktor werden ließ (Huang Jing 1994: 393, Teiwes 1995: 67, 72). Zu Dengs Unterstützern gehörten aber auch jüngere Kader, die während der Kulturrevolution Opfer von Verfolgungen geworden waren und sich von einer Neuausrichtung der Parteizentrale Reformimpulse für eine Abkehr vom maoistischen Entwicklungsmodell erhofften. Zu

---

151 Die von vielen reformorientierten Kadern gewünschte Rückkehr Deng Xiaopings in seine Führungsämter war durch Maos explizite Verurteilung seines Verhaltens 1975 und 1976 nur schwer zu rechtfertigen, solange die Worte Maos als unantastbar galten. Maos Deng-kritische Äußerungen waren zudem Anfang März 1976 vom ZK-Hauptbüro unter Leitung Wang Dongxings als ZK-Dokument Nr. 4/1976 herausgegeben und damit offiziell als Position der Parteizentrale verbreitet worden; laut Präambel hatte Mao persönlich dieser Veröffentlichungsform zugestimmt (Schoenhals 1991: 249).

152 Deng gehörte zu den „Helden der Revolution", und seine persönliche Verbindung zu Mao Zedong reichte wesentlich weiter zurück als die Hua Guofengs. Die Sonderstellung Dengs in der Parteihierarchie wurde auch durch die zuletzt kritische Haltung Maos zu seiner Person nicht aufgehoben (Goodman 1994a: 86). Allerdings hatte Dengs Entfremdung von Mao schon nach dem Großen Sprung begonnen, als Deng angesichts der katastrophalen Entwicklung an Maos politischem Geschick zu zweifeln begann. So beklagte sich Mao während der Kulturrevolution, Deng behandle ihn seit 1959 wie einen „verstorbenen Ahnen" – respektvoll, aber distanziert (Benjamin Yang 1998: 146; 150).

den am engsten mit Deng verbundenen jüngeren Führungskadern, die sein Schicksal während der Säuberungsphasen zumeist geteilt hatten, gehörte unter anderem Dengs langjähriger Bridge-Partner Hu Yaobang. Hu war mit Deng seit den späten dreißiger Jahren bekannt und hatte seit 1949 engeren Umgang mit ihm gehabt. Er gehörte zu den jüngsten Überlebenden des Langen Marsches und verfügte deshalb über hohen „revolutionären Status". Auch Zhao Ziyang hatte ähnlich langjährige persönliche Beziehungen zu Deng. Er war 1975, während des Wirtschaftsreformversuchs Dengs vor seiner dritten Säuberung, von diesem zum Ersten Parteisekretär der Provinz Sichuan ernannt worden, wo er mit einigem Erfolg ökonomische Modernisierungsprogramme vorantrieb. Auch in der Armeeführung verfügte Deng über loyale Unterstützer, darunter besonders General Wang Zhen. Zwar vertrat Wang im späteren Verlauf der Reformpolitik oftmals eine harte, eher reformskeptische Linie, doch seine persönliche Loyalität zu Deng Xiaoping stand niemals in Frage. Auch der spätere Staatspräsident Yang Shangkun gehörte zu Dengs engsten Unterstützern in der Armee, da er bereits seit den frühen fünfziger Jahren im zentralen Parteiapparat eng mit ihm zusammengearbeitet hatte (Huang Jing 1994: 387, Anm. 62; 395; Teiwes 1995: 71, Anm. 54).

Innerhalb dieses Lagers wurde besonders ein Netzwerk jüngerer Intellektueller unter Führung Hu Yaobangs zu einem wichtigen Einflußfaktor im Entscheidungsprozeß. Es handelte sich bei diesem Netzwerk um eine lose gefügte Gruppierung vorwiegend marxistischer Theoretiker, die mit Hu Yaobang zum Teil schon während seiner Zeit als Sekretär der Kommunistischen Jugendliga zusammengearbeitet hatten. Einige hatten während der Kulturrevolution zu den verfolgten Intellektuellen oder den revolutionären Rebellen gehört und waren durch diese Erfahrungen politisch desillusioniert worden. Sie neigten daher vergleichsweise radikalen Reformpositionen zu (Goldman 1991: 222). Diese Gruppierung trug einen Großteil der ideologischen Grundsatzkonflikte von 1976 bis 1980 mit *publizistischen* Mitteln aus und bereitete dadurch maßgeblich den Weg für die Einleitung eines Reformkurses.

Der hohe Status, den Deng in der Veteranengeneration genoß, machte ihn trotz seiner Säuberung aus allen Ämtern zu einer Gefahr für die Nachfolgerkoalition um Hua Guofeng und Wang Dongxing. Dem Exilkader und ehemaligem Mitarbeiter Hu Yaobangs, Ruan Ming, zufolge versuchte Wang Dongxing deshalb nach Dengs Amtsenthebung, ihn aus Beijing entfernen zu lassen, doch Deng erhielt von Mao persönlich die Erlaubnis, in der Hauptstadt zu verbleiben.[153] Da die Trauerkundgebungen für Zhou Enlai

---

153 In vielen westlichen Quellen wurde noch Mitte der neunziger Jahre berichtet, daß die Guangdonger Militärführer Xu Shiyou und Wei Guoqing (Kommandant und Politkommissar der Militärregion Guangzhou) aus persönlicher Loyalität zu Deng diesen nach seiner Säuberung im April 1976 aus Beijing ausgeflogen und in Guangzhou „beschützt" hätten; vgl. etwa Huang Jing (1994: 363, Anm. 6) und Harding (1987: 59); gleichlautend auch der Deng-Biograph Goodman (1994a: 20, 85-86). Dies entspricht jedoch nach neuestem Forschungsstand nicht den Tatsachen. Vielmehr hat sich Deng im gesamten Zeitraum April 1976 bis Juli 1977,

4.1.1 VR China: Die Einleitung der Reform- und Öffnungspolitik

anläßlich des ersten „Tiananmen-Zwischenfalls" vom 5. April den äußeren Anlaß zu Dengs erneuter Säuberung geboten hatten, stellten vor allem die Forderungen nach einer politischen Umbewertung dieses „konterrevolutionären" Massenprotests die größte Gefahr für den Bestand der Nachfolgeregelung dar (Ruan Ming 1994: 19). Die Umbewertung des „Tiananmen-Zwischenfalls" und die Forderung nach einer Rehabilitierung gesäuberter Führungskader, besonders Dengs, rückten somit in den Mittelpunkt von Forderungen sowohl der älteren Veteranengeneration als auch jüngerer, reformorientierter Kader.

Hua Guofeng war darauf angewiesen, seinen Mangel an informellem Status und das Fehlen eigener Machtbasen mit Mao Zedongs politischem „Testament" zu kompensieren.[154] Entsprechend propagierte Hua gemeinsam mit seinen Unterstützern eine Linie des wörtlichen und bedingungslosen Festhaltens an allem, was Mao gesagt und getan hatte. Pye zufolge sollten die dogmatischen, gebetsmühlenartig wiederholten Loyalitätsbekundungen Huas jedoch nicht darüber hinwegtäuschen, daß Hua keineswegs zu den Methoden der Kulturrevolution zurückkehren wollte. Es handelte sich lediglich um eine legitimatorische Notwendigkeit, nicht um ein ernsthaft vertretenes politisches Programm (Pye 1988: 143).

Das Festhalten am Vermächtnis Maos versuchte die Hua-Koalition in Form eines griffigen Wahlspruchs zu zementieren. Schon wenige Wochen nach Verhaftung der „Viererbande" hatte Hua am 26.10.1976 die Propagandaorgane instruiert, sich auf Kritik an der „Viererbande" zu konzentrieren und die ideologische Position dieser Gruppierung, ungeachtet der Absurdität einer solchen Einstufung, als „extrem rechts" zu bezeichnen, dies jedoch gleichzeitig mit fortgesetzter Kritik an dem „Rechtsabweichler" Deng Xiaoping zu verbinden. Diskussionen um eine Neubewertung des Tiananmen-Zwischenfalls sollten dagegen unterbleiben, und Maos eigene Äußerungen und Handlungen sollten keinesfalls kritisiert werden. Schließlich schrieb Li Xin, ein Anhänger Huas im Propagandaapparat, einen Leitartikel zur Doktrin der Hua-Gruppe.[155] Dieser erschien am 7. Februar 1977 zeitgleich in den drei wichtigsten Presseorganen von Partei und Militär-

---

als er formal rehabilitiert wurde, ununterbrochen in Beijing aufgehalten. Weder wurde er in einer Geheimoperation aus Zhongnanhai herausgeschmuggelt, wo er ohnehin seit 1968 nicht mehr residiert hatte, noch jemals nach Guangdong gebracht. Auch nahm er in keiner Funktion am Putsch gegen die Viererbande teil. Deng befand sich somit niemals unter dem Schutz von Xu Shiyou und Wei Guoqing, mit denen er während des Krieges anscheinend auch nicht eng zusammengearbeitet hatte. Der Deng-Biograph Benjamin Yang bezeichnet die Geschichte von der Flucht Dengs in den Süden als „preposterous" (Benjamin Yang 1998: 198-200, 307, Anm. 1).

154 Nach Meinung von Pye hatte Hua aufgrund seiner ländlichen Herkunft und seiner weitgehend auf Provinzarbeit beschränkten Parteikarriere von vornherein wenig Chancen, Mao dauerhaft zu beerben: „...he was a living caricature of a country bumpkin trying to make a go of it in the top reaches of society – he just wasn't chairmanship timber" (Pye 1988: 143).

155 Li Xin, ein ehemaliger persönlicher Assistent Kang Shengs, war stellvertretender Direktor des ZK-Hauptbüros mit Zuständigkeit für Propagandaarbeit.

führung - der „Volkszeitung" *Renmin Ribao*, der VBA-Zeitung *Jiefangjun Bao* und dem Magazin *Hongqi* („Rote Fahne"). Dieser Artikel mit dem Titel „Die Dokumente studieren und am Hauptkettenglied festhalten" propagierte eine Formel, die bald darauf als die Doktrin der „zwei was-auch-immer" (*liangge fanshi*) bekannt wurde (Schoenhals 1991: 248-49, Shen Baoxiang 1991: 3). Wörtlich hieß es darin: „Was auch immer vom Vorsitzenden Mao entschieden wurde, verteidigen wir entschlossen; was für Instruktionen der Vorsitzende Mao auch immer erteilt hat, wir befolgen sie beharrlich".[156] Die gleichzeitige Veröffentlichung dieses ideologischen Leitartikels in den drei wichtigsten zentralen Propagandaorganen gemahnte Beobachter an Stellungnahmen der Parteizentrale während der Kulturrevolution, die ebenfalls auf diese Weise verbreitet worden waren (Shen Baoxiang 1997: 3-4). Damit erhob die Gruppe um Hua, die in Anlehnung an ihre Doktrin bald informell als die „Was-auch-immer-Fraktion" (*fanshipai*) bezeichnet wurde, formal den Anspruch, gemäß der letzten Instruktionen Maos die rechtmäßige Führung zu übernehmen. Dieser Führungsanspruch stieß jedoch schon unmittelbar nach Erscheinen des Leitartikels auf Kritik im Parteiapparat. So äußerte der Militärvertreter in der Parteizentrale, Wang Zhen, schon bald auf einer Militärkonferenz, die Doktrin der „zwei was-auch-immer" sei „falsch" (Cheng/Wang/Li 1998: 35). Auch im Propagandaapparat übten Teile der Funktionärselite unmittelbar Kritik, so z.B. der Hauptverantwortliche für das Propagandasystem im ZK, Geng Biao.[157]

Das politische Programm der Loyalisten-Fraktion sah ein weitgehendes Festhalten an der bisherigen Entwicklungslinie vor, dies allerdings in Kombination mit schnellerer Wirtschaftsentwicklung und größerer politischer Stabilität, was eine Rückkehr zu den Klassenkampf-Methoden der Kulturrevolution ausschloß. Ein Wirtschaftsentwicklungsprogramm unter dem wenig glücklich gewählten Namen „Neuer Großer Sprung" (*xin yuejin*) sollte China durch einen ehrgeizigen Zehnjahresplan bis zum Ende des 20. Jahrhunderts in einen modernisierten sozialistischen Staat verwandeln. Der Entwicklungsschwerpunkt wurde auf zentral geplante Investitionen in 120 Großprojekten der Schwerindustrie und kostenträchtige Technologieimporte gelegt, ohne dabei allerdings wirtschaftswissenschaftliche Expertenkenntnisse oder lokale Entwicklungsinteressen angemessen zu berücksichtigen. Viele hastig begonnene Großprojekte mußten deshalb

---

156 Im Original lautete die Formulierung: "凡是毛主席作出的决策，我们都坚决维护，凡是毛主席的指示，我们都始终不渝地遵循". Es ist am Rande interessant, daß der genaue Wortlaut der Doktrin der „zwei was-auch-immer" sich zwar mehrfach wandelte, dies jedoch im Verlauf des ideologischen Konflikts kaum ins Gewicht zu fallen schien. Auf der Arbeitssitzung im März 1977 wählte Hua Guofeng beispielsweise die leicht andere Formulierung: „Wir müssen alle Entscheidungen des Vorsitzenden Mao verteidigen und allen Worten und Taten, die das Bild des Vorsitzenden Mao beschädigen, Einhalt gebieten (zweiter Teil: „凡是损害毛主席形象的言行，都必须制止"); vgl. dazu Cheng/ Wang/ Li (1998: 43).
157 Geng äußerte unmittelbar nach der Lektüre des Artikels sinngemäß, eine solch starre Auslegung der Worte Maos mache „jegliches Handeln unmöglich" („什么事情也办不成了", vgl. Shen Baoxiang 1997: 4).

4.1.1 VR China: Die Einleitung der Reform- und Öffnungspolitik

später abgebrochen werden (Liu Yuelun 1993: 168, 182). Die anhaltenden Probleme dieser Wirtschaftsentwicklungsstrategie erlaubten dem Reformerlager in der Partei, die wirtschaftspolitische Autorität der Hua-Koalition mit eigenen Erfolgen bei alternativen lokalen Reformexperimenten zu untergraben. Ein komplexes Zusammenwirken lokal propagierter Wirtschaftsstrategien, die von vielen Seiten gleichzeitig erhobenen Forderungen nach der Rehabilitierung von Führungskadern sowie die Bestrebungen zu einer Neuausrichtung der ideologischen Linie führten schließlich zu einer Schwächung der Hua-Koalition, die Anfang der achtziger Jahre vollständig aus dem Machtzentrum verdrängt wurde. Diese Initiativen waren anfangs nicht zentral orchestriert. Vielmehr spielten individuelle Angriffe von Führungskadern in zentralen und Provinzorganen die entscheidende Rolle. Deng und seine engsten Anhänger griffen wiederum gezielt auf solche Initiativen zurück, um ihre Interessen zu befördern und ihre Unterstützerbasis gegen die von den Mao-Loyalisten vertretene Linie zu mobilisieren (Fewsmith 1996: 238).

Da die Doktrin der „zwei was-auch-immer" insbesondere die Interessen der reformorientierten und „gesäuberten" Kader verletzte, gehörten diese Gruppen von Anfang an zu den schärfsten Kritikern Huas. Abweichend von offiziellen Darstellungen kann allerdings nicht davon ausgegangen werden, daß die Rehabilitierung Deng Xiaopings für alle Veteranenkader eine hohe Priorität hatte. Zwar werden die „überlebenden" (d.h., nicht gesäuberten) Veteranenkader Ye Jiangying und Li Xiannian in den offiziellen Darstellungen meist als entschiedene Unterstützer Dengs im Nachfolgekonflikt mit Hua porträtiert, die seine Rehabilitierung bereits unmittelbar nach der Verhaftung der „Viererbande" verlangt hätten. Den Darstellungen einiger Exilkader zufolge haben Ye und Li jedoch möglicherweise nur die Umbewertung des „Tiananmen-Zwischenfalls" und eine Abkehr von der Kulturrevolution gefordert, ansonsten aber zunächst Hua Guofengs Lager unterstützt. Dem ehemaligen Angehörigen von Hu Yaobangs Reformernetzwerk, Ruan Ming, zufolge war Marschall Ye keineswegs ein Anhänger Deng Xiaopings, sondern ein entschiedener Unterstützer Huas und neben Wang Dongxing sogar dessen „rechte Hand"; Li Xiannian soll demnach stets eine „sichtbare Abneigung" gegen Deng zur Schau gestellt haben. Li hatte Deng sogar noch *nach* Verhaftung der „Viererbande" in einer Rede äußerst scharf attackiert, als eigentlich keine Notwendigkeit mehr dazu bestand (Ruan Ming 1994: 40). Ye wiederum hatte nach Zhou Enlais Tod nicht versucht, Deng zu schützen. Dies könnte allerdings auch damit zusammenhängen, daß er selbst ebenfalls in die Kritik geraten war.[158]

---

158 Beobachtungen von Benjamin Yang und Lucian Pye gehen in eine ähnliche Richtung. Für diese Deutung der Haltung Yes im Nachfolgekonflikt spricht die Tatsache, daß sich Ye in den folgenden Jahren, besonders nach der Verdrängung Hua Guofengs aus dem Machtzentrum 1981, anscheinend frustriert aus der zentralen Politik zurückzog und sich vermehrt in seiner Heimatprovinz Guangdong aufhielt (Benjamin Yang 1998: 218-19). Pye zufolge haben Li Xiannian und Ye Jianying bereits seit den fünfziger Jahren immer wieder Streit mit Deng

Auch im Hinblick auf andere Akteursgruppen scheint fraglich zu sein, ob die Unterstützerbasis Deng Xiaopings wirklich von Anfang an so breit war, wie die offiziellen Darstellungen suggerieren. So waren einige wichtige Parteiintellektuelle, die noch 1975 Dengs politisches Programm unterstützt hatten, von Wang Dongxing erfolgreich kooptiert worden, darunter etwa Wu Lengxi, Hu Sheng und Xiong Fu sowie der bereits erwähnte Li Xin (Ruan Ming 1994: 40). Auch der meist eindeutig als enger Anhänger Dengs identifizierte Zhao Ziyang, der im Januar 1976 noch auf Betreiben Dengs zum Ersten Parteisekretär Sichuans ernannt worden war, verhielt sich in dieser Auseinandersetzung uneindeutig: „Probably because of Zhao's political ambiguity, he was seen by both sides as being cooperative and not a threat". So wurde Zhao noch 1978 von Hua Guofeng als Begleiter bei einem Auslandsbesuch in Rumänien und Jugoslawien ausgewählt (Hong Lijian 1998: 384). Zur Gruppe derjenigen, die im Gegensatz dazu offen für die Rehabilitierung Dengs eintraten, gehörten Chen Yun, Hu Yaobang sowie General Wang Zhen. Aus diesen zentralen Figuren bildete sich eine Koalition der Gegnerschaft gegen die Hua Guofeng-Gruppierung, die diese schließlich Anfang der achtziger Jahre erfolgreich aus der Machtzentrale verdrängen konnte. Erst danach, etwa ab 1984, taten sich auch innerhalb dieses Lagers zunehmend Spannungen auf, die auf unterschiedlichen programmatischen Präferenzen beruhten und zur Aufspaltung in ein reformfreudigeres, ein moderates und ein reformskeptischeres Lager führten (Lieberthal 1995: 129).

Ab Januar 1977 hatten sich öffentliche Kundgebungen gehäuft, die durch symbolische Verweise indirekt Deng Xiaopings Rückkehr forderten.[159] Auf einer Arbeitssitzung der Parteizentrale im März 1977, auf der Chen Yun und Wang Zhen offen eine Umbewertung des „Tiananmen-Zwischenfalls" und die Rehabilitierung Dengs forderten, blockte Hua beides noch unter Verweis auf die kritischen Äußerungen Mao Zedongs ab (Shen Baoxiang 1997: 4, Cheng/Wang/Li 1998: 42).[160] Anscheinend spielte auch Druck aus dem Militärapparat eine Rolle bei der Entscheidung zu Dengs Rehabilitierung, die auf dem Dritten Plenum des 10. ZK 1977 offiziell vollzogen wurde. So schickten die beiden lokalen Militärführer Xu Shiyou und Wei Guoqing, Kommandant und Politkommissar der Militärregion Guangzhou, Anfang April 1977 einen Brief ans ZK, in dem sie auf die Notwendigkeit hinwiesen, die geplante Ernennung Huas zum KP-Vorsitzenden *formal*

---

wegen dessen „Einmischungen in Militärangelegenheiten" gehabt (Pye 1981: 133, Anm. 4).
159 Dies geschah etwa durch das Aufstellen kleiner Flaschen oder Blumenvasen an öffentlichen Plätzen, da „kleine Flasche" (*xiao ping*, 小瓶) ein Homophon für Dengs Vornamen Xiaoping (小平) ist (vgl. Heilmann 1994: 127).
160 Aufgrund des konzentrierten Drucks kam Hua jedoch nicht umhin, informell Zugeständnisse zu machen. Zwar tauchten die Argumente Chen Yuns und Wang Zhens nicht im offiziellen Abschluß-bericht der Konferenz auf, da diese eine Zensur ihrer Reden ablehnten, aber Hua räumte immerhin ein, daß (a) die Trauer der Bevölkerung um Zhou Enlai rechtens war, (b) die Angriffe der „Viererbande" auf Deng Xiaoping zu verurteilen seien und (c) Deng „zu gegebener Zeit" zu rehabilitieren sei (Cheng/ Wang/ Li 1998: 42-46).

4.1.1 VR China: Die Einleitung der Reform- und Öffnungspolitik

durch ein ZK-Plenum zu ratifizieren. Dies übte implizit Druck auf Hua aus, da der Brief als Androhung einer Blockade durch die lokalen Militärvertreter im ZK verstanden werden konnte, falls Hua die Rehabilitierung Dengs weiter verweigerte. Dieser Brief kursierte über informelle Kanäle auch bei den Führern anderer Militärregionen.[161] Am 10. April 1977 ergriff Deng schließlich mit einem eigenen Schreiben an Hua Guofeng, Ye Jianying und das übrige ZK selbst die Initiative. In diesem Brief, der von der Zentrale am 3. Mai parteiintern verbreitet wurde, bat Deng um seine Wiedereinsetzung und sicherte „dem weisen Führer Hua" seine Unterstützung zu. Mit Hilfe einer geschickten Formulierung kombinierte Deng das erforderliche „Festhalten an den Mao-Zedong-Ideen" mit einer versteckten Ablehnung der Doktrin der „zwei was-auch-immer": Deng schrieb, man müsse „Partei, Armee und Volk mit den *korrekten und vollständigen Mao-Zedong-Ideen* anleiten". Dies implizierte, daß einzelne Äußerungen Maos nicht verabsolutiert werden durften, wenn sie im Widerspruch zu Aussagen in anderen Situationen standen.[162]

Zeitgleich erfolgten informelle Sondierungsgespräche Dengs mit einzelnen Mitgliedern der Hua-Fraktion. In einem ersten Treffen am 7. April 1977 mit Wang Dongxing und Li Xin hatte Deng bereits eine Umbewertung des „Tiananmen-Zwischenfalls" gefordert. Nachdem die Parteizentrale Dengs Brief – möglicherweise in Verkennung der Hua-kritischen Implikationen der darin gewählten Formulierung – durch die parteiöffentliche Verbreitung Anfang Mai offiziell unterstützt hatte, erfolgten weitere Treffen Dengs am 24. Mai mit Wang Dongxing und Li Xin bzw. am 27. Mai mit Wang Zhen und Deng Liqun, auf denen Deng erneut die Doktrin der „zwei was-auch-immer" kritisierte. Huang Jing zufolge wurde auf dem Treffen am 24. Mai ein informelles Abkommen mit den Bedingungen für Dengs Rehabilitierung ausgehandelt. Demnach versprach Deng, Huas Stellung als Vorsitzender der KP und der ZMK nicht herauszufordern, wenn er dafür auf dem kommenden Dritten ZK-Plenum im Juli 1977 wieder in alle seine früheren Positionen eingesetzt würde – Vizevorsitzender der KP, Vizevorsitzender der ZMK, StA-Mitglied, stellvertretender Ministerpräsident des Staatsrats und Generalstabschef der VBA. Deng sicherte Wang demnach ebenfalls zu, Huas Rede auf dem Plenum zu

---

161 Ein Zitat aus dem Brief findet sich bei Teiwes (1984: 80); Huang Jing gibt an, eine Kopie dieses Briefes im April 1977 mit eigenen Augen in der Militärregion Chengdu gesehen zu haben (1994: 363-64).

162 Dengs Formulierung lautet im Original: „我们必须世世代代地用准确的，完整的毛泽东思想来领导我们全党，全军和全国人民...". Schoenhals weist darauf hin, daß zeitgenössische Beobachter die feine Abweichung von der offiziellen Linie noch nicht unbedingt als Angriff auf die Doktrin der „zwei was-auch-immer" identifizieren konnten. Allerdings bereitete Deng die späteren Auseinandersetzungen dadurch geschickt vor; es entstand so zu keinem Zeitpunkt die Notwendigkeit, sich von eigenen früheren Äußerungen distanzieren zu müssen (Schoenhals 1991: 251). Ein längeres Zitat aus diesem Brief findet sich bei Cheng/Wang/Li (1998: 36), die allerdings eine fehlerhafte Datierung (4.10.1978) angeben (richtig: 10.4.1978; vgl. etwa Shen Baoxiang 1997: 6).

unterstützen und die Doktrin der „zwei was-auch-immer" nicht anzugreifen, obwohl seine Rehabilitierung an sich ja bereits eine Verletzung dieser Doktrin darstellen würde (Huang Jing 1994: 364).[163] Dem wachsenden Druck zur Rehabilitierung Dengs mußte Hua schließlich nachgeben. Am 21. Juli 1977 verabschiedete das ZK formal den Beschluß, Deng in sämtliche früheren Führungsposten wieder einzusetzen. Deng hielt sich zunächst an seine Zusage und sicherte dem „weisen Führer Hua" auf dem ZK-Plenum seine Unterstützung zu (Cheng/Wang/Li 1998: 47, Huang Jing 1994: 362, 364).

Nach seiner Wiedereinsetzung als stellvertretender Vorsitzender der ZMK betrieb Deng eine gezielte Personalpolitik in der Militärführung mit dem Ziel, seine Unterstützerbasis weiter auszubauen. So wurde auf seinen Vorschlag hin General Luo Ruiqing zum Generalsekretär der ZMK ernannt, was diesem mit Deng und Hu Yaobang persönlich eng verbundenen Militärführer die Kontrolle über die laufenden Tagesgeschäfte der ZMK verschaffte. Innerhalb weniger Monate konnte Deng durch gezielte Umbesetzungen weitere Anhänger in militärische Schlüsselpositionen befördern, darunter Wei Guoqing zum Direktor der politischen Abteilung, Hong Xuezhi zum Direktor der Logistikabteilung und Zhang Zhen zum Leiter der Trainingsabteilung für hochrangige Offiziere (Huang Jing 1994: 365-66). Eine Berichtigungskampagne zur „Eliminierung des sinistren Einflusses der Viererbande" im Militär wurde Ende 1977 auf Luos Betreiben hin durchgeführt, wobei viele während der Kulturrevolution aufgestiegene Militärführer aller Ebenen aufgrund von angeblichen „faktionalistischen" oder „klientelistischen" Aktivitäten ihrer Posten enthoben wurden:

> At Luo Ruiqing's effective management, the commanders/commissars at the army level and above had all been rearranged by April 1978; in some key MRs [military regions] like Beijing, Jinan, Wuhan, and Nanjing, the rearrangements were made down to the division level. (Huang Jing 1994: 366)

Faktisch erlaubte Dengs hoher informeller Status es ihm schon bald, anstelle Huas die Führungsrolle im Militärapparat einzunehmen. Rechercheergebnissen von Huang Jing zufolge gelang es Deng schon im April 1978, Huas ohnehin schwache Autorität effektiv zu untergraben. Demnach hatte Hua am 12. April 1978 gegenüber dem Marinehauptquartier angekündigt, nach seinem Staatsbesuch in Nordkorea einen Truppenbesuch bei

---

163 Offizielle Darstellungen führen nur das Treffen mit Wang Dongxing am 24. Mai auf, bei dem Deng zwar die „zwei was-auch-immer" kritisiert, gleichzeitig aber Loyalität gegenüber der Parteizentrale gelobt habe, und erwähnen das spätere Treffen nicht (vgl. z.B. Xie Chuntao 1998: 6 und Cheng/ Wang/ Li 1998: 36). Nach Informationen Huang Jings wird die Absprache Deng Xiaopings mit Wang Dongxing in offiziellen Darstellungen absichtlich verschwiegen: "The CCP official account has mixed the two meetings, presumably in an attempt to cover up the deal Deng made with the 'whatever faction' on 24 May" (Huang Jing 1994: 364, Anm. 8). Leider kann der Sachverhalt naturgemäß nicht genau rekonstruiert werden, doch die von Huang Jing vertretene Variante ist zumindest denkbar.

4.1.1 VR China: Die Einleitung der Reform- und Öffnungspolitik

der Marinebasis in Dalian durchführen zu wollen, um dadurch seine Stellung als Vorsitzender der ZMK auch symbolisch zu stärken. Diesem Plan stimmten Teile der Militärführung, nach Huang Jing wahrscheinlich Su Zhenhua und Ye Jianying, zunächst zu. Die Marine wurde von Su Zhenhua aufgefordert, sich für den Truppenbesuch bereit zu machen und alle Einheiten nach Dalian zu verlegen. Den Recherchen von Huang Jing zufolge geschah dann folgendes:

> ...Commander Xiao Jinguang cautioned that such a massive maneuver had to be *formally* reported to the MAC [ZMK]. When the report was sent to the MAC on the 17th [April 1978], Luo Ruiqing, the MAC Secretary General, ordered to suspend all the activities before he reported to 'Vice-Chairman Deng,' whom Luo called immediately. While still *on the phone*, Deng ordered to cancel the review. Obviously, Deng did not consult either Chairman Hua or Vice-Chairman Ye Jianying, even though both were officially ranked above Deng at the MAC as well as the Politburo. Hua was so upset that he 'refused to answer the phone' when Luo called to inform him that the review was canceled. Yet, he could do nothing but swallowed this in-your-face insult. (Huang Jing 1994: 366-67)

Falls diese Schilderung den Tatsachen entspricht, verfügte Deng mittels seiner Gefolgsleute in der ZMK schon zu diesem Zeitpunkt über die Möglichkeit, Entscheidungen über Truppenbewegungen und andere Militärangelegenheiten an formal höherrangigen ZMK-Führern wie Hua Guofeng und Ye Jianying vorbei zu treffen.[164]

Den Auftakt zur offenen Auseinandersetzung des Deng-Lagers mit der Hua-Fraktion bildete jedoch schließlich eine theoretisch-ideologische Debatte, die zunächst in Form von Stellungnahmen in zentralen Propagandaorganen ausgetragen wurde. Einzelheiten und Verlauf dieser Debatte sind gut dokumentiert und von chinesischen und westlichen Forschern bereits gründlich untersucht worden, so daß über die Einzelheiten dieses Teils der Auseinandersetzung nur wenige Unklarheiten bestehen.[165] Die „Große Debatte über

---

164 Die Informationen hierzu basieren auf Interviews, die Huang Jing im Dezember 1992 geführt hat. Zu seinen Informanten gehörte unter anderem der Sohn eines Führungskaders der Marine, der selbst Marineoffizier war (Huang Jing 1994: 366-67). Ein Indiz dafür, daß die Begebenheit wie berichtet stattgefunden haben könnte, war eine ähnliche Strategie Deng Xiaopings von 1979 zur Unterminierung der militärischen Autorität Hua Guofengs, die der Exilkader Ruan Ming beschreibt. Nach dem Ende des Krieges mit Vietnam im März 1979 machte Hua Truppenbesuche im Nordosten und Osten. Darauf reagierte Deng, indem er eine Kampagne zur Diskussion der Hua-kritischen „Debatte über das Wahrheitskriterium" im Militär initiierte, was einen direkten Angriff auf die von Hua vertretene ideologische Linie darstellte. Dies sollte verhindern, daß Hua seine Stellung als Oberkommandierender stärken konnte (Ruan Ming 1994: 58-59).
165 Eine sehr gründliche Aufarbeitung hat Schoenhals (1991) durchgeführt, zum Teil basierend auf textkritischen Untersuchungen der fraglichen Manuskripte und umfangreichen Befragungen beteiligter Akteure. Einer der auf Seiten der Gruppe um Hu Yaobang direkt Beteiligten, Shen Baoxiang, hat 1997 eine historische Untersuchung vorgelegt, die Auswertungen zahlreicher ansonsten unzugänglicher Informationen enthält – darunter Briefe, Tagebucheinträge und Textentwürfe. Die Grundzüge der Debatte sind bei Cheng/Wang/Li (1998) ausführlich dargestellt.

das Wahrheitskriterium" (*zhenli biaozhun wenti da taolun*) entwickelte sich bis Mitte 1978 zu einem regelrechten Machtkampf und hatte entscheidende Bedeutung für die auf dem Dritten Plenum des 11. ZK Ende 1978 offiziell eingeleitete Wende zur Reform- und Öffnungspolitik.

Hu Yaobang gehörte zusammen mit Chen Yun zu den prominentesten Verfechtern einer umfassenden Neubewertung der „unrechtmäßigen, manipulierten und irrtümlichen Verurteilungen" im Kadersystem (*yuan, jia, cuo an*). Er hatte seit dem Bürgerkrieg mit Deng Xiaoping zusammengearbeitet und seit 1952 die Kommunistische Jugendliga geleitet. 1973 war er nach Verfolgungen in der Kulturrevolution rehabilitiert und zum Leiter der Chinesischen Akademie der Wissenschaften berufen worden. Bei Dengs dritter Säuberung 1976 wurde Hu Yaobang ebenfalls gesäubert, versuchte aber – anders als etwa Hu Qiaomu – nicht, sich durch Denunziation Dengs zu retten (Goldman 1991: 220-21). Anläßlich der geplanten Wiedereröffnung der Zentralen Parteischule am 3. März 1977, die wie viele andere Bildungseinrichtungen während der Kulturrevolution jahrelang geschlossen gewesen war, wurde Hu rehabilitiert und mit der Leitung dieses höchsten Kaderausbildungsinstituts beauftragt.[166] Bald nach seinem Amtsantritt gründete Hu dort eine Theorie-Zeitschrift mit dem Namen *Lilun Dongtai* („Theorie-Tendenzen"), die zum Sprachrohr der ideologischen Gegner Hua Guofengs und Wang Dongxings werden sollte. Eine informelle Reformergruppe in der Theorieabteilung der Parteischule bildete die Redaktion.[167] Hu machte gegenüber diesen Mitarbeitern von Anfang an seine kritische Haltung zur Doktrin der „zwei was-auch-immer" deutlich und ermunterte sie, eigene kritische Vorstöße zu wagen.

Ein Angriff auf die ideologische Position der Hua-Fraktion wurde zu diesem Zeitpunkt dadurch begünstigt, daß sich einige führende Veteranenkader bereits kritisch dazu geäußert und eine „Befreiung des Denkens" (*sixiang jiefang*) gefordert hatten (Cheng/ Wang/ Li 1998: 49-51). So veröffentlichten Ye Jianying, Chen Yun, Nie Rongzhen und Xu Xiangqian im September 1977 Gedenkaufsätze zum ersten Todestag Maos in der *Renmin Ribao*, in denen sie die *Praxisbezogenheit* im politischen Denken Maos betonten, anstatt striktes Festhalten an marxistisch-leninistischen *Dogmen* zu fordern. Dies konnte als indirekte Kritik an der ideologischen Position der Mao-Loyalisten interpretiert werden. Eine häufig verwendete Formel in diesen Gedenktexten war die Forderung,

---

166 Hu war als zweiter stellvertretender Direktor der Schule formal zwar nur der dritthöchste Funktionär im Direktorium, aber seine beiden Vorgesetzten Hua Guofeng und Wang Dongxing waren aufgrund ihrer Häufung von Führungsämtern nicht in der Lage, alltägliche Administrationsaufgaben der Parteischule tpersönlich wahrzunehmen. Diese Aufgabe fiel daher Hu zu (Schoenhals 1991: 245-46).

167 Die interne Zeitschrift *Lilun Dongtai* erschien nur in sehr kleiner Auflage von wenigen hundert Exemplaren und wurde nur von hochrangigen Führungskadern und Mitarbeitern der Zentralen Parteischule gelesen. Die Zensurgewalt über dieses Organ übte 1978-1980 Hu Yaobang allein aus (Schoenhals 1991: 255).

4.1.1 VR China: Die Einleitung der Reform- und Öffnungspolitik

„die Wahrheit in den Tatsachen zu suchen" (*shishi qiu shi*), anstatt, wie dadurch angedeutet, in „heiligen" Texten.[168] Die von Hu Yaobang zusammengestellte Redaktionsgruppe in der Zentralen Parteischule begann Ende 1977, an einer publizistischen Herausforderung der Mao-Loyalisten zu arbeiten. Noch bevor die „Debatte über das Wahrheitskriterium" durch einen Artikel dieser Gruppe am 11. Mai 1978 in der *Guangming Ribao* (GMRB) offiziell losgetreten wurde, hatte sie in der *Renmin Ribao* bereits zwei kürzere Texte plaziert, die zuvor in *Lilun Dongtai* veröffentlicht worden waren. Beide Artikel enthielten bereits wesentliche Teile der Argumentation des späteren GMRB-Artikels vom 11. Mai. Allerdings wurden sie in der Parteizentrale noch nicht stark genug beachtet, um eine breite Diskussion auszulösen (Cheng/Wang/Li 1998: 98-101). Der Text, der schließlich den Anlaß für die Debatte lieferte, erschien unter dem Titel „Praxis ist das einzige Kriterium zur Überprüfung von Wahrheit" (*shijian shi jianyan zhenli de weiyi biaozhun*) an prominenter Stelle in mehreren zentralen Propagandaorganen zugleich. Nachdem der Text am 10. Mai 1978 zunächst in *Lilun dongtai* veröffentlicht worden war, erschien er am darauffolgenden Tag in der *Guangming Ribao* und schließlich am 12. Mai in der *Renmin Ribao*, den *Xinhua*-Nachrichten, der *Jiefangjun Bao* sowie wichtigen Provinzzeitungen Shanghais, Jiangsus, Fujians, Hubeis, Guangzhous und Henans, bis er in den folgenden Tagen schließlich in insgesamt 35 Presseorganen auf zentraler und Provinzebene erschienen war (Shen Baoxiang 1997: 105-07). Diese weite Verbreitung löste schließlich, wie vom Autorenkollektiv beabsichtigt, eine landesweite Debatte über die Frage der Beurteilung politischer „Wahrheit" aus. Den inhaltlichen Schwerpunkt bildete eine direkte Herausforderung der Doktrin der „zwei was-auch-immer". Mit Verweis auf frühere Äußerungen Mao Zedongs und marxistisch-leninistische Klassiker stellte der Artikel die These auf, daß jegliche theoretischen Maximen anhand praktischer Überprüfung verifiziert werden müßten: Nur die Erprobung in der „Praxis" könne darüber entscheiden, ob ein Leitsatz objektiv „wahr" sei. Der Titel des Textes war geschickt gewählt, denn er entstammte nahezu wörtlich einer Veröffentlichung Mao Zedongs und war deshalb kaum direkt angreifbar (Benjamin Yang 1998: 204).

Am Abfassungsprozeß dieses zentralen Textes waren ursprünglich drei Parteien beteiligt – ein Philosophie-Professor der Nanjing-Universität namens Hu Fuming, die Redaktion der *Guangming Ribao* unter Führung ihres Chefredakteurs Yang Xiguang, der im Winter 1977/78 an der Zentralen Parteischule studiert hatte, sowie ein Autorenkollektiv der Redaktionsgruppe Hu Yaobangs an der Theorieforschungs-Abteilung der Zentralen Parteischule. Hu Fuming und das Autorenkollektiv der Zentralen Parteischule hatten zu-

---

168 Ein Aufsatz von Nie Rongzhen erschien am 5.9.1977, ein Aufsatz von Xu Xiangqian am 19.9. und ein Aufsatz von Chen Yun, der auf Anregung von Hu Qiaomu entstanden war, am 28.9. Eine umfangreiche Analyse der darin implizit enthaltenen Kritik an den Mao-Loyalisten führen Cheng/Wang/Li (1998: 37-41) durch.

nächst unabhängig voneinander begonnen, einen Artikel zum selben Thema zu schreiben. GMRB-Chefredakteur Yang Xiguang erhielt davon Kenntnis, vermittelte einen Kontakt zwischen beiden Seiten, regte die Erstellung eines gemeinsamen Textes an und sorgte dafür, daß dieser an prominenter Stelle erscheinen konnte. Der reformorientierte Intellektuelle Sun Changjiang von der Zentralen Parteischule leistete schließlich die Hauptarbeit bei der Erstellung der Endfassung, die am 27. April 1978 Hu Yaobang, Yang Xiguang und Hu Fuming zur letzten Überarbeitung vorgelegt wurde und die schließlich unter der Autorschaft „Sonderkommentatoren dieser Zeitung" (*benbao teyue pinglunyuan*) erschien.[169]

Die von GMRB-Chefredakteur Yang Xiguang ausgearbeitete, geschickt abgestufte Veröffentlichungsstrategie zielte darauf ab, Zensur durch die Parteizentrale zu umgehen und ein möglichst großes öffentliches Echo zu erzeugen. Da Hu Yaobang die Zensurgewalt über die kleine Zeitschrift *Lilun Dongtai* persönlich ausübte, war die Erstveröffentlichung in diesem Organ mit seiner Zustimmung problemlos möglich. Dies hatte den weiteren Vorteil, daß es den Artikel von anschließenden Überprüfungen durch zentrale Propagandaorgane befreite und ihn automatisch zum Nachdruck in anderen Organen freigab (Schoenhals 1991: 255, Shen Baoxiang 1997: 89-91). Die Initiatoren der Debatte nutzen so geschickt die Lücken im Kontrollsystem aus. Nach der Erstveröffentlichung konnte der Artikel ohne weitere Überprüfung von anderen Medienorganen nachgedruckt werden, auch wenn diese formal zentraler Parteikontrolle unterstanden. Zum Gelingen dieser Strategie waren strikte Geheimhaltung, Schnelligkeit und geschickte Koordination mit den Redaktionen anderer Propagandaorgane erforderlich. Anscheinend wußte selbst Deng Xiaoping vorab nicht von der geplanten Publikation dieses Artikels und war an dessen Entstehung nicht beteiligt (Ruan Ming 1994: 33). Da starke Reaktionen der Hua-Fraktion vorauszusehen waren, ging Yang Xiguang mit der Publikation dieses kontroversen Artikels an prominenter Stelle ein persönliches Risiko ein (Schoenhals 1991: 259).

Wie erhofft, erregte die hochgradig ungewöhnliche Publikationsweise des Artikels schnell die Aufmerksamkeit sämtlicher Propaganda-Kader und Theoretiker(Cheng/ Wang/ Li 1998: 107). Kritische Reaktionen erfolgten schnell, zunächst von Seiten hochrangiger Propaganda-Funktionäre wie Wu Lengxi und Xiong Fu, die zum Lager der Hua-Unterstützer gehörten.[170] Am Vormittag des 18. Mai kritisierte schließlich Wang

---

169 Vgl. Schoenhals (1991: 258; 254, Anm. 40), Shen Baoxiang (1997: 87), Cheng/Wang/Li (1998: 193).
170 Der ehemalige Chefredakteur der RMRB, Wu Lengxi, kritisierte seinen Nachfolger Hu Jiwei wegen dessen Rolle direkt nach der Veröffentlichung in einem Telefonat, dessen Transkript auf Basis einer Mitschrift Hus in Shen Baoxiong (1997: 108-09) abgedruckt ist. Xiong Fu war der neue Chefredakteur des Parteimagazins *Hongqi* und sollte dort im Auftrag Wang Dongxings für „Ordnung" und „Disziplin" sorgen. Er kritisierte den Artikel gegenüber der *Hongqi*-Redaktion (Shen Baoxiang 255-56).

4.1.1 VR China: Die Einleitung der Reform- und Öffnungspolitik

Dongxing, als KP-Vizevorsitzender der ranghöchste Propaganda-Funktionär, auf einer Redaktionssitzung der Theorie-Zeitschrift *Hongqi* („Rote Fahne") die irreguläre Veröffentlichungsweise des Artikels, der der Parteizentrale nicht zur Genehmigung vorgelegt worden war. Wang forderte *Hongqi* auf, sich nicht zu den aufgeworfenen Fragen zu äußern (Shen Baoxiang 1997: 114-15). Der Direktor der ZK-Propagandaabteilung, Zhang Pinghua, gab den Artikel am selben Tag auf einer Sitzung mit Propagandafunktionären auf Provinzebene zur Kritik frei, indem er deutlich machte, daß er keinesfalls die Meinung der Parteizentrale repräsentiere. Auf mehreren wissenschaftlichen Konferenzen wurde das in dem Artikel aufgeworfene ideologische Problem ab Mai 1978 schließlich dennoch erhitzt diskutiert. Es entwickelte sich eine lebhafte Debatte, die ihren Höhepunkt in der zweiten Jahreshälfte erreichte (Cheng/Wang/Li 1998: 116-17). Unterstützung erhielten die anfänglich unter Druck geratenen Vertreter des „Praxiskriteriums" schließlich eher zufällig, als Deng Xiaoping sich in einer Rede auf einer Konferenz für politische Arbeit in der Armee am 2. Juni 1978 für das „Suchen von Wahrheit in den Tatsachen" aussprach, ohne allerdings direkt auf die laufende Theoriedebatte Bezug zu nehmen. Somit war Dengs Rede wahrscheinlich *kein* gezielter Beitrag, sondern eher ein glücklicher Zufall für das Lager Hu Yaobangs (Huang Jing 1994: 368, Schoenhals 1991: 164).[171] Dengs Rede, die die Doktrin der „zwei was-auch-immer" indirekt angriff, wurde von den Mitgliedern des Hu Yaobang-Netzwerkes sogleich gezielt ausgeschlachtet: So sorgte der RMRB-Chefredakteur Hu Jiwei für die Veröffentlichung und ausführliche Kommentierung dieser Rede auf Seite eins der *Renmin Ribao*, der *Jiefangjun Bao* und anderer wichtiger Propagandaorgane. Wang Dongxing kritisierte postwendend die „einseitig positive" Darstellung und griff Hu Yaobang wegen dessen Aktivitäten erstmals namentlich an; die Artikel, die bisher unter der Autorschaft der „Spezialkommentatoren" der GMRB veröffentlicht wurden, seien „problematisch" (*you wenti*) und nie von der ZK-Propagandaabteilung freigegeben worden.[172] Trotz dieser Kritik verbreitete das ZK Dengs Rede am 30. Juni 1978 als ZK-Dokument Nr. 38/1978 und unterstützte diese Position damit offiziell (Shen Baoxiang 1997: 125). Das Autorenkollektiv Hu Yaobangs nutzte die Gelegenheit sofort, Dengs Argumentation in weitere Artikel einzubinden. So hatte die Redaktionsgruppe von *Lilun Dongtai* schon längere Zeit an einem Artikel gearbeitet, der am 24. Juni 1978 unter dem Titel „Ein grundlegendes Prinzip des Marxismus" als neuer Beitrag zur Debatte erschien. Etwa 900 Zeichen dieses Artikels stammten wörtlich aus Dengs Rede (Shen Baoxiang 1997: 136). Im Juni und Juli entwickelte sich die Debatte weiter. Der Widerstand gegen die Position von Hu Yaobangs Netzwerk konzentrierte sich in der ZK-Propagandaabteilung, in der

---

171 Vgl. ausführliche Auszüge aus Dengs Rede und die Analyse derselben in Cheng/Wang/Li (1998: 109-11).
172 Vgl. hierzu Shen Baoxiang (1997: 116-17), Ruan Ming (1994: 32-33), Schoenhals (1991: 264-65).

Redaktion von *Hongqi*, im Büro für die Herausgabe der Werke Mao Zedongs und im ZK-Hauptbüro. Hua Guofeng selbst äußerte sich nicht explizit dazu, aber Wang Dongxing machte mehrfach deutlich, daß er und Hua in dieser Frage gleicher Meinung seien (Shen Baoxiang 1997: 120-21).

Ein Teil der Parteiintellektuellen, die sich auf die Seite Hua Guofengs und Wang Dongxings stellten, war ursprünglich mit Deng Xiaoping assoziiert gewesen und hatte dem von ihm 1974 oder 1975 gegründeten Politikforschungsinstitut des Staatsrats angehört. Dazu gehörten Wu Lengxi, Li Xin und Xiong Fu sowie Hu Qiaomu, Deng Liqun, Hu Sheng und Yu Guangyuan (Heilmann 1994: 43, Anm. 12).[173] Über die Rolle Hu Qiaomus und Deng Liquns in dieser Phase des Konflikts berichtet Ruan Ming aus eigener Anschauung eine Begebenheit, die die Rolle dieser beiden Akteure verdeutlicht.[174] Beide gehörten zwar eigentlich zum Lager Deng Xiaopings, gleichzeitig jedoch auch zu den Gegnern des Hu Yaobang-Netzwerks.[175] So berichtet Ruan Ming, daß er am 20. Juni 1978 zusammen mit seinem Vorgesetzten Wu Jiang ein Gespräch mit Hu Yaobang führte. Dieser hatte kurz zuvor von Hu Qiaomu persönlich die Aufforderung erhalten, die Debatte unverzüglich zu beenden und keine kontroversen Artikel mehr in *Lilun Dongtai* veröffentlichen zu lassen. Hu Qiaomu beschuldigte in diesem Gespräch mit Hu Yaobang dessen Mitarbeiter Wu Jiang und Ruan Ming namentlich, diese „für die Partei schädliche" Debatte losgetreten zu haben. Hu Yaobang entschied bei der anschließenden Unterredung mit den beiden Mitarbeitern, fürs erste in Deckung zu gehen und

---

173 Innerhalb dieser Gruppe kam es nach Dengs Sturz 1976 zu Spannungen. Während Hu Qiaomu Selbstkritik übte und Deng Xiaoping denunzierte, als er wegen seiner Verbindung zu Deng angegriffen wurde, kritisierten Li Xin, Wu Lengxi, Hu Sheng und Xiong Fu wiederum Hu Qiaomu und versuchten nach der Verhaftung der „Viererbande", dessen Rückkehr in eine Führungsposition zu verhindern. Hu Qiaomu entschuldigte sich später bei Deng und bat ihn um Hilfe, die er auch erhielt. Deng ernannte Hu Qiaomu schließlich erneut zum Leiter des Politikforschungsinstituts. Die Gegner Hu Qiaomus jedoch stellten sich ab 1976 auf die Seite der „Was-auch-immer-Fraktion" (Ruan Ming 1994: 42-43).

174 Ruan Ming war als enger Mitarbeiter Hu Yaobangs an vielen der ideologischen Initiativen von 1977/1978 maßgeblich beteiligt (Nathan 1994). Er verließ China 1988 und wird in heutigen offiziellen Darstellungen, wohl aufgrund seiner kritischen Veröffentlichungen in Hongkong und Amerika, meist nicht erwähnt. Dennoch sind seine Beobachtungen trotz seiner dezidierten Parteinahme für das Lager Hu Yaobangs, die aus der persönlichen Abneigung gegen dessen Gegenspieler und Konkurrenten (Deng Liqun, Hu Qiaomu und Chen Yun) keinen Hehl macht, wertvoll als Ausgleich zu den oft verzerrenden und beschönigenden offiziellen Darstellungen.

175 Su Shaozhi, ein weiterer Exilkader, charakterisiert Hu Qiaomu und Deng Liqun als Angehörige einer „Restaurationisten-Fraktion" (*huiguipai*), die die Wiederaufnahme eines sowjetisch beeinflußten Entwicklungsmodells angestrebt habe (Su Shaozhi 1995: 115). Hu Qiaomu und Deng Liqun waren 1978 in leitender Funktion an der Akademie der Wissenschaften tätig und hielten sich mit Stellungnahmen zur „Debatte über das Wahrheitskriterium" auffällig zurück. Initiativen anderer Intellektueller, sich aktiv daran zu beteiligen, wurden noch im Sommer 1978 von Hu Qiaomu vehement kritisiert (Ruan Ming 1994: 35).

4.1.1 VR China: Die Einleitung der Reform- und Öffnungspolitik

keine weiteren Beiträge mehr zu veröffentlichen, obwohl der Artikel mit dem Titel „Ein grundlegendes Prinzip des Marxismus" bereits zur Veröffentlichung vorbereitet war.[176] Wu Jiang entschied sich daraufhin, eigenmächtig vorzugehen, und schickte das Manuskript des Artikels auf informellem Wege, nämlich über die Redaktion der *Jiefangjun Bao,* an den Generalsekretär der ZMK, General Luo Ruiqing. Dieser fand ihn „sehr gut" und wies die Redaktion der VBA-Zeitung an, ihn am 24. Juni 1978 unter der bekannten Autorschaft der „Spezialkommentatoren" zu veröffentlichen.[177] Die entschiedene Unterstützung Luo Ruiqings an diesem Punkt war für den weiteren Verlauf der Debatte wohl entscheidend: „Luo's clear-cut stand at that key juncture canceled Hu Qiaomu's efforts at mediation and calls for capitulation" (Ruan Ming 1994: 33-34). Die Veröffentlichung dieses Artikels versetzte der Position des Hua Guofeng-Lagers einen schweren Schlag, denn zwischen Juli und November 1978 versammelten sich nahezu alle Provinz- und Militärregionsführungen – mit Ausnahme Hunans, der Heimatprovinz Mao Zedongs und Hua Guofengs – hinter der Position des Hu Yaobang-Netzwerks (Huang Jing 1994: 369).

Im Juli hatte diese Gruppe erneut Rückendeckung erhalten, als Deng Xiaoping Hu Yaobang in einer persönlichen Unterredung am 22. Juli 1978 seine Unterstützung zusicherte und die Arbeit der *Lilun Dongtai*-Redaktion lobte. Auch Li Xiannian erklärte auf einer Staatsrats-Sitzung im Juli seine Unterstützung für diese ideologische Position (Schoenhals 1991: 265). Am 21. Juli hatte Deng den Leiter der ZK-Propaganda-Abteilung, Zhang Pinghua, zur Aufgabe seiner negativen Haltung aufgefordert; Zhang hatte die Vertreter der Gegenseite zuvor beschuldigt, das „Banner des Marxismus-Leninismus umzustoßen" (Shen Baoxiang 1997: 126-27). Der Chefredakteur von *Hongqi,* Xiong Fu, wurde von Deng Xiaoping und Li Xiannian dann im Herbst gedrängt, seine ablehnende Haltung aufzugeben. Xiong Fu hatte noch am 3. Juli erklärt, *Hongqi* dürfe sich nicht unterstützend zum Wahrheitskriterium-Artikel äußern, auch wenn man sich damit im Propagandaapparat isoliere. Noch bis Oktober versuchte Xiong Fu, *Hongqi* von einer direkten Beteiligung an der Debatte abzuhalten, doch im November 1978 konnte er sich des zunehmenden Drucks nicht mehr erwehren und erhielt schließlich von Wang Dongxing die Anweisung, „mit der Strömung" zu gehen (Ruan Ming 1994: 35, Cheng/ Wang/ Li 1998: 120). Die „Debatte über das Wahrheitskriterium", die sich ab dem Sommer 1978

---

176 Diese Darstellung entspricht wahrscheinlich den Tatsachen, wie auch Shen Baoxiang einräumt (1997: 133-34). Ein damaliger persönlicher Assistent Hu Qiaomus und späterer Assistent Chen Yuns, Zhu Jiamu, nimmt ohne Namensnennung der Quelle (gemeint ist jedoch eindeutig Ruan Ming) bezug auf die geschilderte Begebenheit, die er trotz seiner erklärten Absicht zur Verteidigung Hu Qiaomus gegen „diffamierende Angriffe" nicht als falsch zurückweist; vielmehr gibt Zhu an, nicht zu wissen, ob die Begebenheit stattgefunden habe oder nicht. Zhu betont jedoch, daß das Hauptinteresse Hu Qiaomus stets nur in der Wahrung der Einheit der Parteizentrale bestanden habe, keinesfalls in einer Unterdrückung der Debatte (vgl. Zhu Jiamu 1998: 38-39).
177 Für eine Analyse der Argumentation dieses Artikels siehe Cheng/Wang/Li (1998: 112-15).

in die von den Initiatoren gewünschte Richtung entwickelte, bereitete schließlich den ideologischen Boden für einen grundlegenden Politikwechsel, der auf dem Dritten Plenum des 11. ZK im Dezember 1978 beschlossen wurde.

Hu Yaobang und sein intellektuelles Netzwerk spielten auch bei den dadurch ermöglichten, umfassenden *Kaderrehabilitierungen* eine Schlüsselrolle. Der stellvertretende Direktor der Zentralen Parteischule, Hu Yaobang, war im Dezember 1977 zusätzlich auch noch zum Direktor der ZK-Organisationsabteilung ernannt worden. Dadurch erhielt er die Oberaufsicht über das Kadersystem der Partei. Als Opfer von Säuberungen war er in der Kulturrevolution selbst schweren Repressalien ausgesetzt gewesen und kannte die Problematik der „unrechtmäßigen, manipulierten und irrtümlichen Verurteilungen" gut, ebenso die Auswirkungen auf die betroffenen Familien (Goldman 1991: 221, Goodman 1994a: 85). Bald nach seinem Amtsantritt in der Organisationsabteilung erfuhr Hu, daß die Gesamtzahl der seit 1957 von ungerechtfertigten Säuberungen betroffenen Personen und ihrer Familienangehörigen bei etwa 100 Millionen lag (Ruan Ming 1994: 36). Zahlreiche Anträge auf Rehabilitierung von Seiten lebender und bereits verstorbener Kader, Intellektueller und anderer Betroffener waren jahrelang nicht bearbeitet worden.[178]

Hu bereitete seine Initiative zur Kaderrehabilitierung strategisch vor und nutzte die ab März 1977 aufgebaute Redaktionsgruppe in der Zentralen Parteischule gezielt als Operationsbasis. Am 7. Oktober 1977 erschien ein Artikel dieser Gruppe, der die Rehabilitierung von Opfern der Säuberungen forderte und den Hu persönlich intensiv redigiert hatte, anläßlich des ersten Jahrestags der Verhaftung der „Viererbande" in der *Renmin Ribao*.[179] Er löste ein großes öffentliches Echo aus; innerhalb eines Monats nach Erscheinen erhielt die Redaktion über 10.000 zustimmende Leserbriefe. Ein weiterer Artikel der Hu-Gruppe mit dem Titel „Die Kaderpolitik Mao Zedongs muß sorgfältig umgesetzt werden" erschien am 27. November 1977. Die Zeitung veröffentlichte gleichzeitig fünf Leserzuschriften, die Forderungen nach einer Veränderung der Kaderpolitik zum Ausdruck brachten (Cheng/Wang/Li 1998: 124).

Die Vorgehensweise ähnelte somit der Strategie bei der „Debatte über das Wahrheitskriterium". So gab die ZK-Organisationsabteilung zunächst zahlreiche Artikel

---

178 1977 hatte Wang Dongxing als Direktor der Untersuchungsgruppe für Spezialfälle im ZK-Hauptbüro als einziger die Befugnis zur Untersuchung und Umbewertung solcher Fälle. Unter seiner Führung reagierten die zuständigen Stellen auf Rehabilitierungsforderungen jedoch sehr passiv. Ende 1977 setzten sich Deng Xiaoping, Ye Jianying und Chen Yun mit Nachdruck dafür ein, Hu Yaobang zum Direktor der ZK-Organisationsabteilung zu ernennen, was am 10.12.1977 schließlich geschah (Cheng/Wang/Li 1998: 125). Auch die posthume Rehabilitierung bereits verstorbener Kader hatte Auswirkungen auf die Hinterbliebenen, da das Verdikt darüber entschied, unter welchen materiellen Bedingungen und mit welchem „Etikett" die Angehörigen leben mußten.

179 Der Artikel trug den Titel „Wird die von der Viererbande umgestoßene Kaderlinie wieder berichtigt?" und erschien unter der Autorschaft von Yang Fengchun und Ye Yang; vgl. die Analyse der Argumentation bei Cheng/ Wang/ Li 1998: (121-23).

4.1.1 VR China: Die Einleitung der Reform- und Öffnungspolitik

im hauseigenen Bulletin für Organisationsarbeit sowie in mehreren Zeitungen und Zeitschriften heraus. Im März und April 1978 veranstaltete die Organisationsabteilung dann drei Konferenzen mit Vertretern des ZK, der Staatsorgane und Provinzführungen, um schwierige Einzelfälle zu diskutieren. Am 20. September 1978 gab Hu schließlich auf einer Konferenz für Medienarbeit in Anspielung auf die „zwei was-auch-immer" einen eigenen Leitspruch aus: „Alle falschen Anschuldigungen und unfairen Strafen, egal zu welcher Zeit und unter welchen Umständen, von wem und auf welcher Hierarchiestufe sie entschieden worden sind, müssen gemäß dem Prinzip ‚die Wahrheit in den Tatsachen suchen' korrigiert werden" (Cheng/Wang/Li 1998: 126-27). Dabei bezog sich Hu explizit nicht nur auf Opfer Maos, sondern auch auf die Opfer von Säuberungen, die in der Verantwortung Hua Guofengs (ab 1976) und Deng Xiaopings lagen, der maßgeblich an der Durchführung der Anti-Rechts-Kampagne von 1957 mitgewirkt hatte. Damals waren etwa 550.000 Personen als „rechte Elemente" klassifiziert worden; in den folgenden Jahren kamen nochmals über 300.000 „rechte Elemente" hinzu. Diese Säuberungen betrafen allein mehrere zehntausend Intellektuelle, die Ende der fünfziger Jahre unter anderem von Deng Xiaoping, Peng Zhen und Jiang Nanxiang denunziert worden waren, darunter symbolträchtige Schlüsselfiguren wie der bereits verstorbene Zhang Wentian, der als Mitglied der „Peng Dehuai-Gruppe" seit dem Großen Sprung verfolgt worden war. Bis auf wenige Fälle wurden sie alle rehabilitiert.[180] Hu ordnete nicht nur die Überprüfung *aller* unklaren Fälle an, sondern beteiligte sich auch mit großem persönlichem Einsatz an den Untersuchungen und schlug in über 100 schwierigen Fällen persönlich das Urteil vor. Bis 1980 wurden so auf Bemühen Hus und seiner Mitarbeiter 540.000 ehemals als „rechte Elemente" diffamierte Personen rehabilitiert (Ruan Ming 1994: 36; Cheng/ Wang/ Li 1998: 127, 135, 139).

Hus Einsatz zur Rehabilitierung praktisch aller zu unrecht gesäuberten Kader entsprach weder den Interessen Hua Guofengs noch denen Deng Xiaopings, da dieser dadurch wegen seiner Verantwortung für die Anti-Rechts-Kampagne indirekt in die Kritik geriet. Nach einer Äußerung Liu Binyans wollte Hua zunächst nur der Rehabilitierung weniger Symbolfiguren zustimmen, während Deng Xiaoping nur etwa 60 Prozent der Gesäuberten rehabilitieren wollte.[181] Aus Sicht der Gegner der Hua Guofeng-Gruppierung bot die Rehabilitierungswelle jedoch die Möglichkeit, ihre Machtposition im Konflikt personell zu stärken. Da mit großer Dankbarkeit der rehabilitierten Kader gerechnet werden konnte, konnten sie so ihre Unterstützerbasis im Parteiapparat enorm verbreitern. Aus Sicht Deng Xiaopings scheint dies einer der Gründe gewesen zu sein, die Rehabilitierungsbemühungen Hu Yaobangs trotz einiger Bedenken zu unterstützen (Benjamin

---

180 Bei Zhang Wentian, der wie viele andere nur noch posthum rehabilitiert werden konnte, veranlaßte Hu entsprechend dem Wunsch seiner Witwe die Umbettung des Toten nach Beijing und versprach die Herausgabe seiner Schriften (Cheng/Wang/Li 1998: 128).
181 Zitiert nach Goldman (1991: 222).

Yang 1998: 208). Hu selbst jedoch scheint nicht primär aus taktischen Erwägungen heraus gehandelt zu haben, sondern folgte wohl eher persönlichem Gerechtigkeitsempfinden. Anders als etwa bei Deng war Hus ablehnendes Verhalten gegenüber Säuberungen im gesamten Zeitraum seiner Tätigkeit konsistent. Zudem war die Rehabilitierungsinitiative für ihn anfangs mit erheblichen politischen Risiken behaftet, während sich die Verbreiterung der Unterstützerbasis erst allmählich bemerkbar machen konnte.

Bei der praktischen Durchsetzung der Kaderrehabilitierung kam neben Hu Yaobang insbesondere Chen Yun eine wichtige Rolle zu. Chen hatte sich bereits am 25. November 1976 schriftlich bei Ye Jianying und Hua Guofeng für den gesäuberten Huang Kecheng eingesetzt, der wie Zhang Wentian wegen seiner angeblichen Verstrickung in die „Peng Dehuai-Gruppe" verfolgt worden war. Huang erhielt daraufhin die Erlaubnis, nach Hause zurückzukehren und sich medizinischer Behandlung zu unterziehen. Weitere Initiativen dieser Art unternahm Chen Yun im Folgenden noch mehrfach; unter anderem setzte er sich für Wang Heshou und Tao Zhu ein (Cheng/Wang/Li 1998: 132-33). Einen ersten großen Erfolg konnten die Rehabilitierungsbemühungen durch die Umbewertung des „Tiananmen-Zwischenfalls" verbuchen, die am 14. November 1978 auf Weisung des StA durch das Beijinger Parteikomitee erfolgte. Auf der ZK-Arbeitskonferenz im November 1978, die der Vorbereitung des Dritten Plenums des 11. ZK im Dezember diente und den eigentlichen Wendepunkt bei der Einleitung der Reform- und Öffnungspolitik darstellte, wirkten Hu Yaobangs und Chen Yuns Aktivitäten zusammen, um den Widerstand gegen die Kaderrehabilitierung zu brechen. Huang Jing hat in einem Interview mit einem führenden Mitarbeiter Hus in der ZK-Organisationsabteilung 1993 folgende Schilderung der konzertierten Vorgehensweise erhalten:

> [Hu] Yaobang asked us to prepare materials about those senior cadres who had been purged during the CR [Cultural Revolution]. He also asked us to sort out all the materials about the Tian An Men Incident. He said the two issues would be the central topics of the coming CC work conference, [because] unless these two issues were resolved properly, it would be very difficult to carry out the work in other fields. [...] As the conference was about to open, the whatever faction had agreed to reverse the verdict of the Tian An Men Incident. But no words for the senior cadres [who had been purged]. We worried a little bit because Deng was not in Beijing. (Deng visited Thailand, Malaysia, and Singapore in 5-14 November.) But we were told that the materials [we had prepared] were sent to Chen Yun. I knew Chen Yun well, so I did not worried [sic] any more... Chen made a good speech for the senior cadres, arousing everyone's spirit. People rallied behind Chen and spoke out one after another. The whatever faction was immediately *(yi xiazi)* overwhelmed [...] When Deng Xiaoping came back, the whatever faction could no longer control the situation. Deng delivered the summary speech, calling people to emancipate the mind. What Deng really meant was to encourage them not to be afraid of talking about Mao's mistakes, let alone the 'two whatevers.' (Huang Jing 1994: 370)

4.1.1 VR China: Die Einleitung der Reform- und Öffnungspolitik

Deng Xiaoping scheint also auch an der Kaderrehabilitierungsinitiative nicht maßgeblich beteiligt gewesen zu sein; diese ging vielmehr auf Bemühungen Hu Yaobangs und Chen Yuns zurück, der durch seine Rede die Stimmung auf der ZK-Arbeitskonferenz gewendet zu haben scheint. Deng ließ Hu und Chen, möglicherweise mit stillschweigender Unterstützung, lediglich gewähren und stellte sich erst anschließend auf ihre Seite. Ironischerweise hatte die von Hu Yaobang betriebene Wiedereinsetzung von Millionen ehemaliger Führungskader in ihre früheren Positionen nur wenig später zur Folge, daß bereits Anfang der achtziger Jahre Bestrebungen deutlich wurden, viele von ihnen wieder in den Ruhestand zu befördern. Bei zahlreichen Veteranenkadern handelte es sich um vor 1952 rekrutierte, schlecht ausgebildete Personen, die nicht über die notwendigen Fachkenntnisse verfügten, das anspruchsvolle Programm der Reform- und Öffnungspolitik zu implementieren (Lieberthal 1995: 230). Ruan Ming glaubt sogar, daß das Eintreten Hus für die Rehabilitierung von tendenziell orthodox eingestellten älteren Kadern aus Sicht seiner eigenen programmatischen Interessen ein strategischer Fehler war. So habe sich die Wiedereinsetzung Bo Yibos, Peng Zhens und Yang Shangkuns aufgrund ihrer reformkritischen Haltung langfristig als nachteilig erwiesen. Zwar waren sie Hu persönlich sehr dankbar, wurden aber dennoch später zu politischen Gegnern der von ihm vertretenen Reformpolitik: „These old men formed the kernel of the antireformist forces that never stopped swelling". Die Ernennung solcher Veteranenkader in rein *zeremonielle* Funktionen wäre nach Ruan aus taktischen Gründen vorzuziehen gewesen (Ruan Ming 1994: 36-37). Dennoch sicherte das Eintreten für die Opfer der Säuberungen Hu Yaobang ein bleibendes Andenken in großen Teilen der Partei, das auch durch seinen späteren Sturz aus dem Amt des Generalsekretärs 1987 nicht ausgelöscht wurde.[182] Das öffentliche Ansehen, das sich Hu durch diese und andere Initiativen zur Beseitigung von Ungerechtigkeiten erworben hatte, führte später zur Eskalation von Trauerkundgebungen anläßlich seines Todes im Frühjahr 1989 und zur Entstehung der bisher größten Protestbewegung.

Die entscheidende Wende im Führungskonflikt wurde schließlich vom Dritten Plenum des 11. ZK markiert, das Ende 1978 in Beijing tagte und die grundlegende Weichenstellung zur Abkehr vom maoistischen Entwicklungsmodell beschloß. Allerdings ratifizierte das Plenum de facto nur die Entscheidungen, die informell bereits auf einer vorbereitenden ZK-Arbeitskonferenz beschlossen worden waren. Diese ZK-Arbeitskonferenz hatte vom 10. November bis 15. Dezember 1978 in Beijing stattgefunden. Ursprünglich für Anfang September geplant, verzögerte sich ihre Einberufung bis zum November, weil nach den Aussagen eines Mitarbeiters von Hu Yaobang in der Organisationsabteilung ein harter Kampf um die Teilnehmerschaft ausgetragen wurde. Während Hua Guo-

---

[182] Die Dankbarkeit vieler rehabilitierter Kader gegenüber Hu belegt nicht nur eine Vielzahl von Gedenkpublikationen ehemals Betroffener (z.B. Dai Huang 1998), sondern auch die relativ milde Behandlung, die Hu nach seinem Sturz 1987 zuteil wurde.

feng darauf bestand, daß sämtliche Mitglieder des 11. ZK teilnehmen sollten, unter denen er viele Unterstützer hatte, forderte Deng die Teilnahme weiterer Vertreter der zentralen Regierungsorgane, Militärregionen und Provinzführungen, unter denen sich zahlreiche Anhänger seiner Linie befanden. Deng konnte sich durchsetzen, so daß schließlich fast die Hälfte der Teilnehmerschaft nicht dem ZK angehörte (Huang Jing 1994: 369-70). Insgesamt nahmen 212 Führungskader an der Konferenz teil, die in sechs regionale Arbeitsgruppen eingeteilt wurden. Die Konferenzdauer war ursprünglich auf 20 Tage angesetzt, wurde aber mehrfach verlängert, sogar über die offizielle Abschlußveranstaltung hinaus (Cheng/ Wang/ Li 1998: 194-95).

Zu Beginn versuchte Hua Guofeng, das Konferenzprogramm in einer programmatischen Eröffnungsrede auf Fragen der wirtschaftlichen Entwicklungsstrategie zu beschränken. Die laufende „Debatte über das Wahrheitskriterium", die Frage der Kaderrehabilitierung und andere „historische" Probleme der Partei wurden dadurch ausgeklammert, obwohl es sich bei diesen Fragen aus Sicht vieler Teilnehmer um die gegenwärtig wichtigsten Themen handelte. Huas Vorhaben scheiterte jedoch, da sich eine Reihe von Teilnehmern nicht von der Diskussion solcher Fragen abhalten ließ. Die bereits oben erwähnte Rede Chen Yuns, die am 12. November 1978 auf einer Arbeitssitzung der Nordost-Gruppe gehalten wurde, gab dafür den Ausschlag. Chen forderte darin die Lösung sechs „historischer" Probleme, darunter die Rehabilitierung von Bo Yibo, Tao Zhu und Peng Dehuai, die Umbewertung des „Tiananmen-Zwischenfalls" und die Kritik an führenden Vertretern der kulturrevolutionären Linie. Chen hatte zuvor mit den Sitzungsleitern der Nordost-Arbeitsgruppe, Yang Yichen und Wang Enmao (den Parteisekretären von Heilongjiang und Jilin) abgesprochen, daß sie seine Rede unverändert in das Konferenzbulletin aufnehmen würden.[183] Bereits am folgenden Tag äußerten sich viele Teilnehmer anderer Regionalgruppen zustimmend und stellten eigene Äußerungen dazu in den Raum. Reformfreundliche Vertreter der Parteizentrale, darunter Hu Yaobang, Wan Li und Marschall Nie Rongzhen, gehörten zu den Wortführern in dieser Phase (Shen Baoxiang 1997: 295-97). Insgesamt entwickelte sich ein diskussionsfreudiges Klima, das den Teilnehmern erlaubte, sich zu anstehenden, sehr kontroversen Fragen zu äußern (Yang Yichen 1996: 298).

Das entschlossene Vorgehen Chen Yuns und die breite Zustimmung vieler lokaler Parteiführer scheint für den weiteren Verlauf der Konferenz entscheidend gewesen zu sein. Diese Entwicklung überraschte die Mitglieder der Hua Guofeng-Gruppierung (Huang Jing 1994: 371). Schließlich konnten sich die Vertreter einer grundlegenden Neuausrichtung durchsetzen, so daß Hua Guofeng am 25. November 1978 einen Polit-

---

183 Yang Yichen war 1977 zum Ersten Parteisekretär von Heilongjiang ernannt worden. Er berichtet in seinen Erinnerungen, daß er bereits vor der Arbeitskonferenz mit der Rehabilitierung lokaler Kader begonnen hatte (Yang Yichen 1996: 268). Chens Rede trug den Titel „Festhalten am Prinzip der Korrektur von Fehlern" (*jianchi you cuo bi jiu de fangzhen*), vgl. die Analyse in Cheng/Wang/Li (1998: 196-97).

4.1.1 VR China: Die Einleitung der Reform- und Öffnungspolitik

büro-Beschluß verkündete, der den „Tiananmen-Zwischenfall" zu einer „vollständig revolutionären Bewegung" umbewertete.[184] Weiterhin wurde die Aufhebung von ZK-Dokumenten der Jahre 1975 und 1976 beschlossen, die den Kampf gegen „rechte Tendenzen" zum Gegenstand hatten. Der Beschluß verkündete zudem die Rehabilitierung von Bo Yibo und weiterer, mit ihm zusammen verurteilter Kader(Cheng/Wang/Li 1998: 200-03). Dank der intensiven Vorbereitungsarbeit Hu Yaobangs konnten auf der Arbeitskonferenz die meisten schwierigen Fälle, bis auf den besonders symbolträchtigen Fall des bereits verstorbenen Liu Shaoqi, auf der Stelle erledigt werden (Ruan Ming 1994: 47).

Da die Verhaltensweisen der Gruppierung um Hua Guofeng und Wang Dongxing auf der Konferenz zunehmend angeprangert wurden, stellte sich auch die Frage nach einer *personellen* Umgestaltung der Führungsspitze. So war während der Beratungen harsche Kritik an Wang Dongxing und anderen Anhängern der „zwei was-auch-immer"-Doktrin, besonders an Ji Dengkui, laut geworden.[185] Initiativen zur Absetzung dieser Personen lehnte Deng Xiaoping jedoch zunächst ab, wie er auf einer Sitzung des StA, der Provinzparteisekretäre und der Kommandeure wichtiger Militärregionen am 1. Dezember 1978 deutlich machte: Zur Vermeidung jeden Eindrucks eines Machtkampfes sei es notwendig, vorerst keine Führungskräfte aus zentralen Positionen abzuberufen, auch wenn diese parteiintern in die Kritik geraten seien und bereits „keine reale Macht mehr ausübten". Statt dessen sollten drei bis vier Personen zusätzlich ins Politbüro aufgenommen werden. Zur personellen Erweiterung des ZK und des Politbüros war das ZK nach dem Parteistatut zwar formal gar nicht berechtigt, aber Deng sprach sich dafür aus, diese Verletzung der formalen Regeln zu tolerieren. Auf seinen Vorschlag hin wurde beschlossen, Chen Yun, Deng Yingchao, Hu Yaobang sowie Wang Zhen zur Aufnahme ins Politbüro vorzuschlagen und noch vor dem nächsten Parteitag diejenigen Provinzparteisekretäre, die noch nicht Mitglieder des ZK waren, ins ZK aufzunehmen. Dies betraf unter anderem die reformfreundlichen Funktionäre Xi Zhongxun und Wang Renzhong. Der weitere Vorschlag Deng Xiaopings, Chen Yun zum Vizevorsitzenden der Partei zu befördern, traf unter den Sitzungsteilnehmern ebenfalls auf breite Zustimmung (Zhu Jiamu 1998: 58-59, 80).

Bei der Abschlußsitzung der Konferenz am 13. Dezember 1978 gaben Deng Xiaoping, Ye Jianying und Hua Guofeng abschließende Stellungnahmen zur Doktrin der „zwei was-auch-immer" ab. Hua übte dabei Selbstkritik: „Es scheint jetzt, daß es besser gewesen wäre, die ‚zwei was-auch-immer' nicht zu propagieren". Er räumte ein, daß dies die notwendigen ideologischen Diskussionen behindert habe, und übernahm die persön-

---

184 Schon am 14. November hatte das Beijinger Parteikomitee auf Weisung des Politbüros einen ersten Beschluß zur Umbewertung des Tiananmen-Zwischenfalls verabschiedet.
185 Für Protokolle der zum Teil sehr kritischen Wortbeiträge aus einzelnen Arbeitsgruppen über Wang Dongxing, Ji Dengkui und andere Führungskader dieser Gruppe vgl. Zhu Jiamu (1998: 71-74 und 76-77).

liche Verantwortung dafür (Cheng/ Wang/ Li 1998: 209-10).[186] Zudem erklärte Hua seinen Verzicht auf Ehrentitel wie „Weiser Führer" (*yingming lingxiu*) und bat darum, individuell nur noch als „Genosse Hua" bezeichnet zu werden. Auch Wang Dongxing übte am 13. Dezember 1978 in schriftlicher Form Selbstkritik und räumte ein, daß er während der Kulturrevolution und nach Verhaftung der „Viererbande" „Fehler" begangen habe. Trotz dieser Selbstkritik trat Deng Xiaoping erneut Bestrebungen zur sofortigen Absetzung dieser kritisierten Führungspersonen entgegen und sprach sich für eine Vertagung dieser Entscheidung aus (Zhu Jiamu 1998: 62-63, 65; Cheng/Wang/Li 1998: 215).

Die ZK-Arbeitskonferenz fand in einem gesellschaftlichen Klima statt, das von zunehmenden politischen Partizipationsbestrebungen der Bevölkerung geprägt war. Im November hatte sich spontan die sogenannte „Demokratiemauer-Bewegung" entwickelt, in deren Verlauf zahlreiche Beijinger Bürger an einem Mauerstück westlich des Tiananmen-Platzes im Stadtteil Xidan Wandzeitungen aushängten.[187] Entwicklungen zu Beginn der ZK-Arbeitskonferenz, etwa die Aufhebung des Verdikts über den „Tiananmen-Zwischenfall", ermutigten die Teilnehmer solcher Aktionen zu immer gewagteren Äußerungen. Während der ZK-Konferenz nutzten Deng Xiaoping, Chen Yun und andere Vertreter des Reformerlagers diesen „Druck der Straße" gezielt aus, um ihre Position im Führungskonflikt zu stärken. Nach Dickson beschränkten sie sich dabei nicht auf passive Unterstützung: „The Democracy Wall movement was partially orchestrated by Deng and others in the CCP who wished to bring about change" (Dickson 1997: 220-21). Offizielle Stellungnahmen der Parteiführung in zentralen Medien erklärten zunächst, daß das Aushängen von Wandzeitungen „normal" sei und ein verfassungsmäßiges Recht der Bevölkerung darstelle. Zudem besichtigten Deng Xiaoping und Hu Yaobang am 16. November 1978 persönlich die in der Peking-Universität und der Qinghua-Universität ausgehängten Wandzeitungen von Studenten, und Hu Yaobang bemühte sich durch Einladungen an einige Aktivisten zu Gesprächen in seiner Privatwohnung, Offenheit gegenüber ihren Ideen zu signalisieren (Goldman 1991: 226-27). Die Tendenzen zur Pluralisierung wurden auch durch Dengs Rede zum Abschluß der Arbeitskonferenz bestärkt. In dieser Rede mit dem Titel „Das Denken befreien, die Wahrheit in den Tatsachen suchen, vereint nach vorne schauen", gab Deng die programmatische Richtung für das Dritte Plenum vor und forderte zu einer grundlegenden Abkehr von vergangenen

---

186 Ausführliche Auszüge aus dieser Rede Huas stehen u.a. bei Zhu Jiamu (1998: 59-61).
187 Auch in anderen Städten fanden ähnliche Aktionen statt. Zwar lag die Zahl der aktiven Teilnehmer im Verlauf der Bewegung bei maximal einigen Tausend Personen, doch jeden Tag versammelten sich große Menschenmengen vor dem Beijinger Mauerstück, um die ausgehängten Texte zu lesen (Goldman 1991: 226). Ruan Ming zufolge stellte eine ungenehmigte Veröffentlichung von Gedichten aus dem Fundus des „Tiananmen-Zwischenfalls" von 1976 durch das Magazin *Zhongguo Qingnian* den Auslöser der Bewegung dar. Da Wang Dongxing als Strafe dafür die Einstellung der Zeitschrift anordnete, begann diese daraufhin, ihre Seiten einzeln an dem Mauerstück in Xidan auszuhängen (Ruan Ming 1994: 46).

4.1.1 VR China: Die Einleitung der Reform- und Öffnungspolitik

Praktiken auf. Diese Grundsatzrede war unter anderem von Ruan Ming vorbereitet worden und enthielt Forderungen zur Stärkung des Rechtssystems und zur Institutionalisierung von politischen Entscheidungsvorgängen, außerdem ein Bekenntnis zur Stärkung von Wissenschaft, Bildung und innerparteilicher Demokratie. Ruan glaubt, daß es Deng zu diesem Zeitpunkt mit solchen Forderungen durchaus ernst war, auch wenn sich seine Einstellung zur Frage der *politischen* Reform später noch mehrfach wandeln sollte (Ruan Ming 1994: 63).[188]

Das Dritte Plenum des 11. ZK, zu dessen Vorbereitung die ZK-Arbeitskonferenz gedient hatte, tagte schließlich vom 18. bis 22. Dezember 1978 in Beijing am gleichen Tagungsort wie die Konferenz. Zwar waren alle entscheidenden Weichenstellungen auf der Arbeitskonferenz vollzogen worden, aber nur das ZK-Plenum verfügte über die Befugnis zur *formalen* Verabschiedung der Beschlüsse. Die endgültige Teilnehmerzahl lag schließlich bei 290 Personen.[189] Die Teilnehmerschaft wurde, wie schon auf der Arbeitskonferenz, in sechs regionale Arbeitsgruppen aufgeteilt. Unter den Sitzungsleitern dieser Gruppen befanden sich bereits zahlreiche Anhänger des reformorientierten Lagers, etwa Hu Yaobang, Zhao Ziyang und Wan Li. Die Reden Deng Xiaopings und Hua Guofengs zum Abschluß der ZK-Arbeitskonferenz wurden auf diesem Plenum in schriftlicher Form zur allgemeinen Kenntnisnahme verbreitet, was ihre große Bedeutung unterstrich. Im Vergleich dazu waren die Reden, die auf dem Dritten Plenum selbst gehalten wurden, weniger wichtig. So hielt Deng gar keine weitere Rede mehr, und lediglich Chen Yun und Hua Guofeng ergriffen nochmals das Wort (Cheng/ Wang/ Li 1998: 238-40).

Auf dem Plenum kam es zu einer letzten, vergeblichen Attacke der intellektuellen Mitglieder der Hua Guofeng-Gruppierung (Wang Dongxing und Li Xin) gegen reformorientierte Propagandafunktionäre.[190] Da jedoch die meisten Mitglieder der Parteiführung mit der ideologischen Position des Reformerlagers übereinstimmten, wurde Wang Dongxing auf dem ZK-Plenum schließlich aller seiner Posten im Ideologie- und Propagandasektor enthoben (Ruan Ming 1994: 48). Das Plenum veröffentlichte zudem die schriftlichen Selbstkritiken von Wang Dongxing, Ji Dengkui, Wu De und Chen Xilian, den wichtigsten Verfechtern der „zwei was-auch-immer", die unter der Hand bereits als die „kleine Viererbande" bezeichnet wurden (Cheng/Wang/Li 1998: 241). Weiterhin legte das ZK-Plenum die offizielle Beurteilung der „Debatte über das Wahrheitskrite-

---

188 Für eine Analyse dieser Rede vgl. Cheng/Wang/Li (1998: 232-37).
189 Dazu gehörten die Mitglieder des 11. ZK mit Ausnahme von 25 Personen, denen die Teilnahme auf Beschluß der Parteizentrale verweigert wurde. Sechs ZK-Mitglieder waren bereits verstorben und 21 verhindert, so daß neun Nicht-Mitglieder auf Beschluß der Parteizentrale als Zusatzkandidaten nominiert wurden, darunter Hu Qiaomu, Wang Renzhong, Xi Zhongxun und Huang Kecheng.
190 Für nähere Informationen zu den einzelnen Intellektuellen, die bis 1982 zu Hu Yaobangs Netzwerk gerechnet wurden, siehe Goldman (1991).

rium" fest, die als „sehr wertvoll" eingeschätzt wurde. Allerdings stellte dies nach Huang Jing zwar eine wohlwollende *Unterstützung* dieser ideologischen Position dar, keinesfalls jedoch eine vollständige Vereinnahmung durch die von Deng und Chen Yun repräsentierte Parteizentrale:

> ...neither Deng nor Chen has ever endorsed that 'practice is the sole criterion of truth' [...] because it was a double-edged sword which could also be used against the Deng-Chen dominance – whether their leadership was correct should also be tested through practice. (Huang Jing 1994: 373-74).

Die wirtschaftspolitischen Beschlüsse des Dritten Plenums waren zwar eine Abkehr von der Strategie des „Neuen Großen Sprungs", die Hua Guofeng vertreten hatte, waren aber noch kein Durchbruch auf dem Weg zur Einbindung von Marktmechanismen in das Wirtschaftssystem. Vielmehr wurden zunächst vorsichtige Reformen im Stil der vor und nach dem Großen Sprung praktizierten Grundsätze beschlossen, die immer noch eine kollektivierte Landwirtschaft vorsahen. Die zu diesem Zeitpunkt bereits heimlich in einzelnen Provinzen betriebenen Reformexperimente zur landwirtschaftlichen Dekollektivierung wurden auf dem Dritten Plenum somit offiziell noch nicht unterstützt; die industrielle Entwicklungsstrategie sollte den von Chen Yun bereits 1962 ausgewählten Prinzipien der Konsolidierung des planwirtschaftlichen Systems folgen (Huang Jing 1994: 371).

In personeller Hinsicht erfolgten einige wichtige Umbesetzungen. So erhielt Chen Yun entsprechend dem Beschluß der ZK-Arbeitskonferenz die Posten eines Vizevorsitzenden der Partei und des Ersten Sekretärs der neugeschaffenen ZK-Disziplinkontrollkommission. Hu Yaobang, Wang Zhen und Deng Yingchao (die Witwe Zhou Enlais) stiegen ins Politbüro auf, und Hu erhielt kurz darauf den Posten des Generalsekretärs des wiederbegründeten ZK-Sekretariats und des Direktors der ZK-Propagandaabteilung. Der Hua Guofeng-Anhänger Zhang Pinghua wurde aus dieser Position entfernt. Hu Qiaomu erhielt neben einem Sitz im ZK den Posten eines stellvertretenden ZK-Sekretärs und wurde zuständig für die Herausgabe und Redaktion der Werke Maos. Weitere Mitglieder der Unterstützergruppe Deng Xiaopings und Chen Yuns stiegen ebenfalls in verantwortliche Positionen auf, während prominente Vertreter der „zwei was-auch-immer" substanzielle Posten einbüßten. Die hauptsächlich während der Kulturrevolution aufgestiegenen Anhänger Hua Guofengs und Wang Dongxings im Parteiapparat gerieten durch die Arbeit der Disziplinkontrollkommission, in deren Leitung neben Chen Yun noch Deng Yingchao, Hu Yaobang, Huang Kecheng und Wang Heshou tätig waren, zusätzlich unter Druck, da die Aufgabe dieser Kommission in der Säuberung der Parteiorganisation von „problematischen" Personen bestand.

Die wichtigsten personellen Umbesetzungen wurden nicht auf dem Dritten Plenum selbst, sondern unter Umgehung formaler Beschlußverfahren am 25. Dezember 1978 auf

4.1.1 VR China: Die Einleitung der Reform- und Öffnungspolitik

einer Politbüro-Sitzung beschlossen. Die Wiedereinrichtung des ZK-Sekretariats und die Einsetzung Hu Yaobangs als Generalsekretär sollten dazu dienen, die Entscheidungsautorität auf informellem Wege vom Parteivorsitzenden Hua Guofeng und dem Politbüro wegzuverlagern, in dem Wang Dongxing und andere Mitglieder der Hua-Gruppe zunächst noch verblieben waren: "As the front office of the Deng-Chen alliance, it [the secretariat] not only made Chairman Hua a figurehead, but also turned the Politburo into a de facto rubber-stamp in the policy process". Da auf dem Dritten Plenum angesichts der großen Zahl der Hua-Anhänger im 11. ZK möglicherweise keine Mehrheit für diesen Beschluß zustande gekommen wäre, mußte diese Entscheidung auf einer erweiterten Politbürositzung getroffen werden (Huang Jing 1994: 372-73).

Die Verdrängung der Hua-Fraktion aus dem Machtzentrum ermöglichte es Deng, den Entwurf des Schlußkommuniqués Hu Yaobangs Redaktionsgruppe aus der Zentralen Parteischule anzuvertrauen. Ursprünglich war eine von Hua Guofeng und Wang Dongxing beauftragte Entwurfsgruppe damit betraut worden, doch die Entwicklungen der Arbeitskonferenz rechtfertigten es aus Sicht Dengs, diese Aufgabe statt dessen an eine reformorientierte Gruppierung zu vergeben (Goldman 1991: 230). Obwohl sich der Abschluß der personellen Umgestaltung bis zum vollständigen Rückzug Hua Guofengs, Wang Dongxings und ihrer Anhänger aus dem Machtzentrum noch über mehrere Jahre hinzog, war die Dominanz Deng Xiaopings, Chen Yuns und anderer Vertreter der älteren Kadergeneration in der Führungsspitze bereits Ende 1978 erreicht.

Das Dritte Plenum des 11. ZK hatte zwar die Weichen für die Reform- und Öffnungspolitik gestellt, doch der ideologische Teil des Führungskonflikts war damit noch nicht abgeschlossen. Auf Anregung Ye Jianyings wurde direkt im Anschluß, von Januar bis April 1979, eine Konferenz über Theoriefragen anberaumt, die die im Zuge der „Debatte über das Wahrheitskriterium" aufgetretenen Meinungsverschiedenheiten bereinigen sollte. Diese Konferenz wurde von Hu Yaobang als dem neuen ZK-Generalsekretär und Direktor der ZK-Propagandaabteilung organisiert; als Veranstalter traten die ZK-Propagandaabteilung und die Chinesische Akademie der Sozialwissenschaften (CASS) auf. An der Organisation waren auch führende Vertreter von Hu Yaobangs intellektuellem Netzwerk beteiligt, darunter der CASS-Vizepräsident Yu Guangyuan, der RMRB-Chefredakteur Hu Jiwei, der renommierte Intellektuelle Zhou Yang sowie Wu Jiang von der Zentralen Parteischule. Da der orthodoxe Ideologe Deng Liqun eine Einladung zur Mitorganisation abgelehnt hatte, dominierten die Mitglieder dieses reformorientierten Netzwerks die Konferenz zunächst, zumal auch viele Konferenzteilnehmer aus dieser Gruppe stammten, darunter etwa Sun Changjiang und Ruan Ming von der Zentralen Parteischule, GMRB-Chefredakteur Yang Xiguang, RMRB-Redakteur Wang Ruoshui und weitere Intellektuelle, die eng mit Hu Yaobang oder Zhao Ziyang assoziiert waren.[191]

---

191 Dazu gehörten etwa Zhao Ziyangs persönlicher Assistent Bao Tong und die prominenten Intellektuellen Su Shaozhi, Yan Jiaqi, Liu Binyan, Wang Ruowang und Fang Lizhi. Die meisten

Orthodoxe Intellektuelle wie Hu Qiaomu, Deng Liqun und Hu Sheng gehörten zwar der informellen Führungsgruppe der Konferenz an, traten allerdings im ersten Teil der Beratungen kaum in Erscheinung (Goldman 1991: 230-31).

Die seit November existierende „Demokratiemauer-Bewegung" entwickelte sich zeitgleich weiter und brachte einige kontroverse politische Forderungen vor, die in ihrer Deutlichkeit weit über das Maß an Meinungsfreiheit hinausgingen, das aus Sicht der Führung akzeptabel war. Zwar waren viele der artikulierten Ideen – von Kritik an der Kulturrevolution bis zu Forderungen nach „demokratischen" Reformen – seit Ende 1978 auch in offiziellen Publikationen diskutiert worden, so daß speziell zwischen dem reformorientierten Lager Hu Yaobangs und den Aktivisten der Demokratiemauer zunächst kein grundlegender Gegensatz bestand (Goldman 1991: 224). Als die Bewegung sich jedoch Anfang 1979 zunehmend radikalisierte, waren Deng Xiaoping und andere Führungsmitglieder immer weniger geneigt, sie weiterhin als Hebel zur innerparteilichen Auseinandersetzung mit den Mao-Loyalisten zu nutzen(Huang Jing 1994: 376-77). Aktionen der Aktivisten, die selbst aus Sicht gemäßigter Führungsmitglieder zu radikal waren, führten schließlich zur gewaltsamen Unterdrückung der Bewegung.[192]

Während der Theoriekonferenz brachen zwischen reformorientierten und orthodox ausgerichteten Intellektuellen ideologische Gegensätze auf. In seiner Eröffnungsrede hatte Hu Yaobang die Teilnehmer aufgefordert, ideologische Grundprinzipien für die neue politische Richtung zu entwickeln. Dies verstanden viele Teilnehmer im Kontext der Deng-Rede über die „Befreiung des Denkens" als Aufforderung, eine Neubewertung der Mao-Zedong-Ideen zu wagen, deren Stellung nicht mehr als sakrosankt angesehen wurde.[193] Radikale Reformer wie Yu Guangyuan, Hu Jiwei und Su Shaozhi kritisierten deshalb den Grundsatz des Klassenkampfs im politischen Denken Mao Zedongs und forderten, diese Teile der Mao-Zedong-Ideen zurückzuweisen. Darüber hinaus zeigten sie sich offen gegenüber einer fundamentalen Umgestaltung des sozialistischen Systems. Orthodoxe Vertreter wie Hu Qiaomu und Deng Liqun dagegen bestanden trotz ihrer Kritik an einzelnen „Fehlern" Maos darauf, daß jegliche Kritik an der Gesamtheit der Mao-Zedong-Ideen unzulässig und das sozialistische System nicht in Frage zu stellen

---

Mitglieder dieser Gruppe wurden später zu prominenten Dissidenten.
192 Eine von dem Dissidenten Wei Jingsheng gegründete Zeitschrift hatte Einzelheiten über brutale Haftbedingungen in Chinas Gefängnissen enthüllt, und eine im Januar gegründete „Menschenrechtsliga" wandte sich in einem offenen Brief mit der Bitte um Hilfe an US-Präsident Carter. Die Aktivisten organisierten Bauernproteste in Beijing, kritisierten die KP und den Marxismus-Leninismus und äußerten sich kritisch zum chinesischen Einmarsch in Vietnam, der auf Betreiben Dengs im Januar 1979 begonnen hatte. Im Februar begann die offizielle Presse, die Aktivisten als „Anarchisten" zu bezeichnen, woraufhin Wei Jingshengs Zeitschrift mit dem Vorwurf konterte, die Parteiführung bestehe aus „diktatorischen Faschisten". Wei wurde schließlich am 29.3.1979 verhaftet und ein halbes Jahr später in einem Schauprozeß zu 15 Jahren Haft verurteilt. Andere Aktivisten erlitten in den folgenden Monaten ein ähnliches Schicksal (Goldman 1991: 228-29).
193 Vgl. die Aussagen eines Interviewpartners von Huang Jing 1990 (Huang Jing 1994: 375).

4.1.1 VR China: Die Einleitung der Reform- und Öffnungspolitik

sei. Nach ihrer Auffassung war das zwischen 1962 und 1965 kurzzeitig praktizierte Entwicklungsmodell vorbildlich, während Forderungen nach weitergehender Liberalisierung als „reaktionär" abgetan wurden.

Bis Mitte Februar gelang es Hu Yaobang, die Position der reformfreudigeren Intellektuellen zu stützen (Huang Jing 1994: 376). Durch überraschendes Eingreifen Deng Xiaopings kam es jedoch kurz darauf zu einem ideologischen Schwenk zugunsten der Orthodoxen. Gründe für diese plötzliche Haltungsänderung Deng Xiaopings waren wahrscheinlich die mißglückte militärische „Strafaktion" gegen Vietnam, die für Deng als dem faktischen Oberhaupt der ZMK eine peinliche Niederlage darstellte, sowie die zunehmende Radikalität der „Demokratiemauer-Bewegung", die sich inzwischen auch gegen Mao Zedong *und* Deng Xiaoping wandte (Ruan Ming 1994: 54-55).[194] Unter dem Einfluß der orthodoxen Führungskader Hu Qiaomu und Deng Liqun, die Deng persönlich über alle Attacken der Demokratiemauer-Aktivisten berichteten, änderte Deng seine ursprünglich tolerante Haltung zu dieser Protestbewegung. Nach einer Unterbrechung der Theoriekonferenz anläßlich des Frühlingsfestes hielt Deng am 30. März eine von Mitarbeitern Hu Qiaomus vorbereitete Rede, die die Demokratiemauer-Bewegung scharf verurteilte, die Aufrechterhaltung von vier „Grundprinzipien" einforderte und eine neue Anti-Rechts-Stimmung ankündigte.[195] Diese Initiative Dengs kam nach Aussage des Augenzeugen Ruan Ming selbst für Führungsmitglieder wie Hua Guofeng und Hu Yaobang völlig überraschend, da sie effektiv den Inhalt der bahnbrechenden Deng-Rede zur „Befreiung des Denkens" auf der ZK-Arbeitskonferenz vom Dezember 1978 negierte (Ruan Ming 1994: 56-57, 64).[196] Die Rede stand auch in klarem Gegensatz zu den reformfreundlichen Äußerungen Dengs vom Januar 1979, die später nicht mehr veröffentlicht und auch nicht in die Gesammelten Werke Dengs aufgenommen wurden. Ebenso überraschend kam für viele Beobachter der Beschluß, die bis dahin tolerierte „Demokratiemauer-Bewegung" zu unterdrücken. Erste Forderun-gen von Wang Zhen,

---

194 Ende März war in Beijing ein Flugblatt aufgetaucht, das unter der Autorschaft einer „Gesellschaft zum Studium des Marxismus-Leninismus und der Mao-Zedong-Ideen" Deng Xiaoping und Hu Yaobang des „Revisionismus" beschuldigte. Deng und Hu hätten Mao persönlich angegriffen, die Linie des 11. Parteitags verletzt und das Parteistatut gebrochen. Dieses Flugblatt stammte höchstwahrscheinlich aus der Feder von Anhängern Wang Dongxings (Huang Jing 1994: 377).
195 Die „Vier Grundprinzipien" umfaßten folgende Grundsätze: Festhalten am sozialistischen Weg, Festhalten an der Diktatur des Proletariats, Festhalten an der Führungsrolle der KP und Festhalten am Marxismus-Leninismus und den Mao-Zedong-Ideen.
196 Allerdings stellt Chen Yizi fest, daß Dengs Reformeifer von einigen Intellektuellen von Anfang an überschätzt worden sei. Seiner Meinung nach ist zweifelhaft, ob Deng jemals ernsthaft ein Abrücken vom leninistischen System erwogen hat. Reformideen wie eine Gewaltenteilung nach westlichem Vorbild, eine föderalistische Umgestaltung des Staates, die Abschaffung lebenslanger Macht von Führungspersonen und die Ausweitung demokratischer Verfahren waren aus Dengs Sicht zu weitreichend: „Never in his wildest dreams did Deng want democratic reform in its true sense" (Chen Yizi 1995: 139).

diese „parteifeindlichen und anti-sozialistischen" Aktivitäten zu unterbinden, hatte Deng Anfang März noch mit der Begründung abgelehnt, dies werde einen Vertrauensverlust der Bevölkerung zur Folge haben (Huang Jing 1994: 377). Nach einer Politbüro-Sitzung vom 21. bis 23. März 1979, auf der Parteiveteranen wie Ye Jianying, Wang Zhen und Chen Yun die verbalen Angriffe der Aktivisten auf Mao kritisiert hatten, schien Deng sich jedoch zum Vorgehen gegen die Dissidenten gezwungen zu sehen.[197] Huang Jing vermutet, daß Deng befürchtete, orthodoxe Intellektuelle um Hu Qiaomu könnten sich andernfalls mit den Resten der „Was-auch-immer-Fraktion" verbünden.[198] Die Mitglieder des Reformerlagers vertraten später unterschiedliche Meinungen über die Beweggründe Dengs, doch ihre Reaktion darauf war nach Huang Jing nahezu identisch:

> Though the liberals I have interviewed have different explanations of Deng's motive, all of them said that they were shocked by Deng's 180 degree turn around and, not surprisingly, as one of them told me, the FCP [Four Cardinal Principles] 'broke our illusion on Deng into pieces'. (Huang Jing 1994: 377-79, Anm. 43).

Im Gefolge des ideologischen Schwenks war die Teilnehmerschaft der Konferenz in der zweiten Hälfte der Tagungszeit auf etwa 400 Personen nahezu verdoppelt worden, indem zahlreiche Parteisekretäre und Propagandafunktionäre der Armee- und Provinzorgane hinzugeladen wurden, die ideologisch eher den orthodoxen Positionen der Revolutionsveteranen zuneigten. Viele Veteranenkader, die erst kürzlich von Hu Yaobangs Bemühungen zur Kaderrehabilitierung profitiert hatten, hatten ein starkes Eigeninteresse an der Beibehaltung des leninistischen Systems. Zwar waren sie bereit, einzelne „Fehler" Maos zu kritisieren, nicht zuletzt, um die eigene Rehabilitierung zu rechtfertigen. Angriffe auf das sozialistische System und die Führungsrolle der Partei hingegen, die ohne ein Festhalten an maoistischen und leninistischen Grundsätzen nicht zu legiti-

---

197 Anscheinend war Deng, zusammen mit Peng Zhen von der ZK-Kommission für Politik und Recht, die treibende Kraft hinter der harten Bestrafung Wei Jingshengs (Hamrin/Zhao 1995: xxxiv). Chen Yun dagegen, der vielfach als „Kopf" der orthodoxen Veteranengruppe angesehen wird, scheint gegenüber den Dissidenten etwas milder eingestellt gewesen zu sein. So äußerte Chen während einer ZK-Arbeitskonferenz im April 1979 Vorbehalte gegen eine zu harte Repression und sprach sich statt dessen für Kooptierungsmaßnahmen aus (Baum 1994: 10, 82).

198 Für diese Interpretation spricht auch die Darstellung Ruan Mings, wonach Hu Qiaomu versuchte, sich nach dem Dritten Plenum mit verbliebenen Mitgliedern der „Was-auch-immer-Fraktion" um Li Xin zu verbünden. Sein Vorhaben, diese Gruppe in das Institut für Politikforschung aufzunehmen, scheiterte jedoch am Widerstand der dortigen Intellektuellen. Erst Deng Liqun gelang es später, die orthodoxen Theoretiker unter Einschluß von Vertretern der kulturrevolutionären Linie zu einer festen Gruppierung zusammenzuschweißen. Ruan zufolge versuchte Hu Qiaomu zunächst, Hua Guofeng von der Notwendigkeit einer neuen „Anti-Rechts-Kampagne" zu überzeugen, blieb damit jedoch erfolglos. Erst nach der gescheiterten Militäraktion in Vietnam gelang es ihm, Deng Xiaoping zu dem ideologischen Schwenk zu überreden (Ruan Ming 1994: 52-53).

mieren waren, bedrohten den Bestand ihrer Machtpositionen und trafen daher auf Widerstand (Huang Jing 1994: 378). Angehörige der orthodoxen Gruppierung um Hu Qiaomu dominierten mit ihren reformkritischen Redebeiträgen fortan den Diskussionsverlauf, während Hu Yaobangs Intellektuellen-Netzwerk in die Defensive geriet und sich nur noch vorsichtig äußerte. Für einige reformorientierte Konferenzteilnehmer blieben ihre kritischen Äußerungen während der ersten Konferenzhälfte nicht folgenlos; einige wurden auf unbedeutende Positionen versetzt, andere aus der Partei ausgeschlossen oder zumindest hart kritisiert (Goldman 1991: 235-38).

4.1.1.2 Die Beendigung des Nachfolgekonfliktes

Die Verdrängung der übrigen Mitglieder der „Was-auch-immer-Fraktion" aus zentralen Führungspositionen schritt allmählich weiter voran, bis Wang Dongxing, Ji Dengkui, Chen Xilian und Wu De auf dem Fünften Plenum des 11. ZK Ende Februar 1980 schließlich von allen Führungsämtern zurücktraten. Dies signalisierte, daß auch die Tage Hua Guofengs als Parteivorsitzendem gezählt waren (Huang Jing 1994: 387). Hua war als Vorsitzender der ZMK bei Militärentscheidungen bereits längere Zeit faktisch von Deng Xiaoping überstimmt worden. So hatte Deng Versuche Huas blockiert, nach dem Ende des Krieges mit Vietnam im März 1979 durch Truppenbesuche seine Führungsrolle zu konsolidieren. Deng leitete dazu eine Kampagne im Militär ein, die die „Debatte über das Wahrheitskriterium" fortsetzen und Huas ideologische „Fehler" herausstreichen sollte (Ruan Ming 1994: 58-59). Als anhand eines Politbüro-Beschlusses vom 5. Dezember 1980 deutlich wurde, daß Huas Absetzung aus den wichtigsten Führungspositionen der Partei- und Militärführung auf dem für Ende Dezember 1980 geplanten Sechsten Plenum des 11. ZK unmittelbar bevorstand, ergriff Hua anscheinend aus Verärgerung eine Verzögerungstaktik und wurde darin von Marschall Ye Jianying unterstützt. Hua verweigerte die Teilnahme am Sechsten Plenum, und Ye Jianying boykottierte es ebenfalls, indem er sich zu einem ausgedehnten „Urlaub" nach Guangdong zurückzog. Das Plenum mußte deshalb um einige Monate bis Juni 1981 verschoben werden, wo jedoch schließlich der Rückzug Huas aus seinen Führungsämtern erfolgte (Pye 1981: 255).[199] Hua wurde als ZK-Vorsitzender schließlich von Hu Yaobang abgelöst und zum siebten Vizevorsitzenden der KP degradiert. Hu Yaobang übte somit kurzzeitig die Positionen des Parteivorsitzenden und des ZK-Generalsekretärs in Personalunion aus (Clarke 1987: 38). Als Ministerpräsident des Staatsrats war Hua bereits im Frühjahr 1980 informell von Zhao Ziyang abgelöst worden. Nachdem Zhao vom 5.

---

199 Der betreffende Politbüro-Beschluß stellte im Wortlaut fest: „Hua Guofeng fehlen eindeutig die politischen und organisatorischen Fähigkeiten, das Amt des Parteivorsitzenden auszufüllen. Daß er dem Amt des ZMK-Vorsitzenden nicht gewachsen ist, ist allseits bekannt" (zitiert nach Hu Wei 1998: 143, Anm. 3).

NVK zum stellvertretenden Ministerpräsidenten ernannt worden war, übernahm er de facto die Kontrolle über den Staatsrat und die wichtige informelle Führungsgruppe Finanzen und Wirtschaft (Huang Jing 1994: 387-88). Im September 1980 wurde auf der 3. Sitzung des 5. NVK schließlich der Rücktritt Hua Guofengs als Ministerpräsident vollzogen, und Zhao Ziyang wurde zu seinem Nachfolger bestimmt. Der Reformer Wan Li wurde zum ersten stellvertretenden Ministerpräsidenten ernannt.[200] Trotz der in der Parteiführung bereits beschlossenen Entlassung Huas verblieb er formal noch bis 1982 in einigen Führungsämtern. Dies ist nach Ruan Ming dadurch zu erklären, daß Deng Xiaoping und Hu Yaobang ihn nicht für gefährlich hielten und deshalb nicht entschlossen an seiner Absetzung arbeiteten. Nach dieser Darstellung war es primär eine Gruppe um Chen Yun, die immer wieder scharfe Kritik an Hua äußerte und ab 1981 eine regelrechte Kampagne gegen ihn lostrat, um seinen Rücktritt aus dem Politbüro zu erreichen (Ruan Ming 1994: 111). Nach 1982 verblieb Hua nur noch als einfaches Mitglied im ZK, dies allerdings durchgängig bis 2002. Seine Bereitschaft, höchste Führungspositionen ohne aktiven Widerstand aufzugeben, war durchaus nicht selbstverständlich: „An above-average politician, Hua must be given credit for his acceptance of the inevitable without causing serious political disruption, thus setting a good precedent" (Tang Tsou 1995: 154).

In programmatisch-ideologischer Hinsicht fiel in diesen Zeitraum der Versuch, problematische Aspekte der Parteigeschichte in einem Konsensbeschluß offiziell neu zu bewerten. Dies sollte eine ideologische Neuausrichtung ermöglichen, ohne dabei eine formale „Entmaoisierung" in Kauf zu nehmen, für die in der Parteiführung kein Konsens zu erzielen war. Das Verfahren zur Erarbeitung dieses kollektiven Beschlusses stellte ein gutes Beispiel für den konsultativen Führungsstil Deng Xiaopings dar. In einem Zeitraum von etwa 20 Monaten wurde unter Mitarbeit von etwa 4000 Personen von 20 Hauptautoren ein für fast alle Seiten akzeptabler Kompromißvorschlag erarbeitet, der so sensible Bereiche wie die Bewertung der Lebensleistung Mao Zedongs behandelte (Teiwes 1995: 69).[201] Der Entwurf mit dem Titel „Resolution zu einigen Fragen der Geschichte unserer Partei seit Gründung der VR China" wurde unter der Aufsicht Hu Qiaomus, Deng Xiaopings und Hu Yaobangs 1980 erarbeitet, dann führungsintern diskutiert und schließlich auf dem Sechsten Plenum des 11. ZK im Juni 1981 angenommen (Goodman 1994: 96). Dieser Beschluß stellte einen wichtigen Schritt auf

---

200 Auch andere, eher orthodoxen Positionen zuneigende Wirtschafts-Funktionäre wurden auf dieser Sitzung ausgetauscht, darunter Li Xiannian und Yu Qiuli (Clarke 1987: 36).
201 Bereits 1980 war schließlich die posthume Rehabilitierung des prominentesten Mao-Opfers, Liu Shaoqis, erfolgt. Ein ehemaliger Journalist der *Wenhui Bao* berichtet dazu, daß die Presse im Frühjahr 1980 anläßlich der Rehabilitierung Lius instruiert wurde, Maos Rolle bei diesem Fall zu verschweigen; in internen Berichten wurde Maos Vorgehensweise jedoch detailliert geschildert. Diese internen Berichte dienten dann dazu, die in der Führung verbliebenen Mao-Loyalisten zu schwächen (Hsiao/Cheek 1995: 82-83).

4.1.1 VR China: Die Einleitung der Reform- und Öffnungspolitik

dem Weg zur politischen Neuausrichtung dar. Die von Deng ursprünglich für 1981 vorgesehene Einberufung des 12. Parteitags, auf der die bereits informell durchgesetzten Personalveränderungen formalisiert werden sollten, verzögerte sich jedoch, weil Teile der Führungsschicht Widerstand gegen einige Teile des wirtschaftlichen Reformprogramms leisteten, die in Form lokaler, ungenehmigter Experimente bereits praktiziert wurden. Erst im September 1982 konnte der 12. Parteitag schließlich einberufen werden (Huang Jing 1994: 388-89). Auf diesem Parteitag wurde die vorübergehend von Hu Yaobang ausgeübte Position des KP-Vorsitzenden endgültig abgeschafft, wodurch der ZK-Generalsekretär zum ranghöchsten Führungskader der Parteizentrale aufstieg.[202]

Nach der faktischen Verdrängung der Hua-Fraktion aus der Führung verschärften sich programmatische Gegensätze innerhalb der Koalition ihrer Gegner. Bereits seit 1980 hatten ideologisch orthodox ausgerichtete Kräfte in der Partei- und Militärführung versucht, die durch Dengs „Vier Grundprinzipien" und die Niederschlagung der „Demokratiemauer-Bewegung" eingetretene, antiliberale Stimmung zur Ausweitung von Repressionsmaßnahmen gegen kritische Intellektuelle auszunutzen. Bemühungen Hu Qiaomus und des Militärführers Wei Guoqing zur Einleitung einer Propagandakampagne gegen „bourgeoise Ideen" trat Deng Xiaoping jedoch in einer Rede am 31. Mai 1980 schließlich entgegen. Dieser erneute ideologische Schwenk Dengs ging auf Beeinflussung des Parteiveteranen Li Weihan zurück, des zweiten Ehemanns von Dengs geschiedener Frau. Li überzeugte Deng Ende Mai 1980 in einem persönlichen Gespräch davon, anstelle weiterer Kritik an „bourgeoisen Ideen" stärker auf die Ausrottung „feudalistischer Tendenzen" im Parteiapparat zu setzen und sich auf die Ende 1978 proklamierten Grundsätze zurückzubesinnen (Ruan Ming 1994: 76-80).[203] Im Gegenzug bemühten sich orthodoxe Ideologen wie Hu Qiaomu und Deng Liqun, Hu Yaobangs Vertrauensstellung bei Deng Xiaoping zu untergraben. So legten sie Deng nach dem Sechsten Plenum Ende Juni 1981 Materialien vor, die beweisen sollten, daß Hu zu tolerant gegenüber „bourgeoisem Liberalismus" auftrete und Deng-kritische Artikel toleriert habe. Zu den ersten Opfern dieser Initiative gehörte das intellektuelle Netzwerk, das Hu Yaobang an der Zentralen Parteischule aufgebaut hatte und dessen Mitglieder (darunter

---

202 Der Deng-Biograph Benjamin Yang vermutet, daß Deng die Abschaffung dieses Amtes betrieb, weil er selbst nicht bereit war, das durch Maos Vorbild tabuisierte Führungsamt zu übernehmen, und auch keinen anderen Parteiakteur darin sehen wollte (Benjamin Yang 1998: 217-18). Nach Ruan Mings Informationen geschah die Abschaffung des Parteivorsitzes jedoch primär auf Betreiben Hu Qiaomus. Dieser nutzte demnach die geplante Revision des Parteistatuts dazu, die Abschaffung des Parteivorsitzes zu fordern und die Befugnisse des ZK-Generalsekretärs auf die Leitung der Routinearbeit der Zentrale zu beschränken. Nicht mehr der Generalsekretär, sondern das Politbüro und sein StA sollten bei ZK-Sitzungen präsidieren (Ruan Ming 1994: 112).
203 In den von Hu Qiaomu und Deng Liqun herausgegebenen „Ausgewählten Werken Deng Xiaopings" fehlen die entsprechenden Teile dieser Rede Dengs. Ruan Ming hat sie jedoch nach eigenen Angaben persönlich eingesehen und archiviert (Ruan Ming 1994: 76-80).

Ruan Ming) maßgeblich an den Propagandainitiativen Hus beteiligt gewesen waren. Ruan Ming berichtet in diesem Zusammenhang über eine von Deng Liqun geschickt aufgebaute „Falle". Demnach trat Deng Liqun im Sommer 1981 indirekt, nämlich über einen Mitarbeiter Chen Yuns, an den stellvertrenden Direktor der Zentralen Parteischule Feng Wenbin mit dem Anliegen heran, den Rücktritt Hua Guofengs durch einen Huakritischen Artikel in *Lilun Dongtai* ideologisch vorzubereiten. Der Leiter des Theorieforschungsinstituts Wu Jiang beauftragte daraufhin, wie schon im Frühjahr 1978, seinen Mitarbeiter Sun Changjiang mit dem Entwurf eines entsprechenden Artikels. Den fertigen Artikel reichte Deng Liqun dann jedoch an Chen Yun weiter und behauptete, die darin enthaltene indirekte Kritik beziehe sich auf Chen. Chen Yun kritisierte daraufhin Hu Yaobang (Ruan Ming 1994: 120). Im August 1981 wurden Wu Jiang, Ruan Ming und Sun Changjiang dann auf Veranlassung Hu Qiaomus und Deng Liquns hin durch ein Inspektorenteam der ZK-Organisationsabteilung überprüft. Ruan Ming zufolge begannen die Inspektoren unverzüglich damit, gefälschte Dokumente zu fabrizieren, um die zu Untersuchenden zu belasten. Als Hua Guofeng zeitgleich seinen Rücktritt vom Amt des Direktors der Parteischule einreichte, konnten Deng Liqun und Chen Yun den orthodoxen Deng-Anhänger General Wang Zhen als seinen Nachfolger durchsetzen. Wang verkündete direkt nach seiner Ankunft in der Schule gegenüber Studierenden, er sei gekommen, die „Denkfabrik" Hu Yaobangs „auszurotten".

Das gegen Ruan Ming schließlich eingeleitete Parteiausschlußverfahren endete mit seiner Entfernung aus der Partei und aus der Zentralen Parteischule, der Schließung des Theorieforschungsinstituts und der Entlassung von Wu Jiang, Sun Changjiang und Feng Wenbin aus ihren Funktionen. Entgegen den Richtlinien des Parteistatuts erhielten die Angeklagten keine Akteneinsicht in ihre Anklageschriften. Eine ähnliche Intrige war nach Ruan Ming auch die Ursache für die Ersetzung des Direktors der ZK-Propagandaabteilung, Wang Renzhong, durch Deng Liqun. Dieser Vorgang war schon deshalb ungewöhnlich, weil Deng Liqun kein Mitglied des ZK war und deshalb für eine so hohe Führungsposition eigentlich nicht in Frage kam (Ruan Ming 1994: 122-27).[204]

Nach dem Ende des Konflikts mit den Anhängern Hua Guofengs und Wang Dongxings zeichneten sich somit sehr schnell ideologisch-programmatische Verwerfungen zwischen verschiedenen Flügeln des Reformerlagers ab. Radikalere Reformpositionen der Mitarbeiter Hu Yaobangs konkurrierten mit den Ansichten orthodox ausgerichteter In-

---

204 Ein Teil des Konflikts zwischen den reformfreundlichen und orthodoxen Intellektuellen betraf die außenwirtschaftliche Öffnungspolitik, die seit 1979/80 in lokalen Reformexperimenten (Sonderwirtschaftszonen in Guangdong und Fujian) erprobt worden war. Chen Yun, Deng Liqun und Hu Qiaomu waren 1981 gegen die Sonderwirtschaftszonen vorgegangen und hatte sie mit den „Konzessionsgebieten" in Chinas halbkolonialer Zeit verglichen. Ruan Ming dagegen hatte nach einer Inspektionsreise eine positive Evaluierung der Experimente an Hu Yaobang geschickt, die später im Parteiausschlußverfahren gegen ihn verwendet wurde (vgl. Ruan Ming 1994: 137-40).

tellektueller. Die Rolle der höchsten Führungspersonen, besonders Deng Xiaopings und Chen Yuns, scheint häufig derjenigen eines „Schiedsrichters" zwischen diesen konkurrierenden Lagern entsprochen zu haben, da keines der beiden sich dauerhaft durchsetzen konnte und der Konflikt häufig auf verdeckte Art, etwa auf der Ebene untergeordneter Mitarbeiter, ausgetragen wurde. Die programmatischen Verwerfungen, die sich bereits Anfang der achtziger Jahre andeuteten, verschärften sich im Laufe der achtziger Jahre zusehends und bildeten den Hintergrund für eine Serie von Führungskonflikten zwischen 1986 und 1989, die Gegenstand von Kapitel 4.2.1 sind.

4.1.1.3 Schlußfolgerungen

Der Verlauf des untersuchten Führungskonfliktes zeigt, daß eine Vielzahl informeller Gruppierungen und Netzwerke sowie wechselnde Koalitionen einzelner Führungsakteure sich primär mit *ideologischen* Argumenten bekämpften (Domes 1992a: 48). Der Kampf um die ideologische Vorherrschaft diente jedoch nicht nur dazu, die zugrundeliegenden *materiellen* Machtinteressen der Akteure zu tarnen, sondern stellte selbst einen substanziellen Teil des Konfliktgegenstandes dar. In der Wahrnehmung der Akteure, die durch unbereinigte Konflikte zwischen Opfern und Tätern zurückliegender Verfolgungen belastet war, kam der Erringung ideologischer Siege eine größere Bedeutung zu, als dies in den meisten anderen politischen Systemen der Fall wäre. Es scheint, daß die Hauptakteure des vorliegenden Konfliktes primär strategische Allianzen von ideologisch gleichgesinnten Personen waren. Dies trifft auf die Mitglieder des intellektuellen Netzwerks von Hu Yaobang oder auf die Anhänger einer orthodox-maoistischen Linie um Hu Qiaomu zu, wobei diese Netzwerke zum Teil auf *klientelistischen* Verbindungen beruhten, etwa bei den politischen Assistenten hoher Führungskader, zum Teil jedoch auch auf rein *programmatischen* Gemeinsamkeiten. Dies galt etwa für die breite Fraktion im Bildungs- und Propagandaapparat sowie in Teilen der Militärführung, die sich 1978 zur Herausforderung des Status quo im Rahmen der „Debatte über das Wahrheitskriterium" zusammenschloß.

Klares Interesse an Machtgewinn und Machterhalt als Hauptmotiv des Handelns herrschte naturgemäß vor allem bei solchen Gruppierungen vor, deren persönliche Machtpositionen durch die vorherrschende ideologische Richtung entweder gestützt oder gefährdet wurden. Dies betraf etwa die von Legitimitätsverlust bedrohten Mitglieder der Hua Guofeng-Koalition oder die an umfassender Rehabilitierung interessierten Veteranen, die selbst Opfer von Säuberungen geworden waren und auf die Wiederaufnahme in die höchste Führungsebene hofften. Solche Allianzen von Akteuren mit gleicher statusbezogener Interessenlage könnten noch am ehesten als „Faktionen" im Sinne von Sartoris *„power factions"* bezeichnet werden, auch wenn der reine Typus einer klientelistisch aufgebauten, nur an Machtgewinn, nicht jedoch an ideologischen Positionen interessierten Faktion erwartungsgemäß nur schwer nachzuweisen ist. Die programmatischen Auseinandersetzungen um die Neuausrichtung der Politik, in denen der „Höchste Führer" Deng Xiaoping sich insgesamt schwankend verhielt und mal dieser, mal jener Seite seine Unterstützung gewährte, waren vielmehr Teil einer substanziellen *inhaltlichen* Meinungsverschiedenheit zwischen verschiedenen Lagern. Insofern scheint die Bezeichnung „Meinungsgruppen" für die strategischen Allianzen von Führungsakteuren, die zudem oft nur temporären Zusammenhalt aufwiesen, besser geeignet zu sein.

Nach den katastrophalen Fehlentwicklungen der Mao-Ära war allen Akteuren klar, daß zur Sicherung der Parteiherrschaft schnellstmöglich Entwicklungserfolge erzielt werden mußten. Auch bestand ein weitgehender Konsens über die Notwendigkeit zur Abkehr von unrealistisch-utopischen Entwicklungszielen und von den Klassenkampfmethoden der Mao-Ära. Uneinigkeit bestand jedoch darüber, wie weit die Distanzierung von diesen Fehlentwicklungen auch auf symbolischer Ebene gehen sollte und ob ein erprobtes Entwicklungsmodell der Vergangenheit – etwa die Wirtschaftsmodernisierung nach sowjetischem Vorbild – oder besser eine gänzlich neue Richtung den Vorzug erhalten sollte. Der schließlich gewählte Weg einer vorsichtigen, lokal begrenzten Erprobung von Reformmaßnahmen neben einer moderaten Distanzierung von vergangenen Fehlern stellte einen zwar aus Sicht vieler radikaler Reformer nicht sauberen, aber dafür weithin akzeptablen Kompromiß zwischen den unterschiedlichen Positionen in der Führungszentrale dar. Das häufig zu beobachtende Hin- und Herschwanken der Führung zwischen reformfreudigen und orthodoxeren Positionen stellte jeweils einen Mechanismus dar, Fehlentwicklungen auszugleichen und in der Parteiführung ein Gleichgewicht der beiden Lager zu erhalten. Die relativ humane Behandlung der Unterlegenen in den Personalkonflikten der höchsten Parteiführung (im Gegensatz zur harten Repression gegen Dissidenten *außerhalb* der Partei) ist zudem ein Indiz dafür, daß zumindest in der Anfangsphase der Reform- und Öffnungspolitik der Wunsch nach Einigkeit in der Zentrale schwerer wog als kurzfristiges Machtkampf-Denken der jeweils siegreichen Führungsakteure.

Anzeichen für bürokratische Aushandlungsvorgänge waren im vorliegenden Führungskonflikt eher nicht festzustellen. Auch konnten – mit Ausnahme der großen Bedeutung von Seniorität und informellem Status des „Höchsten Führers", Deng Xiaoping – keine weiteren Belege für spezifisch *chinesische* Institutionen gefunden werden, die nicht durch institutionelle Faktoren zu erklären wären. Da nicht nur die informellen, sondern auch die formalen Institutionen des Führungssystems im untersuchten Konflikt einen fundamentalen Wandel durchliefen (vom maoistischen, totalitären Entscheidungssystem zu einem regelgebundenen, leninistischen System), hatten informelle Aushandlungsvorgänge und autoritative Entscheidungen der höchsten Führungspersonen eine enorm große Bedeutung für den Konfliktausgang.

Im Anschluß wird zum Vergleich eine taiwanische Fallstudie behandelt, die ebenfalls einen Grundsatzkonflikt über Führungspersonal und politische Programme umfaßte. Der betreffende Führungskonflikt über die Nachfolge Jiang Jingguos zog sich von Mitte der achtziger Jahre bis etwa 1990 hin. Nach der *Vorbereitung* der Führungsnachfolge und der Einleitung eines Reformprozesses unter den Bedingungen eines noch weitgehend autonomen, autoritären Machtzentrums kam es im zweiten Abschnitt dieses Konfliktes zu Machtkämpfen um die Führungsnachfolge, die sich bereits unter grundlegend veränderten institutionellen Rahmenbedingungen vollzogen.

4.1.2 Taiwan: Die Einleitung eines demokratischen Reformprozesses

Das politische System Taiwans entsprach Anfang der achtziger Jahre noch weitgehend den im vorigen Kapitel skizzierten Bedingungen der autoritären Ära. Die GMD-Führung kontrollierte alle Staats- und Verwaltungsorgane sowie den Militär- und Sicherheitsapparat und verfügte über starke, nicht von unmittelbarer Erosion bedrohte Machtgrundlagen. Lediglich in der lokalpolitischen Sphäre war der Einfluß der Lokalfaktionen stetig angewachsen, und ein begrenzter Pluralismus hatte zu einer Zunahme gesellschaftlicher Freiräume geführt. Die Opposition konnte sich trotz ihrer zunehmenden Organisationsbestrebungen mangels Unterstützung noch nicht als bedrohlicher Gegenspieler der autoritären Herrschaftsorgane etablieren und war folgerichtig nur indirekt, meist über informelle Konsultationsprozesse, an den Entscheidungen der Führung beteiligt (Chao/Myers 1998: 118-19). Sie kann daher zu diesem Zeitpunkt noch als Teil der *extern* auf die Führung einwirkenden Handlungsanreize begriffen werden. Der Staatspräsident und GMD-Vorsitzende Jiang Jingguo verfügte in diesem System über eine nahezu absolute Autorität. Nur in Phasen sehr schlechter Gesundheit Jiangs, etwa 1981 und 1982, konnten andere mächtige Akteure in der Partei- und Staatsführung vorübergehend großen Einfluß auf zentrale Entscheidungsprozesse gewinnen.[205]

---

205 Die Ereignisgeschichte des taiwanischen Reformprozesses ist bereits in mehreren Studien sehr gründlich untersucht worden, teilweise unter Auswertung nahezu der gesamten Presseberichterstattung und mit Hilfe der Befragung hochrangiger, direkt beteiligter Führungsakteure (z.B. Chao/Myers 1998, Dickson 1997, Gunter Schubert 1994). Einzelheiten und Hintergrundinformationen zum Handeln der einzelnen Führungsakteure liefern vor allem die heute vorliegenden biographischen Studien (etwa Taylor 2000 für Jiang Jingguo, Marks 1998 für Wang Sheng und Zhou Yukou 1994 für Li Denghui). Informationen über zum Teil erst im Rückblick bekanntgewordene Einzelheiten informeller Interaktionen haben unter anderem die Politikwissenschaftler Cheng Mingtong, Zhang Youhua und Wang Zhenhuan zutage gefördert.

4.1.2.1 Die Vorbereitung der Reformpolitik mit autoritären Mitteln

Anfang der achtziger Jahre hatte sich der Gesundheitszustand des Diabetikers Jiang Jingguo so stark verschlechtert, daß ihm die Führung der Amtsgeschäfte phasenweise unmöglich war. Das faktische Entscheidungszentrum der GMD hatte sich daher zu einer informellen Organisation hinverlagert, die mit dem Codenamen „Liu Shaokang–Büro" bezeichnet wurde. Das „Liu Shaokang-Büro" war 1979 auf Weisung Jiang Jingguos gegründet worden, um anläßlich des Abbruchs der diplomatischen Beziehungen zu den USA die Abwehr von diplomatischen „Einheitsfront-Offensiven" der VR China zu koordinieren.[206] Mit der Führung dieser informellen Organisation war der Direktor der Abteilung für politische Kriegsführung, General Wang Sheng, betraut worden, der seit dem Bürgerkrieg zu den engsten Mitarbeitern Jiangs gehört hatte. Weitere Mitglieder dieser Organisation waren die wichtigsten Entscheidungsträger im Partei- und Staatsapparat, darunter der Generalsekretär der GMD, der Regierungschef, der Generalsekretär des Präsidialamtes sowie der Verteidigungsminister. Das „Liu Shaokang-Büro" hatte sich bald nach seiner Gründung zur wahren informellen Machtzentrale entwickelt und griff weit über seine ursprünglich vorgesehenen Kompetenzbereiche hinaus in die Arbeit fast aller anderen Führungsorgane ein. Es übernahm in der Praxis die Funktionen des StA der GMD.[207]

Für diese Entwicklung machten Kritiker der Organisation insbesondere Wang Sheng verantwortlich. Wang verfügte im Partei- und Militärapparat über eine starke informelle Machtbasis und wurde im In- und Ausland als der wahrscheinlichste Kandidat für die Jiang-Nachfolge angesehen.[208] Dies änderte sich schlagartig im April 1983. Der wieder arbeitsfähige Jiang traf, nachdem ihm zahlreiche Beschwerden aus der GMD-Zentrale gegen die Einmischung des „Liu Shaokang-Büros" in die Arbeit regulärer Parteiorgane zu Ohren gekommen waren, überraschend die Entscheidung zur Auflösung dieser Organisation. Wenig später wurde General Wang Sheng dann zunächst auf einen unbedeutenden militärischen Posten und später, im August 1983, als Botschafter nach

---

206 Vgl. die ausführliche Darstellung der Funktionen des „Liu Shaokang-Büros" bei Marks (1998: 260-62).
207 Selbst der Wang Sheng-Biograph Marks räumt in seiner unkritischen Darstellung ein, daß das *Liu Shaokang*-Büro sich systematisch Kompetenzbereiche anderer Führungsorgane aneignete und Funktionen der Politikformulierung in der Innen-, Außen- und Festlandpolitik übernahm. Die Binnenstruktur dieser Organisation wurde an die funktionalen Abteilungen der GMD-Zentrale angelehnt, um diese zu ersetzen. Marks hält dies als „Beitrag zur politischen Effektivität" jedoch für politisch unbedenklich, da der Generalsekretär der GMD an allen Entscheidungen des „Liu Shaokang-Büros" beteiligt gewesen sei, so daß von einer „Aushebelung formaler Entscheidungshierarchien" keine Rede sein könne (Marks 1998: 263, 266-67).
208 Vgl. u.a. Dickson (1997: 121), Wang Zhenghuan (1996: 68) sowie Taylor (2000: 345, 357-58).

4.1.2 Taiwan: Die Einleitung eines demokratischen Reformprozesses 163

Paraguay versetzt.[209] Dieser abrupte, im Kontext früherer Beispiele jedoch nicht ungewöhnliche Schritt Jiang Jingguos zur „Kaltstellung" eines Führungsakteurs muß als Teil eines neuen, reformorientierten Nachfolgearrangements angesehen werden.[210] Wegen der großen informellen Machtbasis Wang Shengs im Partei- und Sicherheitsapparat war es nur mit Hilfe der besonderen Autorität des „Höchsten Führers" möglich, eine solch kontroverse Personalentscheidung durchzusetzen. Die überraschende Beseitigung des „Liu Shaokang-Büros" und seines Leiters signalisierte der übrigen Führungselite, daß Jiang die Kontrolle über die Entscheidungszentrale wieder selbst in die Hand zu nehmen gedachte. Zum anderen bremste er dadurch Bestrebungen des Sicherheitsapparats, immer größere Teile des zivilen Entscheidungsapparates im Dienste der „nationalen Sicherheit" zu unterwandern.

Das alternative Nachfolgearrangement, das Jiang schließlich durchsetzte, kam den Zielen des reformfreundlichen Flügels in der GMD weit stärker entgegen. Da 1984 die nächste Wahl des Präsidenten und Vizepräsidenten durch die Nationalversammlung anstand, erhielt die Auswahl des neuen Vizepräsidentschafts-Kandidaten erhöhte Bedeutung. Zwar handelte es sich bei diesem Amt während der Jiang-Ära um einen rein zeremoniellen Posten, der mit keinerlei speziellen Machtbefugnissen verbunden war. Da der Vizepräsident jedoch laut Verfassung die Nachfolge eines im Amt verstorbenen Präsidenten antritt, erfuhr die Besetzung dieses Amtes im Kontext der offenen Nachfolgefrage ungewöhnliche Aufmerksamkeit. Auch wenn nicht bekannt ist, wie Jiang Jingguo seine verbleibende Lebenserwartung 1983 einschätzte, gehen die meisten Beobachter davon aus, daß er die Auswahl des neuen Vizepräsidenten bereits unter dem Gesichtspunkt der Möglichkeit traf, daß er das Ende seiner nächsten Amtszeit nicht mehr erleben würde. Formal wurden Präsident und Vizepräsident nach Nominierung durch das ZEK der GMD durch die Nationalversammlung gewählt. Faktisch handelte es sich dabei jedoch nur um eine Formalität, da Jiang bei der Nominierung des Kandidaten

---

209 Nach Angaben Wang Shengs kündigte Jiang seine Absicht zur Auflösung des „Liu Shaokang-Büros" am 22.4.1983 für ihn unerwartet während einer persönlichen Unterredung an. Am 10. Mai übertrug Jiang Wang dann die Leitung des *Joint Operations and Training Department*. Diese faktische Degradierung hatte Sympathiebekundungen und einen unaufhörlichen Besucherstrom von Militärangehörigen bei Wang zur Folge. Eine regelrechte „Abschiedstournee" Wangs durch verschiedene Militäreinrichtungen nährte schließlich Befürchtungen, Wang wolle eine „Faktion" bilden, was schließlich für seine Entsendung nach Paraguay ausschlaggebend war. Diese Entscheidung Jiangs wurde Wang am 16.8.1983 durch den Regierungschef mitgeteilt. Wang reiste am 16. November 1983 nach Paraguay ab (Marks 1998: 6-7; 272-77; Taylor 2000: 374-76).

210 Für von Wang Sheng selbst verbreitete Annahmen, wonach Jiang ihn aufgrund von Verfolgungswahn und beginnender Senilität fälschlich der „Faktionsbildung" verdächtigt habe, gibt es nach übereinstimmenden Berichten von Zeitzeugen wenig Anlaß. Vielmehr scheint Jiang bis zu seinem Tod 1988 vollauf in der Lage gewesen zu sein, die Konsequenzen seiner Entscheidungen zu überblicken. Auch spricht Wang Shengs eigenes Verhalten in der Führungskrise von 1990 (s.u.) für durchaus vorhandene Ambitionen seinerseits zur Manipulation innerparteilicher Machtkämpfe.

volle Entscheidungsautonomie genoß und die von „Alten Abgeordneten" der GMD dominierte Nationalversammlung die Entscheidungen der GMD-Zentrale stets ratifizierte. Unerwartet entschied Jiang 1984, den bis dahin wenig einflußreichen Provinzgouverneur Li Denghui zum Vizepräsidentschaftskandidaten zu nominieren. Nach den vorliegenden Untersuchungen traf Jiang diese Entscheidung, ohne die übrige Parteiführung zu konsultieren. Zwar hatte er im Februar 1984 einige persönliche Vertraute und Freunde sowie mehrere Parteiveteranen zu ihrer Meinung befragt, jedoch nie seine eigene Ansicht zu erkennen gegeben (Chao/Myers 1998: 118). Den StA der GMD setzte Jiang vor der offiziellen Nominierung Li Denghuis am 14. Februar 1984 nur indirekt in Kenntnis. Kurz vor dem offiziellen Nominierungstermin hatte Jiang Provinzgouverneur Li aufgefordert, im StA einen Bericht über seine Arbeit abzugeben, und diesen dann auffallend gelobt. Nach diesem Vorfall war allen StA-Mitgliedern klar, daß Li Denghui als Vizepräsidentschaftskandidat ausersehen war, doch bis zur offiziellen Bekanntgabe der Nominierung auf dem Zweiten Plenum des 12. ZEK wurde dies erfolgreich geheimgehalten, so daß die Nominierung Lis in der Öffentlichkeit schließlich für große Überraschung sorgte (Taylor 2000: 379-80).[211]

Da Jiang die Gründe für diese Personalentscheidung selbst nie öffentlich diskutiert hat, sind sie nicht vollständig zu rekonstruieren. Die Aussagen politischer Weggefährten Jiangs legen jedoch übereinstimmend nahe, daß die Auswahl Lis gezielt und nach klaren Kriterien erfolgte. Zu den am häufigsten genannten Gründen gehört Li Denghuis „einheimische" Herkunft, die ihm neben der Zugehörigkeit zur traditionell regimekritisch eingestellten presbyterianischen Kirche Vorteile im Umgang mit der erstarkenden Oppositionsbewegung verschaffen konnte (Taylor 2000: 365). Weitere Faktoren waren wahrscheinlich seine politischen Erfolge in vorherigen exekutiven Positionen als Provinzgouverneur und Bürgermeister von Taipei, sein effizienter und wenig pompöser Führungsstil, ein – nach damaligem Anschein – nur gering ausgeprägter Machttrieb sowie seine charismatische und öffentlichkeitswirksame Persönlichkeit, die ihm beim Werben um öffentliche Unterstützung zugute kommen konnte.[212] Die endgültige Entscheidung fiel anscheinend zwischen Li und dem ebenfalls „einheimischen" Lin Yanggang, der im Parteiapparat aufgrund seiner starken lokalpolitischen Verbindungen zwar über eine im Vergleich größere Machtbasis verfügte, aber weniger charismatisch und auslandserfahren war als Li Denghui (Zhou Yukou 1994: 24-25, Chao/Myers 1998: 118).

---

211 Die Darstellung Taylors basiert auf Interviews mit mehreren Augenzeugen. Vgl. jedoch die ebenfalls auf Augenzeugen-Interviews basierende Darstellung von Chao und Myers, wonach der StA von Lis Nominierung am 14.2.1984 völlig überrascht worden sei (Chao/Myers 1998: 118).
212 Häufig genannt wird auch die Tatsache, daß Lis einziger Sohn kurz zuvor gestorben war und die Entstehung einer „Li-Dynastie" an der Staatsspitze folglich nicht zu befürchten stand.

4.1.2 Taiwan: Die Einleitung eines demokratischen Reformprozesses

Die Li-Gegner im 1988 aufgeflammten Nachfolgekonflikt haben, begünstigt durch das Fehlen einer öffentlichen Klarstellung durch Jiang selbst, mehrfach hiervon abweichende Auffassungen geäußert. So sei die Besetzung des Vizepräsidentenamtes durch einen „Einheimischen" keineswegs schon mit Blick auf die Nachfolgeregelung geschehen, vielmehr habe es sich lediglich – wie in vorangegangenen, vergleichbaren Fällen auch – um den Versuch gehandelt, die „Einheimischen" *symbolisch* in die Staatsführung einzubeziehen. Diese interessengeleitete Interpretation läßt sich nach den vorliegenden Studien klar widerlegen, denn dies würde nicht erklären, warum Jiang Li Denghui ab 1984 mit großem persönlichem und zeitlichen Einsatz gezielt „schulte" und explizit auf die Fortsetzung des von ihm geplanten politischen Reformkurses verpflichtete.[213] So hielt Jiang täglich politische „Lehrstunden" mit Li ab, die dieser gewissenhaft protokollierte. Zudem bestand Jiang darauf, daß Li in allen wichtigen Teilen der Regierungsbürokratie hospitieren und sich mit den Problemen und Sichtweisen der jeweiligen Schlüsselakteure vertraut machen sollte (Zhou Yukou 1994: 23-24). Diese auf politische Kontinuität abzielenden „Schulungsmaßnahmen" sprechen für ein großes Maß an politischer Voraussicht auf Seiten Jiangs, das in dieser Form bei autoritären Herrschern – zumindest bei der Regelung der eigenen Nachfolge – eher selten anzutreffen ist. Da Jiang 1984 zugleich mit der internen Vorbereitung des 1986 offiziell eingeleiteten politischen Reformkurses begann, muß die Auswahl und „Schulung" Li Denghuis bereits als integraler Bestandteil der politischen Liberalisierungsstrategie angesehen werden. So informierte Jiang Jingguo Li Denghui am 21. März 1984, nach dessen Inauguration als Vizepräsident, über seinen Plan zur Einleitung eines politischen Reformkurses, ohne zunächst weitere hochrangige Parteifunktionäre ins Vertrauen zu ziehen (Chao/Myers 1998: 119-20, 324, Anm. 55).[214]

Die zeitliche Lücke zwischen der Etablierung eines reformorientierten Nachfolgearrangements und der tatsächlichen Einleitung von Reformen 1986 ist wahrscheinlich durch mehrere Faktoren zu erklären. So war die Nachfolgefrage durch die Einsetzung Lis als Vizepräsident noch nicht abschließend gelöst, sondern erforderte zur Absicherung weitere Maßnahmen, darunter auch die erwähnte inhaltlich-programmatische „Schulung" Lis als Vorbereitung zur Machtübernahme (Chao/Myers 1998: 119-20). 1984 und 1985 lagen zudem äußere Gründe vor, die zur Verzögerung der geplanten Reformschritte beitrugen. Mehrere schwerwiegende, innen- und außenpolitische Probleme beanspruchten die zentralen Entscheidungsorgane stark und erschwerten die Einleitung

---

213 Vgl. dazu Taylor (2000: 398), Chao/Myers (1998: 119).
214 Erst 1985 setzte Jiang den neuen GMD-Generalsekretär Ma Shuli von den Reformplänen in Kenntnis und beauftragte ihn, zur Vorbereitung mehrere informelle Studiengruppen zu bilden, die Mitglieder des StA, Militär- und Sicherheitsführer, „Alte Abgeordnete" sowie einige renommierte Wissenschaftler in den Diskussionsprozeß einbeziehen sollten. Jiang selbst verfolgte zwar die Ergebnisse dieser informellen Diskussionen, sagte selbst aber nur wenig (Angaben Ma Shulis in einem Inverview mit Taylor, vgl. Taylor 2000: 395-96).

eines institutionellen Reformprozesses neben der Krisenbewältigungsarbeit.[215] Die Widerstände, die in konservativen Teilen der Parteiführung gegen jegliche Liberalisierungsvorhaben bestanden, konnten von Jiang zwar grundsätzlich überstimmt werden. Im Interesse politischer Stabilität waren sie jedoch möglichst durch *Konsultation* statt durch Konfrontation zu überwinden. Die Einbindung reformkritischer Kräfte in das Reformprogramm erfolgte schließlich, indem informelle Beratergruppen geschaffen wurden. Jiang leistete zudem Überzeugungsarbeit bei informellen Treffen mit Parteiveteranen und verzichtete darauf, seine Autorität gegen den Widerstand der Reformgegner offen auszuüben (Taylor 2000: 404).

Der geplante Reformprozeß kam schließlich 1986 in Gang. Dabei steuerte die Parteizentrale den Demokratisierungsprozeß zwar im Hinblick auf Tempo und Reihenfolge der Reformschritte, aber die *inhaltliche* Stoßrichtung wurde nicht unwesentlich von den Forderungen der anderen „Spieler" bestimmt. Besonders der zunehmende Druck der oppositionellen *Dangwai*-Bewegung (wörtlich: „außerhalb der Partei") mit ihren Bestrebungen zur verstärkten Organisation und ihren öffentlichen Protestaktionen bildete den externen Stimulus für die Maßnahmen der Staats- und Parteiführung. Die Sicherheitsbehörden hatten in den Jahren 1984 und 1985 noch teils repressiv, teils aber schon nachgebend auf Vorstöße der Opposition reagiert.[216] Als sich 1986 jedoch abzuzeichnen begann, daß die *Dangwai*-Bewegung trotz möglicher Repression auf die Gründung einer oppositionellen Partei abzielte, leitete die GMD auf Weisung Jiangs auf dem Dritten Plenum des 12. ZEK im März 1986 offiziell einen politischen Reformkurs ein. Neuere Untersuchungen deuten an, daß Jiang ursprünglich geplant hatte, das Reformvorhaben erst nach den Wahlen vom Dezember 1986 öffentlich bekannt zu geben. Dieser Zeitplan wurde jedoch durch die Initiative der Opposition überholt (Taylor 2000: 405).

Zur Einleitung des Reformkurses hatte Jiang Jingguo den GMD-Generalsekretär Ma Shuli beauftragt, ein Reformkomitee mit sechs Untergruppen zu bilden, das die anstehenden Fragen beraten sollte (Chao/Myers 1998: 126). Ausgewählte ältere Parteiveteranen wurden formal durch die Schaffung eines neuen „Beraterkomitees" eingebunden, das Vorschläge für die Reformen ausarbeiten sollte (Dickson 1997: 121).[217] Tatsächliche

---

215 1984 hatte die Ermordung des regimekritischen Journalisten Jiang Nan (alias Henry Liu) in Kalifornien schwerwiegende Verstimmungen im Verhältnis zu den USA zur Folge, da hochrangige Vertreter des taiwanischen Sicherheitsapparats, Gerüchten zufolge sogar ein Sohn Jiang Jingguos, in die Ermordung involviert waren (vgl. die detaillierte Darstellung bei Taylor 2000: 327-28; 386-94). 1985 führte der im Ausmaß gewaltige „Cathay-Finanzskandal" dann aufgrund der Verwicklung von GMD-Funktionären in illegale Finanzaktivitäten zum Rücktritt mehrerer Minister (Chao/Myers 1998: 126).

216 Siehe für Einzelheiten Gunter Schubert (1994: 57-58); Chao/Myers (1998: 121-22); Wang Zhenhuan (1996: 79).

217 Die Einrichtung derartiger „Beraterkomitees" hatte auf Taiwan Tradition. Schon seit den fünfziger Jahren waren ältere Kader auf diese Weise von Entscheidungspositionen „weggelobt" worden. Auch bei dem 1986 eingerichteten Beraterkomitee handelte es sich nach Einschätzung von Beobachtern um eine rein symbolische, versöhnliche Geste Jiangs an die Vete-

4.1.2 Taiwan: Die Einleitung eines demokratischen Reformprozesses

Gestaltungskraft hatte jedoch nur das offizielle Reformkomitee der Parteiführung, dessen zwölf Mitglieder am 9. April benannt wurden. Im Juni unterbreitete das Reformkomitee seine Vorschläge; gleichzeitig begann die Parteiführung im Mai auf Initiative Jiang Jingguos, direkten Kontakt zu *Dangwai*-Vertretern aufzunehmen, um mit ihnen in einen Aushandlungsprozeß zur Frage der Ausweitung oppositioneller Spielräume einzutreten.[218]

Das Tempo der Reformen wurde ab Mitte 1986 zunehmend von den Initiativen der Oppositionsbewegung bestimmt, die durch ihre Protestaktionen die Regierung zu Reaktionen zwang. Die offizielle Gründung der ersten Oppositionspartei, der Demokratischen Fortschrittspartei (*Minjindang*, DFP) im September 1986, stellte schließlich einen direkten Angriff auf das Organisationsmonopol der GMD dar. Dieser unter Kriegsrechtsbedingungen formal illegale Schritt erzwang eine eindeutige Reaktion der Parteiführung, die durch Repression oder Toleranz den künftigen Handlungsspielraum der Opposition definitiv festsetzen konnte. Die *Dangwai*-Vertreter hatten jedoch in diesem Fall begründeten Anlaß, keine Repression zu befürchten (Gunter Schubert 1994: 58). Das Parteiprogramm der DFP enthielt die wesentlichen programmatischen Forderungen der Opposition und gab damit die langfristigen Ziele des Demokratisierungsprozesses vor. Die wichtigsten Punkte umfaßten die Direktwahl des Präsidenten durch die Bevölkerung Taiwans, die demokratische Wahl aller nationalen Volksvertreter und die Ablösung der „Alten Abgeordneten", das Ende des Kriegsrechts, Pressefreiheit, die Freilassung aller politischen Gefangenen sowie die Aufhebung aller Beschränkungen hinsichtlich der Gründung neuer politischer Parteien (Chao/Myers 1998: 130). Das Machtzentrum unter Präsident Jiang reagierte auf die Herausforderung der Opposition mit abwartender Toleranz. In einem Vier-Augen-Gespräch mit Jiang am 30. September 1986 bestärkte Vizepräsident Li Denghui Jiang in dessen Absicht, nicht repressiv gegen die DFP-Gründer vorzugehen. Diesen Kurs setzte Jiang daraufhin während einer Notfall-Sitzung des StA im restlichen Partei- und Sicherheitsapparat autoritativ gegen größere Widerstände durch (Chao/Myers 1998: 133; Taylor 2000: 406).[219] Die GMD-

---

ranen mit dem Ziel, sie für den Reformprozeß zu gewinnen. Tatsächlich trat das Komitee nach Aussage Li Denghuis nicht ein einziges Mal zusammen (Hood 1997: 59, Dickson 1997: 50).

218 Vgl. für weitere Details Gunter Schubert (1994: 58) und Chao/Myers (1998: 126, 326, Anm. 86). Mehrere Treffen zwischen einer GMD-Delegation und *Dangwai*-Vertretern im Mai und Juni konnten kein Einigung über die von der GMD gewünschte Aufschiebung einer illegalen Parteigründung erzielen (Chao/Myers 1998: 130-31).

219 In einer vielzitierten Äußerung Jiangs auf der StA-Sitzung vom 5.10.1986 begründete er seine Entscheidung zur Toleranz folgendermaßen: „Die Zeiten wandeln sich, die Rahmenbedingungen wandeln sich, die Trends wandeln sich ebenfalls. Um diesen Veränderungen zu begegnen, muß die Regierungspartei mit neuen Gedanken und Methoden auf der Basis einer demokratischen und konstitutionellen Regierung Reformmaßnahmen vorantreiben" (時代在變，環境在變，潮流也在變。因應這些變遷，執政黨必須以新的觀念，新的作法，在民主憲政的基礎上，推動革新措施; zit. nach Liu Minghuang 1996: 95).

Zentrale beschränkte ihre Reaktion auf die DFP-Gründung auf verbale Kritik, verzichtete aber auf den Einsatz der zu diesem Zeitpunkt noch verfügbaren Repressionsinstrumente (Gunter Schubert 1994: 58-60).
In einem weiteren Schritt zur politischen Reform kündigte Jiang am 7. Oktober 1986 in einem Interview mit amerikanischen Journalisten ohne vorherige Konsultation der übrigen Führungsschicht an, das Kriegsrecht bald aufheben zu wollen.[220] Am 10. Oktober, dem Nationalfeiertag, rief Jiang schließlich das ZEK der GMD dazu auf, eine „Führungsrolle" beim Aufbau eines demokratischen Rechtsstaates zu übernehmen, und stellte sich damit unmißverständlich hinter das Reformprogramm. Weitere Reformschritte folgten bald: noch im Oktober die Ausarbeitung eines neuen Organisationsgesetzes, im folgenden Jahr ein Entschädigungsgesetz für den Rücktritt der „Alten Abgeordneten", das zur Vorbereitung der vollständigen Neuwahl der Volksvertretungsorgane notwendig war, ein Gesetz über ihre Verpflichtung zum Rücktritt, sowie am 1. Januar 1988 die Lockerung der bis dahin äußerst rigiden Presserestriktionen (Chao/Myers 1998: 135-36, 154-55). Mit der Vorbereitung dieser und anderer Reforminitiativen beauftragte Jiang Ma Yingjiu und Li Huan, die jeweils Beratungsgremien zu den Einzelfragen zusammenriefen und koordinierten. Zu Kontroversen mit Oppositionsvertretern in der Legislative führten in dieser Zeit Versuche des Sicherheitsapparats, durch ein neues Nationales Sicherheitsgesetz viele der durch Kriegsrecht und „Vorläufige Bestimmungen" geschaffenen Sonderrechte der Exekutive zu erhalten (Taylor 2000: 408-9, 414-21).[221]
Wegen der faktischen Einflußlosigkeit ihrer Vertreter im Legislativyuan griff die Opposition in dieser Phase zunehmend zu Methoden der Massenmobilisierung, um über öffentliche Protestaktionen Druck auf die GMD-Zentrale auszuüben. Dabei etablierten sich einige der noch heute gültigen Spielregeln für politische Konfliktaustragung, zu denen neben der Abhaltung von Großdemonstrationen auch medienwirksame Faustkämpfe und harte verbale Attacken im Parlament gehören konnten.[222] Zwar konnte die DFP durch solche Maßnahmen die Verabschiedung des von ihr bekämpften neuen Sicherheitsgesetzes nicht verhindern, aber die Regierung sah sich gezwungen, der Opposition im Hinblick auf andere Forderungen entgegenzukommen, um die Lage zu entschär-

---

220 Dickson vermutet aufgrund seiner Interviews mit Zeitzeugen, daß die Ankündigung zur Aufhebung des Kriegsrechts, die am 10.10.86 veröffentlicht wurde, primär als symbolische Geste an das westliche Ausland gedacht war und deshalb in einem Interview mit der amerikanischen Presse bekanntgegeben wurde anstatt zuerst in taiwanischen Medien (Dickson 1997: 211-12).
221 Der entsprechende Gesetzgebungsprozeß, an dem neben dem Legislativyuan das Verteidigungsministerium sowie das Innenministerium beteiligt waren, zog sich längere Zeit hin, nämlich von September 1986 bis Juni 1987, bis die überwältigende GMD-Mehrheit im Legislativyuan das Gesetz schließlich gegen den zum Teil gewaltsamen Widerstand der Opposition verabschiedete. Jiang Jingguo hatte während des Verfahrens persönlich eingegriffen und die ursprüngliche Vorlage stark verkürzt, um ihre Verabschiedung zu erleichtern (Chao/Myers 1998: 153-55).
222 Vgl. eine Aufstellung entsprechender Vorfälle im Parlament bei Liu Minghuang (1996: 104).

4.1.2 Taiwan: Die Einleitung eines demokratischen Reformprozesses

fen. Deshalb wurden im März und April zunächst zwei prominente politische Gefangene, Huang Xinjie und und Zhang Junhong, freigelassen und ab Ende Juni schließlich alle noch ausstehenden Fälle überprüft. Das Kriegsrecht endete offiziell um Mitternacht des 15. Juli 1987 (Chao/Myers 1998: 141-42; 146-49). Diese Reformmaßnahmen veränderten die Struktur des politischen Systems bereits nachhaltig und machten den Weg frei für einen demokratischen Transitionsprozeß unter Beteiligung der Opposition und unter Beobachtung durch eine zunehmend kritische Presse und Öffentlichkeit. In einzeln ausgehandelten Kompromissen ließ die Führung nach und nach alte Beschränkungen zur politischen Betätigung fallen und nahm zunehmend Abstand von repressiven Mitteln. Innerhalb kurzer Zeit wurden so die Grundlagen für eine weitgehende Neuordnung des Institutionengefüges geschaffen.

4.1.2.2 Der Nachfolgekonflikt nach dem Tod Jiang Jingguos

Der Tod Jiang Jingguos am frühen Nachmittag des 13. Januar 1988 hinterließ ein Machtvakuum im politischen System Taiwans, da mit dem Tod des letzten „Starken Mannes" an der Staatsspitze die ordnende Instanz des „Höchsten Führers" verschwand. Dies geschah nicht zufällig, sondern entsprach der erklärten Absicht Jiangs, jede Tendenz zur Weiterführung seiner absoluten Führungsrolle durch Militärangehörige oder eigene Blutsverwandte zu unterbinden.[223] Der Nachfolger Jiangs im Amt des Staatspräsidenten, Vizepräsident Li Denghui, konnte sich auf keine starke informelle Machtbasis stützen, sondern genoß lediglich den legitimierenden Einfluß des Vertrauens, das Jiang zu seinen Lebzeiten in ihn gesetzt hatte. Deshalb war die endgültige Regelung der Nachfolgefrage durch die verfassungsgemäße Vereidigung Li Denghuis zum siebten Präsidenten der Republik China am 13. Januar um 19:00 Uhr nach Auffassung zahlreicher Führungsakteure noch keineswegs entschieden.[224]

Die bereits seit längerem existierenden programmatischen Verwerfungen zwischen verschiedenen parteiinternen Gruppierungen konnten nun ungehindert aufbrechen. Als Folge kam es im Verlauf der Jahre 1988 bis 1990 zu mehreren harten Auseinandersetzungen, die zu gleichen Teilen um die Fortsetzung des von Jiang begonnenen Reformkurses und um die damit verknüpften Personalfragen kreisten. Vertreter eines

---

223 So hatte Jiang in seiner Rede zum Verfassungstag am 25.12.1985 klargestellt, daß Mitglieder seiner Familie die Führung „weder übernehmen wollten noch könnten", und daß eine Machtübernahme durch das Militär nicht in Frage käme. Es ist denkbar, daß Jiang mit dieser Äußerung zugleich eine eigene Kandidatur für eine dritte Amtszeit ausschließen wollte (Nathan/Ho 1993: 48).

224 In einer vergleichbaren Situation war das Amt des Staatspräsidenten nach dem Tod Jiang Jieshis am 5.4.1975 zwar von Vizepräsident Yan Jiagan übernommen worden, nicht aber der informell wichtigere GMD-Vorsitz. Yan galt somit nie als „Nachfolger" Jiang Jieshis, sondern führte lediglich die begonnene Amtszeit zu Ende und gab das Amt des Staatschefs dann an den wirklichen Machthaber, Jiang Jingguo, ab (Zhou Yukou 1994: 29).

politischen Reformprogramms konkurrierten mit den Bewahrern eines Status quo, der die Beibehaltung der außenpolitischen Prinzipien des Kalten Krieges (strikter Antikommunismus, Kompromißlosigkeit in der China-Frage) und eines autoritären politischen Systems unter Führung der GMD zum Kern hatte. Daß es den Reformern im Verlauf dieser Konflikte trotz einer nicht sehr günstigen Ausgangsposition gelang, das Reformprogramm gegen die Herausforderungen konservativer Parteiveteranen zu verteidigen, stellte eine wichtige Wasserscheide auf dem Weg zur Demokratisierung Taiwans dar (Michael Kau 1996: 295).

Das Regierungssystem machte in diesen wenigen Jahren enorme institutionelle Veränderungen durch, und der Kreis der an den Entscheidungen beteiligten Führungsakteure erweiterte sich zusehends. Daß der Reformprozeß ohne größere soziale Verwerfungen und ohne Blutvergießen stattfinden konnte, hatte mehrere Ursachen, darunter nicht zuletzt die Bereitschaft von Führung *und* Opposition zur Zurückhaltung in der Wahl politischer Konfliktmittel und ihre Bereitschaft zu Kompromissen (Chao/Myers 1998: 17-18). Die innerparteilichen Gegner des von Li dominierten Reformflügels gehörten zumeist der Gruppe „festländischer" Parteiveteranen an, die 1988 noch in wichtigen Führungspositionen vertreten waren. Unterstützt wurde das Reformerlager zumeist von jüngeren Parlamentsabgeordneten, akademischen Eliten und von der „einheimisch" geprägten Privatwirtschaft, da eine Lockerung der Festlandpolitik ebenso wie ein Liberalisierungskurs den Eigeninteressen dieser Akteure entgegenkam (Wang Zhenhuan 1996: 76-77). Die neu formierte Oppositionspartei DFP reifte allmählich zu einem echten Gegenspieler der GMD heran und konnte Funktionen einer *pressure group* erfüllen. Sowohl in der DFP als auch in der GMD wurden jedoch zunehmend parteiinterne Spaltungstendenzen sichtbar, die die Akteurskonstellation erheblich komplizierten und eine Kooperation beider Lager in der Reformpolitik erschwerten (Chao/Myers 1998: 160-61).

Zunehmende Bedeutung kam in diesem Stadium des Reformprozesses den lokalpolitischen Kräften zu, besonders den mächtigen Lokalfaktionen, die zunehmend regionenübergreifende Bündnisse in den Volksvertretungsorganen eingingen und durch ihre Möglichkeiten zur Wählermobilisierung ein wichtiger Machtfaktor im politischen Konkurrenzkampf wurden. Aufgrund ihrer Verwurzelung in traditionell „einheimischen" Gebieten tendierten sie eher zur Unterstützung des reformorientierten Lagers der GMD. Lokalpolitiker hatten aber auch ein Eigeninteresse an den Reformen, da sich durch die Umbildung der zentralen Volksvertretungsorgane und den Rücktritt der „Alten Abgeordneten" für sie neue Aufstiegsmöglichkeiten ergaben (Wang Zhenhuan 1996: 77-78). Nach dem Tod Jiang Jingguos kam es im Januar 1988 zunächst zu einem Führungskonflikt über die Nachfolge im Parteivorsitz. Dem neuen GMD-Generalsekretär Li Huan

4.1.2 Taiwan: Die Einleitung eines demokratischen Reformprozesses 171

oblag es, die organisatorische Seite der Nachfolgefrage zu behandeln.[225] Für diese Nachfolge existierten, anders als bei der Staatspräsidentschaft, keine verbindlichen Regeln. Zudem hatte Jiang Jingguo, entgegen zunächst anderslautenden Gerüchten, kein „politisches Testament" hinterlassen, das seine Wünsche zur Nachfolgeregelung eindeutig zum Ausdruck gebracht hätte.[226] In dieser Situation stellte sich Generalsekretär Li Huan zunächst ohne Einschränkung hinter die Kandidatur Li Denghuis. Nach einer Beratung mit seinen drei Stellvertretern Song Chuyu, Gao Minghui und Ma Yingjiu erklärte er am 15. Januar, daß die Beibehaltung eines monistisches Machtzentrums – also die Ausübung von Staatspräsidentschaft und GMD-Vorsitz in Personalunion – einer geteilten Spitze im Interesse der politisch-gesellschaftlichen Stabilität vorzuziehen sei. Folgerichtig müsse Präsident Li Denghui auch den Parteivorsitz übernehmen (Zhou Yukou 1994: 31). Diese Meinung teilte auch der mächtigste Akteur in der Militärführung, Generalstabschef Hao Bocun. Im Interesse der nationalen Sicherheit stellte sich Hao zunächst voll hinter die Kandidatur Li Denghuis und half dadurch, die Bedenken anderer StA-Mitglieder gegen Li Denghui als Jiang-Nachfolger zu verringern (Zhang Youhua 1993: 62).[227] Die Militärführung, besonders die Hauptabteilung für politische Kriegsführung, sorgte in der nach Jiangs Tod angespannten Situation somit für die kritische Unterstützung Li Denghuis durch den Militärapparat (Chen Chun-Ming 1995: 109).

Nach einer informellen Befragung der StA-Mitglieder, bei der sich die Mehrheit für Li Denghui aussprach, legte Li Huan schließlich das Verfahren für die Wahl Lis zum ak-

---

225 Li Huan war bis 1977 einer der wichtigsten Vertrauten Jiang Jingguos gewesen, als er gleichzeitig den Chinesischen Jugendverband, die Organisationsabteilung der GMD und das Sun Yixian-Institut für Revolutionäre Praxis (das Trainingszentrum für Führungskader) leitete. Er war maßgeblich an der „Taiwanisierungsstrategie" zur Kooptierung „einheimischer" Führungskräfte in die GMD beteiligt. 1977 mußte er im Zuge des Zhongli-Zwischenfalls die Verantwortung für einige prominente Abtrünnige im GMD-Nachwuchs übernehmen und verlor alle Schlüsselpositionen, blieb jedoch weiter in engem Kontakt zu Jiang und den von ihm rekrutierten Kadern, weshalb er bei der Wahl zum ZEK 1978 auch ohne offizielle Nominierung ein sehr gutes Wahlergebnis erzielen konnte. 1984 wurde er rehabilitiert und zum Bildungsminister ernannt, ab 1987 dann als neuer Generalsekretär mit der Verjüngung und Reform der Parteiorganisation betraut (Newell 1994: 204, Anm. 43; Taylor 2000: 414).
226 Obwohl Jiang in voller Absicht kein politisches Testament hinterlassen hatte, machten sich einige seiner Mitarbeiter nach seinem Tod daran, diesen „Fehler" zu korrigieren, und beauftragten seinen Sekretär Wang Jiahua, ein entsprechendes Dokument aufzusetzen. Das gefälschte Testament wurde vom Informationsbüro der Regierung auf den 5.1.1988 datiert und veröffentlicht. Taylor (2000: 422) zitiert als Beleg für diese Angaben ein eigenes Interview mit einen anonymen Augenzeugen des Fälschungsvorganges.
227 Ein Grund für die Bedenken konservativer Parteiveteranen gegen Li Denghui waren dessen frühe Verbindungen zur Kommunistischen Partei 1945-46, von denen das Nationale Sicherheitsbüro nach Lis Nominierung zum Vizepräsidenten erfahren hatte. Angesichts seiner eigenen kommunistischen Vergangenheit störte sich Jiang Jingguo nicht daran, was jedoch nicht für die stärker antikommunistisch ausgerichteten Teile der alten Parteielite galt (Taylor 2000: 380).

tierenden Parteivorsitzenden fest.[228] Demnach sollte der nach Li Denghui ranghöchste Vertreter der Exekutive, Regierungschef Yu Guohua, auf der nächsten StA-Sitzung am 20. Januar einen Antrag auf Wahl Li Denghuis zum aktierenden Parteivorsitzenden stellen, so daß seine Wahl anschließend erfolgen konnte. Auf dem bevorstehenden 13. Parteitag im Juli sollte Li dann satzungsgemäß vom neuen ZEK der GMD zum *regulären* Parteivorsitzenden gewählt werden. Dieser Vorschlag zielte darauf ab, durch eine baldige Abstimmung größtmögliche Geschlossenheit der Führungsspitze zu demonstrieren. Unterstützung für den gewählten Kurs erhielt Li Huan am 18. und 19. Januar von einer Gruppe jüngerer GMD-Volksvertreter, die einen Aufruf zur Wahl Li Denghuis veröffentlichten (Chen Mingtong 2001: 194).

Zunächst stimmte Yu Guohua diesem Plan zu, so daß Li Huan Li Denghui über den geplanten Ablauf der Wahl informierte (Zhou Yukou 1994: 31-32). Kurz darauf verhinderte jedoch eine unerwartete Intervention der sogenannten „Palastfaktion" die Umsetzung dieses Vorhabens. Bei der „Palastfaktion" handelte es sich um eine Gruppierung von Familienangehörigen und engen Vertrauen der Witwe Jiang Jieshis, Song Meiling.[229] Die Vorgehensweise der Gruppierung um Madame Jiang bestand darin, offenen Protest gegen Lis Nominierung zu formulieren und gezielt Einfluß auf einzelne Führungsakteure auszuüben, besonders auf Regierungschef Yu Guohua, der als ehemaliger Privatsekretär Jiang Jieshis in einen Loyalitätskonflikt geriet. Zunächst erhielt Generalsekretär Li Huan am 18. oder 19. Januar einen persönlichen Brief Song Meilings.[230] Im Namen der Parteiältesten und der von ihr vertretenen Zentralen Beraterkommission sprach sie sich darin für ein „kollektives Führungsmodell" anstelle einer monistischen Partei- und Staatsführung aus und verwahrte sich gegen die schnelle Wahl Li Denghuis zum aktierenden Parteivorsitzenden. Nach Erhalt dieses Briefes kontaktierte Li Huan unverzüglich Regierungschef Yu und den Generalsekretär des Präsidialamtes, Shen Changhuan, um die neue Situation zu beraten. Sowohl Yu als auch Shen, die beide eng mit der Jiang-Familie verbunden waren, äußerten Vorbehalte gegen den

---

228 Eine von der Nachrichtenagentur UPI am 16.1.1988 veröffentlichte, „inoffizielle Umfrage" unter den 31 StA-Mitgliedern ergab eine „überwältigende" Mehrheit für Li Denghui, während die Kandidatur von Parteiveteranen wie Yu Guohua oder Huang Shaogu nicht mehrheitlich unterstützt wurde (Guo Hongzhi 1988, zitiert nach Chen Mingtong 2001: 194).

229 Einem unbestätigten Gerücht zufolge soll ein Neffe Jiang Jingguos, Kong Lingkan, hinter dem Vorgehen der „Palastfaktion" gesteckt haben. Ihm wurden Ambitionen unterstellt, selbst die Kontrolle über die GMD übernehmen zu wollen (Zhou Yukou 1994: 35-36). Chen Mingtong zufolge waren jedoch Qin Xiaoyi und Cao Shengfen die eigentlichen Drahtzieher der Initiative. Ihr Ziel sei es gewesen, den der Jiang-Familie nahestehenden Regierungschef Yu Guohua anstelle Li Denghuis zum GMD-Vorsitzen zu machen. Ob Yu Guohua selbst in diese Pläne einbezogen worden war, bleibt jedoch unklar (Chen Mingtong 2001: 194).

230 Song Meiling, die Stiefmutter Jiang Jingguos, bekleidete in der GMD das formell wenig einflußreiche Amt einer Vorsitzenden der Zentralen Beraterkommission. Dennoch verfügte sie als Symbolfigur der Revolution über große informelle Autorität; zudem hatte sie enge persönliche Beziehungen zu einigen Schlüsselfiguren im Lager der Parteiveteranen.

4.1.2 Taiwan: Die Einleitung eines demokratischen Reformprozesses

verabredeten Plan und weigerten sich, die Gruppe um Madame Jiang offen zu brüskieren. Dies war besonders deshalb problematisch, weil Yu bei der Wahl als Antragsteller vorgesehen war. Als Kompromiß schlug Li Huan vor, die Wahl zwar um eine Woche zu verschieben, sie dann jedoch wie geplant durchzuführen. Li Huan bot an, danach gegenüber Madame Jiang die Verantwortung für die Zurückweisung ihres Vorbehaltes zu übernehmen und seinen Rücktritt als Generalsekretär einzureichen. Über diesen Beschluß informierte Li Huan anschließend Li Denghui und ordnete an, daß die für den 20. Januar geplante StA-Sitzung ausfallen und die Wahl des Parteivorsitzenden statt dessen am 27. Januar stattfinden sollte.

Als dies Gruppe um Madame Jiang davon erfuhr, unternahm sie am Vorabend des 27. Januar einen erneuten Vorstoß. Diesmal erhielt Yu Guohua einen Telefonanruf von Jiang Jingguos drittem Sohn, Jiang Xiaoyong. Dieser forderte ihn auf, am folgenden Tag *nicht* den Antrag auf Wahl Li Denghuis zum aktierenden Parteivorsitzenden zu stellen. Nach dieser direkten Aufforderung stand Yu vor dem Dilemma, entweder die neue Staats- und Parteiführung oder die Parteiältesten brüskieren zu müssen. Bei einer nächtlichen Besprechung mit Li Huan lehnte dieser einen weiteren Aufschub ab und verständigte sich mit anderen StA-Mitgliedern darüber, daß trotz des Anrufs wie geplant vorzugehen sei. Die Entscheidung über sein Vorgehen auf der Sitzung wurde Yu Guohua persönlich anheimgestellt (Zhou Yukou 1994: 32-34).

Am folgenden Morgen fand vor Beginn der Sitzung eine letzte Besprechung Li Huans und Yu Guohuas statt, auf der Li die Diskussion mehrerer anderer Tagesordnungspunkte *vor* der geplanten Antragstellung zur Wahl des Parteivorsitzenden ankündigte. Da die Presse die bevorstehende Wahl Li Denghuis bereits vorab publiziert hatte, war eine Aufschiebung der Wahl auch aus Gründen der Öffentlichkeitswirkung problematisch. Diese Ansicht teilten besonders die Medienvertreter im StA, die Verleger der beiden größten Tageszeitungen *Lianhebao* (United Daily News) und *Zhongguo Shibao* (China Times). Yu Guohua äußerte sich zu diesem Zeitpunkt noch nicht klar über seine Absichten. Die Entscheidung wurde ihm schließlich durch ein ungewöhnliches Manöver des stellvertretenden Generalsekretärs Song Chuyu abgenommen. Noch bevor die Diskussion der ersten Tagesordnungspunkte beendet war, ergriff Song unaufgefordert das Wort und kritisierte Yu Guohua wegen dessen vermeintlicher „Verschleppung" des Abstimmungsantrages heftig. Anschließend verließ Song demonstrativ den Raum. Diese Aktion war deshalb höchst ungewöhnlich, weil jüngere Funktionäre wie Song im StA normalerweise, wenn überhaupt, nur auf Aufforderung zu Wort kamen. Der direkte Angriff auf Regierungschef Yu war zudem mit informellen Normen der Harmoniewahrung und Konfliktvermeidung nicht zu vereinbaren. Songs plötzlicher Alleingang vereitelte jedoch effektiv die von der „Palastfaktion" beabsichtigte, stillschweigende Verschleppung der Abstimmung, denn nach diesem Vorfall wurde die Wahl umgehend auf die Tagesordnung gesetzt und Li Denghui gegen zehn Uhr morgens zum aktierenden Vorsitzenden der GMD gewählt. Die von Song provozierte Szene wurde der Öffentlichkeit zunächst nicht bekannt gemacht (Zhou Yukou 1994: 35-38).[231] Nach seiner kontroversen Wahl bemühte sich Li Denghui demonstrativ um politische Kontinuität und Aussöhnung mit den innerparteilichen Gegnern. In zahlreichen Besuchen bei Mitgliedern der Jiang-Familie, bei älteren Parteiveteranen, Regierungsberatern, wichtigen Lokalpolitikern und bei Truppenteilen auf den frontnahen Inseln versuchte er, Zustimmung zu seiner Amtsführung zu erhalten. Indem er einigen Forderungen aus konservativen Kreisen nachgab, etwa indem er die Amtszeit von Generalstabschef Hao Bocun nochmals verlängerte und großzügige Abfindungen für die von Parlamentsreformen bedrohten „Alten Abgeordneten" versprach, gelang es ihm relativ bald, die Widerstände gegen seine Person zunächst zu überwinden (Chao/Myers 1998: 159). Ausschlaggebend für den aus Sicht des Reformerlagers günstigen Konfliktausgang war, daß unterschiedliche Interessenlagen zwischen den mächtigsten Akteuren in Regierung und Parteiführung – Generalsekretär Li Huan, Regierungschef Yu Guohua, Generalstabschef Hao Bocun und andere mächtigen Veteranen – eine effektive *Kooperation* dieser Akteure zunächst verhinderten, so daß sich keine breite Front der Ablehnung gegen Li Denghui zusammenschließen konnte. Zudem hatte das Scheitern der „Palastfaktion" deutlich gemacht, daß dieser Teil der „Alten Garde" in politischer Hinsicht nahezu einflußlos geworden war.

In den Zeitraum 1988 bis 1989 fielen dann einige sach- und personalpolitische Entscheidungsprozesse, die den Fortgang des Reformkurses entscheidend prägten. Zu den politischen Zielsetzungen des Reformerlagers gehörten konfliktträchtige Maßnahmen wie die Inkraftsetzung der Verfassung nach Jahrzehnten des Ausnahmezustandes, die Abschaffung der „Vorläufigen Bestimmungen", die Vorbereitung einer Verfassungsreform, die die Verfassungsstruktur an Taiwans politische Realität anzupassen hatte, die Regelung des Rücktritts der „Alten Abgeordneten" und die Durchführung demokratischer Neuwahlen für Legislativyuan und Nationalversammlung. Dazu mußte die Unterstützung der DFP und der Öffentlichkeit eingeworben werden (Chao/Myers 1998:

---

231 Nach Einschätzung einiger Augenzeugen des Vorfalls war Songs Chuyus offener Bruch mit den informellen Verhaltensnormen des StA der entscheidende Faktor dafür, daß die Wahl Li Denghuis auf dieser Sitzung überhaupt stattfinden konnte, denn der ungewöhnlich dramatische Auftritt führte allen Teilnehmern die Dringlichkeit der Entscheidung vor Augen. Song hatte sich somit den Parteivorsitzenden Li zu Dank verpflichtet. In konservativen Kreisen sorgte sein Vorgehen jedoch für starke Irritationen. Zudem wurde die innerparteiliche Autorität Yu Guohuas durch diese Episode stark beschädigt, da er der Illoyalität gegenüber der Führung beschuldigt worden war. Es ist durchaus möglich, daß Yu, wie von ihm selbst später gegenüber Vertrauten behauptet, die Abstimmung keineswegs verschleppen wollte und von Songs Aktion förmlich „überrollt" wurde. Das Verhältnis zwischen Song und Yu kühlte infolge dieses Zwischenfalls stark ab (Zhou Yukou 1994: 39-40). In der Partei bildete sich eine regelrechte Stimmungsfront gegen den eher unpopulären Regierungschef, wovon letztendlich Generalsekretär Li Huan profitieren konnte, der Yu schließlich 1989 als Regierungschef beerbte (Chen Mingtong 2001: 195).

4.1.2 Taiwan: Die Einleitung eines demokratischen Reformprozesses

160). Gleichzeitig war eine Abkehr von der alten Außen- und Festlandpolitik geplant mit dem Ziel, die Vorschriften zum Kontakt mit der VR China zu lockern und Taiwans internationalen Spielraum wieder zu vergrößern. Zwischen 1988 und 1990 gelang die Verabschiedung wichtiger Reformgesetze. Die Ergänzungswahlen zum Legislativyuan Ende 1989 hatten in der Wahrnehmung der Führungsakteure große Bedeutung, da das Wahlergebnis die Haltung der Bevölkerung zum Reformprozeß reflektieren würde. Das Abschneiden der DFP konnte Aufschluß über das Ausmaß öffentlicher Unterstützung für einen taiwanischen Nationalismus geben, und ein deutlicher Zugewinn an Sitzen konnte der DFP zudem größere Einwirkungsmöglichkeiten auf die Gesetzgebung einräumen. Die Wahlen ergaben für die GMD schließlich mit etwa 60 Prozent der Stimmen ein im Vergleich zu früheren Wahlen nicht überragendes Abschneiden, das von GMD-Führung und Presse gleichermaßen als Niederlage interpretiert wurde (Chao/Myers 1998: 163-68, 173). In der zentralen Führung verschärften sich zugleich die innerparteilichen Konflikte über die Fortführung des Reformkurses.

Nach der vorläufigen Lösung der Nachfolgefrage Anfang 1988 hatten sich innerhalb der GMD-Führung Risse aufgetan, die durch die persönliche Rivalität zwischen mächtigen Führungsakteuren geprägt waren. Anhänger des populären Generalsekretärs Li Huan versuchten seit Anfang 1988, die Stellung des in Partei und Öffentlichkeit zunehmend rückhaltlosen Regierungschefs Yu Guohua zu untergraben, um Li Huan an seine Stelle zu setzen. Im Spätsommer 1988 fand der 13. Parteitag statt, auf dem ein neues ZEK und ein neuer StA gewählt und Li Denghui in seinem Amt als regulärer Parteichef formal bestätigt werden sollte. Auf diesem Parteitag konnte Generalsekretär Li Huan mit Hilfe öffentlichkeitswirksamer Auftritte ein hervorragendes Wahlergebnis zum ZEK erreichen, mit dem er alle übrigen Parteiführer, auch Li Denghui, übertraf. Dies sorgte bei Teilen der Parteielite für Neid und Mißtrauen. Besonders von Seiten weniger erfolgreicher Kandidaten, darunter auch Regierungschef Yu Guohua, wurden Manipulationsvorwürfe laut (Zhou Yukou 1994: 44-46). Yu wiederum war ausgerechnet am Vorabend der Parteitagseröffnung von einem Legislativyuan-Abgeordneten der Bestechung beschuldigt worden.[232] Doch trotz der zunehmenden Angriffe gegen Yu entschied sich Li Denghui, zunächst an ihm festzuhalten. Auch plazierte er Yu auf seiner Nominierungsliste für den neuen StA deutlich *vor* Li Huan, was in keiner Weise den tatsächlichen Stimmenanteilen beider bei den vorangegangenen ZEK-Wahlen entsprach. Nach Auffassung von Chen Mingtong geschah dies aus strategischen Gründen. Anscheinend versuchte Li Denghui, seine beiden mächtigsten Konkurrenten in der Parteiführung gegeneinander auszuspielen. Mit dem Entschluß, an Yu als Regierungschef festzuhalten, folgte Li zugleich dem Vorschlag einer informellen „Vereinigung zur Unterstützung von Yu Guo-

---

232 Der Abgeordnete Wu Yongxiong behauptete, Yu Guohua habe versucht, ihn über die Vermittlung des Legislativyuan-Generalsekretärs von einer für Yu unangenehmen Anhörung abzubringen (Chen Mingtong 2001: 195).

hua", die sich Anfang Juni 1988 aus mächtigen Parteiältesten, Vertretern des Militärs und des Parteiapparats gebildet hatte. Diese Gruppierung stand den Versuchen Li Huans zur eigenen Machterweiterung kritisch gegenüber. Durch sein Nachgeben verschaffte sich Li Denghui einerseits eine bessere Verhandlungsposition gegenüber den Parteiältesten und verpflichtete sich andererseits den angeschlagenen Regierungschef Yu zu Dankbarkeit, was ihm einen erweiterten Handlungsspielraum einräumte. So war Yus Mitwirkung an der Kabinettsumbildung nach dem 13. Parteitag nur noch marginal, denn tatsächlich wurden diese Personalfragen von Li Denghui und dem Generalsekretär des Präsidialamtes, Shen Changhuan, allein entschieden und Yu nur noch nachträglich zur Kenntnis gegeben (Chen Mingtong 2001: 195-97).

Dennoch konnten sich die innerparteilichen Gegner Yu Guohuas im Mai 1989 durchsetzen. Den konzertierten, zum Teil rein persönlichen Attacken im Legislativyuan und dem negativen Presseecho konnte Yu nicht mehr standhalten und trat, nicht zuletzt wegen der bevorstehenden Wahlen, von sich aus zurück. Li Huan dagegen, der neben seiner breiten Unterstützerbasis in der Parteizentrale auch über hervorragende Medienkontakte verfügte, wurde in der Presse während dieser Phase durchweg sehr positiv dargestellt (Zhou Yukou 1994: 63; 68). Zhou Yukou vermutet, daß es sich bei den Drahtziehern der Angriffe auf Yu Guohua um ältere Parteifunktionäre handelte, die sich als Gegenpol zu Präsident Li Denghui einen kraftvollen „festländischen" Regierungschef als politische „Kontrollinstanz" im Reformprozeß wünschten. Yu Guohua konnte diese Rolle aufgrund seiner angeschlagenen Autorität nicht mehr effektiv erfüllen.

Es ist nicht völlig geklärt, welche konkreten Ereignisse Yu schließlich zum Rücktritt bewogen, obwohl Li Denghui seine Unterstützung für ihn stets deutlich gemacht hatte.[233] Sein überraschendes Rücktrittsgesuch vom 8. Mai 1989 nahm Li Denghui daher zunächst nicht an. Erst am 17. Mai wurde die Nachricht von seinem Rücktritt schließlich durch Yu selbst öffentlich bekannt gegeben (Zhou Yukou 1994: 80; 85). Auf Druck der Öffentlichkeit und der Parteizentrale, de facto aber wohl nur widerwillig, ernannte Li Denghui Generalsekretär Li Huan am 18. Mai zum neuen Regierungschef. Dieser preschte entgegen den Regeln der Zurückhaltung sogleich mit einer eigenen Presseerklärung vor, noch bevor Li Denghui seine Ernennung offiziell bekannt geben konnte. Li Huan, der noch Anfang 1988 maßgeblich zur Wahl Li Denghuis zum GMD-Vorsitzenden beigetragen hatte, war damit gegen den Wunsch Li Denghuis ins höchste Regierungsamt aufgestiegen. Dieser reagierte darauf, indem er Li Huan von Anfang an

---

233 Zhou Yukou geht aufgrund ihrer Interviews mit mehreren Zeitzeugen davon aus, daß Li Denghui nach Yus Rücktritt zu der Überzeugung gelangte, Li Huan oder ihm nahestehende Personen hätten Yu Guohua eingeredet, Li Denghui plane ihn ohnehin bald zu entlassen, um ihn so zum Rücktritt zu drängen (Zhou Yukou 1994: 69, 79).

4.1.2 Taiwan: Die Einleitung eines demokratischen Reformprozesses

keine politische Unterstützung gewährte und ihn in wichtige Entscheidungsprozesse nicht mit einbezog.[234] Die Differenzen zwischen Präsident und Regierungschef bildeten sich auch in der öffentlichen Wahrnehmung immer deutlicher heraus. So vertrat Li Huan im Legislativyuan bei kritischen Fragen der politischen Reform, etwa der Abschaffung der „Vorläufigen Bestimmungen" oder dem Rücktritt der „Alten Abgeordneten", tendenziell die Interessen der älteren Parteifunktionäre gegen die von Li Denghui angeführte Reformerfraktion. Dies bewirkte zusammen mit der sichtbaren persönlichen Entfremdung vom Staatspräsidenten einen schnellen Popularitätsverlust Li Huans; Meinungsumfragen zeigten schon einen Monat nach seinem Amtantritt eine nur mehr fünfzigprozentige Zustimmung zu seiner Amtsführung an, während Li Denghui über neunzig Prozent Zustimmung verzeichnen konnte (Chen Mingtong 2001: 198-99). Mangelndes Entgegenkommen Li Huans im Zusammenhang mit einem Korruptionsskandal, der einen engen persönlichen Anhänger Li Denghuis im Kabinett betraf, führte dann im August 1989 zum endgültigen Zerwürfnis.[235] Das Ergebnis der personalpolitischen Querelen in der Führungsspitze war, daß sich Yu Guohua schließlich verbittert aus der Politik zurückzog, während der ehemals in der Parteiorganisation dominierende Li Huan aufgrund seines schlechten Verhältnisses zum Präsidenten zunehmend als „Regierungschef auf Abruf" gehandelt wurde. Die Spannung im Verhältnis zwischen Li Denghui und Li Huan führte im Februar 1990 schließlich zu einem offenen Machtkampf, der weiter unten detailliert behandelt wird.

Der politische Aufstieg des Reformerlagers ging mit personellen Umbesetzungen an wichtigen Schnittstellen der Partei- und Regierungsorganisationen einher. Dabei wurden in großem Umfang „festländische", politisch eher an traditionellen Werten der GMD orientierte Funktionäre aller Ebenen durch jüngere, technokratisch geprägte Kräfte ersetzt. Ein Beispiel dafür war die bereits in Kapitel 3.2 erwähnte, massenhafte Beförderung junger „einheimischer" Absolventen der Wirtschaftsfakultät der National Taiwan University („*Taida*-Fraktion") in wichtige Positionen im Finanzregulierungssektor. Der Weggang Li Huans aus der Parteizentrale hatte den wichtigen Posten des GMD-Generalsekretärs frei gemacht. Li Huans Nachfolge trat, wohl nicht zuletzt aufgrund seiner erwiesenen „Wadenbeißerqualitäten" im Zusammenhang mit der Wahl Li Denghuis

---

234 Vgl. Zhou Yukou (1994: 78, 81) sowie Chen Mingtong (2001: 196-98). Ein weiterer Grund für das Mißtrauen Li Denghuis war das Verhalten des Sohnes von Li Huan, Li Qinghua, der die guten Medienkontakte seines Vaters wiederholt ausnutzte, um auf sich und seine eigenen politischen Ambitionen öffentlich aufmerksam zu machen (Zhou Yukou 1994: 119f., 200).
235 Li Huan gab am 29.8.1989 in einem Presseinterview an, sich mit Präsident Li nicht über den Fall des Ministers Xiao Tianzan ausgetauscht zu haben, der der Korruption beschuldigt wurde; es sei ihm egal, „wessen Mann" Xiao sei. Am folgenden Tag sagte er der Presse, er habe zwar mit Präsident Li eine Meinungsverschiedenheit, sich selbst jedoch habe er in dieser Frage nichts vorzuwerfen. Die Episode endete schließlich mit dem Rücktritt Xiao Tianzans aus dem Kabinett (Chen Mingtong 2001: 199).

zum aktierenden Parteivorsitzenden, sein noch relativ junger Stellvertreter Song Chuyu an.[236] Song konnte sich in dieser Funktion profilieren und entwickelte sich im Zuge der Wahlvorbereitungen 1989 zu einem der engsten Mitarbeiter Li Denghuis. Die in der Parteizentrale verbliebenen Anhänger Li Huans konnten nicht verhindern, daß der zentrale Parteiapparat zusehends unter die Kontrolle Song Chuyus geriet. Die aus Sicht der GMD vergleichsweise schlechten Wahlergebnisse boten dann einen geeigneten Anlaß, Anhänger Li Huans im Parteiapparat aus ihren zentralen Funktionen zu entfernen, so z.b. den stellvertretenden Generalsekretär Guan Zhong und dessen engste Mitarbeiter, und sie durch Anhänger Li Denghuis zu ersetzen (Chen Mingtong 2001: 199-200).

Andere wichtige Personalfragen betrafen Schlüsselpositionen, die sich traditionell unter der Kontrolle älterer Parteifunktionäre befanden. Besonders sensible Bereiche waren die traditionell „festländisch" dominierte Militärführung und der außenpolitische Entscheidungsapparat, wo durch das Festhalten an alten antikommunistischen Dogmen jegliche Revisionen der Festlandpolitik verhindert werden konnten. Während sich die Übernahme der Militärkontrolle durch Li Denghui aufgrund der Dominanz von Generalstabschef Hao Bocun zunächst noch schwierig gestaltete, begann die personelle und programmatische Umgestaltung des außenpolitischen Apparats schon 1988. Die dominante Figur in diesem Sektor war der ehemalige Außenminister und nunmehrige Generalsekretär des Präsidialamtes, Shen Changhuan, der oft als „Großer Steuermann" der taiwanischen Außenpolitik bezeichnet wurde. Das Präsidialamt war als Folge seiner Einflußnahme von militärisch geprägten Mitarbeitern durchsetzt. Shens außenpolitische Präferenzen machten ihn als Kooperationspartner für die geplante Umorientierung der Außen- und Festlandpolitik ungeeignet; er stand in strikter Gegnerschaft zu der von Li und seinen Beratern angestrebten „pragmatischen Außenpolitik", die versuchen sollte, durch Aufgabe des internationalen Alleinvertretungsanspruches für ganz China wieder mehr diplomatische Bewegungsfreiheit zu erlangen.[237]

Zwischen Shen Changhuan, der zu den engsten Vertrauten Jiang Jingguos gehört hatte, und dem damaligen Vizepräsidenten Li Denghui hatte es schon vor 1988 Spannungen

---

236 Song, der Sohn eines hochrangigen Militärs, war 1974 nach Beendigung seines USA-Studiums zum englischsprachigen Privatsekretär Jiang Jingguos befördert worden, zu dem er ein enges persönliches Verhältnis entwickelte. Durch gute Krisenmanagementfähigkeiten empfahl er sich in dieser Tätigkeit für künftige Führungsaufgaben (Zhou Yukou 1994: 75-76).

237 Im Außenministerium, das Shen bis zu seinem Rücktritt 1979 als Minister geleitet hatte und danach immer noch informell führte, regte sich unter jüngeren Funktionären zunehmend Widerstand gegen die kompromißlose Doktrin, die Taiwan in die internationale Isolation geführt hatte. Zu den Befürwortern einer außenpolitischen Wende auf mittleren Führungsebenen gehörten vor allem der spätere Außenminister Qian Fu sowie Jiang Jingguos unehelicher Sohn Zhang Xiaoyan. Der Einfluß dieser Kräfte hatte in Jiang Jingguos letzten Lebensjahren bereits zu wichtigen Reformentscheidungen beigetragen, die Jiang jeweils *gegen* die Empfehlung Shen Changhuans getroffen hatte (Zhou Yukou 1994: 52-54).

4.1.2 Taiwan: Die Einleitung eines demokratischen Reformprozesses

gegeben, da Shen den neuen Vizepräsidenten zunächst nur als taiwanisches „Dekorelement" ohne wirklichen Einfluß im Machtzentrum ansah. Da Li zudem nur über wenig außenpolitische Erfahrung verfügte, war Shen nach Jiangs Tod davon ausgegangen, seine dominante Rolle im außenpolitischen Sektor weiter ausüben zu können. Reformorientierte außenpolitische Berater Lis wie Lian Zhan und der Sohn Jiang Jingguos, Jiang Xiaowu, rieten Li Denghui schon frühzeitig zur Entlassung Shens; im Interesse seiner Machtkonsolidierung und zur Durchsetzung der außenpolitischen Reformagenda war dies aus ihrer Sicht notwendig (Zhou Yukou 1994: 54-59). Der Entschluß dazu fiel somit wahrscheinlich bereits vor Mitte 1988, war aber damals noch nicht zu verwirklichen. Den internen Anlaß für seine Entlassung lieferte Shen im September 1988 schließlich selbst, als er eine strategische Analyse des Außenministeriums mit Empfehlungen für eine Auslandsreise des Präsidenten nach Singapur fälschen ließ. Wenig später sorgte eine kontroverse Rede Shens im StA für den äußeren Anlaß seines Rücktritts. Dieser war auch in der Öffentlichkeit zunehmend gefordert worden und erfolgte schließlich am 17. Oktober 1988.[238] Nachfolger Shens im Präsidialamt wurde der im Parteiapparat wenig profilierte Li-Anhänger Li Yuancu.

Die Konsolidierung der Kontrolle über die Militärführung war im Vergleich dazu schwieriger zu verwirklichen, da Li Denghui nur über wenige persönliche Verbindungen zu einflußreichen Militärführern verfügte, die überwiegend „festländischer" Herkunft waren und der konservativen GMD-Veteranengruppe nahestanden.[239] Präsident Li, laut Verfassung Oberkommandierender der Streitkräfte, galt in der Militärführung vielfach nur als „Außenseiter" (*wailairen*). Die dominante Führungsfigur im Militär war Generalstabschef Hao Bocun, der noch Anfang 1988 durch seine Unterstützung zur Wahl Lis zum GMD-Vorsitzenden beigetragen hatte und im Gegenzug erwartete, weiterhin eine führende Rolle bei der Regelung aller Militärangelegenheiten ausüben zu können. Hao hatte seit Ende 1981 ununterbrochen als Generalstabschef fungiert und war wegen der zahlreichen Verlängerungen seiner Amtszeit schon zu Lebzeiten Jiang Jingguos in die Kritik geraten, hatte sich jedoch durch gezielte Personalpolitik eine sehr breite persönliche Machtbasis in der Militärführung schaffen können (Zhang Youhua 1993: 65-70, 92). Daraus resultierte seine nahezu vollständige Kontrolle über alle Militärangelegenheiten, die aus Sicht der Reformerfraktion um Präsident Li inakzeptabel war und langfristig seine Ablösung als Generalstabschef notwendig machte, ebenso gezielte per-

---

238 Shen hatte durch die Manipulation eines Analysepapiers vergeblich versucht, eine Singapur-Reise Präsident Lis zu verhindern, was durch einen Mitarbeiter aufgedeckt worden war. Am 12.10.1988 kritisierte Shen im StA unter anderem Außenminister Lian Zhan und Wirtschaftsminister Chen Li'an, da diese einen ersten Schritt zur Kontaktaufnahme mit der Sowjetunion unterstützt hatten. Selbst konservative Medien wie die *Lianhebao* brachten nur wenig Verständnis für Shens dogmatische außenpolitische Position auf (Zhou Yukou 1994: 52-54, 59-60).
239 Vgl. zu diesem Problemkomplex die detaillierte Analyse von Zhang Youhua, der zahlreiche nicht öffentlich zugängliche Quellen auswertet (Zhang Youhua 1993).

sonelle Umbesetzungen in der Militärführung (Zhou Yukou 1994: 109, 116). Schon nach dem 13. Parteitag im Sommer 1988 hatte Li Denghui geplant, Haos Amtszeit als Generalstabschef nicht nochmals zu verlängern. Dies konnte Hao mit Hilfe der vom Militär kontrollierten Massenmedien durch eine gezielte „Werbekampagne" in eigener Sache jedoch verhindern (Zhang Youhua 1993: 95-96). Ende 1989 entschied Li Denghui dann im Zuge einer Politik zur Konsolidierung der Parteikontrolle über das Militär, Haos Amtszeit als Generalstabschef nicht wieder zu verlängern und Hao statt dessen auf den Posten des Verteidigungsministers zu befördern. Darauf reagierte Hao, indem er versuchte, seine Kontakte zur „Palastfaktion" um die Witwe Jiang Jieshis gegen diese Entscheidung zu mobilisieren, und löste erneut eine Medienkampagne aus.[240] Als sich abzeichnete, daß seine Versetzung nicht zu verhindern war, begann Hao mit einer letzten personellen Umgestaltung der Militärführung, um seinen Einfluß über besonders loyale Klienten weiterhin informell abzusichern (Zhang Youhua 1993: 114).

Die Ernennung Haos zum Verteidigungsminister machte zum einen den Weg für eine neue Militärführung frei und band Hao zum anderen enger in den Regierungsapparat ein. Allerdings gestaltete sich die autoritative Durchsetzung der von Li Denghui gewünschten Personalentscheidungen im Militär auch nach der Ablösung Haos schwierig, da dessen Anhänger den größten Teil der Schlüsselpositionen besetzten.[241] Wegen des schwelenden Konflikts über die Militärkontrolle taten sich ab dem Herbst 1989 verstärkt Risse im Verhältnis Haos zu Präsident Li und dessen Mitarbeitern in der Parteizentrale auf, da Hao nicht mehr an wichtigen Sitzungen beteiligt wurde und sein Vorstoß, als nächster Vizepräsident zu kandidieren, abschlägig beschieden wurde (Zhang Youhua 1993: 125). Der Konflikt mit Hao um die Kontrolle in der Militärführung, der sich insgesamt bis 1992 hinzog, war zusammen mit dem Zerwürfnis zwischen Li Denghui und Regierungschef Li Huan eine der Hauptursachen für die Formierung einer offenen Herausforderung unzufriedener Funktionäre gegen Li Denghuis Führungsanspruch anläßlich der Präsidentenwahl im Frühjahr 1990. Da Hao in diesem innerparteilichen Konflikt einen großen Teil der Militärführung gegen Li Denghuis Reformerfraktion mobilisieren konnte, bestätigte sich aus Sicht Lis die Notwendigkeit, möglichst viele loyale Hao-Anhänger aus Führungspositionen im Militärapparat zu entfernen. Dies gelang schließlich im Lauf der Jahre 1991 und 1992 (Zhang Youhua 1993: 159). Der Machtkampf vom Frühjahr 1990 soll im folgenden genauer analysiert werden.

---

240 Auf Haos Bitte hin trug Madame Jiang Li Denghui eine förmliche Beschwerde gegen die geplante Versetzung Haos vor und schrieb ihm mindestens zwei Briefe in dieser Angelegenheit. Li lehnte eine Änderung seiner Vorgehensweise höflich ab (Zhou Yukou 1994: 111-13).
241 Vgl. die detaillierte Aufstellung bei Zhang Youhua (1993: 70-73).

4.1.2.3 Die konfliktträchtige Präsidentenwahl 1990

Im Zuge der sich zuspitzenden Auseinandersetzungen kam es im Frühjahr 1990, anläßlich der bevorstehenden Präsidentenwahlen, zu einem offenen Machtkampf in der Parteiführung. Während der autoritären Ära hatte es sich bei den Präsidentenwahlen in der von „Alten Abgeordneten" dominierten Nationalversammlung nur um eine Formsache gehandelt, da die Nominierung des „Höchsten Führers" durch die Parteizentrale niemals in Zweifel stand und keine Gegenkandidaten auftraten. Zudem verfügten die GMD-Abgeordneten in der Nationalversammlung über eine überwältigende Mehrheit. Im Rahmen des Führungskonfliktes vom Frühjahr 1990 kam der Gruppe der „Alten Abgeordneten" in der Nationalversammlung entscheidende Bedeutung zu, da der parteiinterne Nominierungsprozeß nach dem Tod Jiang Jingguos nicht mehr ähnlich stark zentralisiert war, so daß die unzufriedenen Teile der Parteiführung die Gelegenheit zu einer offenen Konfrontation ausnutzen konnten. Die Auseinandersetzungen konzentrierten sich zunächst auf den der Wahl vorgelagerten Prozeß der *Kandidatennominierung* (Chao/Myers 1998: 182-83). Zwar stand der Kandidatur Li Denghuis angesichts seiner seit 1988 erwiesenen Führungskraft und der von ihm eingeleiteten personellen Umstrukturierungen nichts im Wege, doch war in der Parteiführung umstritten, ob er auch über das informelle Recht verfügte, die Auswahl des Vizepräsidenten autoritativ zu bestimmen. Klare Richtlinien für den Nominierungsmodus des Vizepräsidenten existierten nicht. Der Konflikt entzündete sich schließlich am Versuch Li Denghuis, einen ihm genehmen Kandidaten durchzusetzen.

Die meisten Beobachter nehmen an, daß der angeschlagene Regierungschef Li Huan nach dem Verlust der Kontrolle über die Parteizentrale und seiner zunehmend schwierigen Stellung stark am Amt des Vizepräsidenten interessiert war und gezielt darauf hinarbeitete, von der Partei dafür nominiert zu werden. Dazu streute er Ende 1989 Gerüchte über seine angeblich unmittelbar bevorstehende Nominierung aus, die er mit Hilfe seiner guten Kontakte in den Medien plazieren konnte. Das rege Interesse Li Huans (und auch Hao Bocuns) an dem politisch einflußarmen Amt des Vizepräsidenten, das in der Vergangenheit meist mit angesehenen, aber machtlosen Persönlichkeiten besetzt worden war, erklärt sich durch das Beispiel Li Denghuis, für den es als „Trittleiter" auf dem Weg zur Staatspräsidentschaft gedient hatte.

Li Denghui reagierte auf den öffentlichen Vorstoß Li Huans nur indirekt, indem er zum chinesischen Neujahrsfest 1990 über den Chef des Informationsamtes eine Liste von „Fünf Kriterien zur Auswahl des Vizepräsidentschaftskandidaten" bekannt geben ließ. Der Inhalt dieser Erklärung schloß implizit eine Nominierung Li Huans aus.[242] Bei

---

242 Die Kriterien lauteten: Der Kandidat sollte sich in Politik und Gesellschaft eine „angemessene Stellung" erworben und gute Arbeitserfolge aufzuweisen haben; er sollte über „gute Beziehungen" zum Präsidenten verfügen und dessen Grundüberzeugungen teilen, um ihn mit

dieser indirekten Absage handelte sich um ein Signal, daß Li Denghui sich von Li Huans Netzwerk-Aktivitäten nicht unter Druck setzen lassen wollte (Chen Mingtong 2001: 200-01). Intern hatte Li Denghui bereits die Nominierung eines aus seiner Sicht geeigneteren Kandidaten beschlossen, den er in ähnlicher Weise wie 1984 sein Vorgänger autoritativ durchzusetzen gedachte. Es handelte sich um den bisherigen Generalsekretär des Präsidialamtes, Li Yuancu (Gunter Schubert 1994: 134).[243] Li Denghui plante, seinen Kandidaten auf einer ZEK-Sitzung am 11. Februar 1990 offiziell vorzuschlagen und nur formell bestätigen zu lassen, wie es Jiang Jingguo bei seiner eigenen Nominierung vorgeführt hatte. Die später vielfach vertretene Auffassung, Li Denghui habe diese Entscheidung geheimgehalten und vorher weder Verteidigungsminister Hao Bocun noch Regierungschef Li Huan konsultiert, scheint jedoch nicht haltbar zu sein. Zumindest mit einigen wichtigen Parteiveteranen war die Nominierung Li Yuancus vorher abgesprochen.[244] Dennoch kam es im Februar 1990 zur Formierung einer informellen Gruppe, die das traditionell bedeutungslose Abstimmungsritual im ZEK zur offenen Herausforderung Präsident Lis nutzen wollte. Die Hintergründe dieser „Verschwörung" auf höchster Parteiführungsebene, die den Ausgangspunkt einer offenen Spaltung der GMD-Zentrale in eine „Hauptströmung" und eine „Anti-Hauptströmung" bildete, werden im Folgenden näher erläutert.

So war es in der autoritären Ära üblich gewesen, bei parteiinternen Nominierungsverfahren für hohe Führungsämter eine namentliche Abstimmung durch Aufstehen zu praktizieren (Chao/Myers 1998: 182-83). Das geschlossene Aufstehen diente zur Demonstration vollständiger Einigkeit nach außen, deutete jedoch auch auf die faktische Bedeutungslosigkeit der Abstimmungen hin, da die Entscheidung jeweils schon zuvor informell ausgehandelt worden war und nur noch kollektiv „abgenickt" wurde. Im Interesse einer größeren Demokratisierung der Abstimmungsvorgänge hatte es deshalb schon auf dem 13. Parteitag Forderungen gegeben, den traditionellen Abstimmungsmodus bei der Wahl des Parteivorsitzenden durch eine geheime Abstimmung mit Wahlzetteln zu ersetzen. Daß sich dieser Verfahrensvorschlag auf dem 13. Parteitag noch nicht grundsätzlich gegen die Kandidatur Li Denghuis richtete, deutet die personelle Zu-

---

voller Kraft unterstützen zu können; er sollte keine Ambitionen haben, selbst zum nächsten Präsidenten aufzusteigen; er sollte „festländischer" Herkunft und zwischen 60 und 70 Jahre alt sein. Da Li Huan bereits über 70 Jahre alt war, seine Beziehungen zu Präsident Li nicht gut waren und er den von Li vertretenen programmatischen Kurs nicht teilte, wurden die „Fünf Kriterien" allgemein als offene Absage an Li Huan gewertet.

243 Li Yuancu wurde von Li Denghui anscheinend vor allem wegen seiner rechtswissenschaftlichen Fachkenntnisse ausgewählt, die sich im Zuge der geplanten Verfassungsreformen als wertvoll erweisen konnten. Li Yuancu war als Jurist unter anderem in Deutschland ausgebildet worden und hatte zuvor die Ämter des Universitätspräsidenten der National Chengchi University, des Erziehungsministers sowie eines Richters am Militärgericht ausgeübt (Chao/Myers 1998: 183).

244 Zhou Yukou (1994: 153); vgl. jedoch anderslautend Chao/Myers (1998: 183).

4.1.2 Taiwan: Die Einleitung eines demokratischen Reformprozesses

sammensetzung der Initiatoren an. Zu ihnen gehörte auch der Legislativyuan-Abgeordnete Zhao Shaokang, der noch im Januar 1988 einen Aufruf zur Unterstützung der Wahl Li Denghuis zum Parteivorsitzenden ins Leben gerufen hatte (Zhou Yukou 1994: 47).[245] Die Tatsache, daß die Demokratisierung der innerparteilichen Wahlverfahren einigen ZEK-Mitgliedern ein ernsthaftes Anliegen war, machte sich die Gruppierung der Li-Gegner im Februar 1990 gezielt zunutze. Von einer Änderung des Nominierungsverfahrens hin zur geheimen Abstimmung erhofften sie sich die Chance, einen alternativen Kandidaten gegen Li Denghui durchzusetzen, was bei offener Abstimmung aufgrund des hohen Konformitätsdrucks nicht möglich schien. Die informelle Gruppe der Herausforderer, die sich kurz vor der entscheidenden ZEK-Sitzung im Februar formierte, umfaßte die Teile der Parteielite, die bei vorangegangenen Personalkonflikten zu den Verlierern gehört hatten. Zu den Anführern gehörten Verteidigungsminister Hao Bocun, der in seinen Ambitionen auf das Vizepräsidentenamt enttäuschte Regierungschef Li Huan, weiterhin der durch Song Chuyu aus der Parteizentrale verdrängte ehemalige Generalsekretär Guan Zhong sowie der noch relativ junge Wirtschaftsminister Chen Li'an, der schon mehrfach in Konkurrenz zu Song Chuyu um Führungsämter im Parteiapparat gestanden hatte.[246] Andere Beteiligte, darunter der Militärfunktionär Xu Linong, schlossen sich der Initiative möglicherweise aufgrund von Vorbehalten gegen die Festlandpolitik Präsident Lis an, den sie der heimlichen Unterstützung der taiwanischen Unabhängigkeit verdächtigten (Zhou Yukou 1994: 155). Anscheinend war zunächst nicht geplant, Li Denghui selbst herauszufordern, sondern nur, einen alternativen Vizepräsidenten durchzusetzen. Dies änderte sich jedoch Anfang Februar, als Hao Bocun vom Einsatz geheimdienstlicher Abhörmaßnahmen gegen sich selbst und andere Mitglieder der informellen Gruppierung erfuhr. Infolgedessen entschied sich die Gruppierung, mit einem eigenen Präsidentschaftskandidaten Li Denghui direkt herauszufordern. Der Präsident des Justizyuans, Lin Yanggang, sollte als Herausforderer Li Denghuis auftreten, während zunächst Chen Li'an als Vizepräsidentschaftskandidat vorgesehen war (Zhang Youhua 1993: 162).

Die Untersuchung von Zhang Youhua legt nahe, daß der von Hao Bocun kontrollierten Militärführung eine Schlüsselrolle bei der Koordination dieses Angriffs zukam. So nahm Hao Bocun gezielt mit Li Huan Kontakt auf, um ihn zum Anschluß an die Initiative zu bewegen (Zhang Youhua 1993: 148). Interessanterweise spielte auch der 1983 von Jiang Jingguo nach Paraguay exilierte General Wang Sheng eine wichtige Rolle,

---

245 Allerdings schloß sich besagter Zhao später der Li-kritischen „Anti-Hauptströmung" an und gehörte zu den Mitbegründern der 1993 von der GMD abgespaltenen Neuen Partei (Schneider 1996: 20).
246 Die Gründe für die Beteiligung von Wirtschaftsminister Chen Li'an an dem Machtkampf sind nicht ganz klar, da Li Denghui Chen zunächst stark gefördert haben soll. Nach Zhou war der wahrscheinlichste Beweggrund die Rivalität Chens zu Song Chuyu, der ihm als neuer Generalsekretär der GMD vorgezogen worden war (Zhou Yukou 1994: 170-71).

und zwar bei der Ausarbeitung der *Konfliktstrategie*, was von vielen westlichen Beobachtern bisher übersehen wurde.[247] Da Wang bis zu seiner Entfernung aus dem Machtzentrum als wahrscheinlichster Nachfolgeanwärter Jiang Jingguos gegolten hatte, ist denkbar, daß er sich aus Groll gegen den ihm vorgezogenen Li Denghui an der Planung der Verschwörung beteiligte (Zhou Yukou 1994: 150).

Wang, der in Partei und Militär noch immer über gute Verbindungen verfügte, war anlässlich der entscheidenden ZEK-Nominierungssitzung am 7. Februar kurzzeitig aus Paraguay zurückgekehrt. Auf Initiative von Hao Bocun, Li Huan, Guan Zhong und anderen wurde am 8. Februar ein Frühstückstreffen mit Wang anberaumt, auf dem sich die Anwesenden bei Wang über Li Denghuis „autoritären Führungsstil" beklagten. Wang entwickelte daraufhin eine Strategie zur Herausforderung Li Denghuis unter dem Deckmantel demokratischer Reformen des Nominierungsverfahrens (Zhou Yukou 1994: 156-57; Chen Mingtong 2001: 201-03).[248] Das Vorgehen sah zwei Stufen vor: Zunächst sollte im ZEK ein Antrag zur Änderung des Abstimmungsverfahrens eingebracht werden, um dann bei Erfolg in einem Folgeschritt eine alternative Kandidatenpaarung aufzustellen, die dann in geheimer Abstimmung gegen Li Denghui und Li Yuancu antreten sollte. Da der als Herausforderer Li Denghuis vorgesehene Präsident des Justizyuans, Lin Yanggang, noch nicht der Gruppe angehörte, stellte Wang Sheng persönlich den Kontakt zu ihm her. Der „einheimische" Lin war schon 1984 von Jiang Jingguo neben Li Denghui als Nachfolgekandidat in Erwägung gezogen worden und war aus Sicht der „festländisch" geprägten Gruppierung ein geeigneter Ersatz für den populären Li. Wang und Hao überredeten Lin in mehreren Hausbesuchen am Vormittag des 8. Februar zur Teilnahme, sagten ihm jedoch, er solle zunächst nur als Vizepräsidentschaftskandidat zur Verfügung stehen.

Für das Gelingen der Herausforderung waren Geheimhaltung und effektive Koordination des Vorgehens unbedingt notwendig. Dies gelang zunächst auch, bis die Gruppe schließlich am Vorabend der entscheidenden Sitzung, am 10. Februar, nach einer konspirativen Besprechung im Gästehaus des Verteidigungsministeriums mit der telefonischen Kontaktierung potenzieller Unterstützer im ZEK begann. Hierbei sickerte das Vorhaben schließlich bis in die Parteizentrale durch. Hastige Nachforschungen durch Song Chuyu und den Leiter des Nationalen Sicherheitsbüros, Song Xinlian, bestätigten die Existenz des Komplotts (Zhou Yukou 1994: 158-60).[249] Zur Abwehr der Initiative

---

247 So erwähnt der Wang Sheng-Biograph Marks in seiner Studie, die sich vornehmlich auf Informationen Wangs und dessen engster Mitarbeiter und Freunde stützt, dessen Rolle bei der Herausforderung Li Denghuis von 1990 in keiner Weise, obwohl diese in taiwanischen Quellen gut dokumentiert ist.

248 Später zog sich Wang gegenüber Kritikern auf die wenig glaubhafte Position zurück, er habe lediglich die „innerparteiliche Demokratisierung" fördern, keinesfalls jedoch die Parteiführung oder Li Denghui persönlich herausfordern wollen.

249 Es ist nicht ganz klar, auf welche Weise die Mitarbeiter Präsident Lis Kenntnis von der geplanten Herausforderung erhielten. Nach von Chen zitierten Berichten des Nachrichtenmaga-

4.1.2 Taiwan: Die Einleitung eines demokratischen Reformprozesses

dieser informellen Gruppierung, die wegen ihrer gewählten Strategie zur Einführung geheimer Wahlen als „Stimmzettel-Fraktion" (*piaoxuanpai*) bezeichnet wurde, startete die Parteizentrale unter Song Chuyus Leitung eine nächtliche telefonische Abwehrschlacht. Dies hatte zum Ziel, möglichst viele stimmberechtigte ZEK-Mitglieder über den wahren Hintergrund des bevorstehenden Antrags zur Änderung des Wahlverfahrens zu informieren und sie zur Ablehnung dieses Antrages aufzufordern. Weiterhin wurde der Presse mitgeteilt, daß dieser scheinbare Beitrag zur innerparteilichen Demokratisierung in Wirklichkeit Teil eines innerparteilichen Machtkampfes sei. Dies geschah, um Medienunterstützung für den scheinbar „demokratiefördernden" Antrag zu verhindern (Zhou Yukou 1994: 135-41). Die Mitglieder des Krisenstabes in der Parteizentrale hatten mit der Telefonaktion Erfolg und konnten über 90 Unterstützer für Präsident Li mobilisieren, die den Antrag zur Änderung des Wahlverfahrens am nächsten Tag nicht unterstützen wollten. Wegen ihres Festhaltens am Wahlmodus des gemeinsamen Aufstehens erhielten diese ZEK-Mitglieder später die Bezeichnung „Aufsteh-Fraktion" (*qilipai*). Mit dieser Mehrheit im Rücken konnte der Antrag der „Stimmzettel-Fraktion" am folgenden Tag erfolgreich niedergeschlagen werden (Chen Mingtong 2001: 203).

Am 11. Februar 1990 fand schließlich die entscheidende ZEK-Sitzung statt. Den Vorsitz führte diesmal nicht Li Denghui, da seine eigene Nominierung auf der Tagesordnung stand. Nachdem Präsident Li zunächst Li Yuancu offiziell als Vizepräsidentschaftskandidaten vorgeschlagen hatte, stellte Li Huan im Auftrag der „Stimmzettel-Fraktion" den Antrag, geheim über die Kandidaten abzustimmen. Ähnlich wie schon bei der Wahl Li Denghuis zum Parteivorsitzenden Anfang 1988 schaltete sich daraufhin Song Chuyu in ungewöhnlich heftiger Weise in die Diskussion ein und drohte mit seinem Rücktritt als Generalsekretär, nachdem er die Mitglieder der „Stimmzettel-Fraktion" offen der Verschwörung gegen die Parteizentrale beschuldigt hatte (Zhou Yukou 1994: 145-47).[250] Nach diesem Auftritt Songs, der dazu diente, auch die uninformierten ZEK-Mitglieder aufzurütteln, forderte dann Lin Yanggang, zunächst in geheimer Abstimmung darüber zu entscheiden, nach welchem Verfahren die Kandidaten nominiert werden sollten. Diesem Antrag gab Sitzungspräsident Xie Dongmen jedoch nicht statt, sondern ließ

---

zins *Xin Xinwen* soll der Leiter des Nationalen Sicherheitsbüros, Song Xinlian, durch abgehörte Telefongespräche davon erfahren haben (Chen Mingtong 2001: 203). Dies weist Zhou Yukou jedoch als unbestätigtes Gerücht zurück. Ihren Recherchen zufolge wurde der stellvertretende Generalsekretär des Hauptbüros der GMD, Zheng Xinxiong, von den Verschwörern versehentlich in den Plan eingeweiht, da sie in ihm einen Gleichgesinnten vermuteten. Zheng informierte demnach Li Yuancu, der unverzüglich Li Denghui warnte (Zhou Yukou 1994: 181).

250 Song reichte tatsächlich sofort nach der Sitzung ein Rücktrittsgesuch ein. Vertrauten Songs zufolge entsprang dies echter Frustration und war keineswegs nur als „Show" gedacht. Li Denghui überredete Song jedoch, als Generalsekretär weiterzumachen (Zhou Yukou 1994: 165-66).

offen darüber abstimmen. Der Antrag der „Stimmzettel-Fraktion" zur Änderung des Wahlverfahrens erhielt bei dieser offenen Abstimmung schließlich nur 70 von 180 möglichen Stimmen, während sich 99 ZEK-Mitglieder für die offene Wahl durch gemeinsames Aufstehen aussprachen. Damit war der Plan der „Stimmzettel-Fraktion" schon in der ersten Stufe gescheitert, auch wenn eine beachtliche Unterstützerzahl für die Herausforderer zustande gekommen war (Chen Mingtong 2001: 201). Bei der anschließenden offenen Abstimmung über die Kandidatenpaarung Li Denghui – Li Yuancu erhielten diese dann ein einstimmiges Ergebnis, bei dem sich sogar die führenden Mitglieder der „Stimmzettel-Fraktion" – Li Huan, Hao Bocun und Lin Yanggang – als Zeichen der Zustimmung von ihren Plätzen erhoben. Der Versuch dieser Gruppe zur Herausforderung der Parteiführung unter dem Deckmantel innerparteilicher Demokratisierung war damit vorerst gescheitert (Zhou Yukou 1994: 146-47).

Zwar konnte der Erfolg dieser Initiative letztendlich verhindert werden, doch eine Betrachtung des Abstimmungsverhaltens der ZEK-Mitglieder nach funktionalen Teilsystemen zeigt, daß die „Aufsteh-Fraktion" Präsident Lis von den 20 Stimmen aus dem Militärapparat nur zwei erhalten hatte. Dies war ein klares Indiz für die überlegene Fähigkeit Hao Bocuns zur Mobilisierung dieses Stimmenpotenzials und verdeutlichte das Ausmaß der Probleme, die der Parteizentrale durch die fehlende Kontrolle über die Militärführung entstanden (Zhang Youhua 1993: 157-58).[251] Die beachtliche Anzahl von Unterstützern der „Stimmzettel-Fraktion" im ZEK legt nahe, daß diese die erste Abstimmung bei erfolgreicher Geheimhaltung der Strategie (oder bei weniger entschlossener Gegenwehr) auch hätte gewinnen können. Ein Teil der Stimmen kam, dem Kalkül der Offensive entsprechend, nämlich durch mangelnde Information einiger ZEK-Mitglieder zustande, die von keinem der beiden Lager rechtzeitig informiert worden waren. Manche ZEK-Mitglieder stimmten so in Unkenntnis des komplexeren Hintergrunds *für* den Antrag der „Stimmzettel-Fraktion", obwohl sie eigentlich zu den Unterstützern des Reformerlagers gehörten. Dies betraf unter anderem den ehemaligen Regierungschef Sun Yunxuan, den jungen Funktionär Ma Yingjiu sowie den unehelichen Sohn Jiang Jingguos, Zhang Xiaoci. Das „falsche" Abstimmungsverhalten dieser Akteure setzte sie später unberechtigten Verdächtigungen aus, sie hätten zu den Unterstützern der „Stimmzettel-Fraktion" gehört (Zhou Yukou 1994: 164). Das Verhalten der „Stimmzettel-Fraktion" kam im Kontext der strengen informellen Norm zur Wahrung der Einheit in der Parteizentrale einem öffentlichen Bruch mit Präsident Li gleich, auch wenn der Vorstoß schon in der ersten Stufe scheiterte und eine Kampfkandidatur Lin Yanggangs und

---

251 Bei den beiden Pro-Li-Stimmen handelte es sich um den Chef des Sicherheitsbüros, Song Xinlian, und um Zheng Weiyuan, der mit Li eine gute Arbeitsbeziehung pflegte. Für eine Aufschlüsselung aller Militärstimmen siehe Zhang Youhua (1993: 157-58), für eine Aufstellung der wichtigsten Stimmen aus verschiedenen funktionalen Subsystemen siehe Chen Mingtong (2001: 202).

4.1.2 Taiwan: Die Einleitung eines demokratischen Reformprozesses

Chen Li'ans gegen die „beiden Li" auf dieser Sitzung schließlich unterblieb (Chen Mingtong 2001: 201). Dennoch kam es zu einer weiteren Herausforderung der Parteizentrale, denn trotz ihrer Abstimmungsniederlage trat die „Stimmzettel-Fraktion" – mit Ausnahme des strategischen Initiators Wang Sheng, der die Seiten wechselte – nicht den Rückzug an.[252] Vielmehr entschied sie sich am 20. Februar, zum entscheidenden Wahlgang in der Nationalversammlung mit der Kandidatenpaarung Lin Yanggang – Jiang Weiguo auch ohne Parteinominierung gegen die offiziellen GMD-Kandidaten Li Denghui und Li Yuancu anzutreten (Chen Mingtong 2001: 203). In der Nationalversammlung rechneten sich die Initiatoren große Chancen für den Erfolg einer konservativen Kampfkandidatur aus (Zhou Yukou 1994: 167).[253] Die historisch einmalige Herausforderung der amtierenden Staats- und Parteiführung durch einen signifikanten Teil der mächtigsten Funktionäre markierte schließlich die offene Spaltung der GMD-Führung in eine sogenannte „Hauptströmung" und eine „Anti-Hauptströmung", die bis zur Abspaltung einer neuen Partei von der GMD führte. Die „Anti-Hauptströmungs"-Akteure kamen zwischen der Nominierungssitzung am 11. Februar und der Präsidentenwahl in der Nationalversammlung am 21. März häufig zu konspirativen Treffen zusammen und wurden von der Presse bald mit schillernden, aber auch bezeichnenden Namen wie „Viererbande" oder „die vier großen Bosse" (*si da jutou*) belegt (Gunter Schubert 1994: 134). Zur der beabsichtigten Kampfabstimmung in der Nationalversammlung kam es jedoch trotz intensiver Vorbereitung und zahlreicher Unterstützungserklärungen von seiten „Alter Abgeordneter" schließlich nicht, denn ein Vermittlungsversuch externer Akteure konnte Lin Yanggang vorher zur Aufgabe bewegen. Vorherige Versuche Li Denghuis, die Gruppierung durch politische Angebote an einzelne Mitglieder zu spalten, waren gescheitert.[254] Auch die ersten Vermittlungsversuche eines von Li Denghui eingesetzten Ältesten-Gremiums unter Leitung des Parteiveteranen Jiang Yanshi scheiterten an den

---

252 Wang Sheng ging direkt nach der Abstimmungsniederlage auf ein Kooptierungsangebot Li Denghuis ein und trat zunächst insgeheim auf die Gegenseite über. Er erstatte fortan Bericht über die weiteren Aktivitäten der „Stimmzettel-Fraktion" und half, Stimmen der NV-Abgeordneten für Li Denghui zu gewinnen, bevor seine Tätigkeit als „Doppelagent" am 23.2.1990 aufflog und er sich zu einem längeren „Erholungsaufenthalt" in ein Krankenhaus zurückzog, von wo aus er anschließend direkt nach Paraguay zurückkehrte (Zhou Yukou 1994: 189; Zhang Youhua 1993: 161-64).
253 Nach Zhou Yukous Informationen sollte ursprünglich Chen Li'an als Vizepräsidentschaftskandidat antreten, aber dem schließlich ausgewählten Jiang Weiguo wurden als Adoptivbruder Jiang Jingguos größere Chancen bei den „Alten Abgeordneten" in der Nationalversammlung eingeräumt.
254 So bot Li am 21.2.90 Jiang Weiguo verschiedene Führungspositionen im Austausch für die Aufgabe seiner Kandidatur an; am 24.2. folgte ein ähnliches Angebot an Chen Li'an und am 1.3. an Li Huan, Hao Bocun und Lin Yanggang. Diese Initiativen scheiterten unter anderem an mangelnder Glaubwürdigkeit, da Li Denghui Li Huan und Lin Yanggang zugleich das Amt des Regierungschefs anbot (Zhang Youhua 1993: 163, 170-71).

unerfüllbaren Forderungen der „Anti-Hauptströmung", die unter anderem die Entlassung der Li-Anhänger Song Chuyu, Song Xinlian und Su Zhicheng aus ihren Führungspositionen verlangte (Zhou Yukou 1994: 175-180). Weiterhin sollte Li Denghui auf den Parteivorsitz und das Recht zur Nominierung des Vizepräsidenten verzichten. Ein „Fünf-Punkte-Katalog" der „Anti-Hauptströmung" umfaßte auch die Forderung, anschließend keine Abrechnung mit den unterlegenen Gegnern vorzunehmen, sowie den ihrer Ansicht nach „autoritären" und „diktatorischen" Führungsstil zu verändern. Auf diese insgesamt sehr weitreichenden Forderungen ging Li nicht ein (Zhang Youhua 1993: 177-78). Zeitgleich zu den Vermittlungsaktivitäten begannen Li Denghui und Li Yuancu, aktiv um die Unterstützung der Nationalversammlungs-Abgeordneten zu werben, indem sie jeden einzelnen Abgeordneten persönlich zu Hause aufsuchten. Die „Anti-Hauptströmung" dagegen geriet in der öffentlichen Wahrnehmung zunehmend in die Defensive. Gerüchte über eine angebliche Kollusion von Mitgliedern der „Anti-Hauptströmung" mit Regierungsvertretern der VR China, die der Gruppe angeblich „solidarische Unterstützung" zugesichert hatte, warfen ein negatives Licht auf sie und setzten sie in den Verdacht, die Sicherheitsinteressen Taiwans ans Festland zu verraten (Zhou Yukou 1994: 182-83, 203).

Die Initiative der „Anti-Hauptströmung" scheiterte schließlich, weil die beiden einflußreichen Lokalpolitiker Cai Hongwen (ein ehemaliger Vorsitzender der Provinzversammlung) und Zhang Jianbang (ein ehemaliger Vorsitzender des Taipeier Stadtrates), als Vertreter der nördlichen und mittleren Lokalfaktionen erfolgreich Einfluß auf den ebenfalls der Lokalpolitik entstammenden Lin Yanggang ausüben konnten. Sie bewegten ihn – auch unter Verwendung des „ethnischen Arguments", daß „Einheimische" gegen die „Festländer" zusammenstehen müßten – zum freiwilligen Rückzug (Chen Mingtong 2001: 204). Dies war anscheinend auch deshalb möglich, weil Lin, der von der Gruppe als taiwanisches „Aushängeschild" ausgewählt worden war, sowieso nie zum strategischen Kern der Initiative gehört hatte und weil ihm selbst bereits Zweifel am Sinn der Aktion gekommen waren.[255] Lin traf seine Entscheidung zum Rückzug allein, ohne sich zuvor mit den anderen Herausforderern abzusprechen. Nachdem er am 8. März ein Gespräch mit Cai Hongwen geführt hatte, verkündete Lin am frühen Nachmittag des 9. März einseitig seinen Rückzug von der Kandidatur (Chen Mingtong 2001: 204). Der von Lins Vorstoß überraschte Vizepräsidentschaftskandidat der „Anti-Hauptströmung", Jiang Weiguo, reagierte zunächst gar nicht, folgte der Initiative Lins zum Rückzug je-

---

255 Lin selbst äußerte später gegenüber Vertrauten, er sei nur ein „Bauer" auf dem Schachbrett gewesen. Auf diese Möglichkeit deutet zumindest die Tatsache hin, daß Lin an programmatischen Initiativen der „Anti-Hauptströmung", darunter Veröffentlichungen zu den programmatischen Zielen, nicht beteiligt wurde und daß Li Huan und Hao Bocun öffentlich eine Politik der Beschneidung präsidialer Kompetenzen vertraten, wonach der Staatspräsident nur noch als zeremonielles Staatsoberhaupt fungieren sollte. Dies hätte Lin im Erfolgsfall zu einer bloßen Marionette seiner Mitstreiter gemacht (Zhou Yukou 1994: 167-68).

4.1.2 Taiwan: Die Einleitung eines demokratischen Reformprozesses

doch auf öffentlichen Druck hin am nächsten Tag (Zhou Yukou 1994: 201, 186). Li Yuancu, dessen Nominierung zum Vizepräsidentschaftskandidaten der Anlaß, wenn auch nicht die Ursache der innerparteilichen Spaltung gewesen war, wurde von der Nationalversammlung schließlich mit über 93 Prozent der Stimmen gewählt und erreichte damit das bis dahin beste Ergebnis in der Parteigeschichte. Sein Nachfolger im Präsidialamt wurde der Leiter des informellen Vermittlungsausschusses der Parteiältesten, Jiang Yanshi (Gunter Schubert 1994: 134, Zhou Yukou 1994: 229).
Beobachter schätzen das Ausmaß der Bedrohung, die die Herausforderung der „Stimmzettel-Fraktion" für das Reformerlager darstellte, noch immer unterschiedlich ein. So hatten die Mitglieder der „Anti-Hauptströmung" aufgrund ihrer *formalen* Machtpositionen ein beträchtliches Gewicht, denn immerhin umfaßte die Gruppierung den amtierenden Regierungschef, den Verteidigungsminister, den Wirtschaftsminister sowie den Präsidenten des Justizyuans (Moody 1992: 156). Die Gefahr dieser Herausforderung bestand laut Chao und Myers vor allem in einer möglichen Krise des Demokratisierungsprozesses durch eine „konservative Restauration". Dies habe in dem durch DFP-Proteste angeheizten gesellschaftlichen Klima die Gefahr innerer Unruhen in sich geborgen (Chao/Myers 1998: 176). Auch Chen Mingtong schätzt die Bedrohlichkeit der „Anti-Hauptströmungs"-Initiative für das Reformerlager als hoch ein (Chen Mingtong 2001: 204). Zumindest wurde an den Mobilisierungsaktivitäten Hao Bocuns deutlich, daß große Teile der Militärführung, des Sicherheitsapparats und des Systems für politische Kriegsführung an der Intrige gegen die Parteiführung beteiligt waren, so daß durchaus von einer „Einmischung des Militärs in die Politik" gesprochen werden kann (Zhang Youhua 1993: 181). Demgegenüber kann Zhou Yukou jedoch keine echte Bedrohungssituation für das Reformerlager erkennen. Ihren Informationen zufolge war Li Denghui bereits Anfang März im Besitz einer von mehr als 300 NV-Abgeordneten unterzeichneten Unterstützungserklärung, wodurch seine Wahl zum Präsidenten bereits gesichert gewesen sei. Die vermeintliche Stärke der „Anti-Hauptströmung" werde aufgrund des damals noch von konservativen Positionen dominierten Presseechos allgemein überschätzt (Zhou Yukou 1994: 171-72).
Ungeachtet des tatsächlichen Bedrohungsgrades trug diese Konfrontation in der öffentlichen Wahrnehmung jedoch eindeutig krisenhafte Züge. Nach Auffassung vieler Beobachter stand der Fortgang des Reformkurses zur Disposition. Durch die Herausforderung der amtierenden Parteiführung wurde der bisher nur unterschwellig ausgetragene Programmkonflikt über die Inhalte und Grenzen des Reformprogramms nun öffentlich ausgefochten, was im Vergleich zur Ära Jiang einen harten Bruch mit den traditionellen Normen der GMD zur Konfliktaustragung darstellte. Eindeutig ist zudem, daß es sich bei den Herausforderern Li Denghuis – Li Huan, Hao Bocun, Lin Yanggang, Jiang Weiguo und Chen Li'an – nur um einen kleinen Teil der Unzufriedenen im Parteiapparat

handelte, die mit Li Denghuis Führungsstil und der Richtung des von ihm eingeschlagenen Reformkurses nicht einverstanden waren (Chen Mingtong 2001: 205-06). Hauptursachen für diese Unzufriedenheit waren einige politische Maßnahmen Li Denghuis seit seinem Amtsantritt gewesen, die bei Teilen der konservativen Führungselite Zweifel an den Zielen seiner Chinapolitik geweckt hatten. Neben dem Bruch mit der außenpolitischen Tradition, der durch die Entlassung Shen Changhuans symbolisiert wurde, umfaßte dies die Lockerungen bei der internationalen Außendarstellung Taiwans, die Bestrebungen zu einer „flexiblen Außenpolitik", die Kontaktaufnahme mit kommunistischen Staaten sowie die umstrittene Entsendung der Finanzministerin Guo Wanrong zum Jahrestreffen der Asiatischen Entwicklungsbank im Mai 1989 nach Beijing. Auch eine wenig engagierte, zurückhaltende Reaktion Li Denghuis auf die Niederschlagung der Beijinger Protestbewegung im Juni 1989 sowie angebliche „Laxheit" gegenüber Unabhängigkeitsbefürwortern wurden von den Li-Gegnern als Anzeichen für die Abkehr von der Ein-China-Politik gewertet und sorgten für Unzufriedenheit und Mißtrauen bei „festländischen" Parteiveteranen.

Die Folgen der gescheiterten Herausforderung waren nicht für alle Mitglieder der „Stimmzettel-Fraktion" gleich. So wurde Lin Yanggang, auch wegen seiner vergleichsweise passiven und zuletzt kooperativen Rolle, weiterhin mit Führungsaufgaben betraut und übte bei den späteren Verfassungsreformen eine beratende Funktion aus. Li Huan hingegen konnte aufgrund seiner Schlüsselrolle bei der Verschwörung kaum weiter im Amt des Regierungschefs verbleiben. Zunächst hatte Li Denghui anscheinend geplant, Li Huan durch einen jüngeren, „einheimischen" Politiker der „Hauptströmung" zu ersetzen, worauf von Mitarbeitern Li Denghuis ausgestreute Gerüchte anfangs hindeuteten.[256] Überraschend entschied sich Li dann jedoch, einen älteren, „festländischen" Parteiveteranen zu ernennen. Der Herausgeber der konservativ ausgerichteten Zeitung *Lianhebao*, Wang Tiwu, schlug Verteidigungsminister Hao Bocun als geeigneten Kandidaten vor, und diesem Vorschlag folgte Li Denghui schließlich auch (Zhou Yukou 1994: 218-20). Somit stieg ausgerechnet ein führendes Mitglied der „Anti-Hauptströmung" ins höchste Regierungsamt auf und ersetzte Li Huan. Da aufgrund von Haos militärischer Vergangenheit und seiner konservativen Ausrichtung Widerstand in Öffentlichkeit, Medien und Opposition gegen seine Ernennung zum Regierungschef zu erwarten war, bemühte sich Li vor der öffentlichen Bekanntgabe Mitte Mai aktiv um die Unterstützung wichtiger Presseorgane. Dennoch kam es schon bald zu Protesten gegen die „Einmischung des Militärs in die Politik" (Zhou Yukou 1994: 221-26; Chen Mingtong 2001: 207).

---

256 Der Präsident des Legislativyuans, Liang Surong, gab am 25.4.90 auf einer Pressekonferenz nach einem Gespräch mit Li Denghui bekannt, daß der neue Regierungschef ein „Einheimischer" sein werde. Als passende Kandidaten wurden damals Qiu Chuanghuan, Lian Zhan, Shi Qiyang und Lin Yanggang angesehen (Chen Mingtong 2001: 207).

4.1.2 Taiwan: Die Einleitung eines demokratischen Reformprozesses

Es ist umstritten, warum Li Denghui der Ernennung Haos zum Regierungschef zustimmte. Denkbar ist, daß der durch die offene Herausforderung in seiner Autorität angeschlagene Li dem Druck unzufriedener Parteiältester zur Sicherung der eigenen Machtposition nachgeben mußte. Spekuliert wurde auch über einen möglichen politischen „Handel" zwischen Li Denghui und Hao, wonach Haos Ernennung der Preis für den Rückzug der „Anti-Hauptströmung" von der Kampfkandidatur gewesen sein soll. Diese Theorie erscheint jedoch kaum haltbar, denn sie erklärt nicht, warum Hao einige Tage Bedenkzeit für seine Entscheidung benötigte und von dem Angebot anscheinend selbst überrascht wurde. Am wahrscheinlichsten ist die Berufung Haos aus taktischen Erwägungen heraus; es könnte sich um eine Strategie zur Spaltung der „Anti-Hauptströmung" und zur „Entzauberung" Hao Bocuns in einem schwierigen Regierungsamt gehandelt haben, da Akzeptanzschwierigkeiten in Bevölkerung, Teilen der Medien und von Seiten der jüngeren Legislativyuan-Abgeordneten vorauszusehen waren (Chen Mingtong 2001: 208). Manche Beobachter halten die Ernennung Haos gar für einen „genialen Schachzug" Li Denghuis. Im Rahmen einer „Strategie der vorweggenommenen Konfliktvermeidung" habe Li dadurch sowohl die Stabilität innerhalb der GMD-Führung bewahrt als auch die konstruktive Mitwirkung der Reformskeptiker am Reformprozeß erreicht. Gleichzeitig konnte Hao Bocuns politisches Verhalten im stark öffentlich beobachteten Amt des Regierungschefs besser kontrolliert werden als im Amt des Verteidigungsministers, wodurch weitere konspirative Aktivitäten seinerseits erschwert wurden.[257]

Für die These von einer rein taktisch motivierten Ernennung Haos zum Regierungschef spricht eine baldige Häufung personalpolitischer Auseinandersetzungen zwischen Präsident Li und Regierungschef Hao in den knapp drei Jahren ihrer Zusammenarbeit, die schließlich zu einer offenen „Eiszeit" führten. Dies betraf vor allem die von Li gewünschte und von Hao mit allen Mitteln blockierte Beförderung eines Li-Vertrauten im Militär, Jiang Zhongling, zum General Erster Klasse und zum Generalstabschef Ende 1991. Hao verweigerte seine verfassungsgemäß vorgeschriebene Unterschrift unter die Beförderung und drohte sogar mit seinem Rücktritt. Zwar gelang es ihm so, die Beförderung Jiang Zhonglings zu verhindern, aber die Beziehungen zu Präsident Li verschlechterten sich deutlich, so daß öffentliche Erklärungen beider Seiten über das angeblich „gute" Arbeitsverhältnis kaum glaubhaft wirkten (Chen Mingtong 2001: 208-09). 1992 gelang es Li Denghui schließlich, die Ablösung Hao Bocuns als Regierungschef durch den jüngeren, „einheimischen" Li-Anhänger Lian Zhan durchzusetzen. Damit fand der innerparteiliche Machtkampf um die Nachfolge Jiang Jingguos seinen endgültigen Abschluß.

---

257 Prof. Lin Chia-cheng in einem Interview mit Gunter Schubert (siehe Gunter Schubert 1994: 135).

4.1.2.4 Schlußfolgerungen

Die obenstehende Darstellung konnte zeigen, daß die Entscheidungsprozesse, die 1986 zur *Einleitung* eines Demokratisierungsprozesses auf Taiwan führten, noch in sehr starker Weise vom autoritären Erbe der GMD geprägt waren und ohne diese besonderen Entscheidungsstrukturen kaum gegen den Widerstand großer Teile der „festländischen" Führungselite durchsetzbar gewesen wären. Das Vorherrschen eines *hierarchischen Koordinationsmechanismus* erlaubte es Jiang Jingguo, als unumstrittene Führungsperson einen enorm großen Handlungsspielraum zur Einleitung von Reformen und zur Durchsetzung eines Nachfolgearrangements vollständig und vorausschauend auszunutzen. Der individuelle Beitrag Jiangs zur Einleitung, Planung und Durchführung dieses ersten Teils des politischen Reformprozesses ist daher zu Recht als überragend bezeichnet worden.[258] Zwar waren äußere Faktoren als Handlungsanreize ebenfalls an der Entscheidung zur Reform beteiligt, doch zwingende Gründe für die Preisgabe der autoritären Macht lagen aus Sicht der GMD-Zentrale nicht vor. Vielmehr waren die innen- und außenpolitischen Veränderungsprozesse, die die Reformen begünstigten, lediglich notwendige, aber nicht hinreichende Voraussetzung dafür (Dickson 1997: 204; 212).

Nachdem die Reformen jedoch in Gang gekommen waren, entwickelte sich ein nicht umkehrbarer, sich verselbständigender Reformprozeß, den die GMD-Zentrale immer weniger aktiv steuern, sondern nur noch bremsen oder vorantreiben konnte. Spätere Phasen des untersuchten Konfliktbereiches zeigten zudem, daß nach dem Tod Jiangs keine absolute Führungsautorität in der Parteizentrale mehr existierte, die unter allen Umständen einheitliches Handeln hätte erzwingen können. Vielmehr mußte Jiangs Nachfolger Li Denghui mit Hilfe einer Koalition gleichgesinnter Unterstützer im Partei- und Staatsapparat relativ mühsam, nämlich durch personalpolitische und programmatische Initiativen, zunächst die eigene Machtstellung konsolidieren und dann den begonnenen Reformprozeß gegen die immer offenere Herausforderung durch innerparteiliche Gegner verteidigen. Dabei wurden traditionelle Normen der innerparteilichen Konfliktaustragung von allen Seiten immer offener verletzt, so daß sich die politische Kultur Taiwans schon in den Jahren 1988 bis 1992 grundlegend wandelte und die GMD sich von ihren leninistischen Wurzeln immer weiter entfernte.

Für den Verlauf der Konfrontationen innerhalb der GMD-Führung, etwa bei der Wahl Li Denghuis zum GMD-Vorsitzenden im Januar 1988, scheint die informelle Norm zum

---

258 Eine Analyse der Hintergründe für Jiang Jingguos späten Wandel zum demokratischen Reformer wird dadurch erschwert, daß Jiang selbst nie öffentlich Stellung zu seinen persönlichen Motiven nahm, keine Memoiren schrieb und Interviews mit Biographen ablehnte. Eine Diskussion möglicher Beweggründe findet sich bei Nathan/Ho (1993). Die für den Verlauf des frühen Transitionsprozesses überragende Bedeutung Jiangs wird u.a. von Steve Tsang (1999: 13), Liu Minghuang (1996: 95), Chang Ya-chung (1992: 162) sowie den meisten westlichen Beobachtern betont (vgl. z.B. Newell 1994: 189).

4.1.2 Taiwan: Die Einleitung eines demokratischen Reformprozesses

Konformitätszwang entscheidende Bedeutung gehabt zu haben. Die von den Gegnern Lis gewählte Strategie zur Verschleppung des Wahlantrages und die Reaktion der Li-Unterstützer darauf zeigte, daß eine Verhinderung der geplanten Wahl durch offene Opposition zu diesem Zeitpunkt nicht möglich schien: Zwar kam eine Manipulation der *Bedingungen* der Antragstellung, nicht jedoch der Abstimmung selbst in Frage. Bei der Abwehr dieses Manipulationsversuchs jedoch verletzte das Verhalten Song Chuyus eindeutig die informellen Regeln des Verhaltens in StA-Sitzungen. Maßgeblich für den Erfolg Li Denghuis war in dieser Situation zum einen die unzweideutige Unterstützung des einflußreichen Generalsekretärs Li Huan, zum anderen jedoch auch das spontane Heraufbeschwören einer Krisenstimmung unter den Sitzungsteilnehmern, das durch den ungewöhnlichen Auftritt Song Chuyus erreicht wurde. Während Li Huans Verhalten mit informellen Parteinormen - Loyalität zur Führung, Bereitschaft zur Konfliktvermeidung sowie Wahrung der Einheit nach außen - konform war, ging Song durch die offene Mißachtung der Verhaltensregeln im StA ein politisches Risiko ein und empfahl sich durch den Erfolg seiner Aktion gleichzeitig bei Li Denghui für herausragende Führungsaufgaben. Sowohl das Vorhandensein einer informellen Norm zur Harmoniewahrung als auch die große Wirkung eines offenen Bruchs mit dieser Norm kann an diesem Beispiel illustriert werden.

Auch bei der Herausforderung der „Stimmzettel-Fraktion" scheuten die Herausforderer noch eine offene Opposition gegen die Parteizentrale, was belegt, daß die informelle Norm zur Konfliktvermeidung noch immer wirksam war. Sie wagten ihre Attacke nur über den Umweg eines Antrags zur Reform des Wahlverfahrens, der noch dazu als „Beitrag zur innerparteilichen Demokratisierung" getarnt werden mußte. Dennoch belegt das Verhalten der „Stimmzettel-Fraktion" eine zu diesem Zeitpunkt bereits erheblich größere Konfliktbereitschaft, auch wenn nach dem Scheitern des Antrages die eigentliche Abstimmung zur Kandidatennominierung im offenen Wahlmodus einstimmig zugunsten Li Denghuis ausging. Zur Abwehr dieses Angriffs waren bereits wesentlich entschlossenere Maßnahmen der Parteizentrale erforderlich, darunter das Werben um die Unterstützung der ZEK-Mehrheit. Hieran zeigt sich bereits ein deutlicher Wandel der informellen Konfliktaustragungsregeln der GMD, der sich in nur zwei Jahren vollzogen hatte: Der Verlust hierarchischer Steuerungskapazität der Parteizentrale und die Notwendigkeit zur Aushandlung von Allianzen. Reste der informellen Normen zur Konfliktvermeidung überdeckten nur noch notdürftig die bereits stark von unterschiedlichen Interessenlagen und Konkurrenz geprägten Auseinandersetzungen, die schließlich anläßlich der Präsidentenwahlen im März 1990 deutlich sichtbar wurden.

Innerhalb der obersten Führungsschicht lassen sich klientelistische Beziehungen, also hierarchische, dyadische Abhängigkeitsverhältnisse zwischen den höchsten Führungsakteuren, nicht direkt nachweisen. Vielmehr waren innerhalb der Koalition der Reformkritiker („Stimmzettel-Fraktion" bzw. „Anti-Hauptströmung") ein geringer Zusammenhalt und hohe Konkurrenz der Akteure untereinander auffällig, wodurch die Effizienz ihrer Blockadepolitik gegen Li Denghuis Lager untergraben wurde. So zeigten etwa Yu Guohua und Li Huan durch ihre Konkurrenz um das Amt des Regierungschefs keine Fähigkeit zur Kooperation, und Hao Bocun und Li Huan waren zunächst zur Zusammenarbeit mit Li Denghui bereit und unterstützten seine Machtübernahme 1988, anstatt gegen ihn zu kooperieren.[259] Es ist denkbar, daß eine frühzeitige, entschlossene Zusammenarbeit etwa von Yu Guohua, Li Huan, Hao Bocun und Lin Yanggang gegen Li Denghui am Anfang seiner Amtszeit die späteren Erfolge des Reformerlagers hätte verhindern können. Eine solche Kooperation kam jedoch effektiv erst zustande, als Li und seine Anhänger ihre Machtstellung durch ihre programmatischen und personalpolitischen Initiativen bereits konsolidiert hatten (Wang Zhenhuan 1996: 75).

Unterhalb der Ebene höchster Führungsakteure haben klientelistische Netzwerke jedoch eine bedeutende Rolle gespielt, wie etwa an dem von Hao Bocun in langjähriger Personalpolitik aufgebauten Klientelnetzwerk in der Militärführung deutlich wird, das Hao im Zuge des Machtkampfes von 1990 gezielt mobilisieren konnte. Ein von Li Huan als Generalsekretär aufgebautes Klientelnetzwerk in der Parteizentrale, zu dem unter anderem Guan Zhong gehörte, wurde kurz nach seiner Beförderung zum Regierungschef aus einflußreichen Positionen verdrängt. Zu Li Denghuis eigenem Netzwerk gehörten neben freiwilligen Unterstützern wie Song Chuyu und Song Xinlian auch enge persönliche Mitarbeiter, etwa der ehemalige Kommilitone seines verstorbenen Sohnes, Su Zhicheng, seine ehemalige Studentin an der National Taiwan University, Guo Wanrong, sowie programmatisch Gleichgesinnte in verschiedenen Regierungsorganen und im Parlament, darunter etwa Lian Zhan, Jiang Xiaowu, Qian Fu oder Li Yuancu. Dieses teils klientelistische, teils auf programmatischen Gemeinsamkeiten basierende Netzwerk scheint ebenfalls eine wichtige Rolle bei der Mobilisierung von Unterstützung gespielt zu haben. Darauf deutet auch die von der „Anti-Hauptströmung" erhobene Forderung an Li Denghui vom Frühjahr 1990 hin, die „beiden Songs und den einen Su" (also Song Chuyu, Song Xinlian und Su Zhicheng), aus ihren Funktionen zu entlassen. Auch die Entlassung des langjährigen informellen Führungsakteurs im außenpolitischen Entscheidungsapparat, Shen Changhuan, und die gezielte Förderung programmatisch gleichgesinnter, zumeist jüngerer und „einheimischer" Funktionäre durch Li Denghui direkt nach seinem Amtsantritt spricht für die große Bedeutung klientelistischer Netzwerke in allen Teilen des politischen Führungssytems.

In Bezug auf die Aktivitäten von „Faktionen" und „Meinungsgruppen" läßt sich feststellen, daß die Motivation der Akteure im großen und ganzen zu etwa gleichen Teilen

---

259 Allenfalls Yu Guohua könnte aufgrund seiner Stellung als ehemaliger Klient Jiang Jieshis als Teil eines klientelistischen Netzwerkes im Rahmen der sogenannten „Palastfaktion" aufgefaßt werden. Aufgrund der schwachen Stellung dieser informellen Gruppe im Untersuchungszeitraum ist die Relevanz einer solchen Zuordnung jedoch gering.

4.1.2 Taiwan: Die Einleitung eines demokratischen Reformprozesses

in der Verfolgung persönlicher Machtinteressen und programmatischer Anliegen bestanden zu haben scheint. Beide Arten von Handlungsmotivationen traten zumeist untrennbar miteinander vermengt auf, da die Durchsetzung programmatischer Präferenzen nur möglich ist, wenn die eigene politische Machtstellung eine Einflußnahme auch erlaubt. Dies macht eine klare Abgrenzung zwischen idealtypischen *„power factions"* und programmatisch motivierten „Meinungsgruppen" anhand der vorliegenden Untersuchungen schwierig. Ein Indiz für das Fehlen echter *„power factions"* im beobachteten Konflikt ist jedoch die instabile, nicht-hierarchische und nicht-klientelistische Organisationsform etwa der „Stimmzettel-Fraktion" und die unveränderte Beibehaltung ihrer programmatischen Ausrichtung auch *nach* dem Ende des Führungskonfliktes vom Frühjahr 1990, der schließlich einige Jahre später bis zur formalen Abspaltung einer neuen Partei führte. Es handelte sich zunächst um einen horizontalen, *temporären* Zusammenschluß mächtiger Einzelakteure, die zum Teil über eigene klientelistische Netzwerke verfügten, aber in der Gruppe vor allem ihre jeweiligen Eigeninteressen verfolgten und nur vorübergehend, aufgrund gemeinsamer programmatischer Präferen-zen und Machtinteressen, miteinander kooperierten. Konkurrierende Einzelinteressen führten schnell zum Zerfall dieser Koalition, etwa zunächst durch den „Verrat" Wang Shengs nach der ersten Abstimmungsniederlage, als er sich Li Denghui als Helfer anbot, und später durch den einseitigen Rückzug Lin Yanggangs, der sich von den übrigen Akteuren ausgenutzt sah.

Zwar deuten die konspirative Vorgehensweise der Gruppe und die Mobilisierung von Klientelnetzwerken in nachgeordneten Organen zunächst auf typisches Machtkampfverhalten hin, doch der programmatische Aspekt ihres Handelns sollte angesichts der späteren Entwicklung nicht zu gering bewertet werden. Die Auseinandersetzungen der neunziger Jahre deuteten später an, daß der Grundkonflikt über die Beibehaltung oder Abkehr von traditionellen Grundsätzen der GMD, der im Rahmen des Reformprozesses akut wurde, trotz der Vermengung mit den Machtinteressen der Akteure reale Grundüberzeugungen berührte. Dies gilt auch für das Lager von Präsident Li. Insofern scheint es gerechtfertigt, die „Stimmzettel-Fraktion" bzw. die „Anti-Hauptströmung" primär als Koalition von Unzufriedenen anzusehen, die gegenüber der von Li-Anhängern dominierten Parteiführung eine abweichende programmatische Präferenz vertraten, also als relativ gut organisierte Meinungsgruppe mit konzertierter Handlungsfähigkeit in Konfliktsituationen.

Die untersuchten Konflikte belegen eine nur relativ geringe Bedeutung bürokratischer Organisationen oder anderer Akteure auf mittleren Systemebenen für den Verlauf der untersuchten Auseinandersetzungen. Zwar dienten untergeordnete Organe als Reservoir der Führungsakteure zur Mobilisierung von Unterstützung für die jeweilige programmatische Position, aber in den entscheidenden Führungskonflikten kam ihnen nur eine untergeordnete Bedeutung zu. Dies deutet darauf hin, daß Entscheidungsprozesse in politischen Grundsatzfragen weit weniger als tagespolitisches Regieren von bürokratischen Aushandlungsprozessen auf mittleren Systemebenen geprägt sind.

4.1.3 Vergleichende Aspekte

Die beiden untersuchten Personal- und Programmkonflikte beinhalteten jeweils einen Nachfolgekonflikt, der zugleich mit einer grundlegenden *programmatischen* Neuausrichtung einherging. In beiden Fällen hatte der charismatische Herrscher einen selbst gewählten Nachfolger an die Spitze des Systems gebracht, der im Parteiapparat nur über wenig Rückhalt und eine kleine informelle Machtbasis verfügte. Während Hua Guofeng jedoch von seinen Herausforderern aus den Reihen der Parteiveteranen aus seiner Machtposition verdrängt wurde, gelang es Li Denghui, sich in mehreren Machtkämpfen zu behaupten und seinen Führungsanspruch zusehends zu festigen.

Ein wichtiger Unterschied zwischen den beiden Nachfolgekandidaten war, daß Hua ein politisches Programm verfolgte, das sich noch eng an Maos Erbe anlehnte und für das es in der Bevölkerung, aber auch im Parteiapparat nach der Katastrophe der Kulturrevolution nur wenig Rückhalt gab. Dies machte Hua in programmatischer und ideologischer Sicht angreifbar, zumal 1976 in China objektiv Krisenbedingungen vorherrschten und politische und wirtschaftliche Reformerfolge schnellstmöglich erzielt werden mußten. Die Herausforderer Huas verfügten über die glaubwürdigeren und erfolgsversprechenderen programmatischen Alternativen. In Taiwan gehörte Li Denghui hingegen zu den Vertretern einer *progressiven* programmatischen Richtung, die für Modernität, Internationalisierung und Abkehr von den überholten Dogmen des Kalten Krieges stand. Trotz seines anfänglich geringen Rückhalts im Parteiapparat verfügte er von Anfang an über große öffentliche Unterstützung, was im Kontext des zunehmend pluralistischeren Klimas auch immer wichtiger wurde. Seine Herausforderer aus den Reihen der Parteiveteranen hingegen wurden vielfach als rückwärtsgewandte, „großchinesische" und undemokratische Machthaber angesehen, die die Interessen Taiwans denen Gesamtchinas stets unterordneten.

Li Denghuis Ausgangslage war unter anderem auch deshalb besser als die Hua Guofengs, weil Jiang Jingguo vier Jahre lang gezielt daran gearbeitet hatte, das von ihm geschaffene Nachfolgearrangement und die Einleitung des politischen Reformprogramms mit Hilfe seiner absoluten Autorität abzusichern und die Voraussetzungen dafür zu schaffen, daß sich das Reformerlager auch nach seinem Tod behaupten konnte. Mao hingegen hatte sich in seinen letzten Lebensjahren nur wenig vorausschauend verhalten und hinterließ ein von harten personellen Brüchen und institutionellen Verwerfungen geprägtes Führungssystem, ohne für eine akzeptable Perspektive der zukünftigen

4.1.3 Vergleichende Aspekte

Entwicklung zu sorgen. Hua Guofeng war erst sehr kurz vor Maos Tod überraschend in die Position des Nachfolgers aufgerückt und hatte, anders als Li Denghui, keine intensive „Schulung" für seine Aufgaben als Führungsakteur erhalten, was seine Chancen zur Durchsetzung im Parteiapparat schmälerte. Anders als in China herrschten auf Taiwan nach dem Tod Jiangs auch keine vergleichbar schwierigen Handlungsbedingungen vor. Zwar erforderten der begonnene Reformkurs, die latente Auseinandersetzung mit dem Festland und die Frage der Führungsnachfolge umsichtiges Handeln, doch das Überleben des Systems und der Partei stand nicht auf dem Spiel. Die durch Jiangs Führungsstil der letzten Lebensjahre etablierten, zurückhaltend-toleranten Regeln des Umgangs mit der Opposition und die ebenfalls freiwillig geübte Zurückhaltung der Opposition bei Protesten sorgten dafür, daß durch Jiangs Tod keine offene Krisensituation ausbrach und der begonnene Reformprozeß kontinuierlich vorangehen konnte.

Die Austragung der Machtkämpfe um die Führungsnachfolge, die Hua Guofengs Koalition verlor und die Li Denghuis Koalition gewann, erfolgte in beiden Systemen auf höchst unterschiedliche Weise. Herausforderung und Schlagabtausch in der VR China erfolgten zumeist *unterhalb* der höchsten Führungsebene in Form von ideologisch-theoretischen Debatten, in denen die Konfliktparteien versuchten, im Rahmen des marxistisch-leninistischen Gedankengebäudes den Legitimitätsanspruch der gegnerischen Haltung zu untergraben. Dies ging dann mit einer allmählichen Verdrängung der unterlegenen Partei aus Schlüsselpositionen in Führungs- und Propagandaorganen einher. Die höchsten Führungsakteure verhielten sich zumeist passiv und ließen ihre Positionen zu den Auseinandersetzungen durch untergeordnete Akteure vertreten, griffen allerdings mitunter gezielt ein, um die Auseinandersetzung in eine bestimmte Richtung zu lenken. Der Konfliktstil war insgesamt wenig transparent, von konspirativem Verhalten und komplizierten Intrigen geprägt und folgte damit noch stark dem durch leninistische Parteinormen erzeugten Zwang, Konflikte nach außen hin zu unterdrücken. Netzwerke von ideologisch Gleichgesinnten spielten die Hauptrolle als Akteure der innerparteilichen Konflikte.

Auf Taiwan hingegen wurden Machtkämpfe bevorzugt in Form von Initiativen zur Reform von Wahl- und Nominierungsverfahren ausgetragen, um so wichtige Personalentscheidungen zu beeinflussen. Mehrfach versuchten die Herausforderer Li Denghuis, durch *Verfahrensänderungen* auf den Ausgang von Abstimmungen Einfluß zu nehmen, indem sie dies als „Beitrag zur Demokratisierung" rechtfertigten. Ziel war jedesmal, die aus der autoritären Ära stammenden, leninischen Akklamationsverfahren durch ergebnisoffene anonyme Abstimmungen zu ersetzen, um so den Weg für alternative Kandidaten frei zu machen. Leninistische Normen der Harmoniewahrung nach außen waren auch in Taiwan noch wirksam, verloren im Lauf weniger Jahre und als Ergebnis der bereits ausgefochtenen Machtkämpfe jedoch beständig an Bedeutung, bis sich schließlich ein sehr konfliktfreudiger Stil der politischen Auseinandersetzung etablierte, der vor offener Spaltung und direkter Herausforderung höchster Führungspersonen nicht mehr zurückschreckte. *Ideologische* Angriffe in den Bereichen Wirtschaftspolitik und politische Reformen hingegen spielten auf Taiwan eine deutlich geringere Rolle als in der VR China, da über die Wirtschaftspolitik weitgehender Konsens bestand und die Reformpolitik selbst von ihren Gegnern aufgrund der Unterstützung Jiang Jingguos für diesen Kurs und des öffentlichen Drucks nicht offen kritisiert werden konnte. Ideologisch angreifbar war Li Denghuis Lager lediglich auf dem Gebiet der Festlandpolitik, da die Abkehr von antikommunistischen Dogmen und vom Alleinvertretungsanspruch geeignet schien, eine größere internationale Präsenz Taiwans auf Kosten einer chinesischen Wiedervereinigung anzustreben. Dieses Ziel wurde zwar von der Bevölkerungsmehrheit unterstützt, doch in Teilen der Parteielite kamen Zweifel an Lis chinapolitischer Haltung auf. Wegen der großen Sicherheitsrelevanz der Chinafrage kam diesem Politikfeld große Bedeutung zu, und Li versuchte aktiv, jeden Anschein zu vermeiden, die Kritik seiner Herausforderer sei berechtigt. Daß Li und seine Anhänger sich schließlich gegen die sehr machtvolle Herausforderung der Parteiveteranen behaupten konnten, lag zum einen an ihrem politischen Geschick, jeweils geeignete Gegenstrategien auszuwählen, jedoch auch am Druck der Öffentlichkeit und der Opposition, die den Handlungsspielraum der konservativen Parteiveteranen begrenzten und diese nötigten, sich zumindest formal zum Ziel einer Demokratisierung Taiwans zu bekennen.

Spezifisch *chinesische* Institutionen der Konfliktaustragung, die beiden Fallstudien gemeinsam wären und auf ein gemeinsames Erbe traditionaler Verhaltensmuster hindeuten würden, ließen sich nicht eindeutig nachweisen. Vielmehr scheinen die Akteure in beiden Staaten primär durch die objektiven institutionellen Rahmenbedingungen, also die Charakteristika und Funktionsdefizite des jeweiligen formalen Systems, sowie durch jeweils existierende spezifische Normen beeinflußt worden zu sein, wobei lediglich auf der Ebene der *leninistischen* Parteinormen eine schwache Ähnlichkeit festzustellen war.

4.2 Konflikte über Fragen der politischen Grundordnung

Die folgenden beiden Fallstudien haben jeweils einen Führungskonflikt über Fragen der politischen Grundordnung zum Gegenstand. In China kam es nach kleinen Auseinandersetzungen zwischen orthodox ausgerichteten und reformfreudigeren Führungsmitgliedern Ende der achtziger Jahre schließlich zu einer schweren Führungskrise. Diese Krise eskalierte vor dem Hintergrund massiver gesellschaftlicher Proteste und endete mit der gewaltsam-militärischen Unterdrückung der Protestbewegung und der Säuberung der unterlegenen Führungsmitglieder aus der Parteizentrale. Im taiwanischen Reformprozeß hatten die Konflikte über eine Neuausrichtung der Verfassungsordnung in den neunziger Jahren eine vergleichbare Funktion für den Fortgang der Transformation. Allerdings kam es im Verlauf der dortigen Entscheidungsprozesse nie zu ähnlich dramatischen Zuspitzungen wie 1989 in der VR China.

4.2.1 VR China: Konflikte zwischen „Reformern" und „Orthodoxen"

Im Verlauf der achtziger Jahre verstärkten sich die programmatischen Auseinandersetzungen zwischen den Akteuren, die beim Konflikt mit der Hua Guofeng-Gruppierung noch zusammengearbeitet hatten. Daraus entwickelte sich ein Ordnungskonflikt, der um Fragen der Ausgestaltung der Wirtschaftsreformen und der Einleitung eines politischen Reformprogramms kreiste. Ein Teil der radikaleren Reformkräfte befürwortete umfassende und – im Kontext eines sozialistischen Systems – kontroverse Reformschritte, während andere Akteure für eine langsame, stabile Entwicklung der planwirtschaftlichen Ordnung bei Beibehaltung des leninistischen Führungssystems eintraten. Aus Sicht der Reformbefürworter war das alte System nicht effizient genug, um den Erfolg der Reformpolitik zu sichern, während die Orthodoxen durch zu weitreichende Reformen den Fortbestand des Sozialismus bedroht sahen. Die Überalterung der Veteranengeneration und der deshalb notwendige Generationenwechsel in den Führungspositionen traten verschärfend hinzu. Weiterhin häuften sich in der zweiten Hälfte der achtziger Jahren Massenproteste, die jeweils kurzfristig für eine krisenhafte Zuspitzung der Handlungsbedingungen sorgten.

Die Akteurskonstellation hatte sich im Zuge des vorangegangenen Führungskonfliktes stark verändert. Nach dem Rückzug der Hua Guofeng-Gruppierung aus dem Machtzentrum etablierte sich ein Führungssystem, in dem der ZMK-Vorsitzende Deng Xiaoping die unumstrittene, aber informelle Machtstellung eines „Höchsten Führers" innehatte. Gleichzeitig übte der mit Deng persönlich eng verbundene, reformorientierte ZK-Generalsekretär Hu Yaobang die höchste *formale* Autorität im Parteiapparat aus. An der Spitze der staatlichen Regierungsorgane stand mit Ministerpräsident Zhao Ziyang ein weiterer Vertreter der jüngeren, progressiven Kräfte.[260] Hu und Zhao führten im Auftrag Dengs an „vorderer Front" die laufenden Geschäfte von Parteizentrale und Staatsrat, während Deng und andere Parteiälteste sich auf eine Position „hinter der Frontlinie" zurückzogen. Hu und Zhao genossen in Routinefragen beträchtliche Entscheidungsspiel-

---

260 Zhao hatte als Parteisekretär von Sichuan maßgeblich an der Erprobung und Durchsetzung der Landwirtschaftsreformen und einer städtischen Unternehmensreform mitgewirkt und wurde deshalb auf dem Gebiet der Wirtschaftspolitik als progressiver Reformer angesehen, auch wenn er zunächst eng mit dem eher vorsichtigen Chen Yun kooperiert hatte (Teiwes 1995: 75).

räume, während Deng und andere Veteranen auch öffentlich einräumten, daß sie sich nur auf die Oberaufsicht über wenige zentrale Fragen beschränkten (Teiwes 1995: 70). Neben Deng Xiaoping genoß Chen Yun als zweitwichtigster Parteiveteran einen ähnlich hohen Status. Chen wird von vielen zeitgenössischen Beobachtern als Oberhaupt einer reformfeindlichen Gruppierung porträtiert, die in einem langandauernden Machtkampf mit Deng Xiaoping, besonders aber mit dessen Klienten Hu Yaobang und Zhao Ziyang gestanden habe.[261] Diese Auffassung scheint dem tatsächlichen Verhalten Chen Yuns in den achtziger Jahren jedoch nicht durchgängig gerecht zu werden. So hatte Chen auf der ZK-Arbeitskonferenz Ende 1978 eng mit Hu Yaobangs Netzwerk zusammengearbeitet, um die Rehabilitierung der gesäuberten Kader durchzusetzen. Es ist sogar fraglich, ob Hus Initiative ohne Chen Yuns Unterstützung hätte gelingen können (Teiwes 1995: 72-75). Auch scheint Chens Haltung gegenüber den Aktivisten der Demokratie-Mauer von 1978/79 weniger hart gewesen zu sein als etwa die Deng Xiaopings. Der Deng-Biograph Yang hält Chen für einen vergleichsweise prinzipientreuen, sogar moralischen Politiker, der lediglich in den achtziger Jahren sachlich begründete Zweifel am Erfolg der Reform- und Öffnungspolitik Dengs entwickelt habe (Benjamin Yang 1998: 219). Zwar vertrat Chen in der Wirtschaftspolitik vergleichsweise vorsichtige Ansätze, die er mit Hilfe seines informellen Einflusses auf die staatliche Planungsbürokratie sogar häufig *gegen* die Anordnungen von Ministerpräsident Zhao durchsetzen konnte (Hamrin/Zhao 1995: xxxvii). Die negativen Folgen des schnellen Wirtschaftswachstums – Haushaltsdefizite, Inflation, Zunahme von Korruption im Kadersystem und materialistischer Orientierungen in der Bevölkerung – rechtfertigten aus seiner Sicht jedoch einen auf *Konsolidierung* statt auf schnelles Wachstum ausgerichteten, vorsichtigen Reformkurs (Lieberthal 1995: 137). Chen hat jedoch nie grundsätzlich in Frage gestellt, daß Chinas Modernisierung nur durch gezielten Einsatz von Marktkräften zu erreichen sein würde, denen er allerdings im Rahmen der planwirtschaftlichen Grundordnung enge Grenzen setzen wollte.

Die Gruppe der Skeptiker einer radikalen wirtschaftlichen Umgestaltung umfaßte neben Chen Yun auch einige andere Veteranen, etwa den NVK-Vorsitzenden Peng Zhen, zahlreiche Kader im staatlichen Planungsapparat, deren bürokratische Eigeninteressen durch die geplanten Verwaltungs- und Unternehmensreformen bedroht waren, ältere Militärführer, die Kritik an Mao und der Kulturrevolution grundsätzlich kritisch gegenüberstanden und befürchteten, daß die ökonomischen Erfolge der Reform- und Öffnungspolitik die Rekrutierung von Militärpersonal erschweren könnten. Ein großer Teil der erst

---

261 Exilkader wie Ruan Ming und Chen Yizi berichten, daß eine von Chen Yun angeführte „Clique" sich permanente Auseinandersetzung mit Hu Yaobangs und Zhao Ziyangs jeweiligen Lagern geliefert habe. Zu diesem „Chen-Netzwerk" gehörten nach Ruan die Veteranen Wang Zhen und Hu Qiaomu sowie Deng Liqun, Yao Yilin und Song Ping als Vertreter des Militärs, der Partei, des Propaganda-Apparats und der zentralen Planungsbürokratie (Ruan Ming 1994: 109).

kürzlich rehabilitierten Veteranen-Kader befürchtete zudem eigenen Machtverlust durch den Aufstieg jüngerer, besser ausgebildeter Eliten und stand daher institutionellen Reformen des Kadersystems und personellen Verjüngungsmaßnahmen generell kritisch gegenüber (Parris Chang 2001: 38).[262]

Der Gruppierung vorsichtiger Skeptiker gelang es Anfang der achtziger Jahre, einige strategische Führungspositionen in zentralen Propagandaorganen zu besetzen. So wurde General Wang Zhen 1982 zum Direktor der Zentralen Parteischule berufen, und Deng Liqun erhielt zusätzlich zu seinem Posten als Direktor des ZK-Forschungsbüros noch die Leitungsposition in der ZK-Propagandaabteilung. Andere Vertreter dieser Richtung erlangten Führungsposten in ideologischen, akademischen, journalistischen und künstlerischen Einheiten sowie in der ZK-Organisationsabteilung und in der ZK-Disziplinkontrollkommission. Hu Qiaomu und Deng Liqun gelang es, sich als führende ideologische Autoritäten des chinesischen Marxismus zu etablieren (Ruan Ming 1994: 102, 128). Es wäre jedoch unangemessen, dieser heterogenen Gruppe aufgrund ihrer Skepsis gegenüber radikalen Reformen den Charakter einer einheitlichen Front zu unterstellen. Vielmehr existieren Beispiele für Zerwürfnisse in diesem Lager, die auf persönliche Auseinandersetzungen, historische Erfahrungen und andere Faktoren zurückgingen.[263] Ähnliches gilt für den Zusammenhalt des „Reformerlagers", innerhalb dessen Hu Yaobang und Zhao Ziyang oft *nicht* effektiv kooperierten. Zudem scheint Zhao Ziyang 1986/87 die Absetzung Hu Yaobangs als ZK-Generalsekretär unterstützt zu haben (Hong Lijian 1998: 383).

Während der achtziger Jahre kam es wiederholt zu Konflikten zwischen Reformbefürwortern im zentralen und lokalen Parteiapparat und den vorsichtigen Bewahrern des sozialistischen Wirtschaftssystems. Die Reformer in der Zentrale nutzten lokale Reforminitiativen gezielt zur Förderung dezentraler Entwicklungen aus, nicht zuletzt, um dadurch ihre Machtposition unter den Provinzvertretern im ZK auszubauen (Lieberthal 1995: 138). Immer wieder kam es jedoch zu Gegenreaktionen, die meist dann Erfolg hatten, wenn sich existierende Wirtschaftsprobleme infolge der Reformpolitik verschärft hatten, etwa durch Überhitzung und Inflation. Beide Lager konkurrierten um die Unterstützung der höchsten Führungsebene, besonders Deng Xiaopings. Die Konflikte kreisten etwa um die Einleitung von ideologischen Kampagnen, darunter die Kampagne

---

262 Ruan macht bei Chen Yun, Wang Zhen und anderen orthodoxen Führungsakteuren zudem eine ausgeprägte „Intellektuellenfeindlichkeit" aus, die er auf ihre einfache Herkunft zurückführt. Trotz seines Eintretens gegen einzelne „linke Exzesse", etwa den Großen Sprung oder Hua Guofengs Versuch einer maoistischen Restauration, sei Chen Yun im Grunde ein „stalinistischer Dogmatiker" gewesen, wenn auch mit pragmatischen Zügen (Ruan Ming 1994: 108).

263 So blockierte Chen Yun mehrfach den Aufstieg Peng Zhens in den StA, indem er auf dessen Fehlverhalten im Vorfeld der Kulturrevolution hinwies (vgl. dazu Huang Jing 1994: 395-96, Anm. 72, der als Quelle zwei anonyme Informanten, darunter einen ehemaligen persönlichen Assistenten Chen Yuns, angibt).

gegen „geistige Verschmutzung" (*jingshen wuran*), die auf Betreiben Deng Liquns 1983 eingeleitet wurde, oder um kontroverse Reformexperimente wie die 1979/80 eingerichteten Sonderwirtschaftszonen in Guangdong und Fujian (Ruan Ming 1994: 133-35, Baum 1994: 162-63). Andere Konflikte betrafen personalpolitische Fragen. So scheint Deng Liqun sich selbst als Konkurrent Hu Yaobangs um höchste Führungsämter angesehen zu haben: "there is some evidence that Deng Liqun, who had been considered along with Hu when the General Secretary's position was re-established in 1980, continued to desire the post - and was jokingly referred to as the 'underground General Secretary'" (Teiwes 1995: 92). Auch wenn Deng Liqun aufgrund seines geringen Rückhalts im Parteiapparat nie die Aussicht hatte, Hu als Generalsekretär des ZK zu ersetzen, arbeitete er kontinuierlich gegen Hu an und versuchte aktiv, Deng Xiaoping gegen ihn einzunehmen.

Die programmatischen Auseinandersetzungen, bei denen sich der staatliche Planungsapparat und die orthodoxen Ideologen und Veteranenführer auf der einen und Teile des Staatsrats und der Parteizentrale sowie lokale Reformer auf der anderen Seite gegenüberstanden, entwickelten sich Mitte der achtziger Jahre zu einem Konflikt über die Frage der zukünftigen politischen Grundordnung. Ministerpräsident Zhao begann 1986 mit der Propagierung eines nicht nur wirtschaftlichen, sondern auch politischen Reformprogramms, das schließlich zur Zuspitzung des Ordnungskonflikts in mehreren Etappen führte.

4.2.1.1 Der Konflikt über die Absetzung Hu Yaobangs

Generalsekretär Hu Yaobang und sein intellektuelles Netzwerk an der Zentralen Parteischule waren bereits Anfang der achtziger Jahre bei orthodoxen Ideologen in die Kritik geraten, da Mitglieder dieses Netzwerks für radikale Reformen des politischen und wirtschaftlichen Systems eingetreten waren, die aus Sicht der orthodoxen Ideologen nicht akzeptabel waren. Hu galt als „Patron" dieser kritischen Intellektuellen, so daß sich Kritik gegen prominente Mitglieder seines Netzwerks stets auch indirekt gegen ihn und seine Arbeit als ZK-Generalsekretär richtete. Entscheidend für Hu Yaobangs Absetzung Anfang 1987 scheinen jedoch seine Konkurrenz zu Zhao Ziyang und der Verlust seiner Vertrauensstellung bei Deng Xiaoping gewesen zu sein. Als Ursache für den Konflikt mit Zhao gilt, daß Hu sich in den wirtschaftspolitischen Zuständigkeitsbereich von Ministerpräsident Zhao zu stark einmischte. So kommentierte und befürwortete Hu auf eigenen Inspektionsreisen lokale Reformprojekte, ohne zuvor die zuständigen Staatsorgane zu konsultieren, und gab an lokale Führungen Instruktionen zur weiteren Vorgehensweise heraus, die den Anweisungen der zentralen Planungsorgane widersprachen (Fewsmith 1994: 196-97). Zudem setzte er in seiner Funktion als Generalsekretär Mittel der Parteidisziplin ein, um zu erreichen, daß Parteigruppen in Organen des Staatsrats der

4.2.1 VR China: Konflikte zwischen „Reformern" und „Orthodoxen"

Parteizentrale Bericht erstatten mußten. Bei seiner Unterstützung für die kritisierten Sonderwirtschaftszonen überging Hu das Politbüro, die ZK-Führungsgruppe Finanzen und Wirtschaft sowie den Staatsrat und zog sich so den Ärger des Planungsapparats, aber auch Zhao Ziyangs zu. Song Ping von der Staatlichen Planungskommission kritisierte Hus Verhalten scharf und machte ihn für „chaotische" Wirtschaftsentwicklungen infolge von Überhitzung persönlich verantwortlich. Die Planungskommission streute bereits vor Ende 1986 gezielt Gerüchte aus, Hu werde nicht mehr lange im Amt bleiben, und nährte so Spekulationen über seine baldige Absetzung (Wang/Fewsmith 1995: 62).

Geplante Umwälzungen im Personalsystem führten zu weiteren Konflikten. So versuchten Hu Yaobang und Deng Xiaoping 1985 und 1986, Führungspositionen in wichtigen funktionalen Teilsystemen mit jüngeren, reformorientierten Kräften zu besetzen und ältere Kader in den Ruhestand zu drängen. Die Folge war ein Machtkampf zwischen den betroffenen Personengruppen, der hauptsächlich durch Reorganisation und Umbesetzung informeller Führungsgruppen und Kommissionen ausgetragen wurde. Entscheidend für den allmählichen Vertrauensverlust Deng Xiaopings und anderer Veteranenkader scheinen schließlich die Versuche Hu Yaobangs gewesen zu sein, auch deren Rückzug aus der aktiven Politik zu beschleunigen. Deng selbst hatte sich zwar schon seit 1979 wiederholt zur Frage seines eigenen Rückzugs geäußert und erklärt, er und auch Chen Yun beabsichtigten, „bald" in Ruhestand zu gehen. Sowohl Deng als auch Chen scheinen jedoch in Wirklichkeit Vorbehalte gegen die eigene Verrentung gehabt zu haben, und diesem Faktor trug Hus Verhalten nicht genügend Rechnung (Teiwes 1995: 70). Hus Unterstützung für Dengs Vorschlag, sich zur Ruhe zu setzen, wurde von Parteiveteranen wie Wang Zhen mit Empörung aufgenommen. Hu Qiaomu, Deng Liqun und Wang Zhen interpretierten öffentliche Äußerungen Hus, in denen er in allgemeiner Weise „Personenkult" und „autokratische Herrschaftsausübung" im Führungssystem kritisiert hatte, darüber hinaus als Anzeichen einer unentschuldbaren Illoyalität gegenüber Deng Xiaoping (Ruan Ming 1994: 164-65).

Versuche Hus, die von Deng geforderte Korruptionsbekämpfung im Parteiapparat auch unter den Kindern und Angehörigen höchster Führungskader durchzusetzen, sorgten gleichfalls für Empörung unter den Betroffenen. So ordnete Hu die Verhaftung des Sohnes von Hu Qiaomu, Hu Shiying, an, der mehrere Millionen Yuan veruntreut haben sollte.[264] Dieser Vorfall bildete wahrscheinlich den eigentlichen Anlaß für Hu Qiaomu,

---

264 Nicht nur die Anti-Korruptionsinitiative an sich, sondern besonders Hus *Vorgehensweise* scheint bei den Veteranen auf Kritik gestoßen zu sein. So ließ Hu Yaobang Hu Qiaomu unter einem Vorwand von zu Hause fortlocken, um die Verhaftung des Sohnes in seiner Abwesenheit vornehmen zu können (Teiwes 1995: 88). Das Vorgehen gegen die korrupten Nachkommen mächtiger Kader war zudem nicht einheitlich. So wurde der Enkelsohn von Zhu De hingerichtet, die Tochter Peng Zhens jedoch begnadigt. Während Hu Qiaomus Sohn zunächst verhaftet wurde, erhielt der gleichfalls betroffene Sohn Yu Qiulis Schutz vor Strafverfolgung.

eine regelrechte Kampagne gegen Hu Yaobang zu starten. Das Grundproblem Hu Yaobangs scheint darin bestanden zu haben, daß er als Handlanger Dengs von diesem angestoßene, aber unpopuläre Disziplinierungsmaßnahmen gegenüber der Partei vertreten mußte. Widerstand und Mißtrauen der Führungsschicht richteten sich dann jedoch gegen Hu selbst und nicht gegen Deng als dem eigentlichen Initiator dieser Maßnahmen (Benjamin Yang 1998: 223, 232-33). 1986 war ein großes Maß an Unzufriedenheit erreicht: "Hu had [...] alienated virtually every key constituency within the Party leadership." Hinzu kam erschwerend ein immer schlechteres persönliches Verhältnis zu Deng Xiaoping, aber auch zu Chen Yun:

> ...it does appear that Hu had let the relationship [with Deng] wither due to insufficient cultivation. According to a senior reform figure, in contrast to Hu Qiaomu, who visited Deng 'almost every day', Hu Yaobang normally chose to liaise with Deng through his son, Deng Pufang, leading Deng Pufang to comment, 'Uncle Hu, your way won't accomplish much; you should talk to the old man directly'. Similarly, Hu Yaobang alienated Chen Yun, who initially had been favourably disposed, but who frowned upon Hu's habit of touring the country and giving repeated on-the-spot directives.   (Teiwes 1995: 87)

Teiwes glaubt deshalb, daß Hu Yaobangs Sturz, trotz einiger von ihm nicht zu verantwortender Faktoren, eine direkte Folge seines eigenen politischen Unvermögens war, informelle Parteinormen einzuhalten und mit anderen Akteuren verläßlich zusammenzuarbeiten (1995: 87).

Auf Probleme Hu Yaobangs bei der korrekten Einschätzung der innerparteilichen Unzufriedenheit deutet auch sein Zerwürfnis mit Zhao Ziyang hin, der ihm in *programmatischer* Hinsicht nahestand. Der Konflikt zwischen Hu und Zhao, der sich 1986/87 zuspitzte, scheint auf einseitige Unzufriedenheit Zhaos zurückgegangen zu sein. Verärgert durch Übergriffe Hus in sein ökonomisches Portfolio beklagte sich Zhao Ziyang mehrfach schriftlich bei Deng Xiaoping und Chen Yun und verlangte sogar Hus Absetzung, da er nicht länger mit ihm zusammenarbeiten könne. Auszüge aus Zhaos Beschwerdebriefen dienten bei der Absetzung Hus 1987 schließlich als belastendes Material. Hu Yaobangs überraschte Reaktion auf diese Vorhaltungen deutete an, daß er von diesen Attacken Zhaos nichts gewußt hatte (Ruan Ming 1994: 164-65, 168).[265] Es scheint somit

---

Auch die Kinder von Wang Zhen und Bo Yibo waren von den Korruptionsuntersuchungen Hu Yaobangs betroffen, was den Widerwillen dieser mächtigen Veteranenführer gegen den ihnen zunehmend entfremdeten Generalsekretär erklärt. Hu Shiying erhielt schließlich keine Strafe, sondern nur einen milden Verweis, während Hu Yaobang Anfang 1987 als Generalsekretär stürzte (Baum 1994: 176-77, Ruan Ming 1994: 164-65).

265 Der ehemalige Zhao-Mitarbeiter Wu Guoguang bestreitet allerdings, daß Zhao bei Hu Yaobangs Absetzung eine aktive Rolle gespielt habe. Briefe Zhaos, die Wu auf 1986 datiert, sollen zudem keine Kritik an Hu enthalten haben. Nach Wu kursieren unter chinesischen Intellektuellen unterschiedliche Versionen dieses Sachverhaltes, so daß es schwierig ist, die Vorgänge eindeutig zu klären (Wu Guoguang 1997: 240-43). Ruan Ming als Anhänger Hu

die Summe mehrerer Faktoren gewesen zu sein, die 1986/87 den politischen Druck auf Hu auf ein nicht mehr tragbares Maß ansteigen ließ. Die Attacken seiner orthodoxen Gegner in der Parteizentrale trugen zwar zu seiner Absetzung bei, waren jedoch nicht allein dafür verantwortlich. Eigene politische Ungeschicklichkeiten, besonders die Entfremdung von anderen Teilen des Reformerlagers und von wichtigen Veteranenführern, spielten eine ebenso große Rolle, da erst sie ihn für orthodoxe Kritiker angreifbar machten (Teiwes 1995: 88).

Den äußeren Anlaß für Hu Yaobangs Absetzung, die schließlich von einer Koalition der Orthodoxen, der Parteiveteranen und von Teilen des Reformerlagers gemeinschaftlich betrieben wurde, boten 1986 aufgeflammte Studentenproteste. Sie begannen am 5. Dezember 1986 auf dem Campus der Universität für Wissenschaft und Technologie in Hefei, Anhui, und breiteten sich von dort aus landesweit auf mindestens 150 Universitäten und andere Bildungseinrichtungen in 17 Städten aus, wobei schließlich Protestmärsche in den Städten organisiert und Forderungen nach Pressefreiheit und größeren politischen Partizipationsmöglichkeiten erhoben wurden (Baum 1994: 201-03). Ursache der Proteste waren enttäuschte Erwartungen zahlreicher Studenten, die sich von einer 1986 gestarteten Initiative für politische Reformen größere politische Freiheiten erhofft hatten, etwa eine Ausweitung von Konkurrenzwahlen zu den lokalen Volkskongressen.[266] Frustriert über das langsame Tempo der Reformen und die fehlenden Möglichkeiten zur aktiven Partizipation begannen die Studenten, öffentliche Protestkundgebungen abzuhalten. Zu den Führungsfiguren der Bewegung gehörten auch einige führende Intellektuelle des Hu Yaobang nahestehenden Reformerlagers, darunter Fang Lizhi, Liu Binyan und Wang Ruowang, die deshalb im Rahmen einer späteren Säuberung aus der Partei ausgeschlossen wurden. Besonders der Astrophysiker Fang Lizhi, damals Vizepräsident der Universität für Naturwissenschaft und Technik in Hefei, spielte bei der Protestbewegung eine bestimmende Rolle. In zahlreichen Reden hatte er schon längere Zeit größere wissenschaftliche Freiheit und eine Ausweitung von Menschenrechten und Demokratie gefordert (Dickson 1997: 177, 224-25).

Nach der Darstellung des Intellektuellen Yan Jiaqi spielte verzerrende Medienberichterstattung eine wichtige Rolle bei der Entscheidung der Parteiführung, hart gegen die Demonstrationen vorzugehen. So sollen die nur der Parteiführung zugänglichen internen Berichte der Nachrichtenagentur *Xinhua* absichtlich einseitig berichtet und so die Krisenwahrnehmung in der Führung angeheizt haben (Yan Jiaqi 1995: 13). Eine vergleichsweise milde Reaktion Hu Yaobangs auf die Proteste und seine Toleranz gegenüber kritischen Äußerungen intellektueller Parteimitglieder führten schließlich zu einem

---

Yaobangs und Wu Guoguang als Anhänger Zhaos haben jeweils persönliche Motive, den eigenen Patron positiv darzustellen. Allerdings läßt auch Wu Guoguangs Darstellung die Schlußfolgerung zu, daß Zhao Hu Yaobang im entscheidenden Konflikt zumindest keinerlei Unterstützung zukommen ließ (vgl. auch Fewsmith 1994: 196, 203, Anm. 74).

266 Dickson (1997: 224); vgl. die Darstellung dieser Reforminitiative weiter unten.

Führungskonflikt, in dessen Verlauf Hu seines Amtes als Generalsekretär der KP enthoben wurde (Ruan Ming 1994: 166). Der Fall des Shanghaier Schriftstellers Wang Ruowang bot den unmittelbaren Anlaß für Hus Entlassung. Deng Xiaoping hatte nach der Veröffentlichung eines kritischen Artikels von Wang in der Hongkong-Presse dessen Parteiausschluß gefordert, doch Hu ordnete lediglich eine Überprüfung durch das zuständige Shanghaier Parteikomitee an.[267] Die Hu-Kritiker im Parteiapparat, darunter Wang Zhen, Peng Zhen, Hu Qiaomu, Bo Yibo und Deng Liqun, nutzten diese Gelegenheit, um am 27. Dezember 1986 auf einem informellen Besuch bei Deng Xiaoping harsche Kritik an Hu Yaobang vorzubringen und seine Absetzung zu fordern. Diesem Vorschlag folgte Deng bald darauf. In einer Rede bei einem Treffen mit Hu Yaobang, Zhao Ziyang, Wan Li, Hu Qili, Li Peng und He Dongchang am 30. Dezember kritisierte er Hu Yaobang scharf, da er wiederholten Aufforderungen zum Vorgehen gegen intellektuelle Dissidenten „nicht gehorcht" habe; dadurch habe er die Norm zur „kollektiven Führung" durch das Politbüro verletzt.[268] Deng verlangte die Bestrafung von Fang Lizhi und Wang Ruowang und beschuldigte die reformorientierten Kräfte in der Parteiführung, über Jahre hinweg keine klare Stellung zum Problem der „bourgeoisen Liberalisierung" bezogen zu haben (Baum 1994: 204-07). Angesichts dieses offenen Angriffs reichte Hu am 2. Januar 1987 ein Rücktrittsgesuch ein und übte Selbstkritik. Eine informelle Runde, bestehend aus Deng Xiaoping, Zhao Ziyang, Peng Zhen, Wang Zhen, Bo Yibo und Yang Shangkun, beschloß jedoch am 4. Januar in Dengs Wohnung, Hu zu entlassen, bevor er zurücktreten konnte, und Ministerpräsident Zhao Ziyang an seiner Stelle zum ZK-Generalsekretär zu ernennen.[269] Da unter den Anwesenden mit Deng Xiaoping und Zhao Ziyang nur zwei StA-Mitglieder waren und somit nicht einmal die Mehrheit des StA an dieser Entscheidung mitwirkte, handelte es sich formal *nicht* um einen legitimen Beschluß des höchsten Parteiorgans, sondern um eine informelle Absprache im Stil eines Palaststreichs. Dieser Vorgehensweise standen nach Ruan Ming sogar Deng Xiaopings Kinder kritisch gegenüber (Ruan Ming 1994: 147, 168).

---

267 Nach Yan Jiaqi spielte verzerrende Berichterstattung auch beim Parteiausschluß Wang Ruowangs eine Rolle. So soll Deng Xiaoping Wangs Parteiausschluß aufgrund einer Verwechslung verfügt haben, nachdem ein interner Bericht einen Artikel von Fang Lizhi, Liu Binyan und Xu Yingliang kritisiert hatte. Deng forderte daraufhin den Parteiausschluß von Fang, Liu und Wang Ruowang, nicht jedoch von Xu Yinliang, weil er Wang und Xu verwechselt hatte und niemand ihn zu korrigieren wagte. Wang hatte schon zuvor in kritischen Artikeln gefordert, daß Deng in den Ruhestand gehen sollte, und sich dadurch bei diesem unbeliebt gemacht (Yan Jiaqi 1995: 13).
268 Nach Ruan Ming war dieser Vorwurf schon deshalb absurd, weil Deng selbst die Norm zur „kollektiven Führung durch das Politbüro" bei seiner unilateralen Entscheidung zum Parteiausschluß Wangs ignoriert hatte. Ruan Ming zieht dabei jedoch nicht in Betracht, daß Deng als „Höchster Führer" nach eigener Auffassung wohl außerhalb solcher Zwänge stand.
269 Der Darstellung von Baum zufolge entschied sich Deng Xiaoping erst in der ersten Januarwoche zur Absetzung Hu Yaobangs. Ruan Mings Version der Ereignisse deutet jedoch darauf hin, daß diese Frage bereits Ende Dezember entschieden war (vgl. Baum 1994: 207).

Die formale Entlassung Hus erfolgte auf einer mehrtägigen „Sitzung zum Leben in der Partei" (*shenghuohui*) vom 10. bis 15. Januar 1987, auf der die Hu-Kritiker diesen hart attackierten. Diese Sitzung wurde nicht von den höchsten Parteiorganen, sondern von der Zentralen Beraterkommission (ZBK) und der Zentralen Disziplinkontrollkommission einberufen, deren Führungsmitglieder neben dem StA und dem Politbüro ebenfalls an der Sitzung teilnahmen. Deng Xiaoping führte den Vorsitz, und der Veteran Bo Yibo, der nicht mehr Mitglied des Politbüros war, faßte die gesammelten Anklagepunkte gegen Hu zusammen (Dittmer 1990: 409, Anm. 6). Da Deng Xiaoping formal nur noch das dritthöchste StA-Mitglied war, schuf Hu Qiaomu für Deng den neuen Titel eines „Repräsentanten der kollektiven Führung durch das Politbüro". Der Bericht Bo Yibos, der die von Hu-Kritikern wie Hu Qiaomu und Deng Liqun einzeln vorgetragenen Kritikpunkte zusammenfaßte, wurde am 17. Januar als ZK-Dokument Nr. 3/1987 parteiintern verbreitet. Darin wurden Hu Fehler in der ideologischen Arbeit durch zu große Toleranz gegenüber „rechten Tendenzen" und Ungehorsam gegenüber Parteiresolutionen vorgeworfen.[270] Weiterhin wurden kritische Auszüge aus Briefen Zhao Ziyangs als belastendes Material verlesen, was Hu Yaobang nach Ruan Mings Darstellung zutiefst schockierte (Ruan Ming 1994: 148, 168).[271]

Am 16. Januar wurde Hus Rücktritt auf einer erweiterten Politbüro-Sitzung schließlich öffentlich bekannt gegeben. Lediglich der Reformer Xi Zhongxun wagte einen Versuch zur Verteidigung Hus, während zahlreiche andere Führungspersonen, darunter auch viele Mitglieder des Reformerlagers, zumindest milde Kritik an ihm äußerten (Baum 1994: 207-8). Allerdings waren trotz der für Hu unerfreulichen Kritiksitzung die politischen Folgen für ihn weit weniger gravierend als zunächst befürchtet. So behielt er seinen Sitz im StA und wurde auf dem folgenden ZK-Plenum erneut ins Politbüro gewählt, dessen Mitglied er bis zu seinem Tod im Frühjahr 1989 blieb (Teiwes 1995: 84). Auch unter Hus Anhängern in anderen Führungsorganen kam es nicht zu einer weitreichenden Säuberungskampagne. Lediglich der Direktor der ZK-Propagandaabteilung, Zhu Houze, und der Minister für öffentliche Sicherheit, Ruan Chongwu, verloren ihre Posten, wobei Zhu jedoch seine Parteimitgliedschaft behalten durfte (Baum 1994: 209). Ungeachtet dessen erzeugte die 1987 gestartete Kampagne gegen „bourgeoise Liberalisierung" ein Klima, das es den verbliebenen Unterstützern Hus im Parteiapparat und den kritischen Intellektuellen schwer machen sollte, in Führungspositionen zu verbleiben oder als Delegierte zum 13. Parteitag gewählt zu werden (Yan Jiaqi 1995: 11-12). Nach dem Parteiausschluß einiger führender Intellektueller wie Fang Lizhi, Wang Ruowang und Liu Binyan zu Jahresbeginn wurde im Sommer 1987 versucht, noch weitere mit Hu ver-

---

270 Für längere Auszüge aus dem Wortlaut dieses Dokuments und aus Hu Yaobangs Selbstkritik siehe Liu Jen-kai (1989: 348-51).
271 Hu befürchtete nach Ruan Ming zunächst, ähnlich wie die Mitglieder der „Viererbande" 1976 verhaftet zu werden, und flüchtete sich in einer ersten Panikreaktion in harsche Selbstkritik, die er später bereute (Ruan Ming 1994: 176).

bundene Intellektuelle – darunter Su Shaozhi, Wang Ruoshui, Sun Changjiang, Zhang Xianyang und Wu Zuguang – zum freiwilligen Parteiaustritt zu bewegen. Dies gelang schließlich nur in zwei Fällen, nämlich bei Zhang und Wu, während Marschall Nie Rongzhen sich erfolgreich für Sun Changjiang und die anderen einsetzen konnte (Baum 1994: 209).[272]

Nach Hu Yaobangs Entlassung zerfiel die temporäre Allianz seiner Gegner in der höchsten Führungsebene schnell. Schon wenig später entwickelten sich Konflikte zwischen dem verbliebenen Teil des Reformerlagers unter Führung Zhao Ziyangs und den Orthodoxen, die schließlich nach einer gescheiterten politischen Reforminitiative Zhaos und den Studentenprotesten von 1989 zur Zuspitzung einer ähnlichen, im Ausmaß jedoch noch größeren Führungskrise führten (Ruan Ming 1994: 178). Ministerpräsident Zhao, der Hu Yaobang im Januar 1987 zunächst als aktierender Generalsekretär beerbt hatte, übte von Januar 1987 bis zum 13. Parteitag im Oktober 1987 die höchsten Ämter in Partei- und Staatsführung in Personalunion aus. Während dieser Phase arbeitete Zhao weiterhin von seinem Büro im Staatsrat aus und agierte insgesamt eher aus der Perspektive eines Ministerpräsidenten als aus der eines Parteichefs. Nicht zuletzt dies deutet darauf hin, daß seine Ernennung zum Generalsekretär eher gegen seinen Willen geschehen war. Auch versuchte Zhao bis Juni 1987, durch verschiedene Manöver seine auf dem 13. Parteitag bevorstehende Wahl zum regulären Generalsekretär zu umgehen. Aufgrund seiner Hoffnung, im Amt des Ministerpräsidenten verbleiben zu können, konzentrierte sich Teile des von ihm eingeleiteten Reformprogramms zunächst noch auf eine institutionelle Stärkung des Ministerpräsidenten durch Einrichtung eines permanenten Stabes. Erst nachdem feststand, daß mit Li Peng ein anderer Führungskader dieses Amt übernehmen würde, gab Zhao derartige Initiativen auf (Chen Yizi 1995: 148).[273] Das schließlich auf der Implementierungsebene gescheiterte, umfassende politische Reformprojekt Zhao Ziyangs bildete den Kern des nächsten großen Führungskonfliktes und soll daher im Folgenden genauer analysiert werden.

---

272 Su Shaozhi, Liu Binyan, Wang Ruowang und andere Intellektuelle erhielten 1988 die Erlaubnis zur Ausreise. Wang Ruoshui wurde 1987 aus der Partei ausgeschlossen.
273 Ruan Ming zufolge beruhte die aus Sicht Zhaos unerfreuliche Beförderung Li Pengs zum neuen Ministerpräsidenten auf einer Fehleinschätzung Zhaos. Demnach hatte Zhao seinen langjährigen Mitarbeiter Tian Jiyun, der schon von 1975 bis 1980 mit ihm in Sichuan zusammengearbeitet hatte, als seinen Nachfolger vorgeschlagen (Liu Jen-kai 1989: 105). Deng Xiaoping jedoch favorisierte den ebenfalls reformorientierten Wan Li. Beide Vorschläge trafen im orthodoxen Veteranenlager auf Widerstand, doch bei Einigkeit hätten Zhao und Deng sich wahrscheinlich durchsetzen können. Da Zhao jedoch an der Nominierung Tian Jiyuns festhielt, nominierte Deng schließlich als Kompromißkandidaten Li Peng. Zhao stimmte zu, weil er Li Peng zunächst unterschätzte und fälschlicherweise für leicht beeinflußbar hielt (Ruan Ming 1994: 192). Diese Einschätzung bestätigt auch Chen Yizi (1995).

4.2.1.2 Das Scheitern einer umfassenden Initiative zur politischen Reform

Das unter Federführung Zhaos mit Unterstützung Deng Xiaopings eingeleitete politische Reformprogramm ging auf Initiativen vom Sommer 1986 zurück.[274] Am 13. September 1986 nahm Deng an einer Arbeitssitzung der ZK-Führungsgruppe Finanzen und Wirtschaft teil und beauftragte Zhao bei dieser Gelegenheit, Vorschläge für ein politisches Reformprogramm auszuarbeiten, das dem 13. Parteitag 1987 vorgelegt werden sollte. Schwerpunkte des Programms sollten eine weitgehende Trennung von Partei- und Staatsfunktionen sowie eine stärkere Machtdezentralisierung sein, um den Verwaltungsapparat zu straffen und die bürokratische Effizienz zu erhöhen. Ziel war es, die institutionellen Voraussetzungen für das Gelingen der wirtschaftlichen Reformstrategie zu schaffen; allerdings lehnte Deng von Anfang an die Einführung einer formalen Gewaltenteilung nach westlichem Vorbild ab, auch kam die Aufgabe sozialistischer Grundprinzipien für ihn nicht in Frage. Das Projekt sollte zunächst geheim gehalten werden, um soziale Unruhen zu vermeiden.

Hu Yaobang, der zu diesem Zeitpunkt als ZK-Generalsekretär noch formal für den Bereich der politischen Reformen zuständig war, wurde bei der Einleitung dieser Initiative vollständig übergangen. Daß Ministerpräsident Zhao anstelle von Generalsekretär Hu mit der Einleitung der Reforminitiative betraut wurde, deutet darauf hin, daß Hu bereits im Sommer 1986 politisch angeschlagen war und seine Vertrauensstellung bei Deng schon verloren hatte. Die Betrauung Zhaos mit der Ausarbeitung der Reforminitiative wurde auf einer Politbüro-Sitzung im September 1986 beschlossen und sorgte für entsprechend große Verwunderung bei zahlreichen Funktionären (Chen Yizi 1995: 140-41).[275]

Zhao hatte bereits kurz nach seinem Amtsantritt als Ministerpräsident mehrere Forschungszentren gegründet, die direkt dem Staatsrat unterstanden und zu einer wichtigen Machtbasis seines Reformerlagers wurden. Diese zwischen 1980 und 1982 gegründeten „Denkfabriken" lieferten kontinuierlich Analysen und Informationen für das geplante Reformprogramm (Zhao Suisheng 1995: 242).[276] Ab September 1986 wurden erste loka-

---

274 Die Hauptquelle für die Hintergründe des politischen Reformprojekts von Zhao Ziyang ist dessen enger Mitarbeiter Chen Yizi, der zu den prominentesten Exilkadern gehört und die Vorgänge aus eigener Anschauung beschreibt (Chen Yizi 1995). Ebenfalls sehr detailliert ist die Darstellung des ebenfalls direkt an dem Reformprojekt beteiligten Wu Guoguang (1997).

275 Es ist allerdings ebenfalls möglich, daß Hu zu diesem Zeitpunkt noch als Nachfolgekandidat für das Amt des ZMK-Vorsitzenden und des Staatspräsidenten vorgesehen war und Zhao auf seine kommende Rolle als Generalsekretär vorbereitet werden sollte. Allerdings soll die Militärführung bereits im Herbst 1985, auf dem Fünften Plenum des 12. ZK, die von Deng geplante Ernennung Hu Yaobangs zum ZMK-Vorsitzenden rundheraus abgelehnt haben, was gegen diese Möglichkeit spricht (Baum 1994: 187).

276 Bei den sechs wichtigsten Politikforschungszentren handelte es sich um das Zentrum für Wirtschaftsforschung, das Zentrum für Technikforschung, das Zentrum für Preissystemforschung, das Forschungszentrum für ländliche Entwicklung, das Zentrum für Wirtschaftsrecht

le Reformexperimente durchgeführt. Dazu gehörte unter anderem die Abschaffung von über hundert redundanten oder „temporären" Organisationen in der Militärregion Chengdu. Zu ähnlichen lokalen Experimenten kam es auch in Hunan und Beijing (Hamrin 1992: 123). Zhaos weitere Vorgehensweise bestand darin, aus fünf hochrangigen Führungskadern eine „Führungsgruppe für politische Reformen" (*zhengzhi tizhi gaige yantao xiaozu*) zu bilden, zu der neben Zhao selbst der ZK-Sekretär Hu Qili, der stellvertretende Ministerpräsident Tian Jiyun, der Vizevorsitzende der ZBK Bo Yibo sowie der Vizevorsitzende des StA des NVK, Peng Chong, gehörten. Als operatives Organ der Reforminitiative wurde ein „Büro für politische Reformen" (*zhenggaiban*) gegründet, das formal der Führungsgruppe unterstellt wurde. Direktor dieses temporären Organs wurde der persönliche Assistent Zhaos, Bao Tong.[277] Weitere Mitglieder entstammten dem Institut für Wirtschaftsreformen des Staatsrats, darunter auch Chen Yizi, der am 18. September 1986 von Bao Tong zum operativen Leiter des Büros ernannt wurde. Das Reformbüro war der eigentliche Kern der Reforminitiative, während die hochrangige Führungsgruppe nur wenige substanzielle Beiträge dazu leistete und eher als Verbindungsorgan zur höchsten Parteiführungsebene fungierte. Die Mitglieder der Führungsgruppe kommunizierten außerhalb der jeweiligen Sitzungstermine kaum miteinander und waren, mit Ausnahme Zhao Ziyangs, nicht im einzelnen über die Arbeit des Reformbüros informiert.[278] Sitzungen der Führungsgruppe fanden zwischen September 1986 und Juni 1987 insgesamt etwa zehn Mal statt. Zuvor waren die Arbeitsergebnisse des Reformbüros jeweils schon mit Deng Xiaoping diskutiert und abgestimmt worden, so daß bei den Sitzungen der Führungsgruppe nur noch weitergehende Diskussionen erfolgten, die zumeist von Wortbeiträgen Zhao Ziyangs und Bo Yibos geprägt waren. Beschlüsse der Führungsgruppe wurden anschließend dem Politbüro zur Diskussion vorgelegt. Deng Xiaoping war auf keiner dieser Sitzungen persönlich anwesend, wurde aber über alle wichtigen Entwicklungen umfassend informiert (Chen Yizi 1995: 142-44). Die Führungsgruppe beschloß als Rahmenziele grundlegende Reformen auf sieben

---

und das Zentrum für internationale Studien. Die drei erstgenannten wurden 1985 zu einem Forschungszentrum für Wirtschaft, Technik und Soziale Entwicklung zusammengefaßt (Informationen des ehemaligen Forschungsmitarbeiters am Institut für Wirtschaftsforschung, Zhao Suisheng; siehe Zhao Suisheng 1995: 245, Anm. 29).

277 Bao Tong hatte 1986 die formalen Positionen eines Vizeministers der Wirtschaftsreformkommission des Staatsrats und eines Stabschefs im Büro des Ministerpräsidenten inne (Chen Yizi 1995: 142).

278 Zu den Mitarbeitern des Reformbüros gehörten neben Chen Yizi einige führende Intellektuelle, darunter Zhou Jie, Wang Fei, Chen Fujing, Chao Zhi und Yan Jiaqi. Insgesamt umfaßte die Belegschaft etwa 20 Personen. Die Bereitschaft Zhaos zur Zusammenarbeit mit jüngeren, gut ausgebildeten Wissenschaftlern war nach Aussage ehemaliger Mitarbeiter in seiner Führungsgeneration nur selten anzutreffen: „Zhao acted as a bridge in connecting two generations" (Chen Yizi 1995: 142-144). Während orthodoxe Führungspersonen wie Li Peng oder Yao Yilin stark auf den staatlichen Planungsapparat fixiert waren, interessierte sich Zhao für die Ansichten jüngerer Wirtschaftswissenschaftler (Cheng Xiaonong 1995: 191).

Gebieten, nämlich eine Trennung von Partei- und Staatsorganen, die Weiterentwicklung innerparteilicher Demokratie, Machtdezentralisierung und Verwaltungsreformen, Reformen der Parteiorganisation, Reformen des Personalsystems, eine Ausweitung der „sozialistischen Demokratie" sowie die Verbesserung des sozialistischen Rechtssystems. Einen ersten Bericht der Führungsgruppe an Deng Xiaoping, den er im November 1986 las, bezeichnete Deng als „sehr gut", so daß der Plan damit als angenommen galt. Daher bildete das Reformbüro analog zu den sieben Reformvorhaben des Berichtes sieben Untergruppen, die die einzelnen Reformschritte vorbereiten sollten. Auch die Zentrale Parteischule gründete analog sieben eigene Gruppen, um die Arbeit des Reformbüros zu unterstützen. Das Reformbüro arbeitete unter strenger Geheimhaltung und führte umfassende Studien über historische und gegenwärtige Reformmodelle durch, wobei besonders der sowjetische Reformprozeß genauestens analysiert wurde. Die Ergebnisse dieser Studien wurden in Form eigener Publikationen den beteiligten Parteiveteranen und Forschungsmitarbeitern zugänglich gemacht. Um Widerstände im Parteiapparat zu überwinden, bemühte sich das Reformbüro, die Unterstützung anderer Partei- und Regierungsorgane durch Einladung zur Mitwirkung zu gewinnen. Zur politischen Absicherung wurden alle Vorschläge mit bereits veröffentlichten Äußerungen Deng Xiaopings belegt und alle Ideen zunächst Deng zur Begutachtung vorgelegt (Chen Yizi 1995: 144-46).[279] So legte Zhao Ziyang Deng Xiaoping bereits im März 1987 einen von Bao Tong erarbeiteten Entwurf für den Schlußbericht des 13. Parteitages vor, der die wesentlichen Punkte des Reformprogrammes enthielt. Diesen Entwurf bezeichnete Deng als gelungen, so daß die Verabschiedung dadurch bereits sichergestellt war (Wu Guoguang 1997: 392).

Diese Strategie der Konfliktvermeidung wandte Zhao Ziyang durchgängig in äußerst geschickter Weise an, um den Widerstand orthodoxer Führungskader zu umgehen. Bevor er dem Politbüro Vorlagen unterbreitete, holte er zuerst stets die Zustimmung Deng Xiaopings ein und erklärte dann zu Beginn der Sitzung, daß Deng sich bereits zustimmend geäußert hätte, woraufhin die Vorlagen einstimmig angenommen wurden. Auf diese Art gelang es Zhao auch 1987, erfolgreich gegen die von Deng Liqun und Hu Qiaomu kontrollierten Propaganda- und Ideologieabteilungen vorzugehen, die versuchten, den laufenden Reformprozeß durch Attacken gegen „bourgeoisen Liberalismus" zu behindern. Zhao hatte zudem mehr Erfolg darin als Hu Yaobang, eigene Gefolgsleute, die in die Kritik gerieten, vor Repressalien zu schützen und eine Unterwanderung der *Renmin Ribao* und des Kulturministeriums durch orthodoxe Kräfte zu verhindern (Ruan Ming 1994: 179, 181-82). Anders als der in dieser Hinsicht glücklose Hu Yaobang be-

---

279 Aus Sicht der Reformer was es hilfreich, daß der Chefredakteur für die Herausgabe der gesammelten Werke Deng Xiaopings ebenfalls Mitarbeiter des Reformbüros war: „he could always find justification and legitimacy for the new policies in Deng's words" (Chen Yizi 1995: 146).

mühte sich Zhao auch mit einigem Erfolg um die Unterstützung wichtiger Parteiveteranen:

> According to one of Zhao's advisers, Zhao paid great attention to the elders (showing an understanding of Chinese politics that Hu Yaobang lacked), always seeking their support, since 'Those old folks need to be respected and what they fear most is to be ignored'. Thus Bo Yibo was invited to give speeches, and was given a prior look at documents so that 'If he does not come up with explicit oppositional views' it would then be 'very difficult for [him] to publicly oppose [Zhao's position] later'. Zhao's adviser disdainfully remarked that this tactic reflected the fact that the elders lacked 'real wisdom and [were] unable to come up with specific agendas. (Teiwes 1995: 82)

Die letzte Sitzung der Führungsgruppe für politische Reformen fand am 7. Juli 1987 statt. Auf dieser Sitzung wurde ein Generalplan für das politische Reformprogramm verabschiedet und dem Reformbüro zur weiteren Bearbeitung übersandt; anschließend sollten Politbüro und Deng Xiaoping darüber entscheiden. Der Plan sah in den bereits genannten Bereichen umfangreiche Reformen vor. So sollten Partei, NVK und Regierung in Zukunft separate Funktionen ausüben. Die Partei sollte keine Kontrolle mehr über die Wirtschaftsorgane haben und sich auf „Aufsicht" statt auf „Führung" beschränken, was eine Abschaffung des Systems der parallelen Parteiorganisationen in allen Staatsorganen beinhaltete. In den Staatsunternehmen sollte ein Verantwortlichkeitssystem für die Unternehmensleiter etabliert werden. Zur Ausweitung der „sozialistischen Demokratie" sollten Mehrheitswahlen eingeführt und verbindliche Regeln für die Arbeit von Politbüro und ZK festgelegt werden. Der NVK sollte unabhängige Gesetzgebungsgewalt erhalten und das Recht haben, die Regierungsarbeit zu überwachen. Die großen Verbände sollten größere Autonomie erhalten. Zur Reform des Kadersystems sah das Programm eine Beschneidung der Kompetenzen der ZK-Organisationsabteilung vor, die nur noch die politischen Kader in Parteifunktionen kontrollieren sollte. Für alle anderen Positionen sollte ein System der Zivilbürokratie eingeführt werden, das die Verfahren für Beförderung und Entlassung von Verwaltungspersonal klar regeln sollte. Weiterhin geplant wurde eine Erhöhung der Verwaltungseffizienz durch Vereinfachung der administrativen Organe sowie die Etablierung eines unabhängigen Rechtssystems.

Die Ergebnisse der Arbeitsgruppe wurden im Juli 1987 auf einer ZK-Arbeitskonferenz erstmals parteiöffentlich vorgestellt, an der neben den ZK-Mitgliedern Beijings auch alle Minister und Provinzführer teilnahmen. Der Plan stieß besonders bei den Provinzführungen auf großes Interesse. Hunderte Vorschläge gingen ein, ohne daß starke Vorbehalte laut wurden. Auch Deng Xiaoping stimmte dem „Generalprogramm für politische Reformen" zu, so daß es auf dem Siebten Plenum des 12. ZK am 20. Oktober 1987 verabschiedet werden konnte. Der Plan wurde auch in den Arbeitsbericht Zhao Ziyangs auf dem 13. Parteitag am 25. Oktober 1987 eingearbeitet, wodurch der Beschluß weitere offizielle Unterstützung erhielt. Die Führungsgruppe zur politischen Reform wurde nach Verabschiedung des Reformplans abgeschafft, aber das Reformbüro blieb erhalten und wurde zu einer dauerhaften formalen Einrichtung unter dem ZK transformiert, wo es für die Koordination der Implementierungsprozesse zuständig sein sollte. Die Umsetzung der einzelnen Reformvorhaben sollte von den jeweils zuständigen formalen Organen ausgeführt werden (Chen Yizi 1995: 149-50). Dieser Plan stellte das bis heute umfassendste Programm für politische Reformen in der VR China dar, das bei tatsächlicher Implementierung einen weitreichenden Wandel auf der Ebene der formalen Institutionen bedeutet hätte.

Im Zuge der Ende 1986 aufgeflammten Studentenproteste, die den Sturz Hu Yaobangs ausgelöst hatten, hatten sich jedoch auch die Tendenzen im orthodoxen Lager zum Widerstand gegen weitere Liberalisierungsschritte verschärft. Führende Gegner einer Liberalisierung waren der damalige Vizepremier mit Zuständigkeit für das Bildungswesen, Li Peng, sowie der Vizevorsitzende der staatlichen Bildungskommission, He Dongcheng. Als Folge der Kampagne gegen „bourgeoise Liberalisierung" wandelte sich auch die Einstellung einiger weiterer Führungskader, so daß sie nach anfänglicher Unterstützung zu Gegnern des Reformprojektes wurden. So hatte etwa der Parteisekretär von Beijing, Li Ximing, die Reforminitiative noch im Herbst 1986 unterstützt, sprach sich jedoch Anfang 1987 dagegen aus, da die geplanten Reformen die Führungsrolle der Partei zu unterminieren drohten. Zu den prominentesten Gegnern der politischen Reformpläne in der Führung gehörte der neue Direktor der ZK-Propagandaabteilung, Wang Renzhi, der diesen Posten erst im Zuge der jüngsten Kampagne erhalten hatte. Auch Hu Qiaomu gehörte schon zu Beginn zu den erklärten Gegnern des Reformprozesses, da er die marxistischen Grundlagen der Partei dadurch bedroht sah. Ein weiterer prominenter Gegner war der Direktor der ZK-Organisationsabteilung, Song Ping. Da die von Zhao geplante Reform des Kadersystems die Macht der ZK-Organisationsabteilung erheblich geschwächt hätte, arbeitete Song besonders im Jahr 1988 gezielt gegen die Implementierung des Reformprogramms an (Chen Yizi 1995: 147, 151). Die Reform des Kadersystems scheiterte jedoch nicht nur an Song Ping und der ZK-Organisationsabteilung, sondern auch am passiven Widerstand von Parteiorganisationen aller Ebenen, die sich vielfach strikt weigerten, ihre Personalakten an die zuständigen Regierungs- und Verwaltungsorgane zu übergeben.[280] Die Reforminitiative scheiterte letztlich insgesamt, weil sie die Machtinteressen einer zu großen Gruppe von Führungskadern bedrohte. Anders als Reformen des Wirtschaftssystems, die die Eigeninteressen der obersten Führungskader nicht direkt berührten und darum leichter durchzusetzen waren, beschnitten

---

[280] Die Krise vom Frühjahr 1989, die aus Sicht orthodoxer Führer eine strengere Aufsicht über das Kadersystem nötig machte, beendete schließlich endgültig den Vorstoß zur Reform des Kadersystems. In den Ministerien der Staatsregierung tauchten im Zuge der Unterdrückung nach 1989 wieder die altbekannten Strukturen der Parteiaufsicht auf. Damit war der kurzzeitige Versuch, durch Auflösung der Parteigruppen in Staatsorganen eine Trennung zwischen Partei- und Staatsorganen herbeizuführen, gescheitert (Dickson 1997: 143-44).

die geplanten Reformen die Machtbefugnisse großer Teile der Führungselite. Die Trennung von Staats- und Parteifunktionen und die Schwächung der ZK-Organisationsabteilung konnten von den betroffenen Führungskadern nicht akzeptiert werden, und auch aus dem Verwaltungsapparat, besonders den von Zusammenlegung und Verkleinerung bedrohten Ministerien und Kommissionen, gab es erhebliche Widerstände gegen die geplanten Reformen (Chen Yizi 1995: 151).

Der Konflikt zwischen der Reformerkoalition und den orthodoxen Kräften wurde auch mit Hilfe von Eingriffen in die Struktur der Bildungs- und Propagandaorgane ausgetragen. So geriet das Institut für Marxismus-Leninismus der Chinesischen Akademie der Sozialwissenschaften im Sommer 1987 im Zuge der Kampagne gegen „bourgeoise Liberalisierung" in die Schußlinie orthodoxer Kritiker. Der reformorientierte Intellektuelle Su Shaozhi wurde zusammen mit drei anderen Mitarbeitern aller seiner Posten enthoben, wobei die vorgeschriebenen Verfahren für parteiinterne Untersuchungen nicht eingehalten wurden. Versuche, das gesamte Institut zu schließen oder mit dem Marxismus-Leninismus-Institut der Zentralen Parteischule zusammenzulegen, konnte Zhao Ziyang jedoch schließlich durch Anwendung einer Verschleppungstaktik verhindern (Su Shaozhi 1995: 117).

Im Gegenzug versuchte Zhao Ziyang, eine Bastion des orthodoxen Lagers im Propagandaapparat zu schwächen, indem er die Theoriezeitschrift der Partei, *Hongqi,* umbenennen und in der Verwaltungshierarchie degradieren ließ. Nach dem 13. Parteitag 1987 bemühte sich Zhao zunächst, die Zeitschrift vollständig zu schließen, was er durch die Bemerkung andeutete, daß er sie „niemals lese". Gegen diese Absicht gingen orthodoxe Führungskader, darunter Bo Yibo und Wang Renzhi, entschieden vor. Dennoch setzte Zhao im Dezember die Versetzung des Chefredakteurs und seines Stellvertreters in den Ruhestand durch (Baum 1994: 222). 1988 wurde bekanntgegeben, daß *Hongqi* eingestellt und unter dem Namen *Qiushi* („Wahrheit suchen") neu begründet werden sollte. Zhao degradierte den Status der Zeitschrift zugleich von einer direkt dem ZK unterstellten Einheit zu einer Publikation der Zentralen Parteischule. Dies hatte im streng hierarchischen Organisationsaufbau der Partei zur Folge, daß die Mitarbeiter der Redaktion ebenfalls eine entsprechende Herabstufung ihres Kaderranges hinnehmen mußten. Deshalb baten die Führungskader der Redaktion unverzüglich um ihre Versetzung, während die verbliebenen Mitarbeiter sich bemühten, ihren alten Rang zu behalten oder wiederzuerlangen. Dieser Eingriff erzeugte ein erhebliches Maß an Unzufriedenheit bei den betroffenen Kadern und wurde im Frühjahr 1989 schließlich als einer der „Fehler" Zhaos aufgezählt (Yan Huai 1995: 43).

Ein vorübergehender Sieg über seinen langjährigen Kritiker im Ideologiesektor, Deng Liqun, gelang Zhao Ziyang schließlich auf dem 13. Parteitag. Deng Liqun war ursprünglich dafür vorgesehen gewesen, ins Politbüro aufzurücken, wurde dann aber nicht einmal ins ZK gewählt. Ursache hierfür war eine für Deng Liqun peinliche Wahlniederlage

4.2.1 VR China: Konflikte zwischen „Reformern" und „Orthodoxen"

im Rahmen des von Zhao Ziyang leicht veränderten Wahlverfahrens, nach dem erstmals mehr Kandidaten nominiert wurden, als ZK-Sitze zur Verfügung standen. Durch eine informelle Vorwahl sollte ein Mindestmaß an Konkurrenz sichergestellt werden. Bei dieser Vorwahl erhielt Deng Liqun schließlich eines der schlechtesten Ergebnisse überhaupt, so daß er nur unter Schwierigkeiten eine Nominierung zum ZK-Kandidaten hätte durchsetzen können und von dieser Möglichkeit keinen Gebrauch machte. Durch geschickte Einflußnahme auf Deng Xiaoping gelang es Zhao dann, durchzusetzen, daß Deng Liqun statt dessen in die ZBK und damit formal in den Ruhestand versetzt wurde. Auch in der ZBK stieß Deng Liqun jedoch auf harsche Kritik, und es gelang ihm nicht, in ihren Ständigen Ausschuß gewählt zu werden. Im Kontrast dazu gelang es *beiden* gestürzten ehemaligen Parteiführern (Hu Yaobang und Hua Guofeng) ohne Schwierigkeiten, ins 13. ZK gewählt zu werden, und Hu behielt sogar seinen Sitz im Politbüro.[281] Die überraschende Niederlage Deng Liquns sorgte bei orthodox ausgerichteten Parteiveteranen für Irritationen, die sich gegen Zhao Ziyang richteten (Ruan Ming 1994: 191-92). Trotz dieser kurzzeitigen Erfolge Zhaos in der Auseinandersetzung mit seinen orthodoxen Kritikern scheiterte das politische Reformprogramm in den Jahren 1987 und 1988 am Widerstand der für die Implementierung zuständigen Organe. Dies bildete zusammen mit einer fehlgeschlagenen Initiative zur umfassenden Preisreform im Sommer 1988 den Hintergrund für die Herausbildung einer massiven Protestbewegung.

Die Existenz massiver Verzerrungen im staatlich regulierten Preissystem hatte vielen reformorientierten Wirtschaftsexperten schon seit langem als eines der wichtigsten Hindernisse auf dem Weg zur wirtschaftlichen Modernisierung gegolten, da die Entfaltung der Marktkräfte dadurch behindert und Parteikadern zugleich Anreize zur korruptiven Abschöpfung von Renten gegeben wurden. Schon vor 1988 hatten führende Ökonomen wie Wu Jinglian daher umfassende Preisreformen befürwortet (Ruan Ming 1994: 196-97). Zu den entschiedensten Befürwortern radikaler Preisreformen in der Führungsebene gehörte Li Tieying.[282] Li trat dafür ein, das System zweigleisiger Preise baldmöglichst abzuschaffen. Einen dadurch bedingten, kurzfristigen Anstieg der Inflation hielt er für das langfristig geringere Übel. Anscheinend aufgrund direkter Beeinflussung durch Li Tieying rief Deng Xiaoping Anfang Mai 1988 plötzlich zur Einleitung einer Preisreform auf. Der StA des Politbüros diskutierte diesen Vorstoß Mitte Mai, äußerte sich aber we-

---

281 Vgl. Ruan Ming (1994: 185-86) und Baum (1994: 216-17). Eine vergleichbare Niederlage mußte der Sohn Chen Yuns, Chen Yuan, bei den Wahlen zum Parteikomitee der Stadt Beijing hinnehmen. In einer neu eingeführten Vorwahl verpaßte er die Wahl ins Parteikomitee, obwohl er für die Ernennung zum Parteisekretär vorgesehen war (Ruan Ming 1994: 192).

282 Li Tieying, 1988 Direktor der Wirtschaftsreformkommission des Staatsrats, ist der Sohn des Parteiveteranen Li Weihan und Deng Xiaopings geschiedener zweiter Ehefrau, Jin Weiying. Gerüchten zufolge soll Li Tieying, der später zu den Protegés Deng Xiaopings gehörte, obwohl dessen Eltern Deng während seiner ersten Säuberung 1933 verraten hatten, in Wirklichkeit ein leiblicher Sohn Dengs sein (vgl. etwa Benjamin Yang 1998: 78-79).

der zustimmend noch ablehnend dazu. Daraufhin griff Deng zu einem informellen Verfahren der Durchsetzung, indem er die geplanten Preisreformen dreimal innerhalb von nur zwei Wochen in Gesprächen mit ausländischen Gästen erwähnte. Mit dieser Vorgehensweise setzte er das Politbüro unter Handlungsdruck, da seine Äußerungen implizierten, die Reform sei bereits im Gange.[283] Ende Mai beschloß das Politbüro daraufhin, die von Deng angekündigte Preisreform unverzüglich umzusetzen, ohne zuvor Experten zu Rate zu ziehen oder Machbarkeitsstudien anzuordnen. Mit der Umsetzung wurde die Staatliche Planungskommission unter Yao Yilin betraut (Cheng Xiaonong 1995: 191-93).

Fewsmith führt einige mögliche Gründe dafür an, warum Deng ausgerechnet zu diesem eher ungünstigen Zeitpunkt eine riskante Preisreform-Initiative vorantrieb. So bot dies einen politisch weniger kostspieligen Weg, gegen die Korruption im Kadersystem vorzugehen, als es die von Hu Yaobang betriebenen Strafverfolgungsmaßnahmen gewesen waren. Auch konnte so das heikle Thema der langfristig notwendigen Reform der Eigentumsrechte zunächst umgangen werden. Die Preisreform konnte weiterhin dazu beitragen, Dengs Image als mutiger Reformer öffentlich zu stärken und das durch die Wirtschaftskrise stockende Reformprogramm wieder in Schwung zu bringen (Fewsmith 1994: 221). Die Verantwortung für die Entscheidung zur Preisreform trug Deng Xiaoping somit allein, auch wenn der Fehlschlag später hauptsächlich Zhao Ziyang angelastet wurde. Zwar hatten Zhao und seine Berater Preisreformen stets grundsätzlich befürwortet, doch im wirtschaftlichen Klima von 1988 hielten selbst sie dieses Vorhaben angesichts hoher Inflation und gehäufter sozialer Unruhen für sehr gewagt. Deng selbst verstand – auch nach eigener Einschätzung – nicht viel von Wirtschaft und glaubte, das Reformvorhaben sei machbar (Shirk 1993: 325-26).

Die Meinungen in der Führungsschicht waren von Anfang an gespalten. Zhaos Nachfolger als Ministerpräsident, Li Peng, hielt Marktmechanismen generell für nicht geeignet, die Wirtschaft zu regulieren. Preisreformen stand er daher kritisch gegenüber. Yao Yilin und Fang Weizhong von der Staatlichen Planungskommission wollten zwar die Verbraucherpreise für Getreide in den Städten freigeben, die administrative Kontrolle über Rohstoffpreise jedoch beibehalten, wodurch das Grundproblem der Korruption nicht gelöst werden konnte. Zhao Ziyang wiederum befürchtete ein zu hohes Ansteigen der Inflation bei Freigabe der Getreidepreise zu Lasten der Stadtbevölkerung und wollte zuerst die Rohstoffpreise liberalisieren; noch im Sommer 1988 warnte er wiederholt, daß eine partielle Preisreform ohne Reformen der staatseigenen Unternehmen und gleichzeitige politische Reformen nicht gelingen könne. Li Tieying

---

283 Vgl. Cheng Xiaonong (1995: 191-93). Deng erklärte am 18. oder 19.5.1988 in einem Gespräch mit dem nordkoreanischen Verteidigungsminister O Chin-u seine Unterstützung für Preisreformen und überraschte damit sogar Zhao Ziyang, der erst fünf Tage später auf diese Ankündigung reagierte (Shirk 1993: 325-26, Fewsmith 1994: 220-21).

4.2.1 VR China: Konflikte zwischen „Reformern" und „Orthodoxen"

dagegen war optimistisch, daß eine umfassende Preisreform allein bereits zur Etablierung einer funktionierenden Marktwirtschaft auch ohne Privateigentum führen würde (Cheng Xiaonong 1995: 192-94).

Deng Xiaopings unüberlegter Vorstoß illustriert zwar die absolute Autorität des „Höchsten Führers" über die gesamte Parteizentrale, zeigt aber auch, welche Verhaltensweisen dies bei den untergeordneten Parteiführern im Rahmen des Werbens um seine Unterstützung auslöste:

> In a classic case of court politics, the various actors sought to use Deng's unexpected and simplistic intervention to push their own larger programs - Zhao Ziyang to advocate more comprehensive economic reform measures, and Li Peng and Yao Yilin to design a price reform compatible with the interests of the State Planning Commission. Chen Yun did intervene in this context not to oppose price reform but to instruct Yao Yilin on the dangers of overheating. (Teiwes 1995: 76)

Der mit der Implementierung des Plans beauftragte Yao Yilin verfügte aus vergangenen Arbeitserfahrungen über umfangreiche Unterstützernetzwerke im zentralen Planungsapparat und konnte die Implementierung der Reform deshalb effektiv blockieren. Yao sprach sich jedoch trotz seiner Vorbehalte zunächst nicht offen gegen die Preisreform aus, sondern wartete ab, bis er die Unterstützung Chen Yuns für ein der Zielrichtung der Preisreform genau entgegengesetztes Austeritätsprogramm erhielt (Cheng Xiaonong 1995: 193, 200-01). Unter Yao Yilins Führung verwässerte die Staatliche Planungskommission das Reformvorhaben dann in geschickter Weise: Die Reform sah schließlich nur noch eine Reduzierung der Subventionen für Lebensmittel und Zugfahrkarten vor, jedoch keine umfassende Preisreform mehr. Auf Initiative Chen Yuns wurde zugleich heimlich an dem Austeritätsprogramm gearbeitet. Akteure außerhalb der Staatlichen Planungskommission hinderte Yao gezielt an der Mitwirkung: So ließ er Mitglieder der Wirtschaftsreformkommission nicht teilnehmen und teilte selbst hochrangigen Mitgliedern des Staatsrats, etwa dem stellvertretenden Ministerpräsidenten Tian Jiyun, erst mit großer Verzögerung mit, welche Personen an dem Reformentwurf mitarbeiteten. Zhao Ziyang konnte als ZK-Generalsekretär keinen direkten Einfluß mehr auf die Wirtschaftspolitik nehmen. Auch seine verbliebene Führungsposition in der ZK-Führungsgruppe Finanzen und Wirtschaft erlaubte ihm keine direkte Einflußnahme mehr, und seine Anweisungen waren für die staatlichen Planungsorgane nicht bindend (Cheng Xiaonong 1995: 190, 194).

Auf Deng Xiaopings Anregung hin hatten die Propagandaorgane versucht, öffentliche Unterstützung für die Preisreform und ein dadurch bedingtes kurzfristiges Ansteigen der Inflation herzustellen. Diese Strategie schlug jedoch fehl, da die Argumentation zur Notwendigkeit steigender Preise in der Bevölkerung nicht auf Verständnis traf und statt dessen sogar zusätzliche Ängste schürte. Ab August 1988 kam es zu massenhaften

Panikkäufen. Nachdem dies die Inflation alarmierend ansteigen ließ, entschied das Politbüro Ende August, nur zwei Wochen nach der formalen Bekanntgabe der Preisreform, das Projekt zu stoppen und statt dessen das bereits heimlich vorbereitete Austeritätsprogramm zu implementieren. Vom 15. bis 22. September berief das Politbüro eine ZK-Arbeitskonferenz ein, auf der die Durchführung dieses Austeritätsprogramms beraten wurde. Damit war der Vorstoß zur weiteren Wirtschaftsliberalisierung gescheitert, was angesichts der schlechten Vorbereitung und des unglücklich gewählten Zeitpunktes jedoch nahezu unvermeidlich war (Cheng Xiaonong 1995: 195-96, Hamrin/Zhao 1995: xliii).

Die Preisreform von 1988 war das einzige Beispiel für eine vollständig gescheiterte Reforminitiative Deng Xiaopings, hatte negative Folgen jedoch hauptsächlich für Zhao Ziyangs Reformerlager, da Zhaos Autorität, anders als die Deng Xiaopings, durch diesen Fehlschlag dauerhaft beschädigt wurde (Cheng Xiaonong 1995: 189). Das noch immer existierende politische Reformbüro entwickelte sich deshalb Ende 1988, als Zhao zunehmend unter Druck geriet, zu einer Art Verteidigungseinrichtung für den ZK-Generalsekretär: „It was running around like a fire-fighting team. That in itself was a clear indication that the party system was no longer obedient to its boss, and Zhao's power was eroding" (Chen Yizi 1995: 150). Die Konflikte zwischen Zhaos Reformerlager und den orthodoxen Kritikern einer weitergehenden Liberalisierung spitzten sich im Frühjahr 1989 schließlich dramatisch zu, als es nach dem plötzlichen Tod Hu Yaobangs zu Trauerkundgebungen und Studentenprotesten kam.

4.2.1.3 Der Führungskonflikt über die Behandlung der Protestbewegung

Eine schwere Wirtschaftskrise bildete die Triebfeder für die Entstehung der bisher größten Protestbewegung der VR China, die ihren Ausgang in Trauerkundgebungen nahm und die Anfang Juni 1989 militärisch niedergeschlagen wurde. Erste Vorzeichen der Wirtschaftskrise hatten sich schon 1985 angedeutet und verstärkten sich im ersten Halbjahr 1988. Die stark auseinanderklaffende Einkommensentwicklung und die hohe Inflation beeinträchtigten die Einkommenssituation immer größerer Schichten. Kritik an der zunehmenden Korruption in der Funktionärsschicht, ideologische Desillusionierung und unverhohlener Zynismus verbreiteten sich in der Bevölkerung. Die mißlungene Preisreform-Initiative vom Sommer 1988 verstärkte diese Probleme in der Wahrnehmung der Bevölkerung noch weiter, so daß das Dritte Plenum des 13. ZK eine Stärkung der planwirtschaftlichen Elemente im Wirtschaftssystem beschloß, um die „Ordnung" wieder herzustellen. Die beschlossenen Preislimits für zahlreiche Waren waren allerdings praktisch nur schwer durchzusetzen. Als Folge bildeten sich soziale Unruheherde, die schließlich maßgeblich zur Entstehung der Protestbewegung von 1989 beitrugen (Domes 1992c: 275-78). Besonders die verschlechterten Lebensbedingungen für In-

4.2.1 VR China: Konflikte zwischen „Reformern" und „Orthodoxen" 219

tellektuelle, die kaum von den Erfolgen der Reformpolitik profitieren konnten, hatten schon 1986 zur Entstehung von Studentenprotesten beigetragen und waren auch 1989 eine maßgebliche Ursache für die Bildung der umfassenden Protestbewegung (Schier/ Cremerius/ Fischer 1993: 29). Die Krise vom Frühjahr 1989 gehört in der VR China noch immer zu den brisantesten politischen Ereignissen der jüngeren Geschichte, weshalb alle offiziellen Darstellungen strikt kontrolliert werden und für die Zwecke der vorliegenden Studie nur wenig aussagekräftig sind.[284] Zu den besten Quellen gehören die Aussagen der später ins Ausland geflohenen Exilkader sowie die zeitnah zu den Ereignissen erstellten chinesischen und westlichen Medienberichte und Dokumente, die in mehreren Kompilationen verfügbar sind. Die folgende Analyse stützt sich daher zu einem erheblichen Teil auf die sehr sorgfältige und detailreiche Auswertung zahlreicher westlicher und chinesischer Quellen von Schier, Cremerius und Fischer (1993). Allerdings sind in diesen Quellen naturgemäß kaum Angaben über die Interaktionen der höchsten Führungsakteure enthalten. Eine 2001 von Nathan, Link und einem anonymen chinesischen Kompilator mit dem Pseudonym Zhang Liang herausgegebene Sammlung angeblicher Geheimdokumente zur Frühjahrskrise 1989 bietet gegenüber der früheren Dokumentation nur erstaunlich wenig neue Informationen. Da zudem Zweifel an der Echtheit der besonders brisanten Textteile bestehen, die erstmals den Verlauf informeller Gespräche höchster Führungsakteure auf dem Höhepunkt der Krise dokumentieren sollen, werden diese Texte nur eingeschränkt herangezogen.[285]

Den unmittelbaren Auslöser für die Proteste bildete der plötzliche Tod Hu Yaobangs am 15. April 1989 als Folge eines Herzinfarkts, den er eine Woche zuvor während einer Politbüro-Sitzung erlitten hatte. Hu hatte auch nach seinem Sturz zu den populärsten Mitgliedern der Führung gehört. Sein Tod inspirierte daher umgehend massive Trauerkundgebungen unter Studenten, die ihre Trauer zunächst in den Universitäten in Form von Wandzeitungen und Gedichten ausdrückten und sich gleichzeitig Luft in ihrem Ärger über die Parteiführung machten.[286] Bald folgten in Beijing Trauerkundgebungen in Form

---

284 So spart etwa Hu Wei (1998) diesen Ereigniskomplex in seiner ansonsten umfassenden und unideologischen Darstellung des chinesischen Regierungssystems strikt aus.
285 Zur laufenden Diskussion um die Echtheit dieser Dokumentensammlung vgl. u.a. die Stellungnahmen in Nathan (2001) und Dittmer (2001). Während die Echtheit eines Großteils der enthaltenen Dokumente, darunter zahlreiche bereits anderweitig bekannte Quellen, unstrittig ist, könnten Teile der entscheidenden Gesprächsprotokolle höchster Führungsakteure gezielt und womöglich in politischer Absicht gefälscht worden sein, wofür es stilistische und inhaltliche Anhaltspunkte gibt. Da die Herausgeber die zur Beurteilung relevanten Informationen über das Zustandekommen der Dokumentensammlung geheimhalten, um den anonymen Kompilator vor Verfolgung zu schützen, ist eine abschließende Beurteilung dieser Quellensammlung bisher nicht möglich.
286 Ruan Ming zitiert als Beispiel für solche Äußerungen eines der Gedichte auf Hu, das auf dem Campus der Peking-Universität gesehen wurde: „Der ehrliche Mann ist tot, die Heuchler leben weiter; der Enthusiast ist tot, Gleichgültigkeit begrub ihn ...." (Ruan Ming 1994: 211-12).

von Kranzniederlegungen am Heldendenkmal auf dem Tiananmen-Platz. Dies ähnelte äußerlich in erstaunlicher Weise den Trauerkundgebungen für Zhou Enlai, die 1976 zum ersten „Tiananmen-Zwischenfall" vom 5. April geführt hatten (Pye 1990: 163-64). Auch damals war aus der Trauer um eine beliebte, eher reformorientierte Führungsperson eine öffentliche Gegenströmung gegen orthodoxe Marxisten-Leninisten in der Parteiführung erwachsen. Forderungen nach einer angemessenen Neubewertung der Verdienste des gestürzten Hu Yaobang, Widerstand gegen die von seinen innerparteilichen Gegnern vertretene orthodoxe Linie sowie Forderungen nach Verbesserung der Lebensumstände von Intellektuellen, nach größerer Partizipation und nach Pressefreiheit verschmolzen im bereits aufgeheizten Klima zu einem umfassenden Forderungskatalog, dessen Erfüllung durch öffentliche Protestaktionen, etwa einen Sitzstreik vor der Großen Halle des Volkes am 18. April 1989, erzwungen werden sollte (Schier/ Cremerius/ Fischer 1993: 31).[287]

Schon sehr früh bildeten sich in den Tagen nach Hu Yaobangs Tod unabhängige Studentenorganisationen, die die Protestaktivitäten planten und koordinierten. Besonders diese Versuche zur unabhängigen Organisation außerhalb staatlich kontrollierter Studentenverbände stellten aus Sicht der Führung eine direkte Herausforderung des leninistischen Organisationsmonopols und folglich eine Bedrohung dar. Ebenfalls bedrohlich waren aus dieser Sicht mehrmalige Versuche der Demonstranten zwischen dem 18. und 20. April, sich gewaltsam Einlaß in den zentralen Partei- und Regierungssitz Zhongnanhai zu verschaffen (Schier/Cremerius/Fischer 1993: 33, 57-58, 63). Besonders die älteren Parteiveteranen fühlten sich durch die Belagerung der Parteizentrale an die chaotischen Zustände der Kulturrevolution erinnert, wie ein Gespräch Peng Zhens mit dem Beiijinger Parteisekretär Chen Xitong vom 20. April belegt (Nathan/ Link 2001: 117). Das ungewöhnliche Ausmaß der Protestbewegung, die von Beijing ausgehend bald zahlreiche andere Großstädte erfaßte, wird an der breiten Unterstützung von Kadern der unteren und mittleren Verwaltungsebenen für die Anliegen der Protestierenden deutlich. Auch zahlreiche Prominente und Intellektuelle traten im Verlauf der Bewegung öffentlich für die Demonstranten ein, und auch im Militär entwickelte sich breite Unterstützung für die Bewegung, die sich unter anderem in Form von Widerstand gegen eine gewaltsame Unterdrückung äußerte (Ruan Ming 1994: 223). Somit verlief eine Spaltung mitten durch Partei, Regierungsorgane und Militärführung, so daß die Gefahr für den

---

287 Einen wichtigen Punkt in den Forderungen der Studenten bildete auch die Bekämpfung von Korruption und Nepotismus in der Partei. Auch Zhao Ziyang gehörte anfangs zu den Angriffszielen solcher Vorwürfe, da seine Söhne zu den „Kronprinzen" gerechnet wurden. Da die harte Haltung Hu Yaobangs in dieser Frage maßgeblich zu seinem Sturz beigetragen hatte, sparten die Kritiker von 1989 die Söhne Hu Yaobangs jedoch vom Vorwurf des Nepotismus aus (Ruan Ming 1994: 155, Schier/Cremerius/Fischer 1993: 87). Für den Wortlaut des ersten Forderungskatalogs der Studenten in sieben Punkten siehe Schier/Cremerius/Fischer (1993: 54); für spätere, revidierte Fassungen siehe dort S. 68-69, 84-85 und 90-91.

Fortbestand des leninistischen Systems, die von dieser Protestbewegung ausging, tatsächlich als sehr hoch eingeschätzt werden muß. Im Zuge einer zunehmend kritischen Bewertung der Proteste durch die Parteiführung, die sich am 26. April in Form eines Leitartikels in der *Renmin Ribao* unmißverständlich negativ zu den Demonstrationen äußerte und bereits erste Repressionsmaßnahmen andeute, radikalisierte sich die Bewegung, zu der nun neben Studenten und Hochschulpersonal zunehmend normale Bürger und Arbeiter gehörten. Die Rücknahme des verurteilenden Leitartikels vom 26. April und die Anerkennung der Bewegung als „patriotisch" bildeten fortan einen Kernpunkt in den Forderungen der Studenten.

Die spontan entstandene Bewegung wuchs so schnell an, daß sich im weiteren Verlauf keine klaren Autoritätsstrukturen zur Koordination der Aktivitäten mehr herausbilden konnten. Zwar traten immer wieder einzelne Führungsfiguren in Erscheinung, doch verfügten sie nicht über die Fähigkeit, das Verhalten der anderen Demonstranten effektiv zu kontrollieren. Eine Entscheidung der Demonstranten, Beschlüsse grundsätzlich einstimmig zu fassen, machte es extremistischen Aktivisten leicht, die Bewegung zu unterwandern und Kompromisse und versöhnliche Gesten an die Führung zu verhindern (Dickson 1997: 227). Eine zunehmend konfrontative Proteststrategie, die schließlich zu dem im chinesischen kulturellen Kontext extremen Protestmittel des Hungerstreiks führte, spielte effektiv den orthodoxen Kräften in der Parteiführung in die Hände, die schon zu Beginn eine gewaltsame Unterdrückung der Proteste gefordert hatten (Tang Tsou 1995: 151).[288] So beschlossen die Demonstranten am 13. Mai, ausgerechnet kurz vor dem historischen Staatsbesuch Gorbatschows vom 15. bis 18. Mai 1989, mit über 1000 Teilnehmern einen Hungerstreik auf dem Tiananmen-Platz zu beginnen.[289]

Im Mai wandten sich die Protestparolen dann zunehmend direkt gegen mächtige Führungspersonen. So forderten Demonstranten offen den Rücktritt etwa Li Pengs und Deng Xiaopings, was die Krisenwahrnehmung in der Führung weiter verschärfte (Schier/ Cremerius/ Fischer 1993: 183, 188, 244). Eine friedliche Beilegung des Konfliktes rückte angesichts der verhärteten Fronten immer weiter in die Ferne, so daß die

---

288 Nach Dickson war es vor allem die aus Sicht der Führung inakzeptable *Form* der Proteste, die ein Nachgeben der Führung unmöglich machte: "In a televised meeting with student leaders, Li Peng berated them for their inappropriate and illegal behavior. The substance of the students' demands were not addressed because of the form in which they were articulated was not permissible in the existing political system" (Dickson 1997: 253). Die Studenten hatten am 22.4.89 versucht, Li Peng durch Niederknien mit ausgestreckten Armen auf der Treppe der Großen Halle des Volkes zur Annahme einer Petition zu bewegen, und sich damit eines klassischen Mittels politischen Protests bedient (Schier/ Cremerius/ Fischer 1993: 78).

289 Da Versuche der Führung, die Räumung des Platzes noch vor Beginn des Staatsbesuchs durchzusetzen, scheiterten, mußte das Besuchsprogramm erheblich verändert werden. Gorbatschow konnte die Stationen seiner Empfänge und Zusammenkünfte nicht auf dem üblichen Weg erreichen, was aus Sicht der chinesischen Führung einen erheblichen Gesichtsverlust darstellte (Schier/ Cremerius/ Fischer 1993: 197, 201). Für den Wortlaut des „Manifests zum Hungerstreik" der Studenten siehe Schier/ Cremerius/ Fischer 1993: 185-87.

Anwendung von Gewalt schließlich nicht überraschen konnte: „There was [...] an inexorable movement toward confrontation" (Pye 1990: 168). In der höchsten Führungsschicht kam es schließlich zum Ausbruch der bisher schwersten Führungskrise der Reformära. Der Schlagabtausch endete mit der Säuberung Zhao Ziyangs und seiner engsten Anhänger aus der Parteizentrale und mit der militärischen Unterdrückung der Protestbewegung, wobei mehrere Hundert Zivilisten ums Leben kamen. Der Ablauf dieses Machtkampfes verlief, soweit rekonstruierbar, wie folgt: So ging die oberste Parteiführung zunächst nicht direkt auf die Forderung der Studenten nach einem offenen Dialog ein. Zwar führten Vertreter der Regierung, etwa der Staatsratssprecher Yuan Mu und die Beijinger Parteisekretäre Li Ximing und Chen Xitong, im Auftrag Li Pengs Ende April Gespräche mit Studentenvertretern, die zum Teil sogar im Rundfunk und Fernsehen übertragen wurden. Dabei gingen sie jedoch nicht auf die Kernforderungen ein, darunter die Rücknahme des Leitartikels vom 26. April und die offizielle Anerkennung der autonomen Organisationen. Erst der Hungerstreik auf dem Tiananmen-Platz führte schließlich zu erneuten Versuchen der Führung, in direkten Gesprächen ein Einlenken der Studenten zu erreichen. Diese Gespräche vom 14. und 18. Mai verliefen jedoch ergebnislos (Schier/Cremerius/Fischer 1993: 129-32, 190-92; 247-49).

Innerhalb der Führungsspitze führten unterschiedliche Bewertungen der Protestbewegung schließlich zu einer akuten Krise. Dies wurde bereits am Vormittag des 20. April auf einer Sitzung des StA deutlich, die sich erstmals mit der Studentenbewegung und den gewaltsamen Versuchen zur Erstürmung von Zhongnanhai in den Tagen zuvor auseinandersetzte. Dem ehemaligen Mitarbeiter Zhao Ziyangs, Chen Yizi, zufolge bezeichnete Li Peng die Studentenbewegung schon auf dieser Sitzung als „gegen die Parteiführung" gerichtet; die Studenten würden von einer „kleinen Gruppe Aufrührer" aufgewiegelt. Zhao wiederum widersprach den Bestrebungen zu einer gewaltsamen Auflösung der Proteste und regte an, die Probleme friedlich durch einen Dialog zu lösen. Über diese Frage konnte jedoch keine Einigkeit erzielt werden. In der zu diesem Zeitpunkt noch sehr restriktiven Medienberichterstattung deutete sich ab dem 21. April bereits an, daß die „illegalen" Aktionen der Demonstranten nicht mehr lange toleriert werden würden (Schier/Cremerius/Fischer 1993: 66, 71).

Die Vertiefung der Meinungsverschiedenheiten in der Führung begann auf einer Dringlichkeitssitzung des Politbüros am Abend des 21. April, dem Vorabend der offiziellen Trauerfeier für Hu Yaobang. Auf dieser Sitzung wurde auf Entscheidung Deng Xiaopings hin der Beschluß gefaßt, die Schutztruppe des ZK, „Einheit 8341", nach Beijing einrücken zu lassen. Deng waren zuvor über Mitglieder des Beijinger Parteikomitees diffamierende Äußerungen der Demonstranten gegen seine Person zu Ohren gekommen, die seine Einschätzung der Protestbewegung negativ beeinflußten. Der Vorsitzende des NVK, Wan Li, sprach sich auf dieser Sitzung jedoch gegen einen harten Kurs aus, und das StA-Mitglied Qiao Shi, damals Direktor der ZK-Disziplinkontrollkommission und die wichtigste Führungsfigur im Sicherheitsapparat, vermeldete, die regulären Sicherheitskräfte hätten die Lage weitgehend unter Kontrolle (Schier/Cremerius/Fischer 1993: 73-74).[290]

Die Entstehung eines Zerwürfnisses in der Führung wurde durch den zufälligen Umstand begünstigt, daß Zhao Ziyang am 23. April zu einem bereits länger geplanten Auslandsbesuch in Nordkorea aufbrach, von dem er trotz der verschärften Lage in Beijing erst am 30. April zurückkehrte. Vor seiner Abreise hatte Zhao es nach späteren Angaben Chen Xitongs abgelehnt, dem Wunsch einiger Führungsmitglieder nach Einberufung einer Sonderkonferenz über das weitere Vorgehen gegen die Studentenunruhen zu entsprechen, und sei stattdessen „Golf spielen gegangen". Zhao habe sich, so Chen Xitong in seiner im Juli veröffentlichten Erklärung, schon damals um eine „gründliche Behandlung" des Problems „gedrückt" (Schier/ Cremerius/ Fischer 1993: 79). Zhaos Abwesenheit während der folgenden kritischen Tage, in denen sich die Haltung der Führung zur Protestbewegung endgültig herausbildete, war ein wesentlicher Grund für die spätere Eskalation der Krise, da sie die Chancen für einen moderaten Konsens in der Führung stark verminderte und es Vertretern einer harten Linie erlaubte, sich mit ihrer Einschätzung der Proteste bei Deng Xiaoping und anderen Veteranen durchzusetzen. So fand bereits am 24. April, dem Tag nach Zhaos Abreise, in seiner Abwesenheit eine erweiterte Sitzung des StA statt, an der zwar auch Deng Xiaoping nahestehende Parteiveteranen wie Staatspräsident Yang Shangkun und General Wang Zhen teilnahmen, der persönliche Assistent Zhaos, Bao Tong, jedoch nicht, obwohl dieser Zhao normalerweise in dessen Abwesenheit vertrat und zugleich als politischer Sekretär des StA für die Einberufung solcher Sitzungen zuständig war. Bao wurde weder über die Sitzung informiert noch wurden ihm später Sitzungsdokumente und Tagesordnung zugestellt, was normalerweise stets geschah. Daß Zhao Ziyang und auch Bao Tong bereits zu diesem Zeitpunkt im Verdacht standen, den „Aufruhr" zu unterstützen, deutet sich nicht zuletzt dadurch an, daß Bao Tongs Wagen beschattet worden war.

Der abwesende Zhao wurde auf dieser Sitzung unter anderem von Li Ximing und dem Generalsekretär des Staatsrats, Luo Gan, wegen seiner „Schwäche" gegenüber den Demonstranten kritisiert. Das reformorientierte StA-Mitglied Hu Qili dagegen forderte eine intensivere Untersuchung der Proteste und eine stärkere Berücksichtigung der öffentlichen Meinung, während der Parteiveteran Wang Zhen von der „jüngeren" Führungsschicht, zu der alle Mitglieder des damaligen StA gehörten, Gehorsam gegenüber den

---

290 Die Sitzung beschloß zudem eine positive Würdigung Hu Yaobangs in der offiziellen Trauerrede, die Generalsekretär Zhao Ziyang im Namen der Partei vortrug. Allerdings überging diese Eulogie die Umstände seiner Absetzung stillschweigend, was unter den etwa 200.000 Studenten und Stadtbewohnern, die sich trotz der Absperrungsversuche anläßlich der Trauerfeier versammelt hatten, Unmut auslöste. Zudem blieben einige der orthodoxen älteren Führungsmitglieder, etwa Chen Yun, Bo Yibo und Hu Qiaomu, der Zeremonie fern (Schier/Cremerius/Fischer 1993: 76-77).

Ansichten der Parteiveteranen einforderte.[291] Daß der Bruch der Parteiveteranen mit Zhao Ziyang und seinen reformfreundlichen Mitarbeitern bereits zu diesem frühen Zeitpunkt beschlossene Sache war, ist nach Chen schon dadurch belegt, daß drei der von Zhao zur Vorbereitung der politischen Reform gebildeten „Denkfabriken" – das Büro für politische Reformen (*zhenggaiban*), das Institut für Wirtschaftsreformen (*tigaisuo*) und das Institut für ländliche Entwicklung (*fazhansuo*) – von Li Ximing mitsamt ihrem Führungspersonal auf eine „schwarze Liste" gesetzt wurden.[292] Die erweiterte StA-Sitzung beschloß formell, daß die Protestbewegung gegen die Partei und gegen die Regierung gerichtet sei. Zur Bekämpfung des „Aufruhrs" (*dongluan*) wurde eine neue ZK-Führungsgruppe eingerichtet, der die Mitglieder des StA außer Zhao Ziyang sowie Li Ximing und Staatspräsident Yang Shangkun als Vertreter der ZMK-Führung und persönlicher Vertrauter Deng Xiaopings angehörten (Schier/ Cremerius/ Fischer 1993: 93-94).

Deng Xiaoping, der am folgenden Vormittag im Rahmen einer informellen Unterredung von Li Peng und Yang Shangkun über die Ergebnisse dieser Sitzung unterrichtet wurde, unterstützte die getroffenen Beschlüsse voll und bezeichnete die Proteste seinerseits als „antisozialistisch", „parteifeindlich" und als „geplante Verschwörung". Zudem kritisierte er den abwesenden Zhao Ziyang wegen dessen „Laxheit" gegenüber den Demonstranten. Deng regte die Abfassung eines programmatischen Leitartikels für die *Renmin Ribao* an, der die ablehnende Haltung der Führung zu den Protesten zum Ausdruck bringen sollte. Bei diesem am 25. April verfaßten und tags darauf veröffentlichten Leitartikel handelte es sich um den umstrittenen Text, dessen offizielle Rücknahme später eine der Kernforderungen der Studentenbewegung bilden sollte. Deng verfügte in dieser Unterredung auch bereits die Verlegung von Teilen des vor Beijing stationierten 38. Armeekorps nach Beijing.[293] Diese Vorschläge Dengs deuten zusammen mit den von Chen Yizi berichteten Hintergründen der Sitzung vom Tag zuvor an, daß Zhao Ziyangs Führungsposition zu diesem Zeitpunkt bereits in Frage gestellt war.

Der von Deng angeregte Leitartikel wurde am 25. April von Xu Weicheng, einem stellvertretenden Parteisekretär Beijings, verfaßt und von Hu Qili überprüft.[294] Schon vor

---

291 Vgl. Schier/ Cremerius/ Fischer (1993: 92-93); Chen Yizi (1990: 163).
292 Li Ximing beschuldigte diese drei Institute in einer Rede vor Beijinger Führungskadern am 28.4.89, als Rädelsführer der Protestbewegung zu fungieren (Schier/ Cremerius/ Fischer 1993: 127). Das von Chen Yizi geleitete politische Reforminstitut wurde am 15. Mai als „konterrevolutionäre Organisation" bezeichnet (Chen Yizi 1990: 163).
293 Für verschiedene Versionen dieser Äußerungen Dengs im Wortlaut nach mehreren Quellen siehe Schier/ Cremerius/ Fischer (1993: 95-103).
294 Pye glaubt, daß der reformorientierte Hu Qili deshalb mit der Aufsicht über die Erstellung dieses Leitartikels beauftragt wurde, weil seine Loyalität von allen StA-Mitgliedern am stärksten in Zweifel stand. Aus taktischen Gründen war es deshalb vorteilhaft, ihm diese Aufgabe zu übertragen, da sich dabei entweder seine Illoyalität erweisen oder er versuchen würde, diesen Verdacht durch besonders hartes Vorgehen zu entkräften (Pye 1990: 170).

seiner Veröffentlichung in der RMRB am folgenden Tag wurde er am Abend des 25. April in den Fernsehnachrichten verlesen. Der Text war erst kurz zuvor dem abwesenden Zhao Ziyang telegraphisch übermittelt worden, so daß dieser keine Möglichkeit mehr hatte, Einfluß auf die Formulierung zu nehmen oder Einwände vorzubringen. Von Nordkorea aus signalisierte Zhao jedoch zunächst seine Zustimmung.[295] Nachdem Zhao am 30. April aus Nordkorea zurückgekehrt war, kritisierte er den Leitartikel intern dann als „im Ton zu schrill". Die darin enthaltenen Vorwürfe gegen die Demonstranten seien unzutreffend, da es sich um eine patriotische, nicht um eine verschwörerische Bewegung handele; der Artikel müsse deshalb offiziell zurückgenommen werden (Schier/Cremerius/Fischer 1993: 131-32).

Zhao Ziyang versuchte nach der Rückkehr aus Nordkorea angesichts seiner schwindenden Machtbasis, die verbleibenden Gelegenheiten zur Mobilisierung öffentlicher Unterstützung zu nutzen. So gelang es ihm, am 3. Mai in einer Rede zur Feier des 70. Jahrestags der Vierten-Mai-Bewegung in der Großen Halle des Volkes seine Position zu den Protesten indirekt deutlich zu machen. Zhao rief dazu auf, die gesellschaftliche „Stabilität" zu wahren und warnte für den Fall eines „Aufruhrs" vor den Gefahren, die ein Rückfall in die Praktiken der Mao-Ära mit sich bringen konnte. Dadurch implizierte er, daß die gegenwärtigen Proteste noch keinen „Aufruhr" darstellten und daß eine orthodoxe Restauration zu befürchten war. Die Rede Zhaos, die entgegen den Forderungen anderer Führungsmitglieder wie Yang Shangkun, Li Peng und Yao Yilin keine Erklärung zur Notwendigkeit der Bekämpfung „bourgeoiser Liberalisierung" enthielt, war von dem reformfreundlichen Intellektuellen Hu Sheng, damals Präsident der Akademie der Sozialwissenschaften, verfaßt worden und wurde später ebenfalls zu den „Fehlern" Zhaos gerechnet (Schier/ Cremerius/ Fischer 1993: 143-44). Einen Tag später äußerte sich Zhao dann vor Vertretern der Asiatischen Entwicklungsbank, deren Jahrestreffen zu dieser Zeit in Beijing stattfand. Zhao ergriff Partei für die Studenten und bekräftigte seine Überzeugung, daß es nicht zu einem „Aufruhr" kommen werde. Zugleich räumte er die Rechtmäßigkeit vieler Forderungen der Demonstranten ein. Diese Rede, die im Fernsehen übertragen und von Studentenvertretern positiv aufgenommen wurde, war von Bao Tong verfaßt und zuvor nicht mit den übrigen Mitgliedern des StA abgestimmt worden, was nicht dem üblichen Verfahren entsprach und Zhao später als „Bruch der Parteidisziplin" angelastet wurde. Tatsächlich stellten Zhaos unautorisierte öffentliche Äußerungen einen „vollkommenen Bruch mit dem bisherigen offiziellen Kurs der KPCh dar" (Schier/Cremerius/Fischer 1993: 153-55).[296] Am gleichen Tag forderte Zhao dann auf einer StA-Sitzung, den Leitartikel vom 26. April zurückzunehmen und einen neuen,

---

295 Vgl. Schier/ Cremerius/ Fischer (1993: 106-07). Eine vollständige deutsche Übersetzung des Leitartikels steht dort auf S. 107-10.
296 Zhao äußert sich am 10. Mai auf einer Begegnung mit Delegierten der bulgarischen KP nochmals ähnlich (Schier/Cremerius/Fischer 1993: 173).

moderateren Leitartikel zur Protestbewegung zu veröffentlichen. Zhao bot an, öffentlich die politische Verantwortung für den Artikel vom 26. April zu übernehmen und erklärte zum wiederholten Mal seine Bereitschaft, Korruptionsvorwürfe gegen seine Söhne offiziell untersuchen zu lassen. Diese Vorschläge wurden von den Anwesenden jedoch mehrheitlich abgelehnt (Schier/ Cremerius/ Fischer 1993: 155).

Zhaos unautorisierte öffentliche Äußerungen, die die Existenz einer Spaltung in der Parteizentrale öffentlich machten, nötigten Zhaos Gegenspieler zu internen Klarstellungen. So erklärte Li Peng am 6. Mai auf einer Geheimsitzung mit acht Hochschulrektoren, daß der Leitartikel vom 26. April die Meinung der Zentrale und Deng Xiaopings wiedergebe, während Zhaos jüngste Äußerungen lediglich seine Privatmeinung seien. Li Peng bestand in dieser Rede darauf, daß es sich bei den Protesten um einen „Aufruhr" handele, daß die Studenten von einer kleinen Gruppe Verschwörer manipuliert würden und daß die neugegründeten autonomen Organisationen illegal seien (Schier/ Cremerius/ Fischer 1993: 163). Eine indiskrete Äußerung Zhao Ziyangs gegenüber Michail Gorbatschow am 16. Mai wurde schließlich als Versuch interpretiert, die Verantwortung für die Entscheidungen der Führung auf Deng Xiaoping „abzuwälzen". Zhao gab in einer mündlichen Erklärung eine bis dahin geheim gehaltene Entscheidung des Ersten Plenums des 13. ZK von 1987 preis, wonach Deng Xiaoping trotz seines formalen Rückzugs aus den meisten Führungsämtern noch immer die höchste Entscheidungsmacht innehabe und ihm alle wichtigen Angelegenheiten unterbreitet werden müßten. Die Öffentlichmachung dieses Geheimbeschlusses wurde Zhao später als „Geheimnisverrat" ausgelegt (Schier/Cremerius/Fischer 1993: 210).

Zhao versuchte zu Beginn des Hungerstreiks mehrfach, die Erlaubnis für einen persönlichen Besuch bei den Streikenden zu erhalten. Dies lehnte Li Peng jedoch jedesmal mit der Begründung ab, daß dies die Führung zu spalten drohe. Am 18. Mai, einen Tag nach dem internen Beschluß zur Verhängung des Ausnahmezustandes, konnte Zhao schließlich im StA einen Besuch bei hungerstreikenden Studenten im Krankenhaus durchsetzen. Auch Li Peng, Hu Qili, Qiao Shi und Li Tieying schlossen sich an und sprachen mit Studenten in mehreren Krankenhäusern (Schier/Cremerius/Fischer 1993: 196, 199, 240-41). Zhao konnte sich am Morgen des 17. Mai zwar nicht mit seinem Vorhaben durchsetzen, die Studenten direkt auf dem Tiananmen-Platz zu besuchen, erhielt aber die Erlaubnis zur Abgabe einer Erklärung des StA an die Studenten, in der ihr „patriotischer Geist" anerkannt und sie gebeten wurden, den Hungerstreik zu beenden. Im Austausch wurde ihnen Straffreiheit zugesichert. Diese versöhnliche Geste der Führung traf bei den Demonstranten zwar auf Zustimmung, führte jedoch nicht zu einem Einlenken, da die Kernforderung nach Rücknahme des Leitartikels vom 26. April damit formal nicht erfüllt war.

Am 17. Mai fand sodann die bis dahin größte Massendemonstration Beijings statt, an der sich etwa zwei Millionen Menschen aus allen Teilen der Stadtbevölkerung sowie

4.2.1 VR China: Konflikte zwischen „Reformern" und „Orthodoxen"

Funktionäre zahlreicher Staats- und Parteiorgane beteiligen (Schier/Cremerius/Fischer 1993: 219-20, 222-24). Damit waren aus Sicht der Vertreter einer harten Linie sämtliche Versuche Zhaos gescheitert, durch Einlenken und Nachgeben ein Ende der Proteste zu erreichen. Am selben Tag beschloß eine erweiterte Sitzung des StA gegen den Widerstand Zhao Ziyangs und unter Enthaltung Hu Qilis und Qiao Shis die Verhängung des Ausnahmezustandes. Der Konflikt über die Bewertung der Proteste und die Verhängung des Ausnahmezustandes bildete den Ausgangspunkt für einen Riß zwischen den Befürwortern und Gegnern eines harten Vorgehens, der sich schließlich durch alle Führungsorgane von Partei, Staat und Militär hindurchzog.

So scheint neben Zhao Ziyang besonders der als reformfreundlich geltende NVK-Vorsitzende Wan Li eine gemäßigte Haltung vertreten zu haben. Wan sowie weitere Mitglieder des Ständigen Ausschusses des NVK unterstützten Zhaos Haltung. Als Zhao nach seiner Rückkehr aus Nordkorea auf einer erweiterten StA-Sitzung am 8. Mai gefordert hatte, den Forderungen der Demonstranten durch schnelle Reformmaßnahmen in sechs Punkten entgegenzukommen, erhielt er in der Parteiführung keine Unterstützung dafür. Wan Li jedoch beschloß im Einvernehmen mit den stellvertretenden NVK-Vorsitzenden, Zhaos Vorschläge im Namen des StA des NVK zu veröffentlichen. Dieses Vorhaben untersagte Ministerpräsident Li Peng jedoch schließlich, da die Parteizentrale nicht einverstanden sei. Wan und seine Stellvertreter beschlossen dennoch am 10. Mai, die Vorschläge Zhaos auf der 8. Sitzung des StA des NVK Ende Juni zu diskutieren (Schier/Cremerius/Fischer 1993: 171-73). Die unterstützende Funktion Wan Lis für das Zhao-Lager wurde jedoch durch eine bereits länger geplante Auslandsreise Wans geschwächt, als dieser am 12. Mai zu einem dreiwöchigen Freundschaftsbesuch nach Kanada und in die USA aufbrach. Zwar gab er von dort aus weiterhin öffentliche Unterstützungserklärungen für Zhaos Lager ab, aber seine Abwesenheit schwächte die Moderaten in der Parteiführung empfindlich (Schier/Cremerius/Fischer 1993: 183). Dennoch scheinen Teile der Führung konstant für eine friedliche Lösung der Krise eingetreten zu sein. So gaben zwölf Mitglieder des StA des NVK am 18. Mai, dem Tag nach dem Beschluß zur Verhängung des Ausnahmezustandes, eine Dringlichkeitserklärung ab, in der sie die Bewegung als „patriotisch" bezeichneten und eine friedliche Lösung forderten. Zugleich appellierten sie an die Studenten, den Hungerstreik zu beenden und dadurch den Konflikt zu entschärfen. Mitglieder der Politischen Konsultativkonferenz des Chinesischen Volkes sowie die Vorsitzenden der „Demokratischen Parteien" gaben ähnlichlautende Erklärungen ab. Allerdings handelte es sich bei diesen Akteuren nicht um Mitglieder des höchsten Führungskerns (Schier/Cremerius/Fischer 1993: 246). Unterstützung für die Protestbewegung formierte sich auch erstaunlich umfassend im Mediensektor, besonders in den zentralen Propagandaorganen. Die anfangs harte Linie, nicht über die Protestbewegung zu berichten, weichte ab dem 23. April allmählich auf, als die Redaktion der Beijinger Tageszeitung für Wissenschaft und Technik erstmals eine umfassende und objektive Berichterstattung durchsetzte (Schier/ Cremerius/ Fischer 1993: 83). Am 27. April teilte Hu Qili, das für Propaganda zuständige StA-Mitglied, den Medienvertretern schließlich mit, daß sie objektiv über die Protestbewegung berichten könnten, was in den Fernsehnachrichten dann auch erstmals geschah.[297] Ab Anfang Mai schlossen sich immer mehr Pressevertreter als Demonstranten der Protestbewegung an. Am 4. Mai gingen hunderte Journalisten auf die Straße, darunter Redakteure der *Xinhua*-Nachrichtenagentur, der *Renmin Ribao*, der *Guangming Ribao* und anderer Partei- und Regierungsorgane. Ab dem 5. Mai kam es erstmals zu umfassenden, zum Teil sogar positiven Berichten aller wichtigen Medienorgane über die Studentenbewegung. Pressevertreter überreichten dem chinesischen Journalistenverband am 9. Mai eine Petition, in der über 1000 Beijinger Journalisten gegen die existierenden Pressebeschränkungen protestierten. Hu Qili und der Direktor der ZK-Propagandaabteilung Wang Renzhi stellten daraufhin eine Reform des Pressewesens auf dem 13. Parteitag in Aussicht. Auch als es nach der Verhängung des Ausnahmezustandes zur Besetzung zahlreicher Redaktionen durch Soldaten kam und die kurze Phase der Pressefreiheit endete, demonstrierten viele Mitarbeiter zentraler Medienorgane weiterhin an der Seite der Studenten, so etwa am 22. Mai.[298]

Auch einige im Zuge der Kampagne gegen „bourgeoise Liberalisierung" in die Kritik geratene reformfreundliche Intellektuelle bekundeten frühzeitig ihre Unterstützung für die Protestbewegung. So veranstalteten die unabhängige Shanghaier Zeitschrift „Weltwirtschaftsbote" und die Zeitschrift „Neuer Beobachter" am 19. April gemeinsam ein Symposium, an dem neben renommierten Intellektuellen wie Su Shaozhi, Chen Ziming, Dai Qing, Yu Guangyuan, Fei Xiaotong sowie dem Veteranenkader Li Rui insgesamt 50 bekannte Intellektuelle teilnahmen. Das Symposium erklärte sich solidarisch mit der Protestbewegung und bekannte sich zu dem Ziel, Hu Yaobang zu rehabilitieren und den Kampf gegen „bourgeoise Liberalisierung" zu kritisieren (Schier/Cremerius/Fischer 1993: 60). Einige bekannte Intellektuelle bemühten sich auch um Vermittlung zwischen den verhärteten Fronten, um eine friedliche Lösung zu erreichen. So forderte eine Gruppe von zwölf reformorientierten Intellektuellen, darunter Yan Jiaqi, Dai Qing und Su Xiaokang, am 14. Mai die Studenten in einem direkten Gespräch zur Rücksichtnahme auf den Staatsbesuch Michail Gorbatschows, zum Abbruch des Hungerstreiks und zur Rückkehr in ihre Universitäten auf. Zugleich verlangten sie von der Parteiführung die Anerkennung der Proteste als „patriotische" Bewegung, die Anerkennung der autonomen Organisationen sowie Straffreiheit für die Teilnehmer. Dieser Vermittlungsver-

---

297 In Shanghai allerdings wurde noch am selben Tag der Chefredakteur der Zeitschrift „Weltwirtschaftsbote", Qin Benli, wegen Verletzung der Pressezensur vom Parteikomitee unter Führung Jiang Zemings entlassen. Jiangs hartes Vorgehen wurde ihm später als Erfolg bei der Behandlung der Shanghaier Protestbewegung angerechnet (Schier/Cremerius/Fischer 1993: 124).
298 Vgl. Schier/ Cremerius/ Fischer (1993: 145, 151-52, 160, 170-71, 179, 326).

4.2.1 VR China: Konflikte zwischen „Reformern" und „Orthodoxen"

such, der höchstwahrscheinlich auf Bitten der politischen Führung unternommen worden war, später aber von Chen Xitong als „Aufhetzerei" der Studenten gewertet wurde, scheiterte, weil die Studenten nicht auf das Angebot eingingen und die Intellektuellen als „Handlanger der KP" beschimpfen. Nach Einschätzung von Mitgliedern dieser Gruppe entwickelte die Protestbewegung zu diesem Zeitpunkt eine „unkontrollierbare Eigendynamik" und war immer weniger durch Anführer gezielt zu steuern (Schier/Cremerius/Fischer 1993: 193-95). Trotz des gescheiterten Vermittlungsversuchs bemühten sich Yan Jiaqi und andere Intellektuelle weiter um eine friedliche Lösung der Krise. So baten sie am 21. Mai in einem offenen Brief zur „Verteidigung der Verfassung" um eine Dringlichkeitssitzung des Ständigen Ausschusses des NVK. Yan Jiaqi, Bao Zunxin und Su Xiaokang forderten zudem den NVK-Vorsitzenden Wan Li in einem Telegramm zur sofortigen Rückkehr aus Nordamerika auf (Schier/Cremerius/Fischer 1993: 312).

Sogar unter den oft in ihrer Gesamtheit als „orthodox" bezeichneten Parteiältesten und Armeeveteranen scheint es eine relativ große Gruppe moderater Sympathisanten mit den Protestdemonstrationen gegeben zu haben. So besuchte der Parteiveteran Li Rui, ein Mitglied der ZBK, am 17. Mai in Begleitung des Dichters Ai Qing die Hungerstreikenden auf dem Tiananmen-Platz und weinte angesichts ihres elenden Gesundheitszustandes (Schier/Cremerius/Fischer 1993: 223). Auch die beiden überlebenden Marschälle Chinas, Nie Rongzhen und Xu Xiangqian, sollen nach dem Beschluß zum Erlaß des Ausnahmezustandes am 20. Mai Deng Xiaoping angerufen und Vorbehalte gegen eine militärische Unterdrückung der Studentenproteste geäußert haben. Deng sagte ihnen demnach zu, ein Blutvergießen nach Möglichkeit vermeiden zu wollen. Als einige Studentenvertreter die beiden Marschälle jedoch am Abend des 21. Mai zu Hause aufsuchten und um direkte Unterstützung baten, forderten beide die Studenten auf, mit der Armee zu kooperieren und den Platz zu räumen (Schier/Cremerius/Fischer 1993: 295, 314-15). Nicht nur die beiden Marschälle, sondern auch andere hochrangige aktive und pensionierte Militärführer äußerten sich nach der Verhängung des Ausnahmezustandes kritisch gegenüber einem möglichen Militäreinsatz (Domes 1992c: 280). So wurde bereits am 18. Mai ein offener Brief von Offizieren der VBA an die ZMK verlesen, in der die Unterzeichner angaben, zu einem Waffeneinsatz gegen die Studenten nicht imstande zu sein. Am 21. Mai führte eine Delegation von Armeeveteranen ein Gespräch mit Yang Shangkun, nachdem Deng Xiaoping ein Treffen mit ihnen abgelehnt hatte. Yang forderte sie nachdrücklich zur Unterstützung der militärischen Unterdrückung auf. Noch am selben Tag schickten 100 Armeeveteranen einen Brief an die ZMK und den Kommandostab des Militäreinsatzes, in dem sie den geplanten Militäreinsatz verurteilten. Alle Unterzeichner, darunter auch der frühere Verteidigungsminister Zhang Aiping und der frühere Generalstabschef Yang Dezhi, waren Offiziere, und nahezu alle gehörten der

ZBK an (Schier/Cremerius/Fischer 1993: 242, 310-11).[299] Praktische Konsequenzen hatte die gespaltene Haltung der Militärführung, als sich Kommandeure des südlich vor Beijing stationierten 38. Armeekorps um den 18. Mai herum weigerten, auf Befehl der ZMK in die Stadt einzurücken. Da sich auch andere Kommandeure, etwa aus der Militärregion Liaoning, weigerten, mußten andere Truppen in die Nähe Beijings verlegt werden.[300]

Insgesamt scheint es, daß die Durchsetzung der kontroversen Entscheidung zur militärischen Unterdrückung der Proteste von der persönlichen Kontrolle Deng Xiaopings und seiner Vertrauten Yang Shangkun und Yang Baibing über die ZMK-Führung abhängig war und nur durch die faktische Umgehung der normalen militärischen Entscheidungsstrukturen möglich wurde. So wurden die formalen Verfahren für militärische Entscheidungen nicht angewandt. Führungspersonen ohne militärische Funktion, etwa Li Peng oder die Mitglieder der Beijinger Stadtverwaltung, drangen in den militärischen Entscheidungsprozeß ein, während der erste Vizevorsitzende der ZMK, Zhao Ziyang, nicht an den Entscheidungen beteiligt wurde. Der ZMK-Vorsitzende Deng Xiaoping war bei allen wichtigen Entscheidungen abwesend, während Yang Shangkun als sein Sprachrohr fungierte. Zudem wurde die ungewöhnliche Entscheidung getroffen, Truppen aus anderen Militärregionen, etwa Shenyang und Ji'nan, nach Beijing zu verlegen, um die Befolgung der Befehle zu gewährleisten.

> By resorting to these extralegal arrangements justified through quasi-statutory procedures and regulations, the proponents of martial law totally outmaneuvered those Party and army leaders who voiced reservations about the possible use of force. (Pollack 1992: 179)

Die nach Beijing verlegten Truppen wurden, anders als sonst üblich, nicht vom Generalstab der VBA unter Generalstabschef Chi Haotian mobilisiert, sondern von der politischen Abteilung der VBA unter der Führung Yang Baibings. Den Truppen war bereits eine Woche zuvor untersagt worden, Nachrichten zu hören und Zeitung zu lesen, weshalb sie nur schlecht über die Lage in der Hauptstadt informiert waren. Zhao Ziyang

---

299 Der Wortlaut des Briefes steht bei Schier/Cremerius/Fischer (1993: 311). Einen ähnlichlautenden Brief schrieb auch eine Gruppe von über 260 Armeefunktionären aus allen Teilen der Armee und Armeeführung, darunter ein Drittel aktive Offiziere. Weiterhin wurde bekannt, daß 400 bis 500 im Ruhestand befindliche Armeekader eine „Vereinigung alter Kader zur Unterstützung der studentischen Demokratiebewegung" gegründet hatten (Schier/Cremerius/Fischer 1993: 311-12).

300 Vgl. Schier/Cremerius/Fischer (1993: 251). Der Kommandant und der Politkommissar des 38. Armeekorps hatten bei vorangegangenen Einsätzen seit April in Kontakt mit Teilnehmern der Protestbewegung gestanden, sympathisierten mit der Bewegung und verweigerten deshalb den Einsatzbefehl. Sie wurden aufgrund ihres Ungehorsams ihrer Posten enthoben. Der Kommandeur Xu Qinxian wurde verhaftet und nach der Niederschlagung vor ein Militärgericht gestellt (Fang Zhu 1995: 121-22).

wurde von Deng Xiaoping, Yang Shangkun und Li Peng erst nach dem vollständigem Truppenaufmarsch am 19. Mai über die Truppenbewegungen informiert (Schier/Cremerius/Fischer 1993: 262, 283, 312).

Mitte Mai spitzte sich der Konflikt zwischen Zhao und den Vertretern eines harten Kurses schließlich derart zu, daß Zhaos Absetzung intern bereits beschlossen wurde, obwohl die Absetzung Hu Yaobangs erst zwei Jahre zurücklag und der Eindruck eines erneuten Wechsels an der Parteispitze im In- und Ausland sehr negativ sein mußte.[301] Zhao Ziyangs Sturz ging jedoch auf bereits länger existierende Verwerfungen in der Führung zurück. Nachdem Zhao bereits seit Ende 1988, nach dem Scheitern der Preisreform-Initiative, politisch angeschlagen war, hatten sich seine Gegner im Parteiapparat zunehmend koordinieren können. Die von Yao Yilin geführte Staatliche Planungskommission brachte bereits Anfang 1989, also deutlich vor der Frühjahrskrise und in ähnlicher Weise wie vor der Absetzung Hu Yaobangs, Gerüchte in Umlauf, nach denen Zhaos Absetzung als Generalsekretär unmittelbar bevorstand (Wang/Fewsmith 1995: 63). Ruan Ming zufolge hatte Zhao durch einen taktischen Fehler die Unterstützung Deng Xiaopings bereits weitgehend verspielt, als er im Rahmen der politischen Reforminitiative begann, das Schlagwort eines „Neuen Autoritarismus" (*xin weiquanzhuyi*) als Entwicklungsmodell für China zu propagieren. Dieses von seinen Beratern ausgearbeitete Konzept einer Entwicklungsdiktatur mit einem starken Führer an der Spitze, womit nicht etwa Deng Xiaoping, sondern vielmehr Zhao selbst gemeint war, kritisierte offen die informelle Einmischung „grauer Eminenzen" in die Politik, was als Kritik an Deng aufgefaßt werden konnte. Diese politische Ungeschicklichkeit Zhaos führte letztlich in die Selbstisolation innerhalb der Führungsspitze (Ruan Ming 1994: 208, 194). Zudem war es Zhao nicht gelungen, das nach dem Rückzug Hu Yaobangs verbliebene Reformerlager effektiv zu vereinen. Zwar konnte Zhao einige Unterstützer Hu Yaobangs, etwa Hu Qili, für sich gewinnen, auch wenn viele ihm aufgrund seines Vorgehens gegen Hu 1986/87 mißtrauten. Andererseits hielt Zhao Abstand zu „unabhängigen Geistern" wie Wan Li oder Xi Zhongxun, die nicht über hohe formale Machtpositionen verfügten, und versuchte statt dessen, die Unterstützung von Veteranenführern wie Bo Yibo zu gewinnen. Auch zu einigen Parteiintellektuellen hatte Zhao ein eher ambivalentes Verhältnis.[302] Dadurch verminderte er das Potenzial seiner Unterstützerbasis (Ruan Ming 1994: 203-04).

---

301 So erklärte ein Student nach einem Bericht der taz vom 31.5.89: „Von einer Partei, die alle paar Jahre ihren Chef zum Parteifeind erklärt – wohl eine chinesische Spezialität – haben wir nichts zu erwarten" (zitiert nach Schier/Cremerius/Fischer 1993: 420-21).
302 So hatte Zhao persönlich über den Parteiausschluß der als „bourgeois" kritisierten Intellektuellen Fang Lizhi, Liu Binyan, Wang Ruowang, Wu Zuguang, Wang Ruoshui und Zhang Xianyang gewacht. Lediglich Su Shaozhi erhielt von ihm Rückendeckung (Ruan Ming 1994: 199).

Es ist angesichts der vorliegenden Hinweise unklar, ab welchem Zeitpunkt die Absetzung Zhao Ziyangs als Generalsekretär intern beschlossen war. Die bereits oben erwähnten Beobachtungen des Zhao-Mitarbeiters Chen Yizi deuten an, daß Zhao schon *vor* seiner Abreise nach Nordkorea in den Verdacht parteifeindlichen Verhaltens geraten war und seine Mitarbeiter bereits beschattet und von Entscheidungsprozessen ausgeschlossen wurden. Es ist jedoch möglich, daß erst Zhaos Verhalten im Zuge der Entscheidung zur Verhängung des Ausnahmezustandes endgültig über seine Absetzung entschied. Bis zum 19. Mai wurde Zhao zumindest noch formal in die Sitzungen des StA einbezogen und erhielt zudem weiterhin Rückendeckung von reformfreundlichen Vertretern, etwa dem noch immer in Nordamerika weilenden Wan Li.[303]

Die Grundsatzentscheidung zur Verhängung des Ausnahmezustandes über Beijing, die ein militärisches Eingreifen gegen die Demonstranten erst ermöglichte, kam auf kontroverse Weise zustande. Am 17. Mai, dem Tag der bis dahin größten Massendemonstration, fand abends eine informelle Sitzung der Parteiführung statt, auf der über die weitere Vorgehensweise beraten wurde. Zhao Ziyang sprach sich weiterhin für eine nachsichtige Behandlung der Demonstranten aus, Yao Yilin jedoch attackierte Zhao in Form einer vorbereiteten, über einstündigen Rede, in der er ihm Verfehlungen in der Wirtschaftspolitik, Unterstützung des Aufruhrs, Ungehorsam gegenüber dem ZK und Deng Xiaoping, Spaltung der Partei sowie Tolerierung von Korruption bei seinen Söhnen vorwarf. Nach dem Ende dieser informellen Sitzung verständigten sich die StA-Mitglieder auf einer erweiterten Sitzung des StA schließlich über die Verhängung des Ausnahmezustandes. Zhao war als einziger dagegen, während sich Hu Qili und Qiao Shi nicht klar äußerten und angaben, der Mehrheitsmeinung folgen zu wollten.[304] Zhao bot daraufhin seinen Rücktritt an, da er Schwierigkeiten habe, diesen Kurs zu vertreten. Dies wiederum stieß auf harte Kritik der übrigen Führungsmitglieder, besonders Yang Shangkuns und Li Pengs (Schier/Cremerius/Fischer 1993: 229-31).

Der Verlauf der Ereignisse am 19. Mai, dem Tag der wahrscheinlichen Absetzung Zhao Ziyangs, ist widersprüchlich beschrieben worden. Es ist unklar, wann und wie oft an diesem Tag Sitzungen der Führungsakteure stattfanden. Klar ist, daß Zhao sich am frühen Morgen dieses Tages erstmals persönlich auf den Tiananmen-Platz begab und dort

---

303 Wan Li bezeichnete die Protestbewegung in einer öffentlichen Stellungnahme am 17. Mai als „patriotisch" und forderte weitere politische Reformen. Damit ergriff er offen Partei für die Position des unter Druck geratenen Zhao (Schier/ Cremerius/ Fischer 1993: 232-33).

304 Laut Teiwes ist es zweifelhaft, daß in dieser und vergleichbaren Situationen formelle Abstimmungen mit Handzeichen stattfanden, wie häufig berichtet wird; vielmehr handelte es sich wohl um Diskussionen, bei denen jeder einzelne Teilnehmer seine Haltung der Reihe nach zum Ausdruck brachte: "A dubious example [of speculation and fantasies of the Hong Kong press] widely cited in Western analyses focuses on the alleged votes in Politburo Standing Committee meetings during the Tiananmen crisis in May 1989. A source very close to one of the principals in these meetings dismissed such reports with the scornful remark that no one sticks up their hands in such situations" (Teiwes 1995: 57, Anm. 9).

4.2.1 VR China: Konflikte zwischen „Reformern" und „Orthodoxen"

zu den Hungerstreikenden sprach. Li Peng fuhr, getrennt von Zhao, ebenfalls hin, allerdings nur zu einem sehr kurzen Besuch und wohl nur, um Zhao zu überwachen und den Anschein der Einigkeit zu wahren. Zhao gab gegenüber den Demonstranten eine Erklärung ab, in der er sich entschuldigte und nochmals zur Aufgabe des Hungerstreiks aufrief. Dabei schien er den Tränen nahe zu sein; nach Ansicht von Beobachtern klang durch, daß er den innerparteilichen Machtkampf bereits verloren hatte.[305] Für diese Interpretation spricht auch, daß Zhao sich kurz nach diesem letzten öffentlichen Auftritt zurückzog, sich krank meldete und sich weigerte, Besucher zu empfangen. Auch blieb er einer am Abend des 19. Mai anberaumten außerordentlichen Sitzung von Partei-, Regierungs- und Armeekadern der Zentrale und der Stadt Beijing, auf der er eine Rede halten sollte, trotz ausdrücklicher Aufforderung zur Teilnahme fern. Daraufhin wurde er schließlich durch Deng Xiaoping und das Politbüro seines Amtes enthoben (Schier/Cremerius/Fischer 1993: 263-65, 269-73). Zhaos Rede und sein Verhalten am 19. Mai wurden später von Yang Shangkun als offener Bruch mit der Parteidisziplin kritisiert.[306] Auch das Verhalten der reformorientierten Mitarbeiter Zhaos in dieser Situation wurde angeprangert. Chen Xitong warf Zhao später vor, seine Mitarbeiter hätten am Tag des Beschlusses über den Ausnahmezustand „Geheimnisverrat" begangen und die Studentenbewegung über die bevorstehende Unterdrückung informiert; Bao Tong habe am Abend des 17. Mai seine Untergebenen zusammengerufen und die Pläne an sie verraten.[307] Tatsächlich erhielten Studenten der Peking-Universität am 18. Mai Informationen über den Ablauf der Sitzung vom Vortag mit Details über die diskutierten Vorschläge und das Abstimmungsverhalten einzelner Führungsmitglieder, die aus dem inneren Führungszirkel stammen mußten. Am 19. Mai sollen Mitarbeiter der „Denkfabriken" Zhao Ziyangs auf Anweisung von Gao Shan und Chen Yizi eine Erklärung an die Studenten verbreitet haben, in der der interne Führungskonflikt im StA bekannt gemacht und die Absetzung Zhaos als Generalsekretär bekanntgegeben wurde. Die Erklärung forderte die Studenten auf, einzulenken, da sonst „extreme Handlungsweisen" von Seiten der Führung zu befürchten sei (Schier/Cremerius/Fischer 1993: 251, 267). Es gibt zudem Hinweise darauf, daß auch der Sohn Deng Xiaopings, Deng Pufang, mit

---

305 Der Wortlaut dieser Rede steht im Original u.a. bei Zhang Liang (2001: 519-21) und in Übersetzung bei Schier/ Cremerius/ Fischer (1993: 263-64).
306 Ein von Nathan und Link in ihre Dokumentensammlung aufgenommenes angebliches Gesprächsprotokoll, das eine private Unterhaltung Deng Xiaopings und Yang Shangkuns über Zhao Ziyangs Rede vom 19. Mai wiedergeben soll, wirkt aufgrund des theatralischen Stils der von Deng getätigten Äußerungen sowie eines sachlichen Fehlers bezüglich des wegen Ungehorsams abgesetzten Kommandeurs des 38. Armeekorps Xu Qinxian, der darin fälschlicherweise als „Sohn Xu Haidongs" bezeichnet wird, kaum glaubwürdig (vgl. Nathan/Link 2001: 367-68; vgl. dazu auch Dittmer 2001: 478-79). Ein chinesischer Gesprächspartner bezeichnete es mir gegenüber als so gut wie unmöglich, daß Yang Shangkun und Deng Xiaoping beide vergessen haben sollen, daß der Kommandeur dieser ihnen beiden gut bekannten Armeeeinheit *nicht* der Sohn General Xu Haidongs war.
307 Chen Xitong (1989), zit. nach Schier/Cremerius/Fischer (1993: 231-32).

Führungsmitgliedern der Studentenbewegung in Kontakt stand. Deng Pufang soll dem Studentenführer Wuerkaixi eine Warnung übermittelt und die Studenten aufgefordert haben, den Tiananmen-Platz zu räumen. Anscheinend war Deng Pufang mit der bevorstehenden Unterdrückung der Proteste nicht einverstanden (Macartney 1990: 21-22).

Im weiteren Verlauf kam es zu einer Zuspitzung der Konfrontation zwischen Demonstranten und Einsatzkräften, als erste Versuche der Durchsetzung des Ausnahmezustandes am entschlossenen Widerstand zahlreicher Einwohner Beijings scheiterten. Straßenblockaden verhinderten in der Nacht zum 20. Mai ein Einrücken der Truppen. Am 20. Mai um 10:00 Uhr verkündete der Staatsrat schließlich die Verhängung des Ausnahmezustandes über faktisch das gesamte Stadtgebiet (Schier/Cremerius/Fischer 1993: 288-89, 292). Soldaten besetzten die Redaktionen der wichtigsten Medienorgane, und ausländische Journalisten wurden verschärften Restriktionen unterworfen. Einige Journalisten reagierten auf diese Repressalien mit zivilem Ungehorsam. So druckten Redakteure der *Renmin Ribao* eine gefälschte Sonderausgabe, in der die Bürger Beijings zum Widerstand aufgerufen wurden. Ab dem 21. Mai erschienen dann vorerst keine offiziellen Zeitungen mehr (Schier/Cremerius/Fischer 1993: 293, 296-7, 305).

Das Verhalten Zhao Ziyangs wurde schließlich auf einer erweiterten Sitzung des Politbüros vom 22. bis 24. Mai geahndet. Auf dieser Sitzung, die über die parteioffizielle Begründung seiner Ablösung beriet, wurde die Schwere seiner Vergehen jedoch unterschiedlich beurteilt: Während eine Gruppierung ihn des Verbrechens anklagen wollte, eine „parteifeindliche und konterrevolutionäre Clique" gegründet und das ZK gespalten zu haben, wollte eine andere ihm lediglich „Fehler" vorwerfen. Die Kernpunkte der Kritik an Zhao waren Geheimnisverrat und mangelnde Parteidisziplin (Schier/Cremerius/Fischer 1993: 334-41). Zhao wurde wenig später, ebenso wie sein engster Mitarbeiter Bao Tong, unter Hausarrest gestellt. Nach der Absetzung Zhaos, die formal erst auf dem Vierten Plenum des 13. ZK am 23./24. Juni ratifiziert wurde, fanden in der Führung keine großen Konflikte über das weitere Vorgehen mehr statt. Der moderate NVK-Vorsitzende Wan Li kehrte erst am 25. Mai auf Anweisung der Parteizentrale vorzeitig aus Nordamerika zurück und wurde bei seiner Ankunft in Shanghai sofort zur „medizinischen Behandlung" in ein Krankenhaus eingewiesen, wo er über die Lage der Führungszentrale eingehend in Kenntnis gesetzt wurde. Wan gab schließlich am 27. Mai in einer öffentlich verbreiten Erklärung an, die Entscheidungen der Zentrale voll zu unterstützen. Die Ernennung des Shanghaier Parteisekretärs Jiang Zemin zum neuen Generalsekretär geschah anscheinend um den 31. Mai 1989 herum auf persönliche Entscheidung Deng Xiaopings, nachdem dieser sich mit anderen Parteiveteranen darüber beraten hatte (Schier/Cremerius/Fischer 1993: 410, 439; Teiwes 1995: 93). Jiang hatte durch seine relativ erfolgreiche Behandlung der Proteste in Shanghai sowie durch sein entschlossenes Vorgehen gegen den Vorreiter der Pressefreiheit, den Chefredakteur des

4.2.1 VR China: Konflikte zwischen „Reformern" und „Orthodoxen" 235

„Weltwirtschaftsboten", aus Sicht der Veteranen Führungskraft bewiesen und sich nicht in ähnlicher Weise wie etwa Li Peng bei der Bevölkerung unbeliebt gemacht. Die anschließenden Entscheidungen zum Einsatz von Waffengewalt gegen die Bevölkerung wurden vom verbliebenen Teil der Führungsakteure anscheinend weitgehend einvernehmlich getroffen, so daß es in der Nacht des 3./4. Juni zu dem befürchteten Blutvergießen kam, das mehrere Hundert zivile Opfer forderte. Aus Sicht der Führung war dadurch die Gefahr eines Regimesturzes gebannt und die „Ordnung" in der Hauptstadt wiederhergestellt, wenn auch auf Kosten zahlreicher Menschenleben. Der gewaltsamen Niederschlagung folgte eine Säuberungswelle, der viele Unterstützer der Proteste im Staats- und Parteiapparat zum Opfer fielen. Dennoch war das Ausmaß der Säuberungen *innerhalb* der Partei insgesamt nicht sehr groß:

> ....only a few among the top leaders were purged or demoted, even though several scores of Zhao's advisers and intellectuals and students taking part in the democratic movement were arrested or escaped from China with outside help. The total victory and total defeat took place between those aligned on two different sides on a specific issue under dispute. It did not involve a wholesale purge of a 'faction' or of persons with intimate personal relationships with Zhao, and the punishment for the defeated among the elite was relatively mild. (Tang Tsou 1995: 124-25)

Unter den Teilnehmern der Protestdemonstrationen wurden im Gegensatz dazu jedoch zahlreiche Verhaftungen und sogar Hinrichtungen durchgeführt.
Auf dem Vierten Plenum des 13. ZK rückten neben Jiang Zemin auch Li Ruihuan und Song Ping in den StA des Politbüros auf, aus dem Zhao Ziyang und Hu Qili entfernt worden waren. Auch diese Personalentscheidungen traf Deng Xiaoping allein, nachdem er andere Parteiälteste konsultiert hatte (Benjamin Yang 1998: 251).
Die Reaktion der chinesischen Führung auf die von den Demonstranten gestellte Herausforderung ihres Herrschaftsanspruches war Jürgen Domes zufolge alles andere als überraschend und aus der Perspektive der Parteiführung lediglich konsequent: „Blutbäder und Terrorwellen sind [...] die systemimmanent völlig konsequenten Reaktionen marxistisch-leninistischer Herrschaftseliten auf jede ernsthafte Bedrohung ihres politischen, organisatorischen und intellektuellen Monopols" (Domes 1992c: 281). Demnach hätte die Führung mit einem ernsthaften Einlenken gegenüber den Demonstranten wahrscheinlich den Fortbestand des leninistischen Herrschaftssystems riskiert:

> In der Tat beschränkte sich der Handlungsspielraum der chinesischen Herrschaftselite auf Optionen, die von ihrem Standpunkt aus gesehen, alle Fehlentscheidungen sein mußten oder mindestens die Gefahr einer Fehleinschätzung in sich bargen. Hätte die Herrschaftselite den Forderungen der Demokratiebewegung [...] nachgegeben, dann hätte sie ihren eigenen Niedergang nach polnischem Muster eingeleitet. (Domes 1992c: 282)

Es ist somit fraglich, ob Zhao Ziyangs moderater Ansatz der Konfliktbeilegung auch bei weniger ungünstigen äußeren Umständen eine reelle Chance auf Verwirklichung gehabt hätte. Einige Beobachter vermuten gar, daß Zhao die Protestbewegung lediglich instrumentalisierte, um öffentliche Unterstützung für seine zunehmend schwache Machtstellung zu mobilisieren, nachdem seine Absetzung bereits festzustehen schien. Dies wird damit begründet, daß Zhao sich in den Jahren zuvor keineswegs als Befürworter von Demokratie und Menschenrechten, sondern als Fürsprecher eines „Neuen Autoritarismus" profiliert hatte. Zudem hatte er noch 1986/87 Hu Yaobang wegen dessen seinerseits „laxer" Haltung gegenüber vergleichbaren Studentenprotesten angegriffen (Lieberthal 1995: 141, Dickson 1997: 226-27). Diese Interpretation erklärt jedoch nicht, warum Zhao, anders als die anderen „Dissidenten" in der Parteizentrale Hu Qili, Qiao Shi und Wan Li, nicht bereit war, sich der Entscheidung Deng Xiaopings zur militärischen Niederschlagung der Proteste zumindest im Nachhinein formal zu beugen. Dadurch hätte Zhao vermutlich die später gegen ihn ergriffenen Strafmaßnahmen vermeiden können, und bei frühzeitiger „Umkehr" wäre vielleicht sogar sein Verbleib im Amt des Generalsekretärs möglich gewesen, da die Veteranen schon aus Gründen der Außenwirkung einen erneuten Führungswechsel an der Parteispitze vermeiden wollten. Die sehr harte Kritik an Zhaos Verhalten, der keinerlei aktive Gegenmaßnahmen gegen Dengs Entscheidung ergriffen hatte, sondern lediglich passiv die Gefolgschaft verweigerte, impliziert jedoch bereits die große Bedeutung dieser Verweigerungshaltung. Tatsächlich bot Zhao das einzige Beispiel offener Insubordination gegenüber einer Entscheidung Deng Xiaopings in der gesamten Reformära (Teiwes 1995: 28). Es ist somit denkbar, daß Zhao weniger aus Gründen des persönlichen Machterhalts, sondern eher aufgrund realer programmatischer Differenzen an seiner Haltung festhielt. Im Kontext der strikten leninistischen Normen zur Unterdrückung von Konflikten in der Führung und zur Unterordnung unter die Parteidisziplin muß auch passiver Widerstand gegen eine zentrale Entscheidung als Indiz für hohe Konfliktbereitschaft gewertet werden, während umgekehrt die Unterordnung unter Deng Xiaopings Kommando der reibungsärmere und sicherere Weg für Zhao gewesen wäre.

Untersuchungen der ZK-Disziplinkontrollkommission zufolge hatten sich fast 800.000 Parteimitglieder und etwa 50.000 Kader an den landesweiten Demonstrationen beteiligt, dies zumeist in den Großstädten. Allein in Beijing betraf dies 300.000 Parteimitglieder und rund 40 Prozent aller Führungskader formaler Organisationen. Nach der Niederschlagung der Proteste erklärten etwa 90.000 Parteimitglieder ihren Parteiaustritt, und 8000 Kader reichten ihren Rücktritt ein. 2,4 Millionen Parteimitglieder stellten zudem die Zahlung ihrer Mitgliedsbeiträge ein. Die Parteiführung versuchte deshalb nach Juni 1989, durch Disziplinierungs- und Ausrichtungsmaßnahmen die „Ordnung" im Kadersystem wiederherzustellen. Besonders die zentralen Medien- und Propagandaorgane, etwa die *Renmin Ribao*, wurden umfassenden personellen Umbesetzungsmaßnahmen un-

4.2.1 VR China: Konflikte zwischen „Reformern" und „Orthodoxen"

terworfen (Dickson 1997: 196, 144). Während dieser Disziplinierungsmaßnahmen leisteten viele Einheiten jedoch passiven Widerstand, indem sie ihre Angehörigen vor Verfolgung schützten, sofern dies möglich war. Das Ziel umfassender Disziplinierung konnte somit nur eingeschränkt erreicht werden (Teiwes 1995: 85).

In den neunziger Jahre erfolgte schließlich, nicht zuletzt aus biologischen Gründen, ein allmählicher Rückzug der Veteranengeneration aus der aktiven Politik. Deng Xiaoping erklärte schon wenige Monate nach der Tiananmen-Krise seinen Rücktritt vom letzten offiziellen Amt, dem Vorsitz der ZMK. Jiang Zemin, der dritte Nachfolgekandidat Deng Xiaopings nach Hu Yaobang und Zhao Ziyang, wurde von ihm schließlich nachdrücklich als „Kern" der kommenden „Dritten Führungsgeneration" aufgebaut und konnte 2002, als er das Amt des Generalsekretärs an Hu Jintao abgab, eine weitgehend stabile Regierungszeit vorweisen.

4.2.1.4 Schlußfolgerungen

Der untersuchte Ordnungskonflikt umfaßte grundlegende und kontroverse Fragen nach der zukünftigen Ausgestaltung des politischen und wirtschaftlichen Systems, so daß nicht erstaunt, daß zahlreiche Führungsakteure hierzu unterschiedliche Überzeugungen vertraten. Auch waren die Gefahren, die von einer politischen Liberalisierung für den Fortbestand des leninistischen Systems ausgingen, gerade im Hinblick auf die Erfahrungen osteuropäischer Staaten nach 1989 real, so daß die ablehnende Haltung besonders der orthodoxen Führungskader unter dem Aspekt des Machterhalts nicht unverständlich scheint.

Die Grundfragen der politischen Entwicklung wurden im Zeitraum 1986-89 von der höchsten Führungsebene autonom entschieden, wobei zum Teil sogar die Mitglieder der formal höchsten Führungsgremien (StA und Politbüro) zu bloßen Beisitzern der informell mächtigsten Parteiältesten degradiert wurden. Dies wurde besonders deutlich während der Frühjahrskrise von 1989, als Parteiveteranen die formalen Autoritätshierarchien nach Belieben ignorierten und auf „erweiterten" Sitzungen die Mitglieder der formalen Führungsorgane überstimmten. Dies belegt die zu diesem Zeitpunkt noch überragende Bedeutung von Seniorität, so daß schließlich rein informelle Autorität gegenüber formalen Machtpositionen dominierte. Bürokratische Interessen untergeordneter Organe scheinen dagegen zumeist nur auf der *Implementierungsebene* von Entscheidungen zum Tragen gekommen zu sein, etwa als das von Zhao Ziyang angestoßene Reformprogramm am entschlossenen Widerstand der untergeordneten Partei- und Verwaltungsorgane scheiterte.

Anhand der untersuchten Ereignisse läßt sich zeigen, daß die Akteurskonstellation der achtziger Jahre weitaus komplexer strukturiert war, als es vereinfachende Darstellungen vom Kampf eines „Reformerlagers" gegen eine „Hardliner-Faktion" häufig suggerieren.

Weder verliefen die Brüche zwischen den Akteursgruppen immer entlang dieser groben ideologischen Linien, noch verhielten sich alle Führungsakteure durchgängig gemäß ihrer angeblichen „Faktionszugehörigkeit". Starken internen Zusammenhalt wiesen anscheinend vor allem die jeweiligen Intellektuellen-Netzwerke Hu Yaobangs und Zhao Ziyangs auf, die jedoch untereinander nicht unbedingt kooperierten, auch wenn sie beide dem Reformerlager zugerechnet werden können. Innerhalb der Parteiveteranen wurde während der Krise von 1989 enge Kooperation von Deng Xiaoping mit seinen Vertrauten Yang Shangkun, Yang Baibing und Wang Zhen deutlich, auch wenn Deng schon 1992 für die Entfernung der beiden Yangs aus ihren militärischen Führungsämtern sorgte, wohl um den Aufstieg Jiang Zemins zum „Kern" der neuen Führung abzusichern. Auch läßt sich kein automatischer Zusammenhang zwischen dem Lebensalter eines Akteurs und seiner programmatischen Haltung konstruieren, da einige ältere Parteiveteranen, etwa Li Rui, Nie Rongzhen und Xu Xiangqian, eher zu moderaten Haltungen tendierten, während auch jüngere Funktionäre wie Li Peng zu orthodoxen Positionen neigen konnten (Domes/Näth 1990: 145).

Die Rolle Deng Xiaopings und anderer Mitglieder der höchsten informellen Führung scheint sich in den untersuchten Konflikten zumeist auf passive Zustimmung oder Gegnerschaft zu den Initiativen anderer, untergeordneter Akteure beschränkt zu haben. Inhaltliche Impulse kamen meist nicht aus diesem Lager, sondern allenfalls noch grob anvisierte Entwicklungsmodelle, etwa die verunglückte Preisreform von 1988, die dann in ihrer konkreten Ausgestaltung untergeordneten Akteuren überlassen wurden (Goodman 1994: 91). Somit war häufig zu beobachten, daß untergeordnete Akteure mit ihren jeweiligen Präferenzen um die Zustimmung wichtiger Führungsakteure konkurrierten und versuchten, in informellen Sitzungen oder Unterredungen Fürsprache zu erhalten und dies dann zur formalen Ratifizierung des Beschlusses zu nutzen.

Während die Führungsebene der Partei zwischen 1986 und 1988 noch weitgehend autonom handeln konnte, traten in der Krise von 1989 in Form der organisierten Protestgruppierungen zunehmend *externe* Akteure auf, die zumindest in einer kurzen Phase als aktive Gegenspieler der Führung fungierten oder sogar über informelle Konsultationsmechanismen mit Teilen der moderateren Führungsebene verbunden waren. Das kurzzeitige Aufbrechen der Parteidisziplin und die Spaltung auf allen Ebenen des Systems führten zu grundlegend veränderten Konfliktaustragungsmechanismen auf dem Höhepunkt der Krise. So reagierte Zhao Ziyang im Vergleich zu Hu Yaobang bei dessen Amtsenthebung 1986/87 konfrontativer und versuchte sogar, öffentliche Unterstützung für seine Position zu mobilisieren. Hu dagegen hatte seiner Absetzung keinerlei Widerstand entgegengesetzt. Ansätze anderer Akteure auf untergeordneten Ebenen, etwa im Medienapparat, zu einer Ausweitung konfrontativer Verhaltensweisen wurden jedoch im Zuge der Niederschlagung der Proteste streng ge-

4.2.1 VR China: Konflikte zwischen „Reformern" und „Orthodoxen"

ahndet und konnten sich somit nicht dauerhaft als neue Konfliktaustragungsmuster etablieren.

Am Beispiel des Protestverhaltens der Demonstranten lassen sich Belege für die Verwendung symbolischer Repertoires der traditionellen Kultur Chinas zeigen. So wählten die Demonstranten bewußt Gesten und Protestmittel, die auf historischen Vorbildern beruhten und die Rechtmäßigkeit ihrer Proteste bekräftigen sollten, indem sie die Führung ins Unrecht setzten. Dazu gehörten Demutsgesten wie das stundenlange Knien mit einer Petition, aber auch rituelle Selbstzerstörung durch Hungerstreiks, die zudem für Sympathie in der Stadtbevölkerung sorgten (Pye 1990: 173-74). Auffällig ist, daß sich sowohl der erste als auch der zweite „Tiananmen-Zwischenfall" (1976 und 1989) an der Trauer um einen populären Führungskader entzündete. Dies erklärt Pye ebenfalls mit dem Einfluß der chinesischen politischen Kultur, die normalerweise keine öffentliche Zurschaustellung von Gefühlen erlaubt: „Funeral rites provide one of the few opportunities Chinese ever have for the public display of emotion. The gap between public grieving and carnival is thus very small" (Pye 1990: 164). Mit ihrem Ausnutzen von Trauerkundgebungen als politisches Protestmittel, ihrer bewußten Verwendung symbolischer Gesten und durch melodramatische Handlungsweisen wie dem öffentlichen Aushängen von Testamenten und dem Tragen weißer Trauerbänder um den Kopf setzten sich die Studenten gegenüber der Führung ins Recht: „The students were adopting the traditional role of the scholar-official in China, making respectful representations to the emperor, ready to sacrifice their lives in an effort to help him see the error of his ways" (Macartney 1990: 10, 13). Weiterhin nutzten die Demonstranten bewußt die Möglichkeiten zur Verbreitung ihrer Ansichten, die sich ihnen durch die hohe Medienpräsenz anläßlich des historischen Gorbatschow-Besuchs boten. Viele ihrer Aktionen fanden ausdrücklich mit Blick auf das internationale Presseecho statt, durch das sie hofften, die Führung unter Druck setzen zu können (Macartney 1990: 9-10). Da die Demonstranten mit der gewählten Strategie aber schließlich keinen Erfolg hatten, weil sie weder die Annahme ihrer Forderungen erreichen noch eine gewaltsame Unterdrückung verhindern konnten, etablierten sich diese neuen Proteststrategien im System jedoch nicht. Es folgte vielmehr im Zuge der Säuberungen eine Neuausrichtung des Führungsstils der Partei, der sich wieder stärker an leninistische Vorgaben anlehnte. Somit stärkte die gewaltsame Reaktion der Führung schließlich die traditionellen leninistischen Parteinormen.

Der untersuchte Ordnungskonflikt konnte deshalb zu einer ausgewachsenen Führungskrise eskalieren, weil der Kern des Problems – die Frage nach der Ausgestaltung politischer Reformen – das sozialistische Grundverständnis des Staates direkt berührte. Auf Taiwan lassen sich damit noch am ehesten die Auseinandersetzungen um die Reform der Verfassung vergleichen, die im Zuge des Demokratisierungsprozesses notwendig wurden, da dieses Problem ebenfalls stark ideologisch aufgeladen war und grundlegende

Fragen des staatlichen Selbstverständnisses betraf. Allerdings eskalierten die Auseinandersetzungen auf Taiwan nie in vergleichbarer Weise, und der Führungskonflikt nahm einen insgesamt konstruktiven Verlauf. Im folgenden wird dieser Entscheidungsprozeß näher beleuchtet.

4.2.2 Taiwan: Konflikte über die Reform der Verfassung

In Taiwan kam es im Verlauf der neunziger Jahre zu Führungskonflikten, die um die Ausgestaltung der politischen Grundordnung im Rahmen notwendiger Verfassungsreformen kreisten. Eine einfache Rückkehr zum Wortlaut der gesamtchinesischen Verfassung von 1947 war nach der Außerkraftsetzung der „Vorläufigen Bestimmungen" kaum denkbar, da Territorium, Bevölkerungszahl und naturräumliche Bedingungen Taiwans erheblich von denen des chinesischen Festlandes abweichen. Eine wesentliche Schwierigkeit bestand zudem darin, daß die alte Verfassung ein parlamentarisches Regierungssystem mit einem rein zeremoniellen Staatsoberhaupt vorsah, während sich in der politischen Praxis Taiwans seit 1949 ein von der Führung „Starker Männer" geprägter, personalistischer Regierungsstil durchgesetzt hatte, der in der politischen Elite und in der Bevölkerung ein Präsidialsystem weit eher akzeptabel machte als ein Kabinettsystem.[308] Durch das Recht, Notverordnungen zu erlassen und das Kriegsrecht zu erklären, verfügte der Präsident besonders in Krisenzeiten über entscheidende exekutive Befugnisse, die schließlich in Verbindung mit dem Erbe der autoritären Ära den Weg für den Ausbau der präsidialen Gewalt im System freimachten (Schneider 1996: 13-14).[309]

Grundlegenden Revisionen des Regierungssystems stand jedoch die Notwendigkeit entgegen, aus legitimatorischen Gründen wenigstens formal an der Grundstruktur der Verfassung von 1947 festzuhalten, da eine Neuordnung dieser Struktur, etwa durch Abschaffung von Verfassungsorganen oder redundanten Verwaltungsebenen, als Abkehr vom Ein-China-Prinzip interpretiert werden konnte und Verwicklungen im Verhältnis zum Festland befürchten ließ (Tränkmann 1997: 51). Der sich entwickelnde Ordnungskonflikt zwischen den Bewahrern der alten Verfassung und den Fürsprechern einer an Taiwans politische Realität angepaßten, revidierten Verfassung kreiste somit auch um Fragen, die das gesamtchinesische Verständnis der Verfassung, das Verhältnis Taiwans

---

308 Die Verfassung von 1947 ist zwar nicht eindeutig einem der beiden Grundtypen des parlamentarischen oder präsidialen Regierungssystems zuzuordnen, neigt aber nach Meinung der meisten Beobachter überwiegend dem parlamentarischen Typus zu (vgl. Schneider 1996: 13, 16).
309 Die besonderen Notstandsrechte des Präsidenten wurden im Zuge der Verfassungsreformen nicht abgeschafft, sondern lediglich klarer definiert. Als „Notfall" gilt demnach eine unmittelbare Bedrohung der nationalen Sicherheit oder eine ernste Finanz- oder Wirtschaftskrise (McBeath 1998: 97).

zum Festland und die legitimatorische Basis der GMD-Herrschaft direkt berührten (Gunter Schubert 1994: 39). Diese inhaltlichen Auseinandersetzungen standen zugleich in engem Zusammenhang mit den Machtinteressen verschiedener Akteure, deren politische Zukunft von der erfolgreichen Regelung der Verfassungsprobleme abhing. Die folgende Fallstudie versucht daher, die von machtpolitischen und programmatischen Auseinandersetzungen geprägten Konflikte über Verfassungsrevisionen in den neunziger Jahren näher zu beleuchten.

4.2.2.1 Akteurskonstellation und Interessenlagen

Die Auseinandersetzungen um Fragen der Verfassungsordnung waren bis Mitte der neunziger Jahre in nahezu ebenso starker Weise von Machtkämpfen zwischen innerparteilichen Gruppierungen geprägt wie der vorangegangene Nachfolgekonflikt. Es ging grundsätzlich um die Frage der zukünftigen Machtverteilung zwischen Partei- und Staatsorganen, deren Funktionen und Befugnisse nach der Abkehr vom autoritären Herrschaftssystem neu definiert werden mußten. Dies betraf das Verhältnis der Parteiführung zu den Führungsgremien ZEK und StA, zu den gewählten Parlamentariern und zu den Parteiveteranen, weiterhin das Verhältnis zwischen Präsident und Regierungschef einerseits und Regierungschef und Parlament andererseits, ebenso das Verhältnis zwischen Legislativyuan und Nationalversammlung sowie das Verhältnis von Zentralregierung und Lokaladministrationen. Da alle diese Fragen auch eine „gesamtchinesische" Dimension hatten, trat der Konflikt über die zukünftige Ausrichtung der Festlandpolitik und der Bestimmung der nationalen Identität Taiwans komplizierend hinzu (Michael Kau 1996: 294).

Im Vergleich zum noch immer relativ autoritären Führungssystem von 1988 spielten ab den frühen neunziger Jahren öffentliche Meinung und Wahlergebnisse als Rückkoppelungsmechanismen eine immer größere Rolle für das Handeln der politischen Akteure (Chao/Myers 1998: 229). Zudem hatte sich mit der endgültigen Abkehr vom streng hierarchischen, leninistischen Koordinationsmodus in der GMD ein verändertes Handlungsumfeld ergeben. Inner- und außerparteiliche Gegner der GMD-Führung konnten nicht mehr autoritativ auf Kurs gebracht werden, sondern die Zentrale war auf die Unterstützung verschiedener Lager und Organe angewiesen, darunter etwa die Nationalversammlungs-Abgeordneten, Teile der Opposition und Lokalfaktionsführer, und mußte diese in umfangreichen Konsultations- und Aushandlungsprozessen an den Entscheidungen beteiligen. Zum Teil erkaufte sich die Führung die Kooperation solcher Partner mit verfassungsrechtlich „kaum nachvollziehbaren Konzessionen" (Schneider 1996: 33).

Die GMD als ganzes war unmittelbar daran interessiert, ihre Stellung als dominante Partei auch in die demokratische Ära hinüberzuretten und sich zu einer im Wettbewerb stehenden politischen Kraft zu entwickeln, die in freien Wahlen Erfolg haben konnte (Chao/Myers 1998: 219). Deshalb nahm das Reformerlager der GMD Teile der oppositionellen Forderungen in ihr Programm auf, etwa die Direktwahl des Staatspräsidenten oder die Neuausrichtung der Außen- und Festlandpolitik (Michael Kau 1996: 300). Dies begünstigte – ungeachtet des gemeinschaftlichen Überlebensinteresses – eine innerparteiliche Spaltung der GMD. Besonders die von Li Denghui begonnene Neuausrichtung der Außen- und Festlandpolitik und die zunehmende Toleranz der Führung gegenüber Unabhängigkeitsforderungen aus dem Oppositionslager (formal bis 1992 illegal) führten zur Vertiefung der Spaltung zwischen der „Hauptströmung" und der „Anti-Hauptströmung". Die stark divergierenden programmatischen Positionen ließen sich schließlich nicht mehr im Rahmen normaler Diskussionsvorgänge überbrücken und führten 1993 zur Abspaltung einer neuen Partei von der GMD (Wang Zhenhuan 1996: 81).

Die Position der „Anti-Hauptströmung", eines heterogenen und unscharf begrenzten Lagers, zur Frage der Verfassungsreformen läßt sich nicht leicht knapp skizzieren. Gemeinsam war ihren Mitgliedern das Festhalten am Verfassungstext von 1947 und den darin enthaltenen Regelungen zur Stellung des Staatspräsidenten als eines rein zeremoniellen Staatsoberhaupts.[310] Wichtige Forderungen dieses Lagers waren das Festhalten am Ein-China-Prinzip, an der Grundstruktur der 1947 festgelegten, von Sun Yixian erdachten Fünf-Gewalten-Teilung der Verfassung und an der starken Rolle des Militärs und des Sicherheitsapparats. Zwar dominierten in diesem Lager „festländische" Akteure, aber die subjektiv empfundene Identität eines Akteurs als „Chinese" oder „Taiwaner" war bei weitem nicht das einzige Kriterium für das Verhalten der Akteure im Konflikt (Tränkmann 1997: 128). Das Reformerlager wiederum war eher noch heterogener strukturiert als die orthodoxe Fraktion, denn die von Li Denghui angeführte „Hauptströmung" umfaßte Teile der jüngeren, technokratisch ausgerichteten, vorwiegend „einheimischen" Machtelite ebenso wie Vertreter von Lokalfaktionen und Wirtschaftsinteressen im Parlament und auf lokaler Ebene. Das politische Reformprogramm war für die Parlamentsabgeordneten der „Hauptströmung" zunehmend zu einem Instrument der Wählermobilisierung geworden (Cheng/Chou 2000: 52-53). Zwischen den komplexen innerparteilichen Interessenlagern bildete sich 1990 ein Grundkonsens über das Vorgehen bei Verfassungsreformen heraus, der in etwa folgende Punkte umfaßte: Aufrechterhaltung der verfassungsrechtlichen Kontinuität (*fatong*); Festhalten am Ziel der Wiedervereinigung Chinas; Beibehaltung einer fünfgewaltenteiligen Verfassungsstruktur; Verfassungsänderungen in Form von Revisionen durch *Zusatzartikel*, aber kein Erlaß einer neuen Verfassung, so daß der ursprüngliche Verfassungs-

---

310 Aufgrund ihres Festhaltens am Verfassungstext von 1947 kann die Haltung dieses Lagers als „orthodox" bezeichnet werden, während das Etikett „konservativ" irreführend wäre, da die Verfassung von 1947 nie real in Kraft getreten war und sich in der autoritären Ära de facto gänzlich andere Institutionen etabliert hatten (vgl. dazu auch Schneider 1996: 33, Anm. 68).

text konserviert werden konnte (Tränkmann 1997: 74). Dieser Minimalkonsens bildete den Ausgangspunkt für weitere Aushandlungsprozesse innerhalb der GMD-Führung. Die Opposition war seit 1986 zunehmend erstarkt und konnte erfolgreich öffentliche Unterstützung für ihre Anliegen mobilisieren. Ihre Forderungen übten starken Druck auf das Machtzentrum aus, die Reform der Volksvertretungsorgane, besonders die Pensionierung der „Alten Abgeordneten", voranzutreiben. Schon im ersten, 1986 erarbeiteten Parteiprogramm der DFP war neben grundlegenden Erfordernissen der Demokratisierung auch das Ziel der Direktwahl des Präsidenten und aller nationalen Volksvertreter verankert worden. Die DFP vertrat zudem eine grundlegende Verfassungsrevision, die die Abschaffung der Nationalversammlung, des Kontrollyuans und des Prüfungsyuans bei gleichzeitiger Stärkung des Legislativyuans umfassen sollte, sowie die Einführung eines präsidialen Regierungssystems nach amerikanischem Vorbild (Chao/Myers 1998: 130, Tränkmann 1997: 125-26). Für die Forderung nach der Direktwahl des Präsidenten durch die Bevölkerung konnte die DFP starke öffentliche Unterstützung verbuchen.[311] Deshalb wurden DFP-Akteure allmählich auch in zentrale Entscheidungsprozesse einbezogen, und die „Hauptströmung" der GMD eignete sich zunehmend Forderungen der Opposition an.

4.2.2.2 Die Einleitung eines Konsultationsprozesses (1990)

Unmittelbar nach dem Führungskonflikt anläßlich der Präsidentenwahlen vom März 1990, als eine Gruppe mächtiger GMD-Akteure die Kandidatur Li Denghuis herausgefordert hatte, kündigte Li die Einberufung einer „Konferenz für nationale Angelegenheiten" (*guoshi huiyi*) an. Diese parteien- und interessengruppenübergreifende Konferenz stellte einen der wichtigsten Wendepunkte des Reformprozesses dar (Tränkmann 1997: 13). Ausgangspunkt für die Entscheidung zu ihrer Einberufung war eine Verfassungskrise, die im Zuge des personalpolitischen Machtkampfes zwischen „Hauptströmung" und „Anti-Hauptströmung" von den Abgeordneten der Nationalversammlung verursacht worden war. Im Rahmen ihrer Tagungen anläßlich der Präsidentenwahl versuchten die „Alten Abgeordneten", ihre Befugnisse zur Änderung der Verfassung zur eigenen Machterweiterung auszunutzen. Nachdem zunächst 27 hinzugewählte Abgeordnete der DFP wegen „unkorrekten" Ablegens des Amtseides von der Teilnahme an den Sitzungen ausgeschlossen worden waren, was wütende Proteste der Opposition auslöste,

---

311 Möglicherweise war für diese Forderung auch ein machtstrategisches Kalkül ausschlaggebend, da es aus Sicht der DFP leichter war, mit einem populären Kandidaten durch einfache Stimmenmehrheit eine Präsidentenwahl zu gewinnen, als sich in Parlamentswahlen gegen die wirtschaftlich mächtige und überlegen organisierte GMD durchzusetzen. Zudem benachteiligten das Wahlsystem und der Zuschnitt der Wahlkreise kleinere Parteien systematisch (Tränkmann 1997: 116). Tatsächlich gewann im März 2000 mit Chen Shuibian erstmals ein DFP-Kandidat die direkten Präsidentschaftswahlen.

begannen die „Alten Abgeordneten" mit Beratungen über eine beträchtliche Diätenerhöhung um fast 200 Prozent, über eine Ausweitung der Sitzungsperioden auf alle sechs Monate, über die Einführung eines Vetorechts gegen Beschlüsse des Legislativyuans und über eine Revision der „Vorläufigen Bestimmungen". Die Folge waren heftige Proteste aus fast allen Teilen des politischen und gesellschaftlichen Systems, sogar aus den Reihen der reformorientierten GMD-Kräfte. Das Problem der mangelnden demokratischen Legitimation, das durch das Einfrieren der Abgeordnetenmandate entstanden war und zur massiven Überalterung der Volksvertretungsorgane geführt hatte, wurde schließlich auch öffentlich verstärkt wahrgenommen. Am 14. März 1990 kam es deshalb zu ausgedehnten Studentenprotesten gegen die „Alten Gauner" (*lao zei*), wie die „Alten Abgeordneten" jetzt vielfach bezeichnet wurden. An diesen Protesten beteiligten sich innerhalb weniger Tage bald mehr als 30.000 Studenten, die Sitzstreiks an der zentral gelegenen Jiang Jieshi-Gedenkstätte in Taipei durchführten (Chao/Myers 1998: 191-93). Das in der politischen Geschichte Taiwans einmalige Ausmaß der Studentenproteste und die ausgewählten Protestmittel (etwa ein Hungerstreik) erinnerten bewußt an die 1989 gewaltsam niedergeschlagene Protestbewegung in Beijing. Deshalb lösten die Proteste große öffentliche Besorgnis aus, führten aber schließlich, auch auf Druck der GMD-Führung, zu einem Einlenken der „Alten Abgeordneten". Nach Konsultationen mit Mitgliedern der Partei- und Staatsführung und dem Ende des Nachfolgekonflikts beendeten die Studenten ihren Protest schließlich friedlich (Zhou Yukou 1994: 206-07). Als Folge der Studentenproteste verbreitete sich die Auffassung, daß Taiwan sich in einer Verfassungskrise befinde.[312] Dies nutzten sowohl die DFP als auch die Reformerfraktion in der GMD gezielt aus, um ihre Reformagenda gegen orthodoxe Widerstände in Parteiführung und Nationalversammlung voranzutreiben. Li Denghui reagierte auf die Studentenproteste, indem er früher als ursprünglich geplant die Einberufung einer „Konferenz für nationale Angelegenheiten" für Juli 1990 bekanntgab, um auf diesem Wege die Grundfragen der Verfassungsreform und der politischen Neuausrichtung zu erörtern. Eigentlich war diese Konferenz erst für die zweite Jahreshälfte geplant gewesen. Li spielte so jedoch geschickt die „Öffentlichkeitskarte" gegen die Reformgegner im eigenen Lager aus, denn die Konferenz bot ihm die Möglichkeit, die Kraft der öffentlichen Proteste zu kanalisieren und sich gegenüber Gesellschaft und Opposition als ernsthafter, entschlossener Reformer zu profilieren. Durch die gezielte Beteiligung der DFP-Führung an der Konferenzplanung nutzte er zudem die Möglichkeit, Unterstützung aus dem oppositionellen Lager gegen den orthodoxen Flügel der GMD zu mobilisieren. Mit dieser riskanten und politisch kostspieligen Strategie konnte Li zwar erfolgreich Unterstützung aus allen Teilen des Systems gegen Reformwiderstände in der

---

312 Dies belegten Meinungsumfragen von 1990 (vgl. Tränkmann 1997: 64).

Parteiführung einwerben. Dies geschah jedoch auf Kosten bleibender Verwerfungen in der GMD-Führung (Zhou Yukou 1994: 207-09).

Während Li Denghui schon vor der Präsidentenwahl mit Konsultationsangeboten auf die Oppositionsvertreter zugegangen war, wurden prominente Vertreter der „Anti-Hauptströmung", darunter etwa Li Huan, von vornherein von der Teilnahme ausgeschlossen (Schneider 1996: 17). Innerhalb der akademischen Öffentlichkeit herrschte zunächst Skepsis vor. Befürchtungen über „verdeckte Ziele" wurden laut, ebenso Forderungen nach radikaleren Reformmaßnahmen und stärkerer Einbeziehung von Intellektuellen. Bis zuletzt war die DFP-Führung zur Frage der Teilnahme unentschieden; erst am 2. Juni 1990 beschloß der Ständige Ausschuß der DFP-Führung die Teilnahme einer eigenen Delegation, nachdem bereits Mitte April konkrete Verhandlungen mit der GMD begonnen hatten. Am 20. Juni stellte die DFP schließlich einen eigenen Entwurf für eine neue Verfassung fertig, den sie auf der Konferenz präsentieren wollte (Chao/Myers 1998: 200, 202).

Die Konferenzberatungen hatten letztlich den Charakter eines offenen Meinungsaustauschs. Sie war weder ein Verfassungskonvent noch hatte sie die Befugnis zur verpflichtenden Beschlußfassung. Das einzige Ziel war, durch die Einbeziehung vieler verschiedener Gruppen einen Grundkonsens über die Fragen der Verfassungsreform herzustellen und öffentliche Unterstützung für das politische Reformprogramm zu gewinnen. Die systematische Einbeziehung von Wissenschaftlern, Wirtschaftsexperten, Lokalpolitikern, Vertretern der Überseechinesen und verschiedener politischer Parteien sowie der Medien und Kirchen sorgte unter den etwa 150 Delegierten für eine bis dahin einmalige Vielfalt der vertretenen Positionen (Tränkmann 1997: 62).[313] Die Konferenzteilnehmer konnten in ihrer Schlußerklärung Konsens über einige grundsätzliche Richtlinien erzielen, darunter die Wahrung der Interessen der Bevölkerung Taiwans, die Notwendigkeit zur Aufhebung der „Vorläufigen Bestimmungen", die Revision der bestehenden Verfassung anstelle eines verfassungsrechtlichen Neuanfangs, die Beibehaltung des Fünf-Gewalten-Systems, die komplette Neuwahl der Volksvertretungsorgane und die demokratische Wahl des Staatsoberhauptes und des Provinzgouverneurs (Hood 1997: 101). Da die Konferenzbeschlüsse jedoch keinerlei bindende Kraft hatten, lag ihre Bedeutung vor allem auf der symbolischen Ebene. Die Gespräche hatten eine wichtige Funktion als Aussöhnungs- und Kommunikationsforum, so daß die Konferenz sehr effektiv zur Entspannung der durch Studentenproteste und offenen Machtkampf in der GMD-Führung entstandenen Krisenstimmung beitrug: „the television news [...] showed political opponents who for years had insulted and attacked each other shaking hands and smiling at a banquet" (Chao/Myers 1998: 206). Konferenzsäle und abendliche Bankette dienten als neutrales Terrain zwischen den ehemals verfeindeten poli-

---

313 Für eine detaillierte Darstellung der Vorbereitungsschritte und des Veranstaltungsmodus der Konferenz sowie ein Teilnehmerprofil siehe Chao/Myers (1998: 198-206).

tischen Fronten der Opposition und der GMD-Führung, was die vormals explosive Stimmung zwischen ihnen nachhaltig entschärfen konnte. Dazu trugen nicht zuletzt die traditionellen chinesischen Höflichkeitssitten bei, die es den Teilnehmern der abendlichen Bankette erleichterten, trotz politischer Meinungsverschiedenheiten ungezwungen miteinander umzugehen und eine „menschliche" Verbindung herzustellen.[314]
Wesentlich wichtiger als die offiziellen, verhältnismäßig vagen Abschlußerklärungen der Konferenz waren jedoch die informellen Abkommen, die auf mehreren Geheimberatungen zwischen den Vertretern der GMD und der DFP ausgehandelt wurden. Auf einer dieser nicht-öffentlichen Sitzungen am 2. Juli 1990 sagten die DFP-Vertreter zu, ihre Forderung nach einer Ratifikation der Verfassungsänderungen durch eine Volksabstimmung zurückzuziehen, wenn die GMD dafür der Direktwahl des Präsidenten zustimmte. Am gleichen Tag fanden noch mindestens drei weitere Geheimtreffen zwischen Vertretern beider Seiten statt. Andere Konferenzteilnehmer, die von diesen Geheimverhandlungen ausgeschlossen waren, protestierten erfolglos und bezeichneten das heimliche Aushandeln politischer Reformen als „moralisch falsch" (Chao/Myers 1998: 210-11). Die symbolische Bedeutung dieser Aushandlungsvorgänge schätzt Chu Yun-han jedoch als sehr groß ein, da sie die Parameter für künftige Verhandlungsaktivitäten zwischen GMD und DFP festgelegt habe (1999: 149).

Die Ergebnisse der Konferenz trafen bei den Medien und in der akademischen Öffentlichkeit schließlich auf ein gemischtes Echo, und Teile der nicht einbezogenen GMD-Führung übten Kritik. Vollauf gelungen war jedoch die symbolische Einbindung der Opposition in den Reformprozeß (Chao/Myers 1998: 213-15). Der rein symbolische Charakter der Konferenz wird nicht zuletzt daran deutlich, daß die GMD ihre Reformmaßnahmen nach Beendigung der Beratungen eigenmächtig und ohne weitere Einbeziehung externer Akteure einleitete (Schneider 1996: 21-22). So gründete der StA der GMD – entgegen den Forderungen der Konferenzteilnehmer zur Einrichtung eines überparteilichen Reformkomitees – am 20. Juli 1990 eine parteiinterne „Planungsgruppe für die Verfassungsreform", zu deren Mitgliedern neben engen Mitarbeitern Li Denghuis auch einige hochrangige orthodoxe Parteifunktionäre gehörten. Dies sorgte für Proteste der Opposition und einiger Legislativyuan-Abgeordneter der „Hauptströmung" (Tränkmann 1997: 72-73). Diese Planungsgruppe beschloß bis Januar 1991 das Festhalten an der Grundstruktur der fünfgewaltenteiligen Verfassung und die Durchführung von Verfassungsreformen durch Zusatzartikel anstelle von Revisionen des Originaltextes (Schneider 1996: 22). Ein Zeitplan für den Ablauf der Verfassungsreformen, den Li Denghui zum Verfassungstag am 25. Dezember 1990 vorstellte, sah bis Mai 1991 die Aufhebung der „Vorläufigen Bestimmungen" vor. Die eigentlichen Verfassungsreformen sollten dann in zwei Stufen vollzogen werden. Zunächst sollte die „alte" Natio-

---

314 Professor Shieh Jhy-Wey [Xie Zhiwei] von der Soochow-Universität in einem Interview vom März 2002.

nalversammlung auf ihrer letzten Sitzung im April 1990 durch wenige Beschlüsse die Voraussetzungen für den Rücktritt aller „Alten Abgeordneten" und die vollständige Neuwahl der Nationalversammlung und des Legislativyuans schaffen. Die dann demokratisch zu wählende Zweite Nationalversammlung sollte anschließend über die materiellen Änderungen der Verfassungsvorschriften beraten (Tränkmann 1997: 73).

4.2.2.3 Die Reform der Volksvertretungsorgane

Als besonders schwierig gestaltete sich die im Zuge der geplanten Reformen dringend erforderliche Pensionierung der „Alten Abgeordneten". Da die eingefrorene Nationalversammlung als symbolische Verkörperung der verfassungsrechtlichen Kontinuität und des Ein-China-Prinzips im politischen System Taiwans galt, waren alle Reformversuche der „zehntausendjährigen Nationalversammlung" naturgemäß höchst sensible Vorgänge (Moody 1992: 101). Zwar war die tatsächliche Bedeutung dieses Volksvertretungsorgans in der autoritären Ära marginal gewesen, da sie in funktionaler Hinsicht schon damals als „eindeutig überflüssig" galt (Tien Hung-mao 1989: 155). Dennoch waren noch am Ende der Ära Jiang sämtliche Versuche der Parteizentrale unter Leitung Li Huans und Ma Yingjius gescheitert, die „Alten Abgeordneten" zum freiwilligen Rücktritt zu bewegen.[315] Erst nach Verabschiedung eines Entschädigungsgesetzes Anfang 1990 zeichnete sich eine Möglichkeit zur einvernehmlichen Lösung dieses Problems ab.[316] Auf Initiative einer parteiübergreifenden Gruppe von Legislativyuan-Abgeordneten hin wurde schließlich die Forderung erhoben, den Rat der Hohen Richter im Justizyuan über den Rücktritt der „Alten Abgeordneten" entscheiden zu lassen. Dieser urteilte dann am 21. Juni 1990 – im Widerspruch zu einem früheren höchstrichterlichen Beschluß von 1954 – daß die „Alten Abgeordneten" sämtlich bis zum 31. Dezember 1991 zurückzutreten hätten. Zusätzlich zum Druck der Verfassungsrichter bemühten sich Führungsmitglieder wie Li Denghui und Song Chuyu, in aufwendiger persönlicher Überzeugungsarbeit jeden einzelnen „Alten Abgeordneten" zum Rücktritt zu bewegen.

---

315 Jiang Jingguo hatte 1987/1988 von Ma Yingjiu überprüfen lassen, ob die GMD 1949 jemals eine öffentliche Erklärung über die Notwendigkeit fortgesetzter Repräsentation der Festland-Wahlkreise in den Parlamenten abgegeben habe. Da dies nicht der Fall war, hielt Jiang eine weitere Vertretung der Festlandwahlkreise für nicht mehr notwendig und ließ Ma den Entwurf eines Rücktrittsgesetzes vorantreiben, das am 12.1.1988, einen Tag vor Jiangs Tod, fertiggestellt wurde. Wegen des entschiedenen Widerstands der „Alten Abgeordneten" scheiterten diese ersten Vorstöße zum „freiwilligen" Rücktritt (Taylor 2000: 417-18, 421).

316 Da die Tätigkeit als Nationalversammlungs-Abgeordneter nur sehr wenig zeitlichen Einsatz erforderte, aber mit erheblichen materiellen Anreizen verbunden war, die sich insgesamt auf etwa das doppelte der Einkünfte eines Universitätsprofessors beliefen, war die Lösung dieses Problems zum Großteil eine Frage der materiellen Entschädigung (Tien Hung-mao 1989: 142). Im Ergebnis erhielten die „Alten Abgeordneten" nicht nur sehr großzügige Pensionen, sondern vielfach auch Führungsposten in GMD-eigenen Unternehmen oder andere „Belohnungen" (Tien/Cheng 1999: 27).

Währenddessen dominierten in Öffentlichkeit und Medien Hohn, Spott und Satire die Berichterstattung über die „Alten Gauner" in den Volksvertretungsorganen (Chao/ Myers 1998: 220-21).

Interesse am Rücktritt der „Alten Abgeordneten" hatten nicht nur die Reformer in der GMD-Zentrale und in der Opposition, sondern auch die aufstrebenden jüngeren Parteieliten im Partei- und Staatsapparat, denen sich durch die vollständige Neuwahl der Parlamente auf einen Schlag zahlreiche neue Karrierewege in der Legislative eröffneten (Dickson 1997: 115). Die orthodoxen Parteiveteranen hingegen versuchten den Rücktritt der ihnen programmatisch nahestehenden „Alten Abgeordneten" hinauszuzögern oder wenigstens durchzusetzen, daß die materiellen Verfassungsänderungen noch von der „alten" Nationalversammlung beschlossen werden sollten, um so stärkeren Einfluß auf die Formulierung der Verfassungsänderungen nehmen zu können. Dies gelang jedoch nicht (Schneider 1996: 22).

Im Frühjahr 1991 oblag der Alten Nationalversammlung, deren vollständige Neuwahl im Dezember 1991 bereits beschlossene Sache war, lediglich noch die Verabschiedung einer ersten Reihe von Verfassungsänderungen in Form von zehn Zusatzartikeln, die die Neuwahl der Volksvertretungsorgane und die Einleitung einer Zweiten Stufe der Verfassungsreform durch die dann vollständig demokratisch legitimierte neue Nationalversammlung ermöglichen sollten. Der Inhalt dieser zehn Zusatzartikel entsprach den zuvor von der GMD-internen Planungsgruppe und dem ZEK verabschiedeten Beschlüssen (Tränkmann 1997: 74).[317] Aufgrund der überwältigenden GMD-Mehrheit in der Alten Nationalversammlung waren die wenigen DFP-Abgeordneten in dieser Frage einflußlos. Sie reagierten, wie schon oft zuvor, mit zum Teil gewalttätigen Protesten, was zwar der Steigerung ihres individuellen Bekanntheitsgrades nützte, aber lediglich Ausdruck von Frustration und Machtlosigkeit war, und trugen dadurch einmal mehr zur Etablierung einer „schlagkräftigen" Streitkultur in Taiwans Parlamenten bei (Chao/Myers 1998: 222-23).

4.2.2.4 Das Problem der Direktwahl des Staatspräsidenten

Als noch wesentlich konfliktträchtiger erwies sich 1991/1992 die Neubestimmung der Rolle des Präsidenten im Entscheidungssystem, die an der Frage des Wahlmodus festge-

---

317 Eines der Hauptziele der ersten Stufe der Verfassungsreform, nämlich die Umsetzung des Demokratieprinzips und der Partizipationsrechte der Bevölkerung, war damit weitgehend erreicht. Andere Beschlüsse hingegen, etwa die Beibehaltung einiger durch den Ausnahmezustand gerechtfertigter Strukturen (darunter der Nationale Sicherheitsrat, das Nationale Sicherheitsbüro, die Notstandsrechte des Präsidenten usw.), waren Eingriffe in das Gewaltenteilungsprinzip, die von dem begrenzten Mandat der „alten" Nationalversammlung nicht abgedeckt waren. Die Verfassungsmäßigkeit der ersten Stufe der Reform ist daher begründetermaßen angezweifelt worden (Tränkmann 1997: 76-77, vgl. auch Schneider 1996: 22-23).

4.2.2 Taiwan: Konflikte über die Reform der Verfassung

macht wurde und deren Regelung im Zuge der geplanten zweiten Stufe der Verfassungsreform 1992 erfolgen sollte. Da die GMD bei den ersten vollständigen Neuwahlen der Nationalversammlung im Dezember 1991 einen großen Wahlsieg errungen hatte, der ihr die für Verfassungsänderungen notwendige Zweidrittel-Mehrheit auch in der neuen Nationalversammlung sicherte, fanden die Auseinandersetzungen darüber weiterhin hauptsächlich *innerhalb* der jetzt zunehmend gespaltenen GMD-Führung statt, während die Oppositionsvertreter die Reformen lediglich boykottierten (Chu Yun-han 1999: 150).

Im Vorfeld der Beratung zur Verabschiedung der zweiten Stufe der Verfassungsreform entwickelte sich schon 1991 ein Grundsatzkonflikt zur künftigen Ausrichtung des Regierungssystems, der vor allem um die Frage der Direktwahl des Präsidenten kreiste (Tränkmann 1997: 77).

Grundsätzlich befürworteten orthodoxe GMD-Vertreter, nicht zuletzt aufgrund ihrer Kritik an der Amtsführung Präsident Li Denghuis, eine Rückkehr zum Wortlaut der Verfassung von 1947, da diese ein tendenziell parlamentarisches Regierungssystem mit einem relativ starken Regierungschef und einem relativ schwachen, indirekt gewählten Staatsoberhaupt vorsah. Diese Auffassung teilten auch große Teile der akademischen Eliten. Dagegen traten die Reformbefürworter in der GMD, ebenso wie die Opposition und große Teile der Bevölkerung, für eine institutionelle Stärkung des Präsidenten durch direkte Volkswahl ein (Schneider 1996: 20-21). Die von Li Denghui angeführte Reformerfraktion hatte ein starkes Eigeninteresse an der Einführung der direkten Volkswahl, denn der öffentliche Rückhalt für den direkten Wahlmodus und die große Popularität des ersten „einheimischen" Präsidenten konnten zur Machtkonsolidierung der GMD-Zentrale gegenüber den orthodoxen Kräften beitragen.[318] Da das orthodoxe Lager aufgrund fehlenden Stimmenpotentials kaum Aussichten hatte, jemals einen eigenen Kandidaten in direkten Volkswahlen durchzubringen, waren seine Vertreter diesem Wahlmodus verständlicherweise abgeneigt. Auch stand zu befürchten, daß eine Direktwahl die exekutiven Befugnisse des Präsidenten auf Kosten des Regierungschefs stärken würde, der sein Amt der Ernennung durch den Präsidenten und nicht demokratischer Legitimierung durch die Parlamentsmehrheit verdankte (Tränkmann 1997: 115). Wegen der vom orthodoxen Lager vielfach angeprangerten „autokratischen" Amtsführung Präsident Lis entdeckten somit ausgerechnet jene Teile der alten Führungselite ihre Vorliebe für den Verfassungstext von 1947 wieder, die in der autoritären Ära dessen konsequente Außerkraftsetzung betrieben hatten. Der Verdacht des Reformerlagers, dies geschehe mit dem Ziel einer „Eindämmung" Li Denghuis und seines Führungszirkels, ist daher durchaus nachvollziehbar (Chen Mingtong 2001: 210).

Das Oppositionslager wiederum hatte die direkte Volkswahl wichtiger exekutiver Führungspositionen (neben dem Präsidenten und Vizepräsidenten auch des Provinzgouver-

---

318 Meinungsumfragen vom März 1992 zeigten an, daß Li Denghui bei direkten Präsidentenwahlen klarer Favorit wäre (Chao/Myers 1998: 251).

neurs und der Bürgermeister von Taipei und Gaoxiong) bereits lange Zeit gefordert. Aus Sicht der DFP, die in nationalen Parlamentswahlen nicht auf einen baldigen Wahlsieg hoffen konnte, stellte die personenorientierte Direktwahl einzelner Führungsämter eine relativ aussichtsreiche Möglichkeit dar, einen Machtwechsel in der Exekutive herbeizuführen. Die Außenwirkung einer solchen Änderung des Wahlmodus wurde zudem als positiv für das Image Taiwans in den USA und anderen Teilen der westlichen Welt eingeschätzt. Die legitimen Bedenken von Verfassungsrechtlern und Politikwissenschaftlern, einseitig das Gleichgewicht zwischen den Verfassungsorganen zu ändern, wurden vom Reformerlager der GMD weniger stark beachtet. Die DFP wiederum trat ohnehin für eine vollständige Neuordnung der Verfassung nach dem Muster präsidialer Systeme ein.[319]

Da die Wahl des Präsidenten zu den Kernaufgaben der Nationalversammlung gehörte, bedrohte die Diskussion um seine Direktwahl die Existenzberechtigung dieses Verfassungsorgans und ließ zudem Befürchtungen laut werden, die Wahl des Staatsoberhauptes durch die Bevölkerung Taiwans ohne formale Einbeziehung „gesamtchinesischer" Wähler komme faktisch einer Unabhängigkeitserklärung Taiwans gleich (Tränkmann 1997: 66). Ein direkt von der Bevölkerung Taiwans gewählter Präsident konnte als Staatschef eines taiwanischen Staates aufgefaßt werden, während ein indirekt über ein Wahlmännergremium gewählter Präsident zumindest formal den Anspruch auf die Vertretung der „Republik China" erheben konnte, wenn dieses Wahlgremium auch überseechinesische Vertreter enthielt (Tien/Cheng 1999: 27). Im Kontext dieser Problematik entwickelte sich kurz vor der geplanten zweiten Stufe der Verfassungsreform ein Führungskonflikt, der als Fortsetzung des laufenden Machtkampfes in der Parteizentrale angesehen werden kann und mit verschiedenen strategischen Mitteln ausgefochten wurde.

Die Kompetenzstreitigkeiten zwischen Präsident Li und Regierungschef Hao Bocun trugen zwischen 1990 und 1992 wesentlich zur Verschärfung der innerparteilichen Auseinandersetzung bei, denn die Frage des Wahlmodus berührte das Problem der wechselseitigen Kompetenzabgrenzung zwischen den beiden exekutiven Führungsämtern. Die offizielle GMD-interne Planungsgruppe zur Verfassungsreform befürwortete zunächst eine Direktwahl durch ein auftragsgebundenes Wahlmännergremium nach US-amerikanischem Vorbild, was einen Kompromiß zwischen den beiden konkurrierenden Forderungen darstellen sollte. Zwar sollte formal ein Wahlmännergremium zwischengeschaltet werden, um die Einbindung überseechinesischer Vertreter zu ermöglichen. Da diese jedoch auftragsgebunden sein sollten, würde faktisch eine Direktwahl durch das Volk stattfinden. Dieser Vorschlag war auch für führende orthodoxe Vertreter akzep-

---

[319] Ein von der DFP im August 1991 verabschiedeter Entwurf für eine „Verfassung Taiwans" sah die Gründung einer „Republik Taiwan" und die Errichtung eines präsidialen Systems nach US-amerikanischem Vorbild vor (Schneider 1996: 23).

tabel und blieb bis Anfang 1992 die offizielle Position der GMD-Zentrale (Schneider 1996: 24). Ungeachtet der Aktivitäten der GMD-internen Planungsgruppe, die an dem einmal ausgearbeiteten Konsens festhielt, vollzog Li Denghui jedoch im Februar/März 1992 im Alleingang einen Haltungswechsel, der nicht einmal mit der Planungsgruppe abgesprochen war und auf entsprechend harsche Kritik von Seiten orthodoxer Vertreter traf.[320] Schon ab Mitte Februar 1992 hatte Li damit begonnen, insgeheim die Meinungen verschiedener Akteure, etwa Wissenschaftler und Lokalfaktionsvertreter, zur Frage einer Direktwahl durch die Bevölkerung eruieren zu lassen. Da nach den Ergebnissen dieser Recherchen von dieser Seite mehrheitlich *kein* Widerstand gegen eine direkte Volkswahl des Präsidenten zu erwarten war, ließ Li seinen Mitarbeiter Jiang Yanshi Hao Bocuns Meinung zu dieser Frage einholen. Hao zeigte sich zunächst unvoreingenommen, was Li in seiner Absicht zum Wechsel der offiziellen Haltung bestärkte (Zhou Yukou 1994: 291). Am 27. Februar berief Li dann ein Symposium der funktionalen Gruppen des ZEK ein, um den Befürwortern der direkten Volkswahl in der Partei ein Forum für Kritik an den Vorschlägen der GMD-internen Planungsgruppe zu bieten. Zwei Tage später teilte Li Denghui Generalsekretär Song Chuyu dann mit, daß er sich bereits zur Befürwortung der direkten Volkswahl entschieden habe, und bat ihn, zur Vorbereitung des bevorstehenden Dritten Plenums des 13. ZEK mit Kommunikations- und Mobilisierungsaktivitäten zur Unterstützung dieser Initiative zu beginnen (Chen Mingtong 2001: 210-11).

Anfang März lud Li dann die Verleger der beiden wichtigsten Tageszeitungen, die konservativen GMD-Veteranen Yu Jizhong (*Zhongguo Shibao*) und Wang Tiwu (*Lianhebao*) zu persönlichen Gesprächen ein. Während Yu für Li Denghuis Vorschläge, darunter auch die von Li skizzierte neue Festlandpolitik, Unterstützung signalisierte, verhielt sich Wang weniger entgegenkommend (Zhou Yukou 1994: 292-93). Die *Zhongguo Shibao* berichtete schließlich am 4. März auf Seite eins groß über den Haltungswechsel der GMD-Zentrale bei der Frage des Präsidentenwahlmodus. Die Mitglieder des offiziellen GMD-Verfassungsreformkomitees erfuhren davon zuletzt, obwohl unter ihnen auch mehrere prominente Vertreter der „Hauptströmung" waren, etwa Ma Yingjiu und Vizepräsident Li Yuancu. Kritiker begannen daraufhin mit erneuten Attacken gegen Li Denghuis „autokratischen" Führungsstil (Zhou Yukou 1994: 293, 298). Dieser weitete seine Konsultationsaktivitäten anschließend auch auf andere führende Parteiakteure aus. Kurz vor der StA-Sitzung zur Vorbereitung des Dritten Plenums am 9. März, auf der die offizielle GMD-Haltung beschlossen werden sollte, lud Li Denghui Lin Yanggang und andere wichtige Parteiveteranen zu Konsultationen ins Präsidialamt ein. Dabei traten Lin und Innenminister Wu Boxing entschieden *für* eine direkte Volkswahl des Präsidenten ein. Lin Yanggang reihte sich damit überraschend

---

320 Vgl. die sehr kritischen Äußerungen von Guan Zhong und Li Huan kurz nach Bekanntwerden des Vorstoßes (Chao/Myers 1998: 243-44).

nicht ins Lager der orthodoxen Kritiker dieses Reformvorhabens ein, obwohl er nach seiner Beteiligung an dem Machtkampf von 1990 zu den Vertretern der „Anti-Hauptströmung" gerechnet wurde (Zhou Yukou 1994: 294).[321] Am 8. März tagte zugleich die parteiinterne Planungsgruppe und legte ihre offizielle Empfehlung für das Dritte Plenum fest. Am 9. März fand schließlich die vorbereitende StA-Sitzung zur formalen Beschlußfassung in dieser Frage statt, doch innerhalb von fast acht Stunden gelang es den Teilnehmern nicht, die zerstrittenen Fronten zu einer einheitlichen Linie zu vereinigen, weshalb schließlich zwei unterschiedliche Entwürfe an das Dritte Plenum des 13. ZEK weitergeleitet wurden (Chao/Myers 1998: 246). Bei einer namentlichen Probeabstimmung der Anwesenden stellte sich heraus, daß die direkte Volkswahl von 14 der 29 Teilnehmer unterstützt wurde, während zehn für eine Direktwahl durch ein auftragsgebundenes Wahlmännergremium eintraten (Chen Mingtong 2001: 211). Wegen dieser Spaltung in der Parteiführung fand am 11. März schließlich ein informelles Abendessen von Li Denghui, Jiang Yanshi und Song Chuyu mit Hao Bocun statt, auf dem Lösungsmöglichkeiten für den Konflikt beraten wurden. Auch in Medien und Öffentlichkeit begann sich aufgrund der Uneinigkeit in der GMD-Führung allmählich Krisenstimmung breit zu machen. Einige Medienvertreter versuchten vor dem Dritten Plenum gezielt, die Stimmung in der Führungsschicht zu beeinflussen (Chao/Myers 1998: 247-48).

Auf dem Dritten Plenum des 13. ZEK vom 14. bis 16. März 1992 brachen die Konflikte zwischen den beiden Lagern schließlich offen aus. Es kam besonders am zweiten Tag zu erhitzten Diskussionen mit zahlreichen Wortmeldungen und zum Teil harscher Kritik an der Parteiführung. Beide Lager hofften auf die Unterstützung Hao Bocuns, der sich zu dieser Frage noch nicht abschließend geäußert hatte, doch Hao hielt sich weiterhin bedeckt. Hinter den Kulissen versuchte deshalb der orthodoxe Parteiveteran Xu Linong, Hao auf die Seite der Gegner einer direkten Volkswahl zu ziehen, was ihm letztendlich auch gelang. Ein Kompromiß zwischen beiden Lagern war damit unumgänglich geworden (Zhou Yukou 1994: 295-97). Hinter den Kulissen liefen zudem weiterhin nichtöffentliche Verhandlungen zwischen beiden Lagern ab, und am folgenden Tag schlug Lin Yanggang einen sorgsam ausgehandelten Kompromiß vor, der dann von allen anderen 146 Delegierten angenommen wurde. Dieser Kompromißvorschlag stellte fest, daß der Staatspräsident von der „Bevölkerung der freien Gebiete der Republik China" zu wählen sei; die Festlegung des genauen Wahlmodus sei in Zukunft „sorgfältig zu prüfen" und bei der kommenden Wahl des neunten Präsidenten erstmals anzuwenden. Mit diesem Kompromiß, der beide mögliche Varianten einer Direktwahl weiterhin offen

---

321 Untypisches Abstimmungsverhalten in dieser Frage zeigte neben Lin auch der „einheimische" Politiker Qiu Chuanghuan, der *gegen* eine direkte Volkswahl eintrat. Während Lin Yanggang wohl hoffte, später selbst von der Einführung direkter Volkswahlen profitieren zu können, war Qiu Chuanghuan mehrfach von Li Denghui bei Postenbesetzungen übergangen und mit der faktisch einflußlosen Position eines „Präsidentenberaters" abgefunden worden, so daß seine Opposition möglicherweise persönlichem Groll entsprang (Chen Mingtong 2001: 212).

4.2.2 Taiwan: Konflikte über die Reform der Verfassung

hielt, wurde eine tiefergehende Spaltung der Parteiführung gerade noch abgewendet (Chen Mingtong 2001: 212). Die im Kontext vorheriger Beispiele ungewöhnlich offenen Diskussionen des Dritten Plenums können auch als Anzeichen einer echten innerparteilichen Pluralisierung und Demokratisierung gewertet werden (Zhou Yukou 1994: 307).

Nachdem wegen der Spaltung in der GMD-Führung eine endgültige Neuregelung des Präsidenten-Wahlmodus zunächst außer Reichweite gerückt war, verlagerte sich der Schwerpunkt der Auseinandersetzung hin zur Frage der Neuregelung des Verhältnisses zwischen den beiden wichtigsten Volksvertretungsorganen. Zwischen der Nationalversammlung und dem Legislativyuan kam es deshalb zu einem lange andauernden Kompetenzstreit, der den weiteren Verlauf der Verfassungsreformen stark beeinflußte. Die Nationalversammlung nutzte ihre Befugnisse zur Verabschiedung der Verfassungsreformen gezielt aus, um ihren eigenen Zuständigkeitsbereich auf Kosten des Legislativyuans zu erweitern. Da die direkte Volkswahl des Staatspräsidenten die Nationalversammlung eines ihrer wichtigsten Rechte berauben würde, mußte die GMD-Zentrale den Abgeordneten der Nationalversammlung zur Entschädigung anderweitig entgegen-kommen, um ihre Zustimmung zu den Reformen zu erhalten. Der Legislativyuan wiederum war daran interessiert, sich nach einer vollständigen Abschaffung der Nationalversammlung ihre verbliebenen Kompetenzen einzuverleiben (Schneider 1996: 25).

In den acht weiteren Zusatzartikeln zur Verfassung, die die Nationalversammlung am 27. Mai 1992 schließlich mit der GMD-Mehrheit gegen den Widerstand der DFP verabschiedete, wurde dann eine Stärkung der Nationalversammlung und des Präsidenten auf Kosten des Legislativyuans, des Kontrollyuans und des Regierungschefs beschlossen, ohne dabei jedoch die grundlegenden Mängel der Verfassung – unklare Kompetenzabgrenzung zwischen Verfassungsorganen, keine klare Entscheidung für einen Regierungssystem-Typus – zu beheben. Dem Kontrollyuan wurde die demokratische Legitimierung entzogen, da seine Mitglieder jetzt nicht mehr indirekt gewählt, sondern vom Präsidenten unter Zustimmung der Nationalversammlung ernannt wurden, wodurch er in eine Art weiteres Justizorgan umgeformt wurde.[322] Entsprechend dem vorangegangenen Parteibeschluß wurde zwar die „direkte" Wahl des Präsidenten festgelegt, doch die Entscheidung über den genauen Wahlmodus wurde auf spätere Zeit vertagt (Schneider 1996: 25-26). Die DFP-Abgeordneten der Nationalversammlung, die dieses Organ generell als redundant ablehnten und seine Abschaffung befürworteten, entschieden sich dennoch zur formalen Mitarbeit an den Sitzungen, um für ihre Reformagenda zu kämpfen. Wegen ihres absichtlich provozierenden und störenden Verhaltens während

---

322 Durch die Umwandlung des Kontrollyuans in ein vom Präsidenten unter Zustimmung der Nationalversammlung ernanntes Gremium ist eine verfassungsrechtlich problematische Konstruktion entstanden, bei der die Ernennung der Kontrolleure durch die zu kontrollierenden Akteure erfolgt (Schneider 1996: 30).

der Sitzungen kam es jedoch auf beiden Seiten zu Spannungen und verbalen Ausfällen. Erst als einige Legislativyuan-Abgeordnete sich zu harschen Attacken gegen die Nationalversammlung hinreißen ließen, kam es schließlich zu einer Solidarisierung der Nationalversammlungsabgeordneten beider Parteien (Chao/Myers 1998: 251-55). Einige der von der Nationalversammlung erhobenen Forderungen hatten in fundamentale Rechte des Legislativyuans eingegriffen. So forderte die Nationalversammlung für sich das Recht, den Haushalt zu bestätigen, und schlug eine Verkürzung der Legislaturperiode des Legislativyuans von drei auf nur noch zwei Jahre vor. Dies rief harsche Reaktionen zahlreicher Legislativyuan-Abgeordneter hervor und führte zu einer offenen Konfrontation zwischen den beiden Verfassungsorganen. Die hauptströmungsnahe *Wisdom Coalition* im Legislativyuan sprach sich schließlich explizit für die Abschaffung der Nationalversammlung aus, und verbale Attacken und Beleidigungen nahmen auf beiden Seiten zu (Tränkmann 1997: 78-79, Chao/Myers 1998: 256). Aufgrund der funktionalen Defizite der in der zweiten Stufe beschlossenen Verfassungsreformen und der Vertagung einer Entscheidung über den Wahlmodus des Präsidenten war eine weitere Runde von Verfassungsreformen bereits zu diesem Zeitpunkt unumgänglich geworden. Sie erfolgte schließlich 1994.

4.2.2.5 Führungskonflikte über die dritte Stufe der Verfassungsreform

Die „Hauptströmung", die Ende der achtziger Jahre erst über eine schwache Machtbasis im Parteiapparat verfügt hatte, konnte sich im Lauf der neunziger Jahre durch gezielte Mobilisierung von Unterstützung aus der Privatwirtschaft und aus den Lokalfaktionen als wichtigste Kraft in der GMD-Führung etablieren, was allerdings der Unterwanderung von Partei und Parlament durch „einheimische" Lokalfaktions-Netzwerke weiter Vorschub leistete (Chu Yun-han 1999: 153). Die Machtstellung der von Li Denghui angeführten Parteizentrale war jedoch 1992 noch nicht unangefochten. So kam es nach dem Dritten Plenum 1992 zu einem erneuten Versuch von Li-Gegnern, die Stellung des Parteivorsitzenden durch eine Kampfkandidatur auf dem 14. Parteitag 1993 herauszufordern und ihn durch ein Führungsduo aus der „Anti-Hauptströmung", etwa Lin Yanggang und Hao Bocun, zu ersetzen. Lin Yanggang erteilte solchen Vorschlägen jedoch von vornherein eine klare Absage, da er für solche Aktivitäten nach seinen Erfahrungen vom Frühjahr 1990 nicht mehr zur Verfügung stehen wollte. Der gleichfalls angesprochene Xie Dongmen signalisierte ebenfalls keine Bereitschaft. Aus Besorgnis über derartige Manöver verschob die Parteizentrale den 14. Parteitag schließlich auf den Sommer 1993. Auf diesem Parteitag kam letztendlich jedoch keine Kampfkandidatur gegen Li Denghui zustande; vielmehr gelang dem Reformerlager im Ergebnis sogar, einen Großteil der „Anti-Hauptströmung" aus der Machtzentrale zu verdrängen (Zhou Yukou 1994: 302-04).

4.2.2 Taiwan: Konflikte über die Reform der Verfassung

Ende 1992 hatte sich bereits eine Lösung des schwelenden Kompetenzkonfliktes zwischen Präsident Li und Regierungschef Hao angedeutet. Im Zuge des Wahlkampfs zur ersten vollständigen Neuwahl des Legislativyuans Ende 1992 hatte die DFP mit dem Slogan „nieder mit Hao" (*fan Hao*) geworben, und sogar Kandidaten aus den Reihen der GMD machten aktiv Wahlkampf gegen den eigenen Regierungschef. Nach dem guten Abschneiden der DFP wurden Rufe nach einer Kabinettsumbildung laut. Unklar war zu diesem Zeitpunkt noch, ob der Regierungschef und sein Kabinett laut Verfassung verpflichtet waren, nach den Parlamentswahlen automatisch zurückzutreten. Hao und Präsident Li hatten diese Frage schon mehrfach erörtert, sich aber nicht einigen können. Während Hao auf eine erneute Ernennung hoffte, hatte Li vor, Hao auf den neu zu schaffenden Posten eines stellvertretenden Parteivorsitzenden zu „befördern" und ihn als Regierungschef durch einen Vertreter der „Hauptströmung" zu ersetzen. Der Konflikt über den Verbleib Haos als Regierungschef fand zugleich indirekten Ausdruck in Form eines Stellvertreterkrieges im Legislativyuan, der um die Frage der Wahl eines neuen Parlamentsvorsitzenden kreiste. Vertreter der „Anti-Hauptströmung" versuchten, die Kandidatenpaarung Gao Yuren und Guan Zhong durchzusetzen, während die „Hauptströmungs"-Vertreter im Parlament Liu Songfan und Wang Jinping unterstützten. Eine Vorabstimmung unter den Abgeordneten der GMD am 28. Januar 1993 ergab schließlich eine klare Mehrheit für Song und Wang. Im Zuge dieser Abstimmungsniederlage der „Anti-Hauptströmung" erklärte Hao Bocun schließlich am 30. Januar 1993 seinen Rücktritt als Regierungschef (Chen Mingtong 2001: 212-15).

Andere Mitglieder der „Anti-Hauptströmung" in der Parteizentrale konnte Li Denghui zum Teil erfolgreich kooptieren, wieder andere wurden im Zuge des 14. Parteitages aus dem Machtzentrum verdrängt, innerparteilich marginalisiert oder zum Austritt veranlaßt. So erhielt z.B. Qiu Chuanghuan, nachdem er seinen anfänglichen Widerstand gegen die von Li Denghui gewünschte direkte Volkswahl des Präsidenten als „Fehler" bezeichnet hatte, den Posten des Prüfungsyuan-Vorsitzenden, und auch Guan Zhong konnte erfolgreich eingebunden werden. Die Marginalisierung zahlreicher „Anti-Hauptströmungs"-Vertreter auf dem 14. Parteitag erfolgte mittels einer Taktik Li Denghuis, zusätzlich zu den üblichen Delegierten noch 700 Regierungsfunktionäre zu Parteitagsdelegierten zu ernennen. Diese zusätzliche Masse an vorwiegend der „Hauptströmung" nahestehenden Delegierten „verdünnte" den Anteil der etwa 380 bis 420 „Anti-Hauptströmungs"-Vertreter bei den Parteitagsbeschlüssen auf ein „ungefährliches" Maß.[323] Zwar wurden zwei der vier neugeschaffenen Stellvertreterposten des Parteichefs an Vertreter der „Anti-Hauptströmung" vergeben, nämlich an Hao Bocun und Lin Yanggang, aber da es sich dabei faktisch um wenig einflußreiche Positionen handelte, hatte

---

323 Da für Änderungen des Parteistatuts eine Zweidrittelmehrheit erforderlich ist, konnte die Parteiführung im nun auf 2100 Delegierte aufgeblähten Parteitag die von ihr beabsichtigten Änderungen durchsetzen, ohne ein Veto der „Anti-Hauptströmung" befürchten zu müssen.

dies kaum Auswirkungen auf die Machtstellung der „Anti-Hauptströmung" in der Parteizentrale (Chen Mingtong 2001: 215-16). Li Denghui wurde auf diesem Parteitag schließlich erstmals in geheimer Wahl mit 82 Prozent der abgegebenen Stimmen zum Parteivorsitzenden gewählt. Damit war er zum unangefochtenen Führer der GMD geworden (Chao/Myers 1998: 276). Infolge ihrer Verdrängung aus den meisten Schaltstellen der Macht bemühte sich die „Anti-Hauptströmung" durch die Gründung verschiedener informeller Organisationen um eine organisatorische Stärkung. Darunter waren nationalistische Vereinigungen und innerparteiliche Reformgruppierungen, etwa die 1993 gegründete „Neue Tongmenghui" (*xin Tongmenghui*). Dieser Prozeß der Reorganisation einer innerparteilichen Gruppierung *außerhalb* formaler GMD-Organe fand 1993 mit der Gründung einer unabhängigen politischen Partei, der New Party (*Zhonghua xin dang*, kurz: NP) durch prominente Vertreter der „Anti-Hauptströmung" im Parlament ihren vorläufigen Abschluß (Schubert 1996: 63-64).[324]

Die schließlich im Juli 1994 beendete dritte Stufe der Verfassungsreformen löste die zunächst noch offene Frage des Präsidenten-Wahlmodus im Sinne der GMD-Zentrale und weitete zudem die Kompetenzen der Nationalversammlung durch Einrichtung eines Sprechers, der ihre Sitzungen selbständig einberufen konnte, weiter aus. Zudem wurde die Stellung des Regierungschefs gegenüber dem Präsidenten durch Aufhebung seines Gegenzeichnungsrechts für Personalentscheidungen weiter geschwächt. Die Entscheidung zur Stärkung der Nationalversammlung war darauf zurückzuführen, daß sowohl die geschwächte „Anti-Hauptströmung" als auch Präsident Li ein Interesse daran hatten, die Nationalversammlung zu einer zweiten Machtbasis neben dem immer weniger durch Maßnahmen der Parteidisziplin kontrollierbaren Legislativyuan aufzubauen, etwa um Personalentscheidungen durchzusetzen. Zwischen Nationalversammlung und Legislativyuan entwickelte sich jedoch weiterhin Kompetenzengerangel. So war es dem Legislativyuan und den DFP-Delegierten in der Nationalversammlung nicht gelungen, die von ihnen gewünschte Abschaffung oder weitgehende Stillegung der Nationalversammlung durchzusetzen. Umgekehrt stimmte die Nationalversammlung *gegen* eine Vorlage der Parteizentrale, die eine Verlängerung der Legislaturperiode des Legislativyuans von drei auf vier Jahre entsprechend dem Rhythmus der präsidialen Amtszeit vorsah, obwohl die Nationalversammlung in allen anderen Fragen den Vorgaben der Parteizentrale exakt Folge geleistet hatte (Tränkmann 1997: 87-89, 116).

Insgesamt läßt sich konstatieren, daß die Opposition in die *inhaltliche* Gestaltung der Verfassungsreformen von 1991 bis 1994 so gut wie gar nicht einbezogen worden war.

---

324 Sechs Tage vor Eröffnung des 14. Parteitags traten die Legislativyuan-Abgeordneten der *New Kuomintang Alliance* aus der GMD aus und gründeten die NP. Ausschlaggebend für diesen Schritt war anscheinend die erwähnte „Marginalisierungsstrategie" Li Denghuis zur Ausdünnung des Anteils der „Anti-Hauptströmung" an den Parteitagsdelegierten (Schubert 1996: 77). Zu den Gründern der NP gehörten Zhao Shaokang, Yu Muming, Wang Jianxuan und der Sohn Li Huans, Li Qinghua (Chao/ Myers 1998: 274).

4.2.2 Taiwan: Konflikte über die Reform der Verfassung

Lediglich im Rahmen informeller Konsultationen, so etwa auf der „Konferenz für nationale Angelegenheiten" 1990, konnte sie geringfügigen Einfluß nehmen. Im weiteren Verlauf bestimmten dann jedoch die Entscheidungen der GMD-Zentrale in Abstimmung mit beteiligten Verfassungsorganen, besonders Nationalversammlung und Legislativyuan, den Verlauf der Reform. Mußte Li Denghui als Initiator des Verfassungsreformprogramms in den beiden ersten Stufen noch zahlreiche Kompromisse mit den innerparteilichen Gegnern eingehen, so hatte sich dies 1994 im Zuge der Verdrängung zahlreicher Li-Kritiker aus den Schaltstellen der Macht weitgehend erübrigt. Li Denghuis eigenmächtiges Vorgehen bei der dritten Stufe der Verfassungsreform hat nach Tränkmann sogar „die Delegierten aller Parteien der Nationalversammlung samt ihrer Reformentwürfe zur Requisite abgestempelt" (Tränkmann 1997: 89). Das Ausmaß der Verbitterung unter den inzwischen weitgehend einflußlosen Li-Kritikern wurde an unverhohlen kritischen Äußerungen des ehemaligen Regierungschefs Hao Bocun von 1995 deutlich, der Li wegen dessen Vorgehensweise bei der Verfassungsreform und wegen seiner Festlandpolitik mehrfach öffentlich als „Diktator" und „Landesverräter" bezeichnete; dies stellte einen deutlichen Bruch mit den politischen Umgangsformen in der Phase von 1990 bis 1992 dar (Schneider 1996: 26-27).

Verbale Attacken dieser Art waren jedoch vor allem Ausdruck von Machtlosigkeit. So konnten Versuche der Unzufriedenen in der GMD-Zentrale zur Fortführung des Machtkampfes mit der „Hauptströmung" in der Folgezeit relativ leicht abgewehrt werden. Im Kontext öffentlicher Angriffe auf Li Denghui von Seiten frustrierter orthodoxer Parteiveteranen wie Jiang Weiguo und Hao Bocun hatte der jüngere ZEK-Funktionär Sun Andi im April 1995 ein „Reformkomitee zur Rettung der Partei" (*jiudang gaige weiyuanhui*) gebildet, das vier Reformforderungen an die Parteiführung richtete und damit drohte, bei Nichtbeachtung zwei- bis dreihunderttausend Parteimitglieder zum Beitritt aufzurufen und eine „alternative Parteizentrale" zu gründen. Nachdem diese informelle Gruppe sogar in Zeitungsannoncen um den Beitritt orthodoxer GMD-Mitglieder geworben hatte, wurden ihre Anführer von der ZEK-Disziplinkontrollkommission schließlich mit Parteiausschluß bzw. zweijähriger Suspendierung der Mitgliedschaft bestraft. Entgegen ihren Hoffnungen kamen die mächtigsten Vertreter der „Anti-Hauptströmung" im StA den Initiatoren jedoch nicht zu Hilfe, wohl weil der Bruch der Parteidisziplin zu gravierend war. Lediglich Lin Yanggang tadelte das „etwas zu strenge" Vorgehen der Disziplinkontrollkommission. Daran wird deutlich, daß Li Denghuis Position als Parteichef und Präsidentschaftskandidat 1996 nahezu unangefochten war und nicht von ernsthaften Herausforderungen bedroht wurde, wie dies noch 1990 zu beobachten gewesen war. Auf dem Zweiten Plenum des 14. ZEK wurde Li Denghui schließlich mit 91,2 Prozent der abgegebenen Stimmen zum offiziellen GMD-Präsidentschaftskandidaten gewählt (Chen Mingtong 2001: 218-21). Zwar traten 1996 einige „Schwergewichte" der „Anti-Hauptströmung", nämlich Chen Li'an, Lin Yanggang, Hao Bocun und Wang

Jianxuan, als unabhängige Kandidaten oder als Kandidaten der NP gegen Li Denghui an, aber sie verzichteten diesmal auf eine Herausforderung Lis im GMD-Nominierungsverfahren und hatten zu keinem Zeitpunkt reelle Aussichten, die Wahl zu gewinnen (Schubert 1996: 78). Li Denghui und sein Vizepräsidentschaftskandidat, Regierungschef Lian Zhan, gewannen schließlich vor dem Hintergrund der bisher umfassendsten militärischen Drohmanöver der VR China im Rahmen der „Raketenkrise" von 1995/96 die ersten direkten Präsidentschaftswahlen der Republik China. Lin Yanggang und Hao Bocun verließen im Zuge dieses Wahlkampfes die GMD, wodurch die „Anti-Hauptströmung" in der Parteiführung weiter geschwächt wurde. Dies verringerte zwar den GMD-Stimmenanteil zugunsten der NP, doch diese konnte sich langfristig *nicht* als vergleichbar starke Kraft neben der GMD und der DFP etablieren (Chao/Myers 1998: 276).

4.2.2.6 Weitere Reformschritte

Die funktionalen Defizite der schlecht austarierten Verfassungsordnung, die nach der dritten Reformstufe weder über das strikte Gewaltenteilungsprinzip eines präsidentiellen Systems noch über die ausgleichenden, kooperationssichernden Mechanismen eines semipräsidentiellen Systems verfügte, machten weitere Anpassungen unumgänglich. Die weiteren Schritte der Verfassungsreform spielten sich jedoch aufgrund des Rückgangs von Machtkampf-Aktivitäten in der nun konsolidierten GMD-Zentrale überwiegend in einem normalen, von Aushandlungsvorgängen zwischen verschiedenen Interessengruppen geprägten Klima ab. Die Ende 1995 dahingeschmolzene GMD-Mehrheit im Legislativyuan machte eine unilaterale Reform der GMD-Zentrale *gegen* die Interessen der Opposition erstmals schwierig, und auch bei der Durchsetzung alltäglicher Regierungsvorhaben war die Staatsführung nun zunehmend auf den Abschluß politischer Abkommen mit externen Akteuren angewiesen. So weigerte sich etwa der Legislativyuan, nach der Wahl Li Denghuis zum Präsidenten und Lian Zhans zum Vizepräsidenten 1996 zu akzeptieren, daß der neue Vizepräsident Lian das Amt des Regierungschefs weiterhin in Personalunion ausübte. Dieses kontroverse Arrangement hatte Li Denghui mangels personeller Alternativen für geboten gehalten. Nachdem Lian als dem ersten Regierungschef der Geschichte im Zuge wochenlanger Blockaden der Gesetzgebungsarbeit der Zutritt zum Legislativyuan verweigert worden war, erbrachte selbst eine höchstrichterliche Entscheidung keine völlige Klarheit über die Frage der Verfassungsmäßigkeit. Organstreitigkeiten wie diese sorgten jedoch dafür, die Schwierigkeiten der unvollkommen geregelten Kompetenzen der Verfassungsorgane auch öffentlich sichtbar zu machen. Deshalb gab Li Denghui direkt im Anschluß an das betreffende Gerichtsurteil im September 1996 seine Absicht bekannt, im Dezember eine weitere „Konferenz zu nationalen Entwicklungsfragen" abzuhalten, die neben der Frage der Kompetenzauftei-

4.2.2 Taiwan: Konflikte über die Reform der Verfassung

lung zwischen den Verfassungsorganen auch die Grundsätze der Außen-, Wirtschafts- und Festlandpolitik diskutieren sollte. Nach dem Muster der „Konferenz für nationale Angelegenheiten" von 1990 sollte diese Konferenz durch Beratungen zwischen Vertretern der drei Parteien und des Wissenschafts- und Wirtschaftssektors vorbereitet werden. Auf der Konferenz kam es zwischen GMD und DFP erneut zu einer Reihe nicht-öffentlicher Verhandlungen vor und während der offiziellen Konferenzberatungen, weshalb die Neue Partei, die daran nicht beteiligt wurde, in letzter Minute ihre Teilnahme zurückzog (Chu Yun-han 1999: 155-56). Das Ergebnis der zähen Aushandlungsprozesse war, daß die Forderung der DFP nach einer Stärkung des Legislativyuans mit einer Ausweitung der präsidialen Kompetenzen kombiniert wurde. Das Ziel war, das taiwanische Verfassungssystem stärker an das französische Modell eines semi-präsidentiellen Regierungssystems heranzuführen. Die DFP konnte sich bei diesen Beratungen erstmals mit eigenen Forderungen durchsetzen, darunter auch das faktische Einfrieren der funktional redundanten Provinzverwaltungsebene durch die Aussetzung der Wahlen zum Provinzgouverneur und zur Provinzversammlung. Ein weiterer Verhandlungserfolg der DFP war die Aufhebung der Direktwahl der Nationalversammlung, wodurch dieses Organ schließlich erheblich geschwächt wurde (Tränkmann 1997: 147-49). Bei den Verhandlungen wurde auch versucht, Konsens über eine Eindämmung der illegalen Praktiken im Wahlsystem durch eine Änderung des „SNTV-Wahlsystems" zu einem gemischten System der Wahl durch nationale Listen und Direktwahl eines Teils der Kandidaten in Einerwahlkreisen (ähnlich dem deutschen System) zu erreichen. Weitere Konsensbeschlüsse betrafen die Abschaffung der Wahlen auf Gemeindeebene, um den Kreisregierungen stärkere Durchgriffsrechte gegen die Dominanz der Lokalfaktionen und der organisierten Kriminalität zu verschaffen (Chu Yun-han 1999: 156-57).[325] Aufgrund dieser weitreichenden Beschlüsse wurde die „Entwicklungskonferenz" von 1997 zunächst als die bisher erfolgreichste Konferenz dieser Art bewertet (Tränkmann 1997: 150). Allerdings waren die wesentlichen Übereinkünfte zwischen beiden Parteiführungen vornehmlich in nicht-öffentlichen Sitzungen zwischen wenigen Führungsakteuren ausgehandelt worden, nicht auf den eigentlichen Konferenzberatungen, weshalb einige nicht beteiligte Führungsakteure beider Parteien später versuchten, den Konsens in Frage zu stellen und die Beschlüsse zu revidieren (Chu Yun-han 1999: 159). In der GMD kam der stärkste Widerstand gegen die geplanten Reformen von Seiten der Provinzregierung und der Provinzversammlung. Der erste direkt gewählte Provinzgouverneur, der ehemalige GMD-Generalsekretär Song Chuyu, war über den Beschluß zur Einfrierung „seiner" Verwaltungsebene verständlicherweise enttäuscht, zumal er vorher

---

325 Daß dies nur schwer umsetzbar war, verdeutlichte eine Wahlniederlage der GMD Mitte März 1997 im Kreis Taoyuan. Die durch die Reformen der Gemeindeebene vom Machtverlust bedrohten Lokalfaktionen weigerten sich, den GMD-Kandidaten zu unterstützen, was umgehend zu einer schweren Wahlniederlage führte (Chu Yun-han 1999: 161).

entschieden dagegen protestiert hatte. Zudem kursierten Gerüchte, wonach sich das Entgegenkommen der GMD gegenüber der DFP in dieser Frage vornehmlich gegen Song selbst gerichtet habe, um den populären, aber „festländischen" Gouverneur als Anwärter auf die Nachfolge Li Denghuis „kaltzustellen". Song drohte schließlich mit seinem sofortigen Rücktritt, was vorzeitige Gouverneurswahlen nötig gemacht hätte, und löste damit hektische Bemühungen der Parteizentrale aus, ihn zurückzugewinnen.[326]

In der DFP protestierten vor allem die Vertreter der *Justice Alliance* und der *Welfare State Alliance* gegen die Konferenzbeschlüsse, da sie davon ausgingen, daß der DFP-Vorsitzende Xu Xinliang der GMD zu weit entgegengekommen war. Tatsächlich hatten die beschlossenen Reformen der Nationalversammlung und der Provinzversammlung von vornherein zu den Zielen der GMD-Führung unter Li Denghui gehört.

Beide Parteien versuchten nach dem Ende der Konferenz, in jeweiligen Vorbereitungskomitees eigene Verfassungsreform-Entwürfe zu den Konferenzbeschlüssen zu erstellen. Dabei waren beide Parteiführungen gezwungen, stärker auf die Einwände der jeweils unzufriedenen Lager in beiden Parteien einzugehen. Schließlich entstanden zwei erheblich voneinander abweichende Entwürfe, was den Erfolg der Konferenzberatungen insgesamt in Frage stellte: „In the end, the parallel drafting process sharpened the differences between the KMT and the DPP over constitutional design and spoiled the co-operative spirit that the two parties had carefully cultivated at the *Kuo-fa* conference" (Chu Yun-han 1999: 159-61). Widerstände gegen die Reformen kamen auch von Seiten zahlreicher Rechts- und Politikwissenschaftler, von einigen prominenten GMD-Vertretern, darunter etwa Ma Yingjiu, sowie besonders von Provinzversammlungsabgeordneten, die zum Teil über eigene Klienten in der Nationalversammlung verfügten und die Verabschiedung der Reformen dadurch boykottieren konnten. Auf diese Proteste reagierte Li Denghui mit seiner mehrfach bewährten Konsultations- und Kooptierungsstrategie. Einigen Abweichlern in der Nationalversammlung bot er Garantien auf Parteinominierungen bei Wahlen an, übte persönlich Druck auf die Führer einiger mit ihnen verbundener Lokalfaktionen aus und kam der DFP-Führung, die ebenfalls mit inner- und außerparteilicher Kritik zu kämpfen hatte, in weiteren Punkten entgegen. Nach drei Runden nicht-öffentlicher Verhandlungen zwischen Unterhändlern der DFP und der GMD gelang Ende Juni 1997 ein neuer Kompromiß, der die Machtverhältnisse zwischen Regierungschef und Legislativyuan neu austarierte. Außerdem zog die GMD auf Druck der Lokalfaktionen das Reformvorhaben zur Reform der Gemeindewahlen zurück. Nur die Beschlüsse über die Einfrierung der Provinzebene wurden trotz des Protestes von Song Chuyu nicht rückgängig gemacht, so daß dieser schließlich auf entschlossenen Widerstand gegen die Verabschiedung der Reform durch die Nationalver-

---

326 Chu Yun-han (1999:159); vgl. auch McBeath (1998: 110-12).

4.2.2 Taiwan: Konflikte über die Reform der Verfassung

sammlung verzichtete, wahrscheinlich, weil er sich noch immer eine Nominierung als Nachfolger Li Denghuis bei den nächsten Präsidentschaftswahlen erhoffte.[327] Der Verhandlungsprozeß war insgesamt primär von den verfestigten Interessen verschiedener nachgeordneter Akteure geprägt, die ihre Veto- oder Boykottmacht zur Verhinderung nicht genehmer Ziele einsetzten. Der mühsame, von harscher öffentlicher Kritik begleitete Aushandlungsprozeß war zudem nicht geeignet, breite öffentliche Anerkennung für den erreichten Verfassungskompromiß herzustellen. Die unumstrittene Legitimität einer Verfassung ist aber Voraussetzung für die erfolgreiche Konsolidierung einer Demokratie. Dieses Ziel konnte in Taiwan bis heute nicht erreicht werden (Chu Yun-han 1999: 162-65). Zwar wurden im Zuge einer weiteren Stufe der Verfassungsreformen im Frühjahr 2000 schließlich die Übertragung der Kompetenzen der Nationalversammlung auf den Legislativyuan und die Abschaffung der Wahlen zur Nationalversammlung durchgesetzt, nicht jedoch die völlige Abschaffung dieses nun vollständig redundanten Organs. Die Reform der Provinzregierung kam in der zuvor ausgehandelten Form zwar zustande, beseitigte das Grundproblem der Existenz einer redundanten Verwaltungsebene jedoch ebenfalls nicht. Am schwersten wiegt jedoch die vielfach beklagte Gefahr einer gegenseitigen Blockade der beiden direkt legitimierten Machtblöcke (Präsident und Legislativyuan), die wegen fehlender Interdependenzen im Fall einer *cohabitation* zu erwarten war. Diese Befürchtung bestätigte sich nach dem Wahlsieg des DFP-Präsidentschaftskandidaten Chen Shuibian im Frühjahr 2000 vollauf. Es zeigte sich, daß das Funktionieren der Verfassungsordnung zu Zeiten der GMD-Vorherrschaft nicht unwesentlich durch die *informellen* Kanäle personeller Überlappungen zwischen Exekutivyuan und GMD-Zentrale sichergestellt worden war. Bei unterschiedlicher Parteizugehörigkeit von Präsident und Legislativyuan-Mehrheit, wie dies ab 2000 erstmals gegeben war, war eine effektive Regierungsarbeit nicht mehr möglich. Es steht somit zu befürchten, daß auch weitere Reformen der Verfassung auch in Zukunft unum-

---

[327] Als später klar wurde, daß Li Denghui anstelle von Song Chuyu Regierungschef Lian Zhan den Vorzug geben würde, kam es zum offenen Bruch zwischen den beiden ehemals eng verbundenen und zugleich populärsten Politikern Taiwans. Song trat bei den Wahlen 2000 gegen den Willen der GMD-Führung gegen Lian Zhan an und belegte hinter dem DFP-Sieger Chen Shuibian einen guten zweiten Platz. Erst die Spaltung der GMD-Stimmen zwischen den beiden Kandidaten Lian und Song hatte Chens Wahlsieg als „lachender Dritter" ermöglicht, da Chen die Wahl so mit weniger als 40 Prozent der Stimmen gewann. Song, der im Verlauf des Konflikts aus der GMD ausgeschlossen wurde, gründete nach der Wahl eine eigene Partei, die *People First Party* (*Qinmindang*). Damit hatte sich nach der NP eine weitere Partei von der GMD abgespalten, was diese zusätzlich schwächte. Nach dem Wahlsieg Chen Shuibians wurde Li Denghui die politische Fehlentscheidung angelastet, den unpopulären Lian Zhan anstelle Song Chuyus nominiert zu haben. Li nahestehende Kreise gründeten nach den Wahlen dann eine Partei zur Unterstützung Chen Shuibians, die *Taiwan Solidarity Union*, die Li Denghui als ihren geistigen Gründungsvater ansah. Diese dritte von der GMD abgespaltene Partei markiert das vorläufige Ende eines Prozesses der immer weitergehenden Ausdifferenzierung GMD-interner Strömungen.

gänglich sein werden, ohne daß dadurch jedoch die Problematik der fehlerhaften Grundkonstruktion gelöst werden könnte.[328]

4.2.2.7 Schlußfolgerungen

Die Verfassungsreformen der neunziger Jahre waren nicht ausschließlich, aber zu einem wesentlichen Teil das Produkt interessengeleiteter, strategischer Manöver der beteiligten Akteure anstelle *funktionaler* Erwägungen. So war die vorgebliche Prinzipiendiskussion um die Frage einer Rückkehr zum Kabinettsystem der Verfassung von 1947 anscheinend primär durch Machtkalküle beider Lager bestimmt, nicht durch sachlich vertretbare, funktionale Kriterien. Sie folgte der von Lijphart beschriebenen Logik, nach der vom Machtverlust bedrohte Eliten, schwächere politische Parteien und ethnische Minderheiten grundsätzlich *parlamentarische* Systeme bevorzugen, da diese am ehesten Minderheitenrechte sichern und die Führung zur Teilung der Macht zwingen können. Dominante politische Kräfte im System bevorzugen hingegen stets ein präsidentielles System, in dem der politische Sieger gegenüber den Minderheiten größere Unabhängigkeit genießt (Tien/Cheng 1999: 29). Die „Hauptströmung" trat deshalb verständlicherweise für ein eher *präsidentielles* Regierungssystem ein, während die „Anti-Hauptströmung" versuchte, Anklänge an das parlamentarische System der Verfassung von 1947 zu bewahren.

Der Reformprozeß bestand aus einer Abfolge kleinerer und größerer Führungskonflikte, die jedoch – mit Ausnahme der Zuspitzung von 1990 – kaum weitreichend genug waren, um als „Systemkrisen" etwa mit der Frühjahrskrise von 1989 in der VR China auf eine Stufe gestellt zu werden. Dennoch erzeugen die ungelösten strukturellen Probleme im Verfassungsdesign bis heute eine latente Gefahr, jederzeit durch Blockade der Verfassungsinstitutionen eine echte Regierungskrise auszulösen. Dies ließ sich nach dem Wahlsieg Chen Shuibians 2000 direkt beobachten, als die institutionellen Defizite der Verfassung im Rahmen einer monatelangen Blockade der Regierungsarbeit klar zutage traten. Selbst nach dieser Erfahrung konnten die Mängel der Verfassung nicht vollständig beseitigt werden. Ein Großteil der Probleme geht darauf zurück, daß nicht frühzeitig eine Grundsatzentscheidung für einen der beiden Grundtypen des „parlamentarischen" oder „präsidentiellen" Regierungssystems gefallen ist, da sich am Anfang des Reformprozesses noch keines der beiden Lager vollständig durchsetzen konnte. Die einzig „saubere" Lösung, nämlich der Erlaß einer neuen Verfassung, wurde zwar von der DFP vertreten, war aber aus verschiedenen Gründen nicht durchsetzbar. Der ausgehandelte Kompromiß bestand schließlich in einer unvollkommenen und schrittweisen Nachahmung des semi-präsidentiellen Systems der Fünften Republik

---

328 Vgl. zu diesem Problemkomplex Tränkmann (1997: 103) und die Darstellungen bei Low (2000) und Yen (2000).

4.2.2 Taiwan: Konflikte über die Reform der Verfassung

Frankreichs. Der „Stückwerkcharakter" der Gesamtreform, dem nach Tränkmann „das Fundament eines ganzheitlichen Reformansatzes völlig fehlt", hat sich im Lichte der 2000 aufgetretenen politische Blockade als schwere Hypothek für die Konsolidierung der taiwanischen Demokratie erwiesen (1997: 113). Durch die Reformen der neunziger Jahre ist eine duale Verfassungsstruktur mit zwei unabhängig legitimierten Machtblöcken entstanden, nämlich Präsident und Legislativyuan, ohne daß funktionale Verflechtungen zwischen Präsident, Regierungschef und Legislativyuan für ein reibungsloses Funktionieren dieser Ordnung auch bei einer *cohabitation* sorgen könnten (Schneider 1996: 30). Die Folge dieser Fehlkonstruktion sind Ineffizienzen, die sich im besten Fall durch lästige Reibungsverluste, im schlimmsten Fall jedoch in gefährlicher Weise dysfunktional auswirken können. Die immer noch bestehende Diskrepanz zwischen der dreijährigen Legislaturperiode des Legislativyuans und der vierjährigen Amtszeit des Präsidenten, erzwingt relativ häufige Regierungsneubildungen, da der vom Präsidenten jeweils zu ernennende Regierungschef bei Legislativyuan-Wahlen stets zurücktreten muß. Dies schwächt das Funktionieren der Verfassungsorgane ebenso wie die faktische Aushebelung des Kontrollyuans, da dessen Mitglieder durch die geänderten Nominierungsvorschriften jetzt von den zu kontrollierenden abhängig geworden sind, (Tränkmann 1997: 90-91). Trotz des Ziels einer völligen Demokratisierung sind zudem einige autoritäre Elemente der alten Ordnung durch die Verfassungsreformen perpetuiert worden, unter anderem die Notstandsrechte des Präsidenten, das Fortbestehen des Nationalen Sicherheitsbüros unter dem Präsidialamt und das Fehlen parlamentarischer Aufsicht über den Militär- und Sicherheitsapparat (Chu Yun-han 1999: 151).

Nach Schneider sind die bestimmenden Faktoren zumindest der ersten drei Stufen der Verfassungsreform Machtkampferwägungen, die Außenwirkung der Reformen im Rahmen des komplizierten Verhältnisses zur VR China, Fragen der nationalen Identität Taiwans und der politischen Identität der GMD sowie der „sukzessive und konfliktreiche Übergang von einer charismatischen zu einer legalen Herrschaftsform" gewesen. Problematisch ist besonders die fehlende Legitimität und politische Angreifbarkeit der Verfassung, die als Ergebnis ihres Zustandekommens *nicht* über die Stellung eines unumstrittenen Grundsatztextes verfügt, der „jenseits politischer Machtkämpfe die Normen und Parameter des politischen Systems definiert" (Schneider 1996: 32, 34).

Wie auch schon im Rahmen der Personal- und Programmkonflikte von 1986 bis 1990 deutlich wurde, war die Rolle einzelner Führungspersonen im Verlauf des Reformprozesses entscheidend. Informelle Aushandlungsprozesse hatten eine sehr wichtige Funktion für die Festlegung der inhaltlichen Richtung der Reform, wobei sich die GMD-Führung einer Mischung aus positiven Anreizen und Sanktionen zur Kooptierung oder Marginalisierung von Gegnern bediente. Zwar ist die Dominanz charismatischer Führungspersonen ein häufiges Merkmal demokratischer Transitionsprozesse, in denen politische Führungskraft günstige Ausgangsbedingungen entweder geschickt ausnutzen oder aber durch Fehler zunichte machen kann (Tien/Cheng 1999: 45). Auch ist im Kontext der bis etwa 1993/94 bestehenden Pattsituation zwischen den beiden innerparteilichen Lagern der GMD kaum denkbar, daß eine andere Führung wesentlich erfolgreicher bei der Herstellung von Konsens hätte sein können. In vielerlei Hinsicht hat Li Denghuis Führungszirkel die Herausforderungen der Transition unter den besonderen außenpolitischen Bedingungen in dieser Phase sogar in nahezu idealer Weise gemeistert, da viele denkbare Probleme vermieden werden konnten. Andererseits verpaßte die Führung jedoch die Chance, sich im Zuge der Demokratisierungsbestrebungen und *nach* erfolgter Konsolidierung des Machtzentrums von den autoritären Verfahren der Machtausübung zu trennen und weitere Reformschritte weniger an den eigenen Machtinteressen, sondern stärker an den *funktionalen* Erfordernissen des Systems auszurichten (Hood 1997: 142-43).

Klientelistische Netzwerke und bürokratische Interessen spielten besonders nach dem weitgehenden Ende der Machtkämpfe in der GMD-Zentrale nach dem 14. Parteitag eine immer wichtigere Rolle, als die Reformen weniger von plötzlichen Interventionen einzelner Führungspersonen und stärker von regelgeleiteten Aushandlungsprozessen bestimmt wurden. Besonders die Konflikte zwischen den von den Reformen direkt betroffenen Verfassungsorganen und deren gegenseitige Blockademacht hatten prägenden Einfluß auf den Fortgang der Reform. Der Öffentlichkeit, aber auch den Akteuren des Oppositionslagers kam in der ersten Phase nur eine Rolle als Reservoir zur Mobilisierung von Unterstützung zu, während alle substanziellen Entscheidungen im Rahmen intransparenter, nicht-öffentlicher Aushandlungsvorgänge innerhalb der GMD-Führung und mit den betroffenen Organen gefällt wurden.

Elemente einer „spezifisch chinesischen" politischen Kultur ließen sich im Verlauf dieser späteren Aushandlungsprozesse kaum noch auffinden. Lediglich die Studentenproteste vom Frühjahr 1990, die sich explizit an das Vorbild der Proteste in Beijing 1989 anlehnten, wiesen Rückgriffe auf traditionelle chinesische Protestmittel auf. Auch die Kontaktaufnahme zwischen den GMD- und DFP-Vertretern im Rahmen von Banketten auf der „Konferenz für nationale Angelegenheiten" von 1990 könnte möglicherweise als Beispiel für das Wirken kultureller Normen angesehen werden, denn dort spielten traditionelle Umgangsformen eine nicht unwesentliche Rolle dabei, zwischen ehemals verfeindeten Akteuren einen nicht-konfrontativen Kontakt herzustellen, der weitere Aushandlungsprozesse erst ermöglichte.

Dennoch haben sich die informellen Institutionen der innerparteilichen Konfliktaustragung in der GMD, ebenso wie die Regeln für politische Auseinandersetzungen in der Öffentlichkeit, im Verlauf der untersuchten Konflikte immer weiter von leninistischen Vorbildern *und* traditionellen kulturellen Normen entfernt. Offene, zum Teil extrem harte Attacken gegen höchste Führungsakteure gehören seit Mitte der neunziger Jahre zum

4.2.2 Taiwan: Konflikte über die Reform der Verfassung

Standard des politischen Umgangs auch innerhalb der GMD-Führung. Es hat sich ein lebhafter Konfliktstil etabliert, der offene Diskussionen nahezu aller Positionen zuläßt. Die Bereitschaft ehemals mächtiger Parteiveteranen, die Partei zu verlassen und in offene Konkurrenz zu ihr zu treten, zeigt zugleich einen starken Einbruch des Parteizusammenhalts an. Nach der inzwischen dritten Abspaltung einer unabhängigen Partei von der GMD und weiterhin sinkender Stimmenanteile ist noch nicht abzusehen, in welcher Form diese wirtschaftlich noch immer mächtige Partei in Zukunft Bestand haben kann.

4.2.3 Vergleichende Aspekte

Beide untersuchten Fallstudien umfaßten Konflikte über Fragen, die die Neuausrichtung der politischen Grundordnung betrafen und daher zugleich das Selbstverständnis des Staates und der jeweiligen Führungspartei direkt berührten. Während die latenten Gegensätze zwischen einem reformfreudigen und einem orthodoxen Lager in der VR China schließlich zu einem offenen Schlagabtausch führten, der 1989 in eine umfassende Führungskrise mündete, wurden die Auseinandersetzungen über die Verfassungsreformen auf Taiwan in langwierigen Aushandlungsvorgängen innerhalb einer immer wieder wechselnden Akteurskonstellation ausgetragen, ohne daß vergleichbare Zuspitzungen des Konflikts zu beobachten gewesen wären. Dies ist möglicherweise darauf zurückzuführen, daß die radikalsten Vertreter einer umfassenden Verfassungsreform auf Taiwan – die Mitglieder der DFP – in keiner der frühen Reformphasen in die Ebene der Entscheidungsträger aufrücken konnten. Sie artikulierten zwar ihre Forderungen, verfügten jedoch – abgesehen von öffentlichen Protesten – über keine wirksamen Druckmittel und fungierten somit eher als externer Faktor beim GMD-internen Konflikt über die Ausgestaltung der notwendigen Reformen.

In der VR China lagen andere institutionelle Handlungsbedingungen vor als in Taiwan, da die höchste Führungsebene um Deng Xiaoping formal zu keinem der beiden konkurrierenden ideologischen Lager gerechnet werden konnte und in Einzelfragen abwechselnd dieser oder jener Seite zuneigte, eigene Klarstellungen jedoch nur verhältnismäßig selten abgab. Dies hatte strategische Verhaltensweisen bei den untergeordneten Führungsakteuren zur Folge, die vielfach mit dem Begriff *„court politics"* charakterisiert worden sind: Um möglichst bereits vorab die Zustimmung Deng Xiaopings zu einem Vorhaben zu gewinnen, wurden jeweils vielfältige informelle Strategien entwickelt, einen Vorschlag intern „absegnen" zu lassen, bevor er dann der übrigen Führung vorgelegt wurde. Im Rahmen der herrschenden Regeln für die Herstellung von Konsens in der Führung – darunter das System zur Erstellung „zentraler

Dokumente" als Ausdruck des kollektiven Willens – war die Kontrolle über die Propagandaorgane von besonders großer Bedeutung für die Konfliktparteien. Entsprechend waren personelle und organisationelle Umgestaltungen im Bildungs- und Propagandaapparat zwischen beiden Lagern hart umkämpft, mit jeweils wechselnden Ergebnissen.

In Taiwan wiederum fehlte eine vergleichbare hierarchische Führungsautorität im System. Die beiden konkurrierenden Lager (die „Hauptströmung" und die „Anti-Hauptströmung" der GMD) standen sich ohne einen übergeordneten „Schiedsrichter" gegenüber, wobei der formal ranghöchste Akteur, Präsident Li Denghui, der „Hauptströmung" zwar selbst angehörte und ihr damit etwas größeres Gewicht verlieh, dafür jedoch nicht über die Machtbefugnisse eines „Höchsten Führers" verfügte, wie sie etwa Deng Xiaoping innehatte. Daß die „Anti-Hauptströmung" sich mit vielen ihrer Forderungen nicht durchsetzen konnte, lag nicht zuletzt am geringen Rückhalt dieser Strömung in großen Teilen der Bevölkerung und auch des politischen Systems selbst, das im Zuge des Demokratisierungsprozesses immer stärker von den Überzeugungen der „einheimischen" Akteure geprägt wurde. Aber dennoch konnte dieses Lager die Führung mehrfach zu Modifikationen ihrer Pläne zwingen und effektiv verhindern, daß eine – aus funktionaler Sicht – wünschenswerte vollständige Verfassungsneuordnung gegen ihre Interessen durchgesetzt werden konnte.

In vielen Phasen der taiwanischen Verfassungsreformen spielten die bürokratischen Interessen formaler Organisationen eine wichtige Rolle, etwa wenn zwischen Nationalversammlung und Legislativyuan Kompetenzstreitigkeiten ausbrachen, die inhaltlichen Einfluß auf den Ausgang der ausgehandelten Reformkompromisse hatten. Somit war der langjährige Reformprozeß, der bis heute nicht als abgeschlossen gelten kann, eher von den Bedingungen des „Durchwurstelns" geprägt als von entschlossenen Krisenbewältigungsmaßnahmen einer autonom handelnden Führungsebene. Allerdings verfügen die ungelösten funktionalen Probleme der Verfassung weiterhin über das Potenzial, immer wieder kurzfristig Blockaden zu verursachen und dadurch Krisensituationen auszulösen, wie dies im Zuge der Machtübernahme des ersten DFP-Präsidenten Chen Shuibian 2000 zu beobachten war.

Zu den bereits in den ersten beiden Fallstudien beschriebenen informellen Taktiken der Schlüsselakteure kamen in den nun untersuchten Fallbeispielen noch einige weitere strategische Verhaltensweisen hinzu. Dies hing in beiden Systemen wahrscheinlich mit der Auflockerung des Institutionengefüges zusammen, das durch den voranschreitenden Reformprozeß in beiden Staaten bereits erste Wandlungsschritte durchlaufen hatte und den Akteuren zunehmend Möglichkeiten eröffnete, neue Wege zur individuellen Interessendurchsetzung zu beschreiten. Der Befund unterscheidet sich jedoch nicht grundsätzlich von dem bereits zuvor gezeichneten Bild: Wieder waren die machtpolitischen Ambitionen der Akteure so eng mit ihren programmatischen Anliegen verknüpft, daß keine sinnvolle Reduktion der Akteure auf reine Machtkampf-Gruppierungen möglich scheint; wieder spielten, besonders in weniger angespannten Phasen der Konflikte, auch die bürokratischen Eigeninteressen formaler Organisationen eine maßgebliche Rolle, und wieder ließen sich so gut wie keine Belege für das Vorherrschen einer jeweils spezifischen politischen Kultur als Erklärungsfaktor für die Art der Konfliktaustragung auffinden.

4.3 Ergebnisse: Informelle Regeln in Führungskonflikten Chinas und Taiwans

Die Untersuchung der ausgewählten Führungskonflikte in China und Taiwan hat aufgezeigt, daß sich die von den Akteuren im Konflikt angewandten Strategien und die für das Konfliktverhalten geltenden informellen Regeln relativ stark von den Charakteristika des Regierens unterschieden, die in Kapitel 3 dargestellt wurden. Dies galt besonders für die entscheidenden Wendepunkte der Konflikte, in denen sich die Handlungsbedingungen für die Akteure jeweils krisenhaft zuspitzten. In solchen Phasen war besonders auffällig, daß die Akteure der höchsten Führungsebene, die in vielen Prozessen der Tagespolitik nicht persönlich involviert sind, jeweils die entscheidende Rolle spielten und somit tatsächlich eine *Zentralisierung* der Entscheidungsfindung zu beobachten war. Den Interaktionen zwischen den wenigen ranghöchsten Führungsakteuren kam in solchen Phasen daher stark erhöhte Bedeutung zu. Der relative *informelle* Status der Akteure schien dabei besonders in der VR China, in abgeschwächter Form aber auch in Taiwan, wichtig für den Konfliktausgang zu sein.

Innerhalb des kleinen Führungszirkels der VR China wurden politische Konflikte entweder durch persönliche, informelle Aushandlungsprozesse oder aber durch *indirekte* Konfrontation ausgetragen. Die Entfernung der in Konfrontationen unterlegenen Führungsakteure aus ihren formalen Ämtern erfolgte nur im Ausnahmefall durch gewaltsame Maßnahmen, wie dies etwa bei der Verhaftung der radikalen Maoisten im Oktober 1976 der Fall war. Zwar wurden bei kontroversen Personalentscheidungen zumeist informelle Verfahren der Beschlußfassung angewandt, etwa wenn formal nicht entscheidungsbefugte Akteure im Rahmen „erweiterter Sitzungen" den formal mächtigsten Funktionsträgern die Entscheidungen faktisch diktierten, wie dies Anfang 1987 und im Frühjahr 1989 der Fall war. Dennoch schien die Wahrung des Anscheins regelgeleiteter Entscheidungsverfahren durch die „kollektive Führung" geboten zu sein, um die Legitimität derselben aufrechtzuerhalten.

Auf Taiwan existierte bis zur Konsolidierung der Machtstellung Li Denghuis und seiner Anhänger in der Parteizentrale keine mit der VR China vergleichbar mächtige, informelle Führungsautorität. Li war zwar formal der höchste Entscheidungsträger, war zur Durchsetzung seiner Präferenzen aufgrund seines relativ geringen informellen Status jedoch auf wechselnde Koalitionen mit anderen Führungsakteuren und auf die Mobilisierung externer Unterstützung angewiesen. Entsprechend war der Ausgang konfliktbeladener Entscheidungsprozesse in Taiwan ungewisser als bei den Konfrontationen innerhalb der Führungsschicht der VR China, da mehrere, im Hinblick auf den informellen Status etwa gleichrangige Akteure dort unter Anwendung zahlreicher strategischer Verfahren (darunter innovative Versuche der „Aushebelung" formaler Normen) miteinander konkurrierten und die überlieferten Institutionen der Konfliktaustragung zunehmend ignorierten. Entsprechend hatten auf Taiwan besonders die ad hoc ausgewählten und überraschend eingesetzten politischen Taktiken der Akteure große Bedeutung. So scheint der Überraschungseffekt von plötzlich, kurz vor entscheidenden Abstimmungen durchgeführten Manövern eine wichtige Rolle beim Erfolg oder Mißerfolg der Konfliktstrategien gespielt zu haben. Darauf deuten Versuche der Beeinflussung von Sitzungsergebnissen hin, etwa die gescheiterte Verhinderung der Wahl Li Denghuis zum Parteivorsitzenden durch informellen Druck der „Palastfaktion" auf höchste Entscheidungsträger im Januar 1988. Andere Beispiele waren die generalstabsmäßig geplante Attacke auf das parteiinterne Nominierungsverfahren zum Präsidentschaftskandidaten im Frühjahr 1990, aber ebenso die überraschenden, konfrontativen Auftritte Song Chuyus im höchsten Führungsgremium, mit denen er erfolgreich versuchte, solche Taktiken der Li-Gegner parteiöffentlich anzuprangern und dadurch unwirksam zu machen. Formale Verfahren der Abstimmung konnten auf Taiwan zudem nicht ohne weiteres ignoriert und durch informelle Abstimmungsrunden ersetzt werden. Somit bot sich den Akteuren nur die Möglichkeit, die *Ausgangsbedingungen* von Entscheidungsverfahren zu manipulieren oder die Verfahrensregeln *selbst* zum Konfliktgegenstand zu machen. In dieser Hinsicht genossen die Führungsakteure in der VR China weitaus größeren Spielraum.

Die Untersuchung hat jedoch auch gezeigt, daß es falsch wäre, jeweils den gesamten untersuchten Ereigniskomplex als eine einzige Abfolge von Führungskrisen anzusehen. Vielmehr herrschten innerhalb der untersuchten Zeiträume jeweils während längerer Phasen immer wieder relativ „normale" Bedingungen des politischen Handelns vor, in denen die meisten Entscheidungen ohne die oben skizzierten Kennzeichen krisenhafter Entscheidungsfindung von den formal zuständigen Akteuren eigenverantwortlich getroffen oder ausgehandelt wurden. Die latenten, unaufgelösten Spannungen in der Akteurskonstellation konnten jedoch durch externe Auslöser plötzlich zu akuten Krisenbedingungen führen, etwa wenn gesellschaftliche Unruhen für erhöhten Druck auf das Entscheidungszentrum sorgten. So wurden die beiden untersuchten Nachfolgekrisen jeweils durch den Tod eines charismatischen Herrschers ausgelöst, in China 1976 durch den Tod Maos und in Taiwan 1988 durch den Tod Jiang Jingguos. Der plötzliche Wegfall der höchsten, ordnenden Führungsautorität im System führte jeweils zum Ausbruch von Machtkämpfen zwischen rivalisierenden Gruppen unter den Überlebenden. Auch nach Beendigung der Machtkämpfe um die *unmittelbare* Führungsnachfolge war in beiden Staaten noch eine länger andauernde Phase erhöhter Anspannung zu beobachten, in der die zunächst siegreiche Gruppierung durch offene oder verstohlene Herausforderungen mächtiger Rivalen erneut unter Druck geriet, so daß sich bis zur endgültigen Konsolidierung des Führungssystems noch keine klaren Autoritätsstrukturen herausbilden konnten. Erst in dieser Phase der Machtkonsolidierung nach einer Nachfolgekrise entschied sich endgültig, ob ein Nachfolgearrangement dauerhaft Bestand haben konnte oder nicht, und welche anderen Akteure im weiteren Verlauf der Konflikte Führungsrollen einnehmen würden.

Ein weiterer Typus angespannter Führungskonflikte, der in den untersuchten Fallstudien zu beobachten war, betraf durch Reformversuche ausgelöste Krisen des politischen Systems. Darin wurde jeweils der Fortbestand der politischen Grundordnung selbst zum Konfliktgegenstand, was die Gefahr einer politischen und gesellschaftlichen Destabilisierung in sich barg. In China entstand eine solche Krise, nachdem wahrgenommene Funktionsdefizite der alten Ordnung einen Teil der Führungsakteure 1986 bewogen hatten, einen umfassenden politischen Reformversuch zu wagen. Dieser Versuch gefährdete jedoch aus Sicht eines signifikanten Teils der übrigen Führungsakteure den Fortbestand des leninistischen Systems insgesamt und führte deshalb zu einem innerparteilichen Konflikt über die Grundfragen der politischen Entwicklung. Eine zeitgleich entstandene, großflächige gesellschaftliche Protestbewegung erhöhte aus Sicht der Reformkritiker die Gefahr einer Destabilisierung so sehr, daß sie den Fortbestand des Systems durch Angriffe von innen und außen zugleich bedroht sahen. Dies hatte zur Folge, daß bis dahin geltende informelle Restriktionen der innerparteilichen Konfliktaustragung fielen und die Führungsakteure mit den härtesten zur Verfügung stehenden Mitteln gegen die wahrgenommene Bedrohung vorgingen.

Auf Taiwan entwickelte sich aus Auseinandersetzungen über die Revision der formalen Verfassungsinstitutionen zwar kein vergleichbar massiver Führungskonflikt wie in der VR China zwischen 1986 und 1989. Allerdings hatte sich auch auf Taiwan seit Einleitung des Demokratisierungsprozesses eine latente Krise der formalen Institutionen herausgebildet, da nach dem Ende des Ausnahmezustands weder eine Rückkehr zur alten demokratischen Verfassung noch der Neuerlaß einer geeigneteren Ordnung möglich war. Die Zwänge der ungelösten nationalen Frage sowie widerstreitende Interessen der Führungsakteure im noch nicht konsolidierten Machtzentrum verhinderten beide denkbaren Lösungen, so daß statt dessen ein langwieriger, noch immer nicht abgeschlossener Aushandlungsprozeß um *graduelle* Reformen des Verfassungssystems einsetzte. Punktuell kam es dabei aufgrund externer Ereignisse ebenfalls zu krisenhaften Zuspitzungen der Handlungsbedingungen, etwa als Studentenproteste 1990 gegen die Nationalversammlung Li Denghui zur Einberufung einer „Konferenz für nationale Angelegenheiten" bewogen. Insgesamt war der Prozeß der ausgehandelten Verfassungsreform jedoch stärker von den in Kapitel 3 skizzierten, allgemeinen Merkmalen der Tagespolitik geprägt, etwa den Aushandlungsaktivitäten formal-bürokratischer Organe, als dies im Systemkonflikt der VR China der Fall war. Durch die starke Involvierung höchster Führungsakteure in den Entscheidungsprozeß zumindest in einigen Phasen wies der Konflikt jedoch auch deutliche Merkmale der „außergewöhnlichen" Politik auf.

In beiden Systemen war eine Vielzahl informeller Institutionen der Konfliktaustragung und Entscheidungsfindung zu identifizieren. Neben den bereits oben erwähnten Taktiken der Akteure in den konkreten Konfliktsituationen war besonders die *Mobilisierung von Unterstützung* für das eigene Lager aus den mittleren und unteren Systemebenen wichtig, die durch ideologische Appelle oder durch die Bereitstellung materieller und immaterieller Anreize zur Kooperation erfolgen konnte. Auch den Aktivitäten der jeweiligen Klientelnetzwerke höchster Führungsakteure und der Mitglieder von „Meinungsgruppen", die sich zum Teil freiwillig, aus programmatischen Gründen, bestimmten Führungsmitgliedern anschlossen, kam eine wichtige Rolle bei der Austragung der Konflikte zu. Aus Sicht der Führungsakteure war es jeweils wichtig, greifbare politische Erfolge zu erzielen, die den eigenen Unterstützergruppen zugute kommen und im Idealfall weitere Unterstützung aus externen Akteursgruppen generieren konnten. Im Hinblick auf dieses Erfordernis hatten in beiden Systemen die Verfechter einer als *progressiv* geltenden Richtung deutliche Vorteile gegenüber den eher konservativen, am Status quo orientierten Akteuren, da das alte System in beiden Fällen als eindeutig reformbedürftig galt. Sowohl Hua Guofengs Gruppe der Mao-Loyalisten als auch die „festländisch" geprägten Vertreter der „Anti-Hauptströmung" hatten deshalb mit dem Nachteil zu kämpfen, daß ihr Programm in der Bevölkerung und in der politischen Führungsschicht als weniger attraktiv angesehen wurde als die Ansätze ihrer Gegner.

Bei der Betrachtung der in China und Taiwan jeweils eingesetzten informellen Verfahren der Konfliktaustragung zeigten sich auffällige Unterschiede: Im noch stark vom totalitären Erbe der Mao-Ära geprägten System der VR China spielte *ideologische Konformität* zunächst noch eine ungleich größere Rolle im System, so daß den Akteuren im handlungsbegrenzenden Rahmen ideologischer Zwänge und leninistischer Parteinormen (Faktionsverbot, Demokratischer Zentralismus) keine offene Herausforderung der Programme und Machtpositionen anderer Führungsakteure möglich war. Statt dessen wurden stellvertretend ideologisch-theoretische Auseinandersetzungen um sozialistische Dogmen in Form parteiöffentlicher Debatten ausgetragen, in die die höchsten Führungsakteure selbst nur punktuell eingriffen. Hauptakteure dieser Initiativen waren zumeist Mitglieder mittlerer Führungsebenen und untergeordneter Organe, die über informelle Kontakte mit einzelnen Führungsakteuren verbunden waren. Die strikten Normen des Umgangs mit innerparteilichen Gegnern verhinderten somit zunächst offene personalpo-

4.3 Ergebnisse: Informelle Regeln in Führungskonflikten Chinas und Taiwans

litische Auseinandersetzungen, so daß einzelne Führungsakteure nach einem Konflikt zwar faktisch (informell) entmachtet werden konnten, danach jedoch zum Teil noch jahrelang in formalen Autoritätspositionen verblieben, um den Anschein von „Säuberungen" zu vermeiden.

Auf Taiwan waren entsprechende Normen der Konfliktvermeidung aufgrund des leninistischen Erbes der GMD anfangs zwar noch existent, doch kam ihnen, ebenso wie dem Zwang zu ideologischer Konformität, nur mehr eine untergeordnete Rolle zu. Konflikte zwischen Führungsakteuren wurden zwar zunächst ebenfalls nicht offen, sondern verdeckt ausgetragen, etwa anhand von Herausforderungen auf der Ebene formaler Entscheidungsverfahren. Meist handelte es sich dabei um Versuche, Regelungslücken und Funktionsdefizite der formalen Ordnung gezielt für die Schaffung von Präzedenzfällen auszunutzen, etwa als Li Denghuis Stellung als Nachfolger mit Hilfe von Reformen der innerparteilichen Nominierungsverfahren untergraben werden sollte. Auf Taiwan waren die höchsten Führungsakteure an solchen Initiativen, anders als in der VR China, zumeist selbst direkt beteiligt, doch auch sie nutzten eigene Klientelnetzwerke und spontan gebildete „Meinungsgruppen", um auf mittleren und unteren Systemebenen Unterstützung zu mobilisieren. Im Verlauf der Transformation entwickelte sich auf Taiwan jedoch allmählich ein zunehmend offener und konfrontativer Konfliktstil, der immer stärker von den Beschränkungen der leninistischen und traditionellen Verhaltensnormen Abstand nahm. Absichtsvolle Brüche mit solchen Normen, wie sie etwa Song Chuyu im Führungskonflikt von 1988 und 1990 praktiziert hatte, mögen dazu beigetragen haben, doch auch die Aktivitäten der Opposition, die ihren geringen *formalen* Einfluß auf Entscheidungen zum Teil durch spektakulären, öffentlichkeitswirksamen Einsatz körperlicher und verbaler Gewalt kompensierte, begünstigten die Entstehung eines im internationalen Vergleich harten politischen Konfliktstils, der bis heute direkte Konfrontation und persönliche Angriffe einschließt.

Bei den beiden untersuchten Konflikten über Fragen der politischen Grundordnung zeigte sich, daß bei Fragen der Systemreform neben den Interessen der höchsten Führungsakteure auch die jeweils direkt betroffenen bürokratischen Organe relevant waren, die Akteurskonstellation somit im Vergleich zu reinen Nachfolgekonflikten weiter gefaßt werden mußte. Bürokratische Aushandlungsprozesse zwischen solchen Organen und der Führung konnten den Verlauf der Reformprozesse besonders in Phasen geringen *äußeren* Drucks maßgeblich prägen. In China wie in Taiwan kam den informellen bürokratischen Konfliktverfahren – etwa der Blockade, Verschleppung oder Beförderung einzelner Reforminitiativen – somit eine relativ große Bedeutung zu. Kompetenzstreitigkeiten und Interessenkonflikte zwischen formalen Organisationen waren sehr bedeutend, wie sich etwa am Beispiel der Auseinandersetzungen zwischen Nationalversammlung und Legislativyuan in Taiwan oder an der Verweigerungshaltung der Staatlichen Planungskommission und der ZK-Organisationsabteilung gegenüber der politischen Reforminitiative Zhao Ziyangs zeigte. Allerdings kam es im Fall einer starken Zuspitzung der Handlungsbedingungen, wie dies in China mehrfach durch gesellschaftliche Protestbewegungen gegeben war, meist sehr schnell zu einer hochgradigen *Zentralisierung* der Entscheidungsprozesse, in denen höchste Führungsakteure die Kontrolle übernahmen und bürokratische Interessen im Vergleich dazu in den Hintergrund drängten.

In beiden Systemen spielten – besonders in Zeiten krisenhafter Zuspitzung – *symbolische Handlungen* der Führung eine große Rolle. Während in China vor allem förmliche, kollektive Unterstützungserklärungen der höchsten Führungsspitze (etwa durch offizielle Verabschiedung in Form zentraler Dokumente) Entscheidungen symbolisch wirksam legitimieren konnten, um Widerstände in untergeordneten Organen zu überwinden, kam es in Taiwan primär darauf an, nach außen hin durch symbolische Konsultationsprozesse möglichst viele beteiligte Akteure formal in die Aushandlung eines *Grundkonsenses* einzubeziehen, der danach im Implementierungsprozeß nahezu beliebig ausgestaltet werden konnte. Wegen des unverbindlichen Charakters dieser Kompromisse scheint weniger der genaue Inhalt, sondern eher die Art und Weise ihres Zustandekommens entscheidend zu sein. Trotz der – gemessen am Verlauf der bisher unbefriedigend gelösten Verfassungsreform – anscheinend geringen *Effizienz* solcher symbolischen Konsensverhandlungen etablierte sich auf Taiwan die Einberufung „nationaler Entwicklungskonferenzen" unter Einbeziehung zahlreicher politischer, wirtschaftlicher und gesellschaftlicher Akteure als Teil einer Standardreaktion der Führung auf Krisensituationen jeglicher Art. Substanzielle Entscheidungen wurden jedoch zumeist nicht auf diesen Konferenzen selbst getroffen, sondern zeitgleich oder später im Rahmen intransparenter Geheimverhandlungen zwischen wenigen Führungsakteuren, wobei dann naturgemäß die Eigeninteressen der betreffenden Akteure größeres Gewicht hatten als am Gemeinwohl orientierte, prinzipielle Erwägungen.

Von sehr großer Bedeutung für den Ausgang konfliktträchtiger Entscheidungssituationen in beiden Systemen war jeweils die *informelle* Autorität der beteiligten Führungspersonen. Eine vergleichende Analyse der jeweiligen formalen Machtpositionen allein reichte in beiden Systemen nicht aus, um den Ausgang von Führungskonflikten zu prognostizieren. Zum Teil waren formale Machtpositionen sogar nicht einmal Voraussetzung dafür, Entscheidungen autoritativ durchzusetzen, wie sich am Beispiel des Wirkens von Deng Xiaoping und anderer Parteiältester vor 1978 und Ende der achtziger Jahre zeigte. Allerdings wies das taiwanische System auch hier graduelle Unterschiede zum chinesischen System auf, da nach dem Tod Jiang Jingguos, dem noch eine mit Deng Xiaoping vergleichbar große informelle Autorität im System zuerkannt worden war, und nach dem Aufstieg jüngerer taiwanischer Eliten in die Führungsspitze die alten Bastionen informeller Macht im System zunehmend an Bedeutung verloren. Li Denghuis Autorität nach der Konsolidierung der Machtzentrale gründete sich nicht so sehr

4.3 Ergebnisse: Informelle Regeln in Führungskonflikten Chinas und Taiwans

auf seinen informellen Status in der Parteiorganisation, sondern auf die erfolgreiche Bewältigung machtpolitischer Herausforderungen, auf die große öffentliche Unterstützung für seine Person, auf die geschickt betriebene Ausbreitung seiner informellen Unterstützerbasis im Partei- und Regierungsapparat durch personalpolitische Umstrukturierungen sowie auf die sichtbaren Erfolge der von ihm verfolgten Reformpolitik. Da nach dem Tod nahezu aller Mitglieder der chinesischen Gründergeneration in den neunziger Jahren zu beobachten ist, daß auch in China die Bedeutung des „informellen Status" und „revolutionären Charisma" zugunsten meßbarer Erfolgskriterien zurückgeht, ist zugleich eine stärkere Formalisierung von Entscheidungsprozessen analog zur Entwicklung der taiwanischen GMD nach 1988 zu erwarten, während erratische Interventionen der Parteiältesten vermutlich der Vergangenheit angehören.

5 Schlußfolgerungen

Gegenstand dieser Untersuchung war die Frage, in welcher Weise politische Entscheidungsprozesse in der VR China und Taiwan von informellen Institutionen und Organisationen geprägt worden sind. Durch Vergleich von vier Fallbeispielen wurde versucht, Ähnlichkeiten und Unterschiede in der Ausprägung informeller Entscheidungsverfahren in diesen beiden Staaten des chinesischen Kulturkreises festzustellen. Gemeinsam war beiden Systemen im Untersuchungszeitraum demnach eine große Verbreitung vielfältiger informeller Institutionen in politischen Prozessen sowohl der Tagespolitik als auch der „außergewöhnlichen" Politik in Zeiten erhöhten Drucks auf das System. Dies korrespondiert mit einer in beiden Staaten beobachtbaren Schwäche der formalen Institutionen, da Verfassungen und Statuten weder in China noch in Taiwan eine dem westlichen Verständnis entsprechende, unangefochtene Rolle als normative Grundlage allen politischen Handelns zugestanden wird. Die Ursachen hierfür liegen zum Teil im leninistischen bzw. autoritären Erbe beider Systeme, in denen die informelle, absolute Macht einzelner Führungsakteure und die Sonderstellung der Partei im System dafür sorgten, daß Entscheidungen der Führungsakteure der Bedeutung formaler Institutionen stets übergeordnet wurden. Eine andere Ursache waren in beiden Systemen besondere historische Faktoren, in China etwa der umfassende Ordnungszusammenbruch während der Kulturrevolution, der die Autorität der formalen Institutionen und Organisationen nachhaltig beschädigte, und in Taiwan die jahrzehntelange Außerkraftsetzung der formalen Verfassungsvorschriften im Zuge des Ausnahmezustandes. Folge dieser Schwächung formaler Institutionen ist ein Vorherrschen zahlreicher informeller Regeln und Verfahren in weiten Teilen der beiden politischen Systeme, die sich auch im Zuge der jeweiligen Transformationsprozesse behaupten konnten und sich als schwer reformierbar erwiesen haben. Dazu gehörten in China die Funktion einer Gruppe formal im Ruhestand befindlicher Parteiältester als faktisches Machtzentrum und in Taiwan die Dominanz lokaler klientelistischer Netzwerkakteure sowie die Ausbreitung ihrer zum Teil ungesetzlichen Aktivitäten auf immer höhere Entscheidungsebenen, die trotz zahlreicher Reformversuche nicht eingedämmt werden konnten. Formale Institutionen haben bis heute trotz aller Fortschritte eher den Charakter von Empfehlungen als von unumstößlichen, unter allen Umständen zu befolgenden Normen. Dies verleitet politische Akteure dazu, in jeder Situation nach neuen informellen Wegen zur Durchsetzung ihrer Interessen zu suchen und formale Verfahren bei Bedarf einfach zu revidieren oder ganz zu ignorieren, wie dies besonders in der VR China mehrfach geschah.

In der VR China sind die leninistischen Organisationsprinzipien bisher noch weitgehend intakt und lösen bei den an Konflikten beteiligten Akteuren die dafür typischen informellen Ausweichstrategien aus. Das leninistische Faktionsverbot zwingt die Akteure zu verdeckten Verfahren der Konfliktaustragung, und die große Bedeutung ideologischer Legitimität ermöglichte zumindest in der frühen Phase der Reform- und Öffnungspolitik die Verlagerung von Programmkonflikten in den Bereich der ideologischen Diskussion, was sich unter anderem durch die große Bedeutung legitimierender „zentraler Dokumente" als Ausdruck des kollektiven Willens der Parteiführung auswirkte. Die für leninistische Systeme typischen Probleme bei der Lösung von Nachfolgefragen und personalpolitischen Auseinandersetzungen existierten auch in der VR China, auch wenn sich im Zuge der zunehmend konsolidierten Machtzentrale der neunziger Jahre bislang keine weiteren harten Nachfolgekonflikte mehr ergeben haben. Ein durch komplementäre kulturelle Normen noch verstärktes Gebot zur Konfliktvermeidung und zur Wertschätzung von Seniorität und persönlicher Autorität höchster Führungspersonen verstärkt die Tendenzen des leninistischen Systems zur Geringschätzung positiven Rechts und formaler Normen.

Auch auf Taiwan gehört die Schwäche formaler Verfassungsinstitutionen, die sich als schweres Konsolidierungshindernis der Demokratie erwiesen hat, zu den Erblasten des autoritären, quasi-leninistischen Systems. Verstärkt wurde dies durch die Sondersituation Taiwans als kleinerer und in seiner Existenz latent bedrohter Teil einer geteilten Nation, dessen Regierung den Ausnahmezustand gezielt zur Errichtung und Aufrechterhaltung eines repressiven autoritären Staates ausnutzte. Die hierarchische Koordination in der GMD, das Prinzip der Machtkonzentration in Staats- und Parteiführungsorganen sowie eine Neigung zur Bildung informeller ad-hoc-Gruppierungen müssen als Folgen des leninistischen Erbes der GMD angesehen werden. Im Zuge der Demokratisierung hat jedoch die Abkehr vom leninistischen Erbe im Zusammenwirken mit der Pluralisierung der politischen und gesellschaftlichen Sphäre dazu geführt, daß die öffentliche Meinung von den Führungsakteuren nicht mehr ignoriert werden kann und alternative Programme offen miteinander um Wählerunterstützung konkurrieren müssen. Wahlen haben daher eine wichtige Funktion nicht nur als Rückkoppelungsmechanismus, sondern auch als Arena innerparteilicher Machtkämpfe, und konnten zusehends alte Legitimationsquellen wie etwa informellen Status und „revolutionäres Charisma" ersetzen, wie sich am Beispiel Li Denghuis zeigen ließ. Dabei haben jedoch die institutionellen Erblasten der autoritären Ära, etwa die klientelistische Einbindung lokaler Eliten durch zentral kontrollierte Lokalfaktionen, einige schwer zu beseitigende Probleme im System hinterlassen, die bis heute die weite Verbreitung krimineller Organisationen und illegaler Praktiken besonders in der lokalpolitischen Sphäre begünstigen. Da sich auch in der VR China ein zunehmender Kontrollverlust der Parteiorganisationen auf lokaler Ebene abzeichnet, die zum Teil von traditionellen Organisationsformen unterwandert werden (darunter spirituelle Geheimgesellschaften, Klanorganisationen und organisierte Kriminalität), könnte sich in der VR China langfristig eine ähnliche „schleichende Unterwanderung" der zentralen Entscheidungsebenen durch mächtige Lokalakteure entwickeln. Voraussetzung dafür wäre allerdings eine Ausweitung echter lokaler Konkurrenzwahlen und eine Stärkung der lokalen Verwaltungsautonomie, da dies die Verteilung materieller Anreize an die Wähler erleichtern und der Bildung von „Wahlkampfmaschinen" Vorschub leisten würde. Bei der Analyse der Fallstudien wurde nach den Strategien und Vorgehensweisen der Schlüsselakteure gefragt, um dadurch auf die zugrundeliegenden informellen Verhaltensnormen zu schließen. Es wurde zudem versucht, informelle Organisationsbestrebungen der Akteure typologisch zu erfassen und im Kontext der verschiedenen verfügbaren Analyseansätze (Faktionalismus-Ansätze, Netzwerkanalyse etc.) terminologisch einzuordnen. Dabei stellte sich heraus, daß der in der Chinaforschung für Führungskonflikte gegenwärtig dominierende Faktionalismus-Ansatz zwar im Hinblick auf das Machtkampfverhalten der Akteure angewendet werden kann, dabei jedoch in der Regel Machtinteressen im Vergleich zu programmatischen Verhaltensmotivationen überbewertet werden, ohne daß dies gerechtfertigt wäre. Zudem vereinfacht diese Sichtweise die in der Regel wesentlich komplexeren Interaktionen in der Führungskonstellation zu stark und ordnet einzelne Führungsakteure mitunter willkürlich einem „Lager" zu, ohne abweichende Verhaltensweisen in anderen vergleichbaren Fällen hinreichend zu berücksichtigen. Auch konnte bei der Analyse der ausgewählten Entscheidungsprozesse keine klare Trennung zwischen den *Machtinteressen* informeller Gruppen und ihren *programmatischen* Anliegen festgestellt werden. Beide Handlungsmotivationen waren nahezu ausnahmslos eng miteinander verknüpft, was der von Nathan (1973) und anderen vertretenen These widerspricht, daß die chinesische Politik von weitgehend ideologiefreien, rein an Machtgewinn und Machterhalt interessierten „Faktionen" dominiert sei. Echter Faktionalismus scheint somit ein eher marginales Phänomen in chinesischen Führungskonflikten zu sein. Dagegen ließen sich zahlreiche Beispiele für programmatische Koalitionen von Führungsakteuren auffinden, die zum Teil stärker, zum Teil loser organisiert waren und in Phasen programmatischer Konfrontation als Konfliktparteien auftraten. Solche Gruppierungen kamen in vielen unterschiedlichen Erscheinungsformen vor, darunter klientelistisch strukturierte Netzwerke (etwa Hu Yaobangs Netzwerk an der Zentralen Parteischule) und wenig dauerhafte, ad hoc gebildeten Gruppierungen von Führungsakteuren ähnlicher Grundüberzeugung (etwa die taiwanische „Stimmzettel-Fraktion" der Herausforderer Li Denghuis 1990). Allen diesen Gruppierungen war jedoch gemeinsam, daß sie einer real vorhandenen programmatischen Spaltung in der Führung sichtbaren Ausdruck verliehen.

Klientelistische Tausch- und Patronagenetzwerke scheinen auf den mittleren und unteren Systemebenen beider Staaten weit verbreitet zu sein und machen sich besonders in eher technischen, routinemäßigen Vorgängen der Tagespolitik bemerkbar. In Führungskonflikten können solche Netzwerke, die über informelle Kanäle mit höchsten Führungsakteuren verbunden sein können, jedoch ebenfalls größere Bedeutung als Reservoir zur Mobilisierung von Unterstützung aus unteren Systemebenen erlangen. Neben solchen informellen Netzwerken spielten auch die formalen und informellen Prozesse bürokratischer Aushandlung zwischen formalen Organisationen eine wichtige Rolle in der Tagespolitik, besonders bei der *Umsetzung* zentraler Initiativen, so daß auf diesen Systemebenen von einem organisatorischen Dualismus ausgegangen werden muß, in dem formale Organe und informelle Netzwerke untrennbar miteinander verknüpft sind und sich wechselseitig beeinflussen und durchdringen.

Uneindeutig ist der Befund für die untersuchten Prozesse im Hinblick auf die Bedeutung der politischen Kultur. Weder in der Tagespolitik noch in den untersuchten Führungskonflikten konnten überzeugende Belege dafür aufgefunden werden, daß kulturelle Normen einen signifikanten Einfluß auf das Verhalten der Führungsakteure ausübten. Zwar ist die Frage nicht eindeutig zu klären, ob Phänomene wie die informelle Autorität eines „Höchsten Führers" oder die Norm der Vermeidung offener Konflikte in KPCh und GMD jeweils auf *leninistische* oder primär auf *traditionell-kulturelle* Einflüsse zurückzuführen sind. Ähnliche Phänomene in anderen leninistischen Parteien legen jedoch nahe, daß der kulturelle Faktor höchstens ergänzend hinzutritt und vor allem die *symbolische Repräsentation* dieser Phänomene beeinflußt, nicht so sehr die Substanz dieser Institutionen. Für die eher geringe Bedeutung traditionell-kultureller Normen zumindest in Taiwan spricht die Tatsache, daß das Konfliktverhalten der GMD-Führung sich unter den Bedingungen eines demokratischen Transformationsprozesses innerhalb eines sehr kurzen Zeitraums von nur wenigen Jahren grundlegend wandelte. Dies wäre nach der Annahme einer langfristig hohen *Stabilität* der politischen Kultur nicht zu erwarten. Die kulturelle Tradition scheint in beiden Staaten eher als Reservoir symbolischer Codes gedient zu haben, etwa wenn Protestbewegungen wie die Studentenbewegung von 1989 sich explizit historischer Vorbilder bedienten, um die Rechtmäßigkeit ihrer Ansprüche an die Führung zu untermauern. Das konkrete Verhalten einzelner Führungsakteure in Konfliktsituationen konnte jedoch stets sehr gut anhand rationaler Interessen und institutioneller Zwänge erklärt werden, so daß keine Notwendigkeit bestand, zur Erklärung ihres Verhaltens auf „spezifisch chinesische" kulturelle Prägungen zurückzugreifen.

Zur Beantwortung der Frage, welche der sozialwissenschaftlichen Analysekonzepte zur Untersuchung informeller Institutionen und Organisationstypen in China besonders gut geeignet sind, läßt sich somit je nach Untersuchungsgebiet eine differenzierte Aussage treffen. Während einige unter den dominierenden Analyseansätzen eher für tagespolitische Phänomene geeignet sind (etwa bürokratische Aushandlung und Netzwerkanalyse), können sie bei der Untersuchung krisenhafter Entscheidungsprozesse unter den Bedingungen einer stark verkleinerten Akteurskonstellation und hochzentralisierter Autoritätsstrukturen nur eine untergeordnete Rolle spielen. Ansätze, die sich der Analyse individueller Interaktionen der Führungsakteure verschrieben haben (Machtkampf- und *policy conflict*-Ansätze), kommen hier weit eher zum Tragen. Diese Ansätze sind bei der Analyse von Führungsnachfolgekonflikten oder Konflikten über die politische

5 Schlußfolgerungen

Grundordnung besser geeignet, die wesentlichen Charakteristika der Konfliktaustragung zu erfassen, da sie stärker auf individuelles Akteurshandeln bezogen sind. Allerdings ist bei ihrer Anwendung eine übermäßige Reduzierung der Motive und Strategien der Akteure auf Machtkampfinteressen, wie dies von einigen Vertretern faktionalistischer Ansätze betrieben wird, zu vermeiden.

Zur Frage der *Ursachen* für die Herausbildung einer bestimmten informellen Ordnung konnte gezeigt werden, daß es vor allem systemische Charakteristika zu sein scheinen, die für die Entstehung bestimmter informeller Institutionen verantwortlich sind. Die durch das leninistische Grundmodell und die Schwäche formaler Normen vorgegebenen Anreize haben jeweils typische *informelle* Verhaltensweisen zur Folge. Das Vorhandensein dysfunktionaler formaler Normen auf der einen und unzureichender Sanktionen gegen Zuwiderhandlung auf der anderen Seite ruft nahezu zwangsläufig Umgehungsstrategien der Akteure hervor, die die Lücken des Systems zu ihrem eigenen Vorteil ausnutzen. Dies zeigte sich in Taiwan etwa an der Etablierung der Lokalfaktionen und zahlreicher krimineller Erscheinungen als Folge des speziellen Wahlsystems. Der Zusammenhang zwischen zum Mißbrauch förmlich einladenden formalen Regeln und daraus folgenden institutionellen Ausweichstrategien der Akteure läßt sich in vielen politischen Systemen beobachten und ist kein typisch chinesisches Phänomen.

Anhand der durchgeführten Untersuchung wurde deutlich, daß informelle Institutionen, aber auch informelle Organisationsformen bei der Austragung politischer Konflikte auf allen Systemebenen eine sehr wichtige Rolle spielten. Informelle Organisationen müssen neben den formalen Organen eines Staates und den individuellen Führungsakteuren deshalb als dritter wichtiger Bestandteil der Akteurskonstellation berücksichtigt werden, da Entscheidungsprozesse sonst nicht vollkommen verständlich sein können. Die informellen Institutionen wiederum stellen einen Teil der beeinflussenden Handlungsanreize für die Akteure dar, die im Zusammenwirken mit anderen Faktoren die Wahrnehmung von Handlungsalternativen beeinflussen und den Akteuren Möglichkeiten zur Umgehung formaler Restriktionen eröffnen. Weitere Arten von Handlungsanreizen, die die Wahrnehmung eines Problems und der Lösungsalternativen aus Sicht der Akteure beeinflussen können, sind formale Handlungsvorschriften, das durch Zufallsereignisse und externe Faktoren geprägte Handlungsumfeld, formale und informelle Autoritätsstrukturen zwischen Organisationen und Einzelakteuren sowie möglicherweise individuelle, psychische Faktoren, etwa subjektive Wertvorstellungen, verinnerlichte Verhaltensregeln oder von außen an die Akteure herangetragene Rollenerwartungen. Alle diese Faktoren entscheiden darüber, welche Handlungsalternativen von den Akteuren wahrgenommen werden, welche Formen der informellen Kooperation und Konfrontation mit anderen Akteuren sie wählen und welche Handlungsalternativen überhaupt in Betracht gezogen werden. Das institutionelle Umfeld entscheidet demnach mit darüber, wie ein Akteur eine Situation analysiert und verarbeitet und welche Handlungsoption er wählt.

Gut systematisch analysierbare Handlungsmotivationen umfassen etwa die Präferenzen der Akteure, die sich aus ihren rationalen Interessen herleiten lassen, die sich etwa aus der formalen und informellen Position im System (Identifikation des Akteurs mit den Interessen der eigenen formalen oder informellen Organisation) oder aus Anreizen zur Abschöpfung materieller oder immaterieller Güter ergeben. Schwieriger ist die Analyse von stark subjektiv geprägten, psychischen Motivationen, die jedoch nur auf der Ebene höchster Entscheidungsträger eine größere Rolle spielen.

Der Vergleich wesentlicher Wendepunkte des chinesischen und taiwanischen Transformationsprozesses hat interessante Unterschiede zwischen beiden Systemen aufgezeigt, die jedoch nicht hinreichend erklären, warum etwa kritische Wendepunkte auf Taiwan durchgängig weniger disruptiv bewältigt werden konnten als in der VR China. Insofern ist Chen Mingtong zuzustimmen, daß im taiwanischen Transformationsprozeß eine ganze Reihe „Zufallsfaktoren in der Geschichte" (*lishi de ouran yinsu*) verantwortlich für den im internationalen Vergleich reibungsarmen Verlauf der „ausgehandelten Transformation" waren, in deren Ablauf eine autoritäre Führung freiwillig große Teile ihrer Machtbefugnisse aufgab (Chen Mingtong 2001: 12). Die Erfolge der taiwanischen Transformation lediglich dem Verdienst einzelner Akteure oder vorgeblich besser funktionierenden formalen Institutionen zuzuschreiben, scheint im Lichte der vorliegenden Untersuchung somit nicht gerechtfertigt. Auch ist die Einschätzung von Dickson wahrscheinlich korrekt, daß der Weg einer von oben ausgehandelten Transformation als Entwicklungsperspektive für die VR China eher unwahrscheinlich ist: „the future of the CCP is unlikely to be found in the recent experience of the KMT" (Dickson 1997: 242). Die Entwicklung eines politischen Systems verläuft nicht linear, sondern „pfadabhängig", und die relative Bedeutung einzelner Faktoren innerhalb des komplexen Geflechts von Instutionen, objektiven Rahmenbedingungen und Zufallsereignissen läßt sich nicht mit naturwissenschaftlicher Präzision messen und gewichten. Dies erschwert die Prognose zukünftiger Entwicklungen auf der Basis von Hochrechnungen gegenwärtiger Tendenzen erheblich und macht sie vielleicht sogar ganz und gar unmöglich. Allerdings können anhand solcher Tendenzen, die sich durch die gründliche Analyse vergangener Entwicklungen identifizieren lassen, alternative Entwicklungsszenarien aufgezeigt und verglichen werden, so daß auch die Analyse zurückliegender Entscheidungsprozesse wertvoll für das Verständnis zukünftiger Entwicklungsperspektiven eines Systems sein kann.

6 Literaturverzeichnis

Almond, Gabriel A./ Verba, Sidney 1989 [1963]: *The Civic Culture. Political Attitudes and Democracy in Five Nations*, London: Sage.
Arnim, Hans Herbert von 2001: *Das System. Die Machenschaften der Macht*, München: Droemer Knaur.
Balcerowicz, Leszek 1995: *Socialism, Capitalism, Transformation*, Budapest u.a.: Central European University Press.
Barnard, Chester I. 1970: *Die Führung großer Organisationen*, Originaltitel: The Functions of the Executive, übers. Karl W. Boetticher, Essen: Girardet.
Barnett, A. Doak 1985: *The Making of Foreign Policy in China. Structure and Process*, London: I.B. Tauris & Co.
Baum, Julian 1999: "Shady Dealings. Taiwan's Grey Stockmarket is Big Business", in: *Far Eastern Economic Review*, 13.05.1999.
Baum, Richard 1994: *Burying Mao: Chinese Politics in the Age of Deng Xiaoping*, Princeton: Princeton University Press.
Becker, Jasper 2001: "Secret Documents: Fact or Fiction?", SCMP, 15.1.2001, Internet-Ausgabe.
Beh, Su-Ping 1998: *Vom Ursprung politischer Kontrolle in ihren zeitlosen Dimensionen geistigen Verfassungslebens. Ein Vergleich zwischen der Bundesrepublik Deutschland und der Republik China auf Taiwan auf der Basis einer geisteswissenschaftlichen Untersuchung der institutionellen Verfassungswirklichkeit*, Europäische Hochschulschriften Bd. 2395, Frankfurt am Main et al.: Peter Lang.
Beyme, Klaus von 1991: „Informelle Komponenten des Regierens", in: Hartwich, Hans-Hermann/ Wewer, Göttrik (Hg.) 1991: *Regieren in der Bundesrepublik II. Formale und informale Komponenten des Regierens in den Bereichen Führung, Entscheidung, Personal und Organisation*, Opladen: Leske + Budrich, S. 31-50.
Böhret, Carl/ Wewer, Göttrik 1993: *Regieren im 21. Jahrhundert. Zwischen Globalisierung und Regionalisierung*, Opladen: Leske + Budrich.
Bonus, Holger/Maselli, Anke 1997: „Neue Institutionenökonomik", in: Gabler Wirtschaftslexikon, 14. Auflage, Band 6: L-N, Wiesbaden: Gabler, S. 2742-2744.
Brecht, Marion 1990: *Taiwans 'Cathay'-Skandal. Staatliche Reglementierung und privatwirtschaftlicher Missbrauch*, Bochum: Brockmeyer.
Brødsgaard, Kjeld Erik/ Young, Susan (Hg.) 2000: *State Capacity in East Asia. Japan, Taiwan, China, and Vietnam*, Oxford: Oxford University Press.
Burns, John P. 1989: *The Chinese Communist Party Nomenklatura System: A Documentary Study of Party Control of Leadership Selection*, Armonk/London: M.E. Sharpe.
Caciagli, Mario 1997: „Klientelismus", in: Nohlen, Dieter/ Waldmann, Peter/ Ziemer, Klaus 1997: *Die östlichen und südlichen Länder*, Lexikon der Politik, Bd. 4, Hg. von Dieter Nohlen, München: Beck, S. 292–297.
Champion, Steven R. 1998: *The Great Taiwan Bubble. The Rise and Fall of an Emerging Stock Market*, Berkeley, Ca.: Pacific View Press.
Chang, Parris H. 2001: "Changing of the Guard", in: *The China Journal* 45, January 2001, S. 37-43.

Chang, Ya-chung 1992: *Transitions from Authoritarianism to Democracy in Taiwan – a View From Legitimacy,* Doktorarbeit, Fachbereich Philosophie und Sozialwissenschaften, Universität Hamburg.
Chao, Linda/ Myers, Ramon H. 1998: *The First Chinese Democracy: Political Life in the Republic of China on Taiwan,* Johns Hopkins University Press.
Chen, Chun-Ming 1995: *Party Politics and Democratic Transition in Taiwan (1986-1994),* Doktorarbeit, State University of New York at Buffalo.
Chen, Mingtong 陳明通 2001: 派系政治與台灣政治變遷 (*Paixi zhengzhi yu Taiwan zhengzhi bianqian; Faktionspolitik und Taiwans politische Entwicklung*), 2. Auflage, Taipei: Xin ziranzhuyi.
Chen, Roujin 陳柔縉 1999: 台灣權貴家族。總統的親戚 (*Taiwan quangui jiazu. Zongtong de qinqi;* Die Potentaten Taiwans: Die Verwandtschaft des Präsidenten), Taipei: Shibao wenhua.
Chen, Yizi 陳一諮 1990: 中國：十年改革與八九民運 – 北京六四屠殺的背後 (*Zhongguo: shinian gaige yu bajiu minyun – Beijing liusi tusha de beihou;* China: Zehn Jahre Reformen und die Protestbewegung von 1989 – Der Hintergrund des Beijinger Massakers vom 4. Juni), Taipei: Lianjing.
Chen, Yizi 1995: "The Decision Process Behind the 1986-1989 Political Reforms", in: Hamrin, Carol Lee/ Zhao, Suisheng (Hg.) 1995: *Decision-Making in Deng's China: Perspectives from Insiders,* Armonk: M.E. Sharpe, S. 133-152.
Cheng, T. J./ Chou, T. C. 2000: "Informal Politics in Taiwan", in: Dittmer, Lowell/ Fukui, Haruhiro/ Lee, Peter N.S. (Hg.) 2000: *Informal Politics in East Asia,* Cambridge: Cambridge University Press, S. 42-65.
Cheng, Tun-jen/ Huang, Chi/ Wu, Samuel S.G. (Hg.) 1995: *Inherited Rivalry. Conflict Across the Taiwan Straits,* Boulder/ London: Lynne Rienner.
Cheng, Tun-jen/ Womack, Brantly 1996: "General Reflections on Informal Politics in East Asia", in: *Asian Survey* 36 (1996) 3, März 1996, S. 320-37.
Cheng, Xiaonong 1995: "Decision and Miscarriage: Radical Price Reform in the Summer of 1988", in: Hamrin, Carol Lee/ Zhao, Suisheng (Hg.) 1995: *Decision-Making in Deng's China: Perspectives from Insiders,* Armonk: M.E. Sharpe, S. 189-204.
Cheng, Yuhuang 程玉凰/ Li, Fuzhong 李福鐘 (Hg.) 2002: 國會改造。戰後台灣民主運動史料彙編 (*Guohui gaizao. Zhanhou Taiwan minzhu yundong shiliao huibian 6;* Congressional Reformation 1972-1991, Documentary Collection on Democratization Movement of Postwar Taiwan Vol. 6), Xindian, Taipei: Guoshiguan yinhang.
Cheng, Zhongyuan 程中原/ Wang, Yuxiang 王玉祥/ Li, Zhenghua 李正華 1998: 1976–1981年的中國 (*1976–1981 nian de Zhongguo;* China 1976–1981), Beijing: Zhongyang wenxian chubanshe.
Cheung, Peter T.Y. 1998: "Introduction: Provincial Leadership and Economic Reform in Post-Mao China", in: Cheung, Peter T.Y./ Chung, Jae Ho/ Lin, Zhimin (Hg.) 1998: *Provincial Strategies of Economic Reform in Post-Mao China: Leadership, Politics, and Implementation,* Armonk, N.Y./London: ME Sharpe, S. 3-46.

Cheung, Peter T.Y./ Chung, Jae Ho/ Lin, Zhimin (Hg.) 1998: *Provincial Strategies of Economic Reform in Post-Mao China: Leadership, Politics, and Implementation,* Armonk, N.Y./London: ME Sharpe.
Chu, Yun-han 1992: *Crafting Democracy in Taiwan,* National Policy Research Series No. 2, Taipei: Institute for National Policy Research.
Chu, Yun-han 1999: "The Challenges of Democratic Consolidation", in: Tsang, Steve/ Tien, Hung-mao 1999: *Democratization in Taiwan: Implications for China,* Houndsmills u.a.: Macmillan Press u.a., S. 148-167.
Chung, Jae Ho 1993: *The Politics of Policy Implementation in Post-Mao China: Central Control and Provincial Autonomy under Decentralization,* Doktorarbeit, University of Michigan.
Clarke, Christopher M. 1987: "Changing the Context for Policy Implementation: Organizational and Personnel Reform in Post-Mao China", in: Lampton, David M. (Hg.) 1987: *Policy Implementation in Post-Mao China,* Berkeley u.a.: University of California Press, S. 25-47.
Copper, John F. 1997: *The Taiwan Political Miracle. Essays on Political Development, Elections and Foreign Relations,* Lanham/New York/Oxford: East Asia Research Institute and University Press of America, Inc.
Dai, Huang 戴煌 1998: 胡耀邦与平反冤假错案 (*Hu Yaobang yu pingfan yuan jia cuo an;* Hu Yaobang und die Revision der ungerechten, falschen und manipulierten Kaderurteile), Beijing: Xinhua chubanshe.
Deng, Maomao [Deng Rong] 1995: *My Father Deng Xiaoping,* übers. Lin Xiangming u.a., New York: Basic Books.
Derlien, Hans-Ulrich 1990: „'Regieren' – Notizen zum Schlüsselbegriff der Regierungslehre", in: Hartwich, Hans-Herrmann/ Wewer, Göttrik (Hg.) 1990: *Regieren in der Bundesrepublik I. Konzeptionelle Grundlagen und Perspektiven der Forschung,* Opladen: Leske und Budrich, S. 77-88.
Dickson, Bruce 1992: "What Explains Chinese Political Behaviour? The Debate over Structure and Culture (Review Article)", in: *Comparative Politics* 25 (October 1992) 1, S. 103-118.
Dickson, Bruce 1997: *Democratization in China and Taiwan: The Adaptability of Leninist Parties,* Studies on Contemporary China, Oxford: Clarendon Press.
Dickson, Bruce 1999: "Leninist Adaptability in China and Taiwan", in: Winckler, Edwin A. (Hg.) 1999: *Transition from Communism in China. Institutional and Comparative Analyses,* Boulder/London: Lynne Rienner, S. 49-77.
Dickson, Bruce 2000: "The Evolution of the State in the Republic of China on Taiwan", in: Shambaugh, David (Hg.) 2000b: *The Modern Chinese State,* Cambridge: Cambridge University Press, S. 73-104.
Dittmer, Lowell 1978: "Bases of Power in Chinese Politics: A Theory and an Analysis of the Fall of the Gang of Four", in: *World Politics* 31 (October 1978) 1, S. 26-60.
Dittmer, Lowell 1987: *China's Continuous Revolution. The Post-Liberation Epoch 1949-1981,* Berkeley u.a.: University of California Press.
Dittmer, Lowell 1990: "Patterns of Elite Strife and Succession in Chinese Politics", in: *The China Quarterly* 123 (September 1990), S. 405-430.
Dittmer, Lowell 1994: *China under Reform,* Boulder u.a.: Westview Press.

Dittmer, Lowell 1995a: "Chinese Informal Politics", in: *The China Journal* (July 1995) 34, S. 1-34.
Dittmer, Lowell 1995b: "Informal Politics Reconsidered", in: *The China Journal* (July 1995) 34, S. 193-205.
Dittmer, Lowell 2000a: "Informal Politics Among the Chinese Communist Party Elite", in: Dittmer, Lowell/ Fukui, Haruhiro/ Lee, Peter N.S. (Hg.) 2000: *Informal Politics in East Asia,* Cambridge: Cambridge University Press, S. 106-140.
Dittmer, Lowell 2000b: "Conclusion: East Asian Informal Politics in Comparative Perspective", in: Dittmer, Lowell/ Fukui, Haruhiro/ Lee, Peter N.S. (Hg.) 2000: *Informal Politics in East Asia,* Cambridge: Cambridge University Press, S. 290-308.
Dittmer, Lowell 2001: "Review Article: The Tiananmen Papers", in: *The China Quarterly* 166 (Juni 2001), S. 476-483.
Dittmer, Lowell/ Fukui, Haruhiro/ Lee, Peter N.S. (Hg.) 2000: *Informal Politics in East Asia,* Cambridge: Cambridge University Press.
Dittmer, Lowell/ Lu, Xiaobo 2000: "Organizational Involution and Sociopolitical Reform in China: An Analysis of the Work Unit", in: Dittmer, Lowell/ Fukui, Haruhiro/ Lee, Peter N.S. (Hg.) 2000: *Informal Politics in East Asia,* Cambridge: Cambridge University Press, S. 185-214.
Dittmer, Lowell/ Wu, Yu-shan 1995: "The Modernization of Factionalism in Chinese Politics", in: *World Politics* 47 (July 1995), S. 467-494.
Domes, Jürgen 1977: "The Gang of Four and Hua Kuo-feng: Analysis of Political Events in 1975-76", in: *The China Quarterly* 71 (September 1977), S. 473-497.
Domes, Jürgen 1985: *The Government and Politics of the PRC: A Time of Transition,* Boulder/ London: Westview Press.
Domes, Jürgen 1992a: „Die Aprilkrise in China", in: Domes, Jürgen 1992: *Politik in China. Beiträge zur Analyse chinesischer Politik,* hg. zum 60. Geburtstag des Verfassers von J.W. Falter und E. Sandschneider, Frankfurt am Main u.a.: Peter Lang, S. 45-72, ursprünglich erschienen in *Aus Politik und Zeitgeschichte* (Bonn), No. B 30/76 (24. Juli 1976), S. 25-39.
Domes, Jürgen 1992b: "Intra-Elite Group Formation and Conflict in the PRC", in: Domes, Jürgen 1992: *Politik in China. Beiträge zur Analyse chinesischer Politik,* hg. zum 60. Geburtstag des Verfassers von J.W. Falter und E. Sandschneider, Frankfurt am Main u.a.: Peter Lang, S. 229-243, ursprünglich erschienen in: David S.G. Goodman (Hg.) 1984, *Groups and Politics in the PRC,* Cardiff: University College Press, S. 26-39.
Domes, Jürgen 1992c: „Die Krise in der Volksrepublik China. Ursachen, Bedeutung, Folgerungen", in: Domes, Jürgen 1992: *Politik in China. Beiträge zur Analyse chinesischer Politik,* hg. zum 60. Geburtstag des Verfassers von J.W. Falter und E. Sandschneider, Frankfurt am Main u.a.: Peter Lang, S. 273-287, ursprünglich erschienen in: *Europa-Archiv* 44, Heft 15/16.
Domes, Jürgen 1992d: *Politik in China. Beiträge zur Analyse chinesischer Politik,* hg. zum 60. Geburtstag des Verfassers von J.W. Falter und E. Sandschneider, Frankfurt am Main u.a.: Peter Lang.

Domes, Jürgen/ Näth, Marie-Luise 1990: *China im Aufbruch: Darstellung, Analyse und Dokumente der Frühjahrskrise 1989 in der Volksrepublik China*, Frankfurt am Main u.a.: Peter Lang.
Eisenstadt, S.N./ Roniger, Luis 1984: *Patrons, Clients and Friends. Interpersonal Relations and the Structure of Trust in Society*, Cambridge: Cambridge University Press.
Fan, Shuo 范硕 1990: 叶剑英在 1976 (*Ye Jianying zai 1976*; Ye Jianying 1976), Beijing: Zhonggong zhongyang dangxiao chubanshe.
Fang Wang 1994: "The Political Economy of Authoritarian Clientelism in Taiwan", in: Roniger, Luis/ Günes-Ayata, Ayse (Hg.) 1994, *Democracy, Clientelism, and Civil Society*, Boulder und London: Lynne Rienner Publishers, S.181-206.
Fang Zhu 1995: "Political Work in the Military from the Viewpoint of the Beijing Garrison Command", in: Hamrin, Carol Lee/ Zhao, Suisheng (Hg.) 1995: *Decision-Making in Deng's China: Perspectives from Insiders*, Armonk: M.E. Sharpe, S. 118-29.
Fewsmith, Joseph 1994: *Dilemmas of Reform in China. Political Conflict and Economic Debate*, Armonk, N.Y./London: M.E. Sharpe.
Fewsmith, Joseph 1996: "Institutions, Informal Politics, and Political Transition in China", in: *Asian Survey* 36 (1996) 3, March 1996, S. 230-45.
Fewsmith, Joseph 1999: "Elite Politics", in: Goldman, Merle/ MacFarquhar, Roderick (Hg.) 1999: *The Paradox of China's Post-Mao Reforms*, Cambridge, Ma./ London: Harvard University Press, S. 47-75.
Fewsmith, Joseph 2000: "Formal Structures, Informal Politics, and Political Change in China", in: Dittmer, Lowell/ Fukui, Haruhiro/ Lee, Peter N.S. (Hg.) 2000: *Informal Politics in East Asia*, Cambridge: Cambridge University Press, S. 141-64.
Fukui, Haruhiro 2000: "Introduction: On the Significance of Informal Politics", in: Dittmer, Lowell/ Fukui, Haruhiro/ Lee, Peter N.S. (Hg.) 2000: *Informal Politics in East Asia*, Cambridge: Cambridge University Press, S. 1-19.
GMD 2003: 黨章 (*Dangzhang*; Parteistatut), verfügbar unter http://www.kmt.org.tw/ AboutUs/Aboutus-2-1.html, Download am 27.03.2003.
Gold, Thomas B. 1990: "Autonomy versus Autoritarianism", in: Hicks, George (Hg.) 1990: *The Broken Mirror. China after Tiananmen*, Harlow: Longman Group, S. 196-211.
Gold, Thomas 2000: "The Waning of the Kuomintang State on Taiwan", in: Brødsgaard, Kjeld Erik/ Young, Susan (Hg.) 2000: *State Capacity in East Asia. Japan, Taiwan, China, and Vietnam*, Oxford: Oxford University Press, S. 84-113.
Goldman, Merle 1991: "Hu Yaobang's Intellectual Network and the Theory Conference of 1979", in: *The China Quarterly* 126 (June 1991), S. 219-242.
Goldman, Merle 1994: *Sowing the Seeds of Democracy in China. Political Reform in the Deng Xiaoping Era*, Cambridge, Ma.: Harvard University Press.
Goldman, Merle/ MacFarquhar, Roderick (Hg.) 1999: *The Paradox of China's Post-Mao Reforms*, Cambridge, Ma./ London: Harvard University Press.
Goodman, David S.G. 1994a: *Deng Xiaoping and the Chinese Revolution: A Political Biography*, London/ New York: Routledge.

Goodman, David S.G. 1994b: "The Politics of Regionalism. Economic Development, Conflict and Negotiation", in: Goodman, David S.G./ Segal, Gerald (Hg.) 1994: *China Deconstructs. Politics, Trade and Regionalism,* London/ New York: Routledge, S. 1-20.

Goodman, David S.G./ Segal, Gerald (Hg.) 1994: *China Deconstructs. Politics, Trade and Regionalism,* London/ New York: Routledge.

Gransow, Bettina 1992: "Following Its Own Ways: The Chinese Society", in: *China Review* 1992, Hongkong: The Chinese University Press, S. 11.1-11.21.

Grauwels, Stephan 1996: "The Democratic Progressive Party at a Turning-Point: From Radical Opposition to a Potential Coalition Partner", in: Schneider, Axel/ Schubert, Gunter (Hg.) 1996, *Taiwan an der Schwelle zum 21. Jahrhundert,* Mitteilungen des Instituts für Asienkunde Nr. 270, Hamburg: Institut für Asienkunde, S. 85-98.

Guanyu dangnei zhengzhi shenghuo 1980: 关于党内政治生活的若干准则 (*Guanyu dangnei zhengzhi shenghuo de ruogan zhunze;* Einige Grundsätze zum politischen Leben innerhalb der Partei), verabschiedet auf dem 5. Plenum des XI. ZK 1980, in: *Zhongguo gongchandang he guojia jiguan jiceng zuzhi gongzuo tiaoli ji xiangguan dangnei fagui,* Beijing: Zhongguo fangzheng chubanshe, S. 31-44, Text online verfügbar unter http://www.people.com.cn/GB/shizheng/ 252/5089/ 5103/5207/20010428/454991.html, Zugang am 27.06.2003.

Guanyu jianguo yilai dang de ruogan lishi wenti de jueyi 1981: 关于建国以来党的若干历史问题的决议 (Beschluß zu einigen Fragen der Parteigeschichte seit Gründung der VR China), verabschiedet am 27.6.1981 vom 6. Plenum des XI. ZK, Text verfügbar unter www.people.com.cn/GB/shizheng/252/5089/5103/20010428/ 454968.html, Zugang am 27.06.2003.

Guthrie, Douglas 1998: "The Declining Significance of Guanxi in China's Economic Transition", in: *The China Quarterly* 154 (1998), S. 154-282.

Hall, Peter A./ Taylor, Rosemary C.R. 1996: *Political Science and the Three New Institutionalisms,* MPIFG Discussion Paper 96/6, Köln: Max-Planck-Institut für Gesellschaftsforschung 1996.

Halpern, Nina P. 1992: "Information Flows and Policy Coordination in the Chinese Bureaucracy", in: Lieberthal, Kenneth/ Lampton, David (Hg.) 1992, *Bureaucracy, Politics, and Decision Making in Post-Mao China,* Berkeley u.a.: University of California Press, S. 125-48.

Hamrin, Carol Lee 1992: "The Party Leadership System", in: Lieberthal, Kenneth/ Lampton, David (Hg.) 1992, *Bureaucracy, Politics, and Decision Making in Post-Mao China,* Berkeley u.a.: University of California Press, S. 95-124.

Hamrin, Carol Lee/Zhao, Suisheng 1995: "Introduction: Core Issues in Understanding the Decision Process", in: Hamrin, Carol Lee/ Zhao, Suisheng (Hg.) 1995: *Decision-Making in Deng's China: Perspectives from Insiders,* Armonk: M.E. Sharpe 1995, S. xxi-xlviii.

Harding, Harry 1984: "Competing Models of the Chinese Communist Policy Process: Toward a Sorting and Evaluation", in: *Issues & Studies* 20 (Feb. 1984) 2, S. 13-36.

Harding, Harry 1987: *China's Second Revolution: Reform after Mao,* Washington D.C.: The Brookings Institution.

Hartwich, Hans-Hermann/ Wewer, Göttrik (Hg.) 1990: *Regieren in der Bundesrepublik 1. Konzeptionelle Grundlagen und Perspektiven der Forschung,* Opladen: Leske + Budrich.

Hartwich, Hans-Hermann/ Wewer, Göttrik (Hg.) 1991: *Regieren in der Bundesrepublik 2. Formale und informale Komponenten des Regierens in den Bereichen Führung, Entscheidung, Personal und Organisation,* Opladen: Leske + Budrich.

Haungs, Peter 1991: „Parteipräsidien als Entscheidungszentren der Regierungspolitik – das Beispiel der CDU", in: Hartwich, Hans-Hermann/ Wewer, Göttrik (Hg.) 1991: *Regieren in der Bundesrepublik 2. Formale und informale Komponenten des Regierens in den Bereichen Führung, Entscheidung, Personal und Organisation,* Opladen: Leske + Budrich, S. 113-123.

He, Baogang 1992: "A Methodological Critique of Lucian Pye's Approach to Political Culture", in: *Issues & Studies* 28 (March 1992) 3, S. 92-113.

He, Zai 何载 1999: 冤假错案是这样平反的 (*Yuan, jia, cuo an shi zheyang pingfan de;* So wurden die ungerechten, falschen und manipulierten Kaderurteile berichtigt), Beijing: Zhonggong zhongyang dangxiao chubanshe.

Heilmann, Sebastian 1994: *Sozialer Protest in der VR China. Die Bewegung vom 5. April 1976 und die Gegen-Kulturrevolution der siebziger Jahre,* Mitteilungen des Instituts für Asienkunde Nr. 238, Hamburg: Institut für Asienkunde.

Heilmann, Sebastian 1996: *Das politische System der VR China im Wandel,* Mitteilungen des Instituts für Asienkunde Nr. 265, Hamburg: Institut für Asienkunde.

Heilmann, Sebastian 1998: „Die neue chinesische Regierung: Abschied vom sozialistischen Leviathan?", in: *China aktuell,* März 1998, S. 277-287.

Heilmann, Sebastian 2000: *Die Politik der Wirtschaftsreformen in China und Russland,* Mitteilungen des Instituts für Asienkunde Nr. 317, Hamburg: Institut für Asienkunde.

Heilmann, Sebastian/ Kirchberger, Sarah 2000: „Chinas politische Führungsschicht im Wandel. Personalstatistiken der ZK-Organisationsabteilung erstmals zugänglich", in: *China aktuell* 5/2000, S. 499-507.

Herrmann-Pillath, Carsten 1994: *Wirtschaftsintegration durch Netzwerke: Die Beziehungen zwischen Taiwan und der Volksrepublik China,* Baden-Baden: Nomos.

Herrmann-Pillath, Carsten 1996: „'Festlandfieber': Politisch-ökonomische Aspekte der Beziehungen Taiwans zum chinesischen Festland", in: Schneider, Axel/ Schubert, Gunter (Hg.) 1996: *Taiwan an der Schwelle zum 21. Jahrhundert,* Mitteilungen des Instituts für Asienkunde Nr. 270, Hamburg: Institut für Asienkunde, S. 213-38.

Herrmann-Pillath, Carsten 1997: „Netzwerke: Paradigmatische Grundlage chinabezogener Wirtschaftsforschung? Eine kritische Betrachtung ausgewählter Literatur", in: *Internationales Asienforum* 28 (1997) 1, S. 53-90.

Hicks, George (Hg.) 1990: *The Broken Mirror. China after Tiananmen,* Harlow: Longman Group.

Hood, Steven J. 1997: *The Kuomintang and the Democratization of Taiwan,* Boulder, Colorado: Westview Press.

Hsiao, Ching-chang/ Cheek, Timothy 1995: "Open and Closed Media: External and Internal Newspapers in the Propaganda System", in: Hamrin, Carol Lee/ Zhao,

Suisheng (Hg.) 1995: *Decision-Making in Deng's China: Perspectives from Insiders,* Armonk: M.E. Sharpe, S. 76-87.
Hu, Wei 胡伟 1998: 政府过程 (*Zhengfu guocheng;* Der Regierungsprozeß), Hangzhou: Zhejiang renmin chubanshe.
Huang, Jing 1994: *Factionalism in Chinese Communist Politics,* Doktorarbeit, Harvard University.
Ji, Jinfeng 姬金锋 1999: 剖析腐败 (*Pouxi fubai;* Korruption analysieren), Beijing: Jingji guanli chubanshe.
Kastning, Lars 1991: „Informelles Regieren – Annäherungen an Begrifflichkeit und Bedeutungsgehalt", in: Hartwich, Hans-Hermann/ Wewer, Göttrik (Hg.) 1991, *Regieren in der Bundesrepublik 2. Formale und informale Komponenten des Regierens in den Bereichen Führung, Entscheidung, Personal und Organisation,* Opladen: Leske + Budrich, S. 69-78.
Kau, Michael Ying-Mao 1996: "The Power Structure in Taiwan's Political Economy", in: *Asian Survey* 36 (1996) 3, March 1996, S. 287-305.
King, Ambrose Yeo-chi 1991: "Kuan-hsi and Network Building: A Sociological Interpretation", in: *Daedalus* 120 (1991) 2, Spring 1991, S. 63-85.
Korte, Karl-Rudolf 2001: „Was kennzeichnet modernes Regieren? Regierungshandeln von Staats- und Regierungschefs im Vergleich", in: *Aus Politik und Zeitgeschichte* B 5/2001, S. 3-13.
Kriz, Jürgen/ Nohlen, Dieter/ Schultze, Rainer-Olaf 1994: *Politikwissenschaftliche Methoden,* Lexikon der Politik, Band 2, Hg. Dieter Nohlen, München: Beck.
Lampton, David M. (Hg.) 1987: *Policy Implementation in Post-Mao China,* Berkeley u.a.: University of California Press.
Lampton, David M. 1992: "A Plum for a Peach: Bargaining, Interest, and Bureaucratic Politics in China", in: Lieberthal, Kenneth/ Lampton, David (Hg.) 1992: *Bureaucracy, Politics, and Decision Making in Post-Mao China,* Berkeley u.a.: University of California Press, S. 33-58.
Lampton, David M. (Hg.) 2001: *The Making of Chinese Foreign and Security Policy in the Era of Reform,* Stanford: Stanford University Press.
Landé, Carl H. 1977a: "The Dyadic Basis of Clientelism", in: Schmidt, Steffen u.a. (Hg.) 1977: *Friends, Followers, and Factions. A Reader in Political Clientelism,* Berkeley u.a.: University of California Press, S. xiii-xxxvii.
Landé, Carl H. 1977b: "Networks and Groups in Southeast Asia: Some Observations on the Group Theory of Politics", in: Schmidt, Steffen u.a. (Hg.) 1977: *Friends, Followers, and Factions. A Reader in Political Clientelism,* Berkeley u.a.: University of California Press, S. 75-99.
Lee, Peter Nan-Shong 2000: "The Informal Politics of Leadership Succession in Post-Mao China", in: Dittmer, Lowell/ Fukui, Haruhiro/ Lee, Peter N.S. (Hg.) 2000: *Informal Politics in East Asia,* Cambridge: Cambridge University Press, S. 165-82.
Leng, Shao-chuan (Hg.) 1993: *Chiang Ching-kuo's Leadership in the Development of the Republic of China on Taiwan,* Lanham u.a.: University Press of America.
Lenin, W.I. 1988: *Was tun? Brennende Fragen unserer Bewegung,* 21. Auflage, Berlin (Ost): Dietz Verlag.

Li, Cheng 2000: "Jiang Zemin's Successors: The Rise of the Fourth Generation of Leaders in the PRC", in: *The China Quarterly* 161(März 2000), S. 1-40.
Li, Cheng 2001: *China's Leaders: The New Generation*, Lanham u.a.: Rowman & Littlefield.
Li, Cheng 2002: "The Mishu Phenomenon: Patron-Client Ties and Coalition-Building Tactics", in: *China Leadership Monitor* 4 (Fall 2002), Internet-Ausgabe, verfügbar unter http://www.chinaleadershipmonitor.org, S. 1-13.
Li, Wei/Pye, Lucian W. 1992: "The Ubiquitous Role of the Mishu in Chinese Politics", in: *The China Quarterly* 132 (December 1992), S. 913-936.
Li, Zhisui 1994: *Ich war Maos Leibarzt. Die persönlichen Erinnerungen des Dr. Li Zhisui an den Großen Vorsitzenden*, mit Anne F. Thurston, übers. von A. Burkhardt u.a., Bergisch Gladbach: Gustav Lübbe Verlag.
Lieberthal, Kenneth G. 1992: "Introduction: The 'Fragmented Authoritarianism' Model and Its Limitations", in: Lieberthal, Kenneth/ Lampton, David (Hg.) 1992: *Bureaucracy, Politics, and Decision Making in Post-Mao China*, Berkeley u.a.: University of California Press, S. 1-30.
Lieberthal, Kenneth G. 1995: *Governing China: From Revolution through Reform*, New York/ London: W.W. Norton & Co.
Lieberthal, Kenneth G./ Dickson, Bruce J. 1989: *A Research Guide to Central Party and Government Meetings in China, 1949-1987*, revised and expanded edition, Armonk/ London: M.E. Sharpe.
Lieberthal, Kenneth G./ Lampton, David M. (Hg.) 1992: *Bureaucracy, Politics, and Decision Making in Post-Mao China*, Berkeley u.a.: University of California Press.
Lieberthal, Kenneth G./ Oksenberg, Michel 1988: *Policy Making in China: Leaders, Structures and Processes*, Princeton: Princeton University Press.
Liu, Jen-kai 1989: *Chinas zweite Führungsgeneration. Biographien und Daten zu Leben und Werk von Li Peng, Qiao Shi, Tian Jiyun, Zhao Ziyang, Hu Qili, Hu Yaobang, Wang Zhaoguo*, Mitteilungen des Instituts für Asienkunde Nr. 180, Hamburg: Institut für Asienkunde.
Liu, Jen-kai 1999: „Ein Überblick über die wichtigsten Persönlichkeiten, Parteitage, Tagungen, Konferenzen und Kampagnen der VR China", in: *China aktuell*, Oktober 1999, S. 1060-1068.
Liu, Minghuang 劉明煌 1996: 中央與地方政治權力關係之轉變-國民黨威權政體的鞏固與轉型 (*Zhongyang yu difang zhengzhi quanli guanxi zhi zhuanbian - Guomindang weiquan zhengti de gonggu yu zhuanxing;* Der Wandel der politischen Machtbeziehungen zwischen Zentrale und Regionen – Verfestigung und Wandel des autoritären Staatswesens der Guomindang), National Taiwan Chengchi University, Politikwissenschaftliche Fakultät, unveröffentlichte Magisterarbeit.
Liu, Yuelun 1993: *China's Policy Making in the Context of the Reform (1976-1990), with a focus on the establishment of economic development zones*, Doktorarbeit, University of Liverpool.
Low, Stephanie 2000: "Merits of Semi-Presidential System Debated", *Taipei Times* 8.5.2000.

Macartney, Jane 1990: "The Students: Heroes, Pawns, or Power-Brokers?", in: Hicks, George (Hg.) 1990: *The Broken Mirror. China after Tiananmen,* Harlow: Longman Group, S. 3-23.

MacFarquhar, Roderick 1997: "The Succession to Mao and the End of Maoism, 1969-82", in: MacFarquhar, Roderick (Hg.) 1997: *The Politics of China: The Eras of Mao and Deng,* 2. Aufl., Cambridge u.a.: Cambridge University Press, S. 248-339.

Marks, Thomas A. 1998: *Counterrevolution in China: Wang Sheng and the Kuomintang,* London/ Portland, Or.: Frank Cass.

Mayntz, Renate/ Scharpf, Fritz 1995: „Der Ansatz des akteurszentrierten Institutionalismus", in: Mayntz, Renate/ Scharpf, Fritz (Hg.) 1995: *Gesellschaftliche Selbstregelung und politische Steuerung,* Frankfurt am Main: Campus, S. 39-72.

McBeath, Gerald A. 1998: *Wealth and Freedom: Taiwan's New Political Economy,* Aldershot et al.: Ashgate.

Merkel, Wolfgang 1999: „Defekte Demokratien", in: Merkel, Wolfgang (Hg.) 1999: *Demokratie in Ost und West: Für Klaus von Beyme,* Frankfurt am Main, S. 361-381.

Merkel, Wolfgang/ Croissant, Aurel 2000: „Formale und informale Institutionen in defekten Demokratien", in: *Politische Vierteljahresschrift* 1/2000, S. 3-31.

Meyer, Michael 1996: „Der 'Weiße Terror' der 50er Jahre – Chancen und Grenzen der Bewältigung eines 'dunklen Kapitels' der Geschichte Taiwans", in: Schneider, Axel/ Schubert, Gunter (Hg.) 1996, *Taiwan an der Schwelle zum 21. Jahrhundert,* Mitteilungen des Instituts für Asienkunde Nr. 270, Hamburg: Institut für Asienkunde, S. 99-134.

Miller, H. Lyman 1995: "Politics inside the Ring Road: On Sources and Comparisons", in: Hamrin, Carol Lee/Zhao, Suisheng (Hg.) 1995: *Decision-Making in Deng's China: Perspectives from Insiders,* Armonk: M.E. Sharpe, S. 207-232.

Moody, Peter R., Jr. 1992: *Political Change on Taiwan. A Study of Ruling Party Adaptability,* New York u.a.: Praeger.

Nathan, Andrew 1973: "A Factionalist Model of CCP Politics", in: *The China Quarterly* 53 (1973), S. 33-66.

Nathan, Andrew 1976: "Andrew Nathan Replies [to Tang Tsou]", in: *The China Quarterly* 65 (Jan. 1976), S. 114-117.

Nathan, Andrew 1993: "Is Chinese Culture Distinctive? – A Review Article", in: *Journal of Asian Studies* 51 (Nov. 1993) 4, S. 923-37.

Nathan, Andrew 1994: "Foreword", in: Ruan Ming 1994: *Deng Xiaoping: Chronicle of an Empire,* übers. und hg. von Nancy Liu, Peter Rand und Lawrence R. Sullivan, Boulder u.a.: Westview Press, S. VII-IX.

Nathan, Andrew 2001: "The Tiananmen Papers: An Editor's Reflections", in: *The China Quarterly* 167 (September 2001), S. 724-737.

Nathan, Andrew/ Ho, Helena V.S. 1993: Chiang Ching-kuo's Decision for Political Reform, in: Leng, Shao-chuan (Hg.) 1993: *Chiang Ching-kuo's Leadership in the Development of the Republic of China on Taiwan,* Lanham u.a.: University Press of America, S. 31-61.

Nathan, Andrew/ Link, Perry (Hg.) 2001: *Die Tiananmen-Akte. Die Geheimdokumente der chinesischen Führung zum Massaker am Platz des Himmlischen Friedens*, übers. U. Bischoff u.a., München/ Berlin: Propyläen.

Nathan, Andrew/ Tsai, Kellee S. 1995: "Factionalism: A New Institutionalist Restatement", in: *The China Journal* 34 (1995), July 1995, S. 157-92.

Newell, Phillip P. 1994: *The Transition Toward Democracy in Taiwan: Political Change in the Chiang Ching-Kuo Era, 1971 – 1986*, Doktorarbeit, Washington, DC: Georgetown University.

Nohlen, Dieter/ Schultze, Rainer-Olaf 1995: *Politische Theorien*, Lexikon der Politik, Bd.1, Hg. von Dieter Nohlen, München: Beck.

Nohlen, Dieter/ Schultze, Rainer-Olaf/ Schüttemeyer, Susanne 1998: *Politische Begriffe*, Lexikon der Politik, Bd. 7, Hg. von Dieter Nohlen, München: Beck.

Nohlen, Dieter/ Waldmann, Peter/ Ziemer, Klaus 1997: *Die östlichen und südlichen Länder*, Lexikon der Politik, Bd. 4, Hg. von Dieter Nohlen, München: Beck.

North, Douglass C. 1990: *Institutions, Institutional Change and Economic Performance*, Cambridge: Cambridge University Press.

Oksenberg, Michel 2002: "China's Political System: Challenges of the Twenty-First Century", in: Unger, Jonathan (Hg.) 2002: *The Nature of Chinese Politics: From Mao to Jiang*, Armonk/ London: M.E. Sharpe, S. 193-208.

Ostrov, Benjamin C. 2000: "Clientage in the PRC's National Defense Research and Development Sector", in: Dittmer, Lowell/ Fukui, Haruhiro/ Lee, Peter N.S. (Hg.) 2000: *Informal Politics in East Asia*, Cambridge: Cambridge University Press, S. 215-33.

Peng, Huaien 彭懷恩 1997: 台灣政治文化的剖析 (*Taiwan zhengzhi wenhua de pouxi; Analyzing Taiwan's Political Culture*), Taipei: Fengyun luntan chubanshe.

Pollack, Jonathan D. 1992: "Structure and Process in the Chinese Military System", in: Lieberthal, Kenneth/ Lampton, David (Hg.), *Bureaucracy, Politics, and Decision Making in Post-Mao China*, Berkeley u.a.: University of California Press 1992, S. 151-80.

Pye, Lucian W. 1981: *The Dynamics of Chinese Politics*, Cambridge, Ma.: Oelgeschlager, Gunn & Hain.

Pye, Lucian W. 1985: *Asian Power and Politics. The Cultural Dimensions of Authority*, with Mary W. Pye, Cambridge, Ma./ London: Belknap Press of Harvard University Press.

Pye, Lucian W. 1988: *The Mandarin and the Cadre. China's Political Cultures*, Ann Arbor: Center for Chinese Studies, The University of Michigan.

Pye, Lucian W. 1990: "Tiananmen and Chinese Political Culture: The Escalation of Confrontation", in: Hicks, George (Hg.) 1990: *The Broken Mirror. China after Tiananmen*, Harlow: Longman Group, S. 162-179.

Pye, Lucian W. 1995: "Factions and the Politics of Guanxi: Paradoxes in Chinese Administrative and Political Behaviour", in: *The China Journal* 34 (1995), July 1995, S. 35-53.

Rigby, Thomas H. 1990 [1977]: "Stalinism and the Mono-organisational Society", in: Rigby, Thomas H. 1990: *The Changing Soviet System: Mono-organisational Socialism from its Origins to Gorbachev's Restructuring*, Aldershot: Edward

Elgar, S. 82-112, zuerst veröffentlicht in Robert C. Tucker (Hg.) 1977: *Stalinism*, New York, S. 53-76.

Rigger, Shelley E. 1994: *Machine Politics in the New Taiwan: Institutional Reform and Electoral Strategy in the Republic of China on Taiwan*, Doktorarbeit, Harvard University.

Roniger, Luis/ Günes-Ayata, Ayse (Hg.) 1994: *Democracy, Clientelism, and Civil Society*, Boulder/ London: Lynne Rienner.

Rothstein, Bo 1998: "Political Institutions: An Overview", in: Goodin, Robert E./ Klingemann, Hans-Dieter (Hg.) 1998, *A New Handbook of Political Science*, Oxford: Oxford University Press.

Ruan, Ming 1994: *Deng Xiaoping: Chronicle of an Empire*, übers. und hg. von Nancy Liu, Peter Rand und Lawrence R. Sullivan, Boulder u.a.: Westview Press.

Ruan, Ming 1995: "The Evolution of the Central Secretariat and Its Authority", in: Hamrin, Carol Lee/ Zhao, Suisheng (Hg.) 1995: *Decision-Making in Deng's China: Perspectives from Insiders*, Armonk: M.E. Sharpe, S. 15-23.

Rudzio, Wolfgang 1991: „Informelle Entscheidungsmuster in Bonner Koalitionsregierungen", in: Hartwich, Hans-Hermann/ Wewer, Göttrik (Hg.) 1991: *Regieren in der Bundesrepublik 2. Formale und informale Komponenten des Regierens in den Bereichen Führung, Entscheidung, Personal und Organisation*, Opladen: Leske + Budrich, S. 125-41.

Rudzio, Wolfgang 2000: *Das politische System der Bundesrepublik Deutschland*, 5., überarbeitete Auflage, Opladen: Leske + Budrich.

Sandschneider, Eberhard 1995: *Stabilität und Transformation politischer Systeme. Stand und Perspektiven politikwissenschaftlicher Transformationsforschung*, Opladen: Leske + Budrich.

Sartori, Giovanni 1976: *Parties and Party Systems: A Framework for Analysis*, vol. 1, Cambridge u.a.: Cambridge University Press.

Scharpf, Fritz W. 2000: *Interaktionsformen. Akteurszentrierter Institutionalismus in der Politikforschung*, übers. O. Treib, Opladen: Leske + Budrich.

Schier, Peter/ Cremerius, Ruth/ Fischer, Doris 1993: *Studentenprotest und Repression in China April-Juni 1989. Chronologie, Dokumente, Analysen*, Mitteilungen des Instituts für Asienkunde Nr. 223, Hamburg: Institut für Asienkunde.

Schmid, Claudia 1997: „Rente und Rentier-Staat: Ein Beitrag zur Theoriengeschichte", in: Boeckh, Andreas/Pawelka, Peter (Hg.) 1997: *Staat, Markt und Rente in der internationalen Politik*, Opladen: Westdeutscher Verlag 1997, S. 28-50.

Schmidt, Manfred G. 1995: *Wörterbuch zur Politik*, Stuttgart: Kröner.

Schmidt, Steffen W./ Guasti, Laura/ Landé, Carl H./ Scott, James C. (Hg.) 1977: *Friends, Followers, and Factions. A Reader in Political Clientelism*, Berkeley u.a.: University of California Press.

Schneider, Axel 1996: „Die Verfassungsreform in der Republik China auf Taiwan, 1990 - 95. Verlauf, Ergebnisse und beeinflussende Faktoren", in: Schneider, Axel/ Schubert, Gunter (Hg.) 1996: *Taiwan an der Schwelle zum 21. Jahrhundert. Gesellschaftlicher Wandel, Probleme und Perspektiven eines asiatischen Schwellenlandes*, Mitteilungen des Instituts für Asienkunde Nr. 270, Hamburg: Institut für Asienkunde, S. 7-38.

Schneider, Axel/ Schubert, Gunter (Hg.) 1996: *Taiwan an der Schwelle zum 21. Jahrhundert. Gesellschaftlicher Wandel, Probleme und Perspektiven eines asiatischen Schwellenlandes*, Mitteilungen des Instituts für Asienkunde Nr. 270, Hamburg: Institut für Asienkunde.

Schoenhals, Michael 1991: "The 1978 Truth Criterion Controversy", in: *The China Quarterly* 126 (June 1991), S. 243-68.

Schoenhals, Michael 1992: *Doing Things with Words in Chinese Politics: Five Studies*, Berkeley: Institute of East Asian Studies, Center for Chinese Studies.

Schubert, Gunter 1994: *Taiwan - die chinesische Alternative: Demokratisierung in einem ostasiatischen Schwellenland (1986-1993)*, Mitteilungen des Instituts für Asienkunde Nr. 237, Hamburg: Institut für Asienkunde.

Schubert, Gunter 1996: „Faktionalismus, Abspaltung und konservative Rückzugsgefechte – Die KMT im Umbruch", in: Schneider, Axel/ Schubert, Gunter (Hg.) 1996: *Taiwan an der Schwelle zum 21. Jahrhundert. Gesellschaftlicher Wandel, Probleme und Perspektiven eines asiatischen Schwellenlandes*, Mitteilungen des Instituts für Asienkunde Nr. 270, Hamburg: Institut für Asienkunde, 61-84.

Schubert, Gunter 2001: „Abschied von China? - Eine politische Standortbestimmung Taiwans nach den Präsidentschaftswahlen im März 2000", in: *Asien* (April 2001) 79, S. 5-32.

Schubert, Klaus 1994: „Netzwerkanalyse", in: Kriz, Jürgen/ Nohlen, Dieter/ Schultze, Rainer-Olaf (Hg.) 1994: *Politikwissenschaftliche Methoden*, Lexikon der Politik, Band 2, Hg. Dieter Nohlen, München: Beck, S. 272-74.

Scott, James C. 1977: "Patron-Client Politics and Political Change in Southeast Asia", in: Schmidt, Steffen u.a. (Hg.) 1977, *Friends, Followers, and Factions. A Reader in Political Clientelism*, Berkeley u.a.: University of California Press, S. 123-46.

Shambaugh, David (Hg.) 1998: *Contemporary Taiwan*, Oxford: Clarendon Press.

Shambaugh, David 2000a: "The Chinese State in the Post-Mao Era", in: Shambaugh, David (Hg.) 2000b: *The Modern Chinese State*, Cambridge: Cambridge University Press, S. 161-87.

Shambaugh, David (Hg.) 2000b: *The Modern Chinese State*, Cambridge: Cambridge University Press.

Shen, Baoxiang 沈宝祥 1997: 真理标准问题讨论始末 (*Zhenli biaozhun wenti taolun shimo;* Die Geschichte der Debatte über das Wahrheitskriterium), Beijing: Zhongguo qingnian chubanshe.

Shi, Weiquan 施威全 1996: 地方派系 (*Difang paixi;* Local Factions), Taipei: Yangzhi wenhua.

Shi, Zhengfeng 施正鋒 1999: 台灣政治建構 (*Taiwan zhengzhi jiangou;* Der politische Aufbau Taiwans), Taipei: Qianwei.

Shih, Chih-yu 1992: "A Response to He Baogang's Critique of Pyesian Methodology", in: *Issues & Studies* 28 (March 1992) 3, S. 114-17.

Shirk, Susan L. 1992: "The Chinese Political System and the Political Strategy of Economic Reform", in: Lieberthal, Kenneth/ Lampton, David (Hg.) 1992: *Bureaucracy, Politics, and Decision Making in Post-Mao China*, Berkeley u.a.: University of California Press, S. 59-91.

Shirk, Susan L. 1993: *The Political Logic of Economic Reform in China,* Berkeley/ Los Angeles: University of California Press.
Shirk, Susan L. 2002: "The Delayed Institutionalization of Leadership Politics", in: Unger, Jonathan (Hg.) 2002: *The Nature of Chinese Politics: From Mao to Jiang,* Armonk/ London: M.E. Sharpe, S. 297-311.
Smith, Hedrick 1988: *The Power Game - How Washington Works,* New York: Random House.
Sturm, Roland/ Billing, Peter 1994: „Krisentheoretische Ansätze", in: Kriz, Jürgen/ Nohlen, Dieter/ Schultze, Rainer-Olaf (Hg.) 1994: *Politikwissenschaftliche Methoden,* Lexikon der Politik, Band 2, Hg. Dieter Nohlen, München: Beck, S. 227-29.
Su, Shaozhi 1995: "The Structure of the Chinese Academy of Social Sciences and Two Decisions to Abolish Its Marxism-Leninism-Mao Zedong Thought Institute", in: Hamrin, Carol Lee/ Zhao, Suisheng (Hg.) 1995: *Decision-Making in Deng's China: Perspectives from Insiders,* Armonk: M.E. Sharpe, S. 111-17.
Taiwan Relations Act 1979, Public Law 96-8, Text verfügbar unter http://ait.org.tw/ait/tra.html, Download am 06.09.2001.
Taylor, Jay 2000: *The Generalissimo's Son: Chiang Ching-Kuo and the Revolutions in China and Taiwan,* Cambridge, Mass/ London: Harvard University Press (Chinesische Ausgabe: Tao, Han 陶涵 2000: 蔣經國傳 *(Jiang Jingguo zhuan),* übers. Lin Tiangui, Taipei: Shibao wenhua chubanshe.
Teiwes, Frederick 1984: *Leadership, Legitimacy, and Conflict in China,* Armonk: M.E. Sharpe.
Teiwes, Frederick 1995: "The Paradoxical Post-Mao Transition: From Obeying the Leader to 'Normal Politics'", in: *The China Journal* 34 (1995), July 1995, S. 55-94.
Teiwes, Frederick 2000: "The Chinese State during the Maoist Era", in: Shambaugh, David (Hg.) 2000b: *The Modern Chinese State,* Cambridge: Cambridge University Press, S. 105-60.
Teiwes, Frederick 2002: "Normal Politics with Chinese Characteristics", in: Unger, Jonathan (Hg.) 2002: *The Nature of Chinese Politics. From Mao to Jiang,* Armonk/ London: M.E. Sharpe, S. 239-257, zuerst erschienen in *The China Journal* 45 (January 2001), S. 69-82.
Tien, Hung-mao 1989: *The Great Transition,* Stanford: Hoover Institution Press.
Tien, Hung-mao/ Cheng, Tun-jen 1999: "Crafting Democratic Institutions", in: Tsang, Steve/ Tien, Hung-mao (Hg.) 1999: *Democratization in Taiwan: Implications for China,* Houndsmills u.a.: Macmillan Press u.a., S. 23-48, zuerst erschienen in *The China Journal* 37 (1997), S. 1-30.
Tien, Hung-mao/ Chu, Yun-han (Hg.) 2000: *China under Jiang Zemin,* Boulder, Co./ London: Lynne Rienner.
Trampedach, Tim 1992: *China auf dem Weg zur Wiedervereinigung? Die Politik der Guomindang auf Taiwan gegenüber der Volksrepublik China seit 1987,* Mitteilungen des Instituts für Asienkunde Nr. 209, Hamburg: Institut für Asienkunde.

Tränkmann, Beate 1997: *Demokratisierung und Reform des politischen Systems auf Taiwan seit 1990,* Saarbrücker Politikwissenschaft 22, Frankfurt am Main u.a.: Peter Lang.
Tsang, Steve 1999: "Transforming a Party State into a Democracy", in: Tsang, Steve/ Tien, Hung-mao (Hg.) 1999: *Democratization in Taiwan: Implications for China,* Houndsmills u.a.: Macmillan Press u.a., S. 1-22.
Tsang, Steve/ Tien, Hung-mao (Hg.) 1999: *Democratization in Taiwan: Implications for China,* Houndsmills u.a.: Macmillan Press u.a.
Tsou, Tang 1976: "Prolegomenon to the Study of Informal Groups in CCP Politics", in: *The China Quarterly* 65 (Jan. 1976), S. 98-114.
Tsou, Tang 1995: "Chinese Politics at the Top: Factionalism or Informal Politics? Balance-of-Power Politics or a Game to Win All?", in: *The China Journal* 34 (1995), July 1995, S. 95-156.
Unger, Jonathan (Hg.) 2002: *The Nature of Chinese Politics: From Mao to Jiang,* Armonk/ London: M.E. Sharpe.
Wakabayashi, Masahiro 若林正丈 1998: 蔣經國與李登輝 (*Jiang Jingguo yu Li Denghui;* Jiang Jingguo und Li Denghui), übers. Lai Xiangyin, Taipei: Yuanliu chuban.
Wang, Fang 1994: "The Political Economy of Authoritarian Clientelism in Taiwan", in: Roniger, Luis/ Günes-Ayata, Ayse (Hg.) 1994: *Democracy, Clientelism, and Civil Society,* Boulder/London: Lynne Rienner, S. 181-206.
Wang, Lixin/ Fewsmith, Joseph 1995: "Bulwark of the Planned Economy: The Structure and Role of the State Planning Commission", in: Hamrin, Carol Lee/ Zhao, Suisheng (Hg.) 1995: *Decision-Making in Deng's China: Perspectives from Insiders,* Armonk: M.E. Sharpe, S. 51-65.
Wang, Ruoshui 王若水 1997: 胡耀邦下臺的背景-人道主義在中國的命運 (*Hu Yaobang xiatai de beijing – rendaozhuyi zai Zhongguo de mingyun;* Behind Hu Yaobang's Step Down), Hongkong: Mingjing chubanshe/ Mirror Books Ltd.
Wang, Yongqin 王永钦 1999: 统一之路:两岸关系五十年大事记 (*Tongyi zhi lu: liang'an guanxi wushi nian dashiji;* Der Weg zur Wiedervereinigung: wichtige Ereignisse der letzten 50 Jahre in den Beziehungen Taiwans zum Festland), Guangzhou: Guangdong renmin chubanshe.
Wang, Zhenhuan 王振寰 1996: 誰统治台灣? 轉型中的國家機器與權力結構 (*Shei tongzhi Taiwan? Zhuanxingzhong de guojia jiqi yu quanli jiegou* (Wer herrscht in Taiwan? Staatsorgane und Machtstrukturen im Wandel), Taipei: Juliu.
Wank, David L. 1993: *From State Socialism to Community Capitalism: State Power, Social Structure, and Private Enterprise in a Chinese City,* Doktorarbeit, Cambridge, Ma.: Harvard University.
Weber, Max 1976: *Wirtschaft und Gesellschaft,* Tübingen: Mohr.
Wewer, Göttrik 1991: „Spielregeln, Netzwerke, Entscheidungen – auf der Suche nach der anderen Seite des Regierens", in: Hartwich, Hans-Hermann/ Wewer, Göttrik (Hg.) 1991: *Regieren in der Bundesrepublik 2. Formale und informale Komponenten des Regierens in den Bereichen Führung, Entscheidung, Personal und Organisation,* Opladen: Leske + Budrich, S. 9-29.
Whittome, Günter 1991: *Taiwan 1947: Der Aufstand gegen die Kuomintang,* Mitteilungen des Instituts für Asienkunde Nr. 196, Hamburg: Institut für Asienkunde.

Winckler, Edwin A. (Hg.) 1999: *Transition from Communism in China: Institutional and Comparative Analyses*, Boulder/ London: Lynne Rienner.
Wu, Guoguang 1995: "'Documentary Politics': Hypotheses, Process, and Case Studies", in: Hamrin, Carol Lee/ Zhao, Suisheng (Hg.) 1995: *Decision-Making in Deng's China: Perspectives from Insiders*, Armonk: M.E. Sharpe, S. 24-38.
Wu, Guoguang 吳國光 1997: 趙紫陽與政治改革 (*Zhao Ziyang yu zhengzhi gaige;* Political Reform under Zhao Ziyang), Hongkong: Taipingyang shiji yanjiusuo/ Pacific Century Institute.
Wu, Guoyou 武国友 1999: 交锋与转折 - 十一届三中全会纪事 (*Jiaofeng yu zhuanzhe – shiyi jie san zhongquanhui jishi;* Kampf und Wendepunkt – Aufzeichnungen über das Dritte Plenum des 11. ZK), Beijing: Jiefangjun wenyi chubanshe.
Xie Chuntao 谢春涛 1998: 改变中国 - 十一届三中全会前后的重大决策 (*Gaibian Zhongguo – shiyi jie san zhong quanhui qianhou de zhongda juece;* China verändern – die wichtigen Entscheidungen um das Dritte Plenum des 11. ZK), Shanghai: Shanghai renmin chubanshe.
Yahuda, Michael 1998: "The International Standing of the Republic of China on Taiwan", in: Shambaugh, David (Hg.) 1998a, *Contemporary Taiwan*, Oxford: Clarendon Press, S. 275-95.
Yan, Huai 1995: "Organizational Hierarchy and the Cadre Management System", in: Hamrin, Carol Lee/ Zhao, Suisheng (Hg.) 1995: *Decision-Making in Deng's China: Perspectives from Insiders*, Armonk: M.E. Sharpe, S. 39-50.
Yan, Jiaqi 1995: "The Nature of Chinese Authoritarianism", in: Hamrin, Carol Lee/ Zhao, Suisheng (Hg.) 1995: *Decision-Making in Deng's China: Perspectives from Insiders*, Armonk: M.E. Sharpe, S. 3-14.
Yang, Benjamin 1998: *Deng: A Political Biography*, Armonk, N.Y./ London: M.E. Sharpe.
Yang, Chung-fang 2000: "Psychocultural Foundations of Informal Groups: The Issues of Loyalty, Sincerity, and Trust", in: Dittmer, Lowell/ Fukui, Haruhiro/ Lee, Peter N.S. (Hg.) 2000: *Informal Politics in East Asia*, Cambridge: Cambridge University Press, S. 85-105.
Yang, Mayfair Mei-hui 1994: *Gifts, Favours, and Banquets. The Art of Social Relationships in China*, Ithaka/ London: Cornell University Press.
Yang, Meirong 1995: "A Long Way toward a Free Press: The Case of the World Economic Herald", in: Hamrin, Carol Lee/ Zhao, Suisheng (Hg.) 1995: *Decision-Making in Deng's China: Perspectives from Insiders*, Armonk: M.E. Sharpe, S. 183-88.
Yang, Yichen 杨易辰 1996: 杨易辰回忆录 (*Yang Yichen huiyilu;* Die Erinnerungen von Yang Yichen), Beijing: Zhongyang wenxian chubanshe.
Yen, Chen-shen 2000: "Having to Live with a Half-done Job", *Taipei Times*, 13.10.2000.
Zhang, Baomin 張保民 (Hg.) 1994: 中國大陸研究基本文件 (*Zhongguo dalu yanjiu jiben wenjian;* Grundlegende Dokumente zum Studium der VR China), Taipei: Renjian chubanshe.
Zhang, Huiying 張慧英 2000: 李登輝1988-2000: 執政十二年 (*Li Denghui 1988-2000: zhizheng shier nian;* Li Denghui 1988-2000: zwölf Jahre an der Regierung), Taipei: Tianxia yuanjian chuban.

Zhang, Liang 張良 (Hg.) 2001: 中國'六四'真相 (*Zhongguo 'liusi' zhenxiang;* June Fourth: The True Story), 2 Bde., Hongkong: Mingjing chubanshe.

Zhang, Youhua 張友驊 1993: 李登輝兵法-李, 郝櫂爭霸戰 (*Li Denghui bingfa – Li, Hao junquan zhengbazhan;* Die Kriegskunst des Li Denghui – der Kampf zwischen Li und Hao [Bocun] um die Vorherrschaft im Militär, 3. Auflage, Taipei: Xin-'gaodi chubanshe.

Zhang, Zhian 張治安 1997: 中國憲法及政府 (*Zhongguo xianfa ji zhengfu;* Verfassung und Regierung Chinas), 4. Auflage, Taibei: Wunan tushu chubanshe.

Zhao, Suisheng 1993: "Deng Xiaoping's Southern Tour. Elite Politics in Post-Tiananmen China", in: *Asian Survey 33* (August 1993) 8, S. 739-56.

Zhao, Suisheng 1995: "The Structure of Authority and Decision-Making: A Theoretical Framework", in: Hamrin, Carol Lee/ Zhao, Suisheng (Hg.) 1995: *Decision-Making in Deng's China: Perspectives from Insiders,* Armonk: M.E. Sharpe, S. 233-45.

Zhongguo gongchandang zhangcheng 2002: 中国共产党章程 (Parteistatut der Kommunistischen Partei Chinas), teilweise revidiert am 14.11.2002 auf dem 16. Parteitag, Text verfügbar unter http://www.people.com.cn/GB/shizheng/16/20021118/868961.html, Zugang am 27.06.2003.

Zhonghua Minguo xianfa 2000: 中華民國憲法 (Die Verfassung der Republik China), hg. vom Exekutivyuan der Republik China, 8. Auflage, Taipei: Government Information Office.

Zhonghua Renmin Gongheguo xianfa 2001: 中华人民共和国宪法 (Die Verfassung der Volksrepublik China), Beijing: Zhonghua renmin fazhi chubanshe.

Zhou, Yukou 周玉蔻 1994: 李登輝的一千天 1988-1992 (*Li Denghui de yiqian tian 1988-1992;* Tausend Tage des Li Denghui 1988-1992), Taipei: Maitian chubanshe.

Zhu, Jiamu 朱佳木 1998: 我所知道的十一届三中全 (*Wo suo zhidao de shiyijie san zhongquanhui;* Das Dritte Plenum des 11. ZK, wie ich es erlebt habe), Beijing: Zhongyang wenxian chubanshe.

ZK-Organisationsabteilung 1999: 党政领导干部统计资料汇编 1954-1998 (*Dang Zheng lingdao ganbu tongji ziliao huibian 1954-1998;* Sammlung von Statistiken über Führungskader in Partei und Staatsregierung 1954-1998), Beijing 1999.

7 Abkürzungen

CASS	Chinese Academy of Social Sciences
CCP	Chinese Communist Party, KPCh
CSC	Central Standing Committee (= StA)
DFP	Demokratische Fortschrittspartei, *Minjindang*
GMD	*Guomindang*, Nationale Volkspartei
GMRB	*Guangming Ribao*
JFJB	*Jiefangjun Bao*
KMT	*Kuomintang* (= *Guomindang*)
KPCh	Kommunistische Partei Chinas
KP	Kommunistische Partei
KPdSU	Kommunistische Partei der Sowjetunion
NP	Neue Partei, *Xindang*
NSR	Nationaler Sicherheitsrat
NTD	New Taiwan Dollar
NVK	Nationaler Volkskongreß
PFP	People First Party, *Qinmindang*
RMB	*Renminbi*
RMRB	*Renmin Ribao*
StA	Ständiger Ausschuß
SCMP	South China Morning Post
SPK	Staatliche Planungskommission
USD	US-Dollar
VBA	Volksbefreiungsarmee
ZBK	Zentrale Beraterkommission
ZEK	Zentrales Exekutivkomitee
ZK	Zentralkomitee
ZMK	Zentrale Militärkommission

Aus unserem Verlagsprogramm:

Tong-Jin Smith
Demokratie und Demokratisierung in Ostasien
Die politische Konsolidierung in (post-)konfuzianischen Staaten
Hamburg 2003 / 400 Seiten / ISBN 3-8300-1202-0

The Germans to the Front?
*Mit einer Batterie schwerer Haubitzen im "Boxerkrieg".
Ein Tagebuch der Deutschen Expedition nach China 1900-1901
von Julius Fehl, herausgegeben von Gerhard und Renate Fehl*
Hamburg 2002 / 212 Seiten / ISBN 3-8300-0507-5

Nicole Schulte-Kulkmann
**Die Volksrepublik China und die ASEAN-Staaten
im Streit um die Spratlys**
*Eine Analyse der Determinanten chinesischer Außenpolitik
gegenüber der Region Südost Asien*
Hamburg 2001 / 202 Seiten / ISBN 3-8300-0467-2

Claus Bulling
Das geteilte China 1949 - 1953
*Der innerchinesische Konflikt, die weltpolitische
Gesamtkonstellation und die Chinapolitik der USA
im Lichte neuerer amerikanischer und chinesischer Quellen*
Hamburg 1997 / 364 Seiten / ISBN 3-86064-519-6

Sabira Stahlberg
**Der Gansu-Korridor: Barbarenland
diesseits und jenseits der Großen Chinesischen Mauer**
- zum Nord-Süd-Dialog eines zentralasiatischen Gebietes
Hamburg 1996 / 250 Seiten / ISBN 3-86064-470-X